Søren Kierkegaard and Moral Education

# 키에르케고어와 도덕교육

황종환 저

글누리 HNU

# 키에르케고어(Søren Kierkegaard)와 도덕교육*

실존사상의 선구자로서 키에르케고어의 도덕교육적 공헌은 교육자와 학습자로 하여금 각 개인이 처한 실존적 상황에 관심을 갖도록 한 점이다. 인간은 자기 자신을 선택하지 않고는 타인을 비롯한 주위 환경에 기여할 수 없다. 자기를 선택할 때에는 단순히 아는 것으로 끝나지 않고 자신에게만 고유한 능력을 발휘할 수 있게 된다. 이런 능력이 발휘되고 전달되어야만 타인에게 내면화(內面化) 혹은 자기화(自己化, appropriation)가 가능한 도덕교육이 된다.

우리에게는 2차 대전 후 경제적 발전을 이룬 나라라는 자부심과 함께 단순히 경제적 의미의 선진국이 아니라 도덕성과 고양된 문화를 겸전(兼全)한 소위 '잘 사는 나라'에 이르지 못한 열패감이 공존한다. 이런 현실에서 최근에는 잘사는 나라가 경제적 발전의 패러다임만으론 달성될 수 없고 인간 영혼에 대한 이해와 영혼의 구체적 활동의 장(場)인 도덕교육에 대한 새로운 고찰이 요청되고 있다. 오늘날 복지국가를 이룬 나라들도 그들의 선진국의 문턱에서 공통적으로 직면하고 해결해야 했던 문제는 인간영혼에 대한 새로운 각성과 승화(昇華)된 문화를 가능하게 하는 도덕교육에 대한 반성이었다.

우리는 자신의 의지(意志)에 의존하는 윤리적 분투에서 윤리적일 수

* 이 저서는 2012년 정부(교육부)의 재원으로 한국연구재단의 지원을 받아 수행된 연구임(NRF-2012S1A6A4017437).

없는 자기모순을 보게 된다. 키에르케고어에서 인간은 자기충족적(自己充足的, self-sufficient)으로 도덕적 생활을 할 수 없다.[1] 그에게서 도덕적 생활은 신과 믿음의 관계에 근거한다. 인간의 본성(本性)인 영원을 사모하는 마음이 충족될 때 자기다워진다. 자기다워지는 행복한 삶은 고결(高潔)한 매력으로 드러나는 도덕교육이 된다.

플라톤은 소피스트가 삶에서 공동의 선(善)을 고려하지 않고 개인적 유익만을 찾기에 비판했다. 행복추구는 공동체 안에서 가능하다는 아리스토텔레스에 의하면 행복한 삶은 단지 주관적 감정이 아니라 타인과 관계를 통하여 객관화되고 검증된다. 키에르케고어에서 행복추구는 자율적 방법이 아니라 하느님과 신앙의 관계를 통하여 가능하다. 이런 삶은 자기 자신과 타인 및 자연에 대한 관계를 통하여 완성되어 간다. 도덕적 행위는 그 자체가 최종목적이 아니라 인간다움의 객관적 표현이다.

공동체 안에서 삶의 성취는 자기중심적 쾌락주의나 사회적 인정(認定)에 매달리지 않고 물질적 대가로 환원되지 않는 존엄한 행위의 추구를 의미한다. 이런 추구는 자신의 생애에는 보답을 받지 못하더라도 고결한 삶을 살고자 한다. 키에르케고어에 의하면 인간의 자율(自律)적인 도덕적 분투(奮鬪)는 완벽주의를 지향할 수는 있으나 도덕적 성취를 이루지는 못한다.

키에르케고어에서 인간조건은 실존적 불안과 절망이다. 실존적 불안과 절망은 오히려 자기 자신을 찾을 수 있는 계기(契機)가 된다. 인간의 영혼은 본성(本性)상 자연스럽게 영원한 존재를 사모한다. 우리는 구체적 현실에서 주어진 인간조건을 자연스럽게 받아들여야 한다면 누군가의 도움과 은혜를 통해서만 인간존엄에 걸맞은 생활을 지속할 수 있다. 실존적 불안과 절망을 극복하는 신앙은 타인에게 감동을 주고 영향력을 미치는 간접전달(間接傳達, indirect communication)을 통해 도덕교육이 된다.

---

1) Søren Kierkegaard(1813. 5. 5-1855. 11. 11)의 우리말 표기는 한국키에르케고어 학회 결정에 따라 '쇠얀 키에르케고어'로 한다. 저자나 번역자의 다른 표기 및 과거의 표기는 존중한다.

한국사회의 기성세대는 일제강점기, 한국전쟁 등을 겪으면서 대부분 가난하게 살아왔다. 오랫동안 행복은 경제적 발전으로 간주되었다. 최근에는 행복이 경제적 발전만으론 성취될 수 없다는 자각이 나타났다. 행복의 성격상 경제적 발전을 선도해야 하는 도덕발달은 학교 현장뿐만 아니라 평생교육의 과제다. 감각적 향락이나 자기 의지적 노력으로 행복한 생활을 하려고 했으나 목적을 성취하지 못하는 것은 인간 본성(本性)에 대한 이해의 미흡 때문이다.

사람을 영원(永遠)을 사모하는 존재로 보는 키에르케고어는 실존적 불안과 절망을 영원한 행복의 내면화(internalization)와 연관하여 받아들인다. 영원한 하느님과 관계하며 세상 것들로부터 자유롭기를 추구할 때 실존적 불안과 절망은 오히려 자신을 찾는 긍정적 계기(契機)가 된다. 이런 시각에서 실존적 불안이 반드시 죄의 결과는 아니다. 키에르케고어는 죄(罪)에 대해 권위를 부인(否認)하는 단지 사변(思辨)적 설명을 비판한다. 그는 인간의 자율적 선(善)을 묵계(默契)적으로 전제하며 인류역사의 어두운 면을 현실적으로 부인하는 인본주의적 문화형성과 윤리를 받아들이지 않는다.

누구나 자신의 삶이 성공하길 원한다는 점에서 자기 자신의 본성을 찾아가는 행복한 삶은 그 자체로서 의미를 갖는다. 자신의 본성을 찾는 삶은 도덕적으로 고결한 매력을 지닌다. 감각적 향락, 경제적 관심, 사회적 인정(認定)의 추구 등 인간의 본성에 걸맞지 않은 분투는 행복한 삶을 성취하지 못한다. 행복의 조건들이 행복한 사람을 만들지는 못한다. 키에르케고어에서 영원을 사모하는 영혼의 갈망은 간접전달의 형식으로 도덕교육을 드러낸다.

은사 조요한교수님, 표재명교수님, 진교훈교수님께 감사드립니다.

아내 박 옥, 딸 예영, 서영 고마워요.

2016. 7. 한남대학교 연구실에서

황종환(철학상담학과 교수)

# 목 차

# Ⅰ. 인간본성(本性)과 도덕교육

## 1. 행복의 추구와 도덕생활

도덕교육은 인간본성(本性)을 찾아 도덕발달을 이루고자 한다. 도덕교육의 실제적 가능성을 키에르케고어(S. Kierkegaard)의 인간 본성에 대한 시각에서 고찰한다. 그에 의하면 인간본성의 실현이 행복한 생활이며 이런 삶은 도덕적 성숙과 도덕교육으로 드러난다. 예술작품이 감상자에게 객관화된 즐거움을 준다면 타인에 대한 배려 등 도덕적 행위는 보편화된 즐거움을 준다. 도덕발달은 그 자체가 목적이 아니라 인간의 본성이 실현되는 행복한 생활의 객관적 검증이다.

인간본성을 찾아가는 실존적 성숙으로서 행복한 생활은 개인뿐만 아니라 인류에 대한 기여로서 표현된다. 인간이 행복하게 살길 원하지만 결과적으로 그렇지 못한 이유는 인간본성에 걸맞은 행복을 추구하지 않고 비(非)본질적인 것을 행복이라고 잘못 추구한 결과다. 특정의 목적을 추구하는 기술(技術)적 행위와 달리 행복은 주관적 측면만 아니라 타인에게 호의를 베풀 때 성취된다. 즉 자신의 본성을 표현하는 생활이 현실적으로 나타날 때에 비로소 고상한 성품의 도덕적 행위가 된다.

슈페만(Spaemann)에 의하면 일정한 행동이 그 목적을 성취하게 될 때 도덕적이라고 한다.[1] 그러므로 '도대체 왜 윤리적으로 살아야 되나?'라는 극단적 물음은 인간본성에 어긋나기에 비윤리적 물음이다. 슈페만은 성취된 삶을 인생 전체와 관련하여 받아들이기에 도덕적 성숙의 아름다움은 기술적 재질(才質)보다 우선된다. 인간은 본성적으로 자기 자신을 찾게 되어있다.

행복한 생활은 인류의 오랜 꿈이다. 우리 공동체의 기본규범인 헌법에도 행복추구권이 명시되어 있다. 인간행복의 본질적 성격상 도덕발달은 그 자체가 목적이 아니라 인간다움의 객관적 표현이다. 영혼의 활동은 도덕적으로 객관화되지만 도덕적 추구 그 자체가 인간다워짐을 의미하지는 않는다.[2] 그러므로 윤리적 규범이 자기의식의 포기까지 요구할 수는 없다. 자신을 찾아가는 과정으로서 행복추구는 타자와 관계에서 즉 공동체 안에서 도덕성을 검증받게 된다.

한국사회의 행복지수와 도덕발달은 경제발전에 걸맞지 않다.[3] 키에르케고어에게 도덕발달은 자기 자신을 찾아가는 과정에서 누리게 되는 축복된 생활의 표현이다. 한국에서는 국민의 절대다수가 특정의 종교를 신앙하지 않으며 국교가 인정되지 않는다. 그렇기에 일반 종교성에 입각한 도덕교육과 그리스도교에 시각에서 형성되는 도덕교육은 구분되어야 한다.

특정 종교의 시각에서 새로운 도덕발달 방안을 제시하는 방법론으로

1) R. Spaemann, *Glück und Wohlwollen*, Stuttgart: Klett-Cotta, 1993, S. 18.

2) F. Schiller, *Letters upon the Aesthetic Education Of Man*, Kessinger Publishing, LLC, 2004.

3) 유엔이 컬럼비아대학교에 의뢰하여 2013년 조사한 대한민국의 행복지수는 세계 41위다. 2003년 이후 OECD국가 평균자살률(인구 10만 명당 약 15명)의 약 2배(약 29명)로 계속 1위다. 약 150만 명 여성이 유흥업소에 종사하고 1인당 2000만 원 이상의 가계부채를 갖고 있다.

롤스(Rawls)의 중첩된 일치(overlapping consensus)를 암묵(暗黙)적으로 수용해 본다.[4] 즉 다양한 종교적 배경과 개인적 신념을 가진 사람들이 공동의 준거(準據)가 되는 도덕적 목표를 제시할 때 구성원이 동의할 수 있는 공통적 요소를 우선 찾고 그 한계를 극복하는 방법이다.

키에르케고어는 종교 윤리적 실존을 통하여 자아의 변형(變形)으로서 도덕발달을 가져올 수 있다고 본다.[5] 사람은 누구나 행복을 추구한다는 점에서 자기 자신을 찾는 생활의 객관적 표현인 고결한 생활은 삶의 우선적 목적이다. 우리의 행복추구는 인간본성에 걸맞은 목표를 설정해야 된다. 인간의 본성인 행복추구와 도덕교육의 관계를 키에르케고어의 실존적 성숙과 관련하여 살피고자 한다.

## 2. 본성(本性)적 행복추구

인간행동의 궁극적 근거를 찾는 노력은 사상의 역사다. 희랍철학의 기원에서 이미 욕망과 감정에 얽매어 사는 신화적 의식구조를 극복하려는 보편적 사유가 나타났다. 키에르케고어의 영향을 받은 틸리히(P. Tillich)의 주장대로 인간의 궁극적 관심(ultimate concern)을 종교라고 한다면 인간행동에서 도덕발달은 형이상학적 배경을 갖는다.[6] 소크라테스에서 인간의 자기이해의 탐구와 우주의 신비를 밝히는 일은 분리될 수 없었다.

아리스토텔레스에서 행복은 영혼을 좋게 함(eudaimonia)이다. 행

---

4) J. Rawls, *A Theory of Justice,* Cambridge: Harvard University Press, 1971, p. 340.

5) R. J. Manheimer/ 이홍우 · 임병덕 역, 『키에르케고르의 교육이론』, 교육과학사, 2003, 3쪽.

6) P. Tillich, *Dynamics of Faith*, HarperOne. 2009.

복에 대한 그의 이해는 형식적 설명이지 실제적 내용을 얻을 수 없다는 비판을 받는다.[7] 행복의 추구는 타자와 관계에서 형성되기 때문에 개인의 주관적 측면만 아니라 타인에게 호의(好誼)를 베풀 수 있을 때 성취된다. 기술(技術)적 행위는 인간의 행복과 분리되어 추구될 수 있지만 행복을 추구하는 도덕적 행위는 주관적 측면만 아니라 자연을 포함한 타자에 대한 기여를 통해서 성취된다.

아리스토텔레스는 자연의 길과 인간행동의 관계를 탐구했다.[8] 그는 '최선을 다하는' 윤리적 행동과 '그 자체로서' 목적을 위하는 종교적 신념을 구분한다. 그의 구분을 원용한 슈페만에 의하면 윤리적 행동의 궁극적 근거는 논리적으로 증명할 수 없고 자발적 동의에 의하는 형이상학적 배경을 갖는다.[9] 용기와 절제 등 도덕적 덕목은 자기 자신을 찾는 고상한 생활의 표현이지 덕목의 준수가 삶의 목적일 수 없다.[10]

어거스틴(Augustinus)의 '주님 안에서 쉴 때까지는 마음의 안식이 없었나이다.'라는 고백은 영원한 존재와 관계에서만 행복이 성취될 수 있다는 토로(吐露)다. 키에르케고어에서 인간의 행위는 자신의 영(靈)적 본성(本性, nature) 즉 영원(永遠)을 사모(思慕)하는 마음에서 연원한다. 인간의 본성이 타자와 관계에서 성취되는 것이라면 자기 자신만의 행복은 있을 수 없다.

칸트는 선의지를 통한 인간의지의 자율적 노력을 통한 윤리적 행위를 주장한다.[11] 신(新)칸트학파 카시러(E. Cassirer)는 인간의 자율적

---

7) R. Spaemann, *Glück und Wohlwollen,* S. 21.

8) Aristoteles, *Nikomachische Ethik*, Ferdinand Schöningh, Padeborn, 1956, S. 11.

9) R. Spaemann, *Glück und Wohlwollen*, (De Anima II, 4), S. 35.

10) Aristoteles, *Nikomachische Ethik,* S. 86.

11) 황종환, 「키르케고아와 카시러의 종교성 비교연구」, 『철학논총』 제 51집 제 1권, 새한철학회, 2008, 366쪽.

도덕과 문화를 추구했다. 키에르케고어는 윤리적 행동의 가능성을 영원을 사모하는 마음을 갖게 한 존재 즉 하느님과 믿음의 관계에서 찾았다.

존재에 근거하는 서양사상과 달리 불교나 교토학파는 인간과 타자와 관계 등 모든 분리(分離)를 비판하면서 의식(意識)으로부터 완전한 적멸(寂滅)을 추구한다.[12] 절대무로 돌아가려는 포기와 일정한 행위를 취하려는 의지의 선택은 나에게 모순적으로 보인다. 영원한 존재와 교제하려는 영혼의 활동의 시각에서 인간행위의 결과가 모순적일 수 있지만 모순적 선택을 동시에 취할 수는 없다. 인간의 행위는 하나를 선택하는 순간 다른 선택은 포기된다. 현대윤리학에서 존엄한 행동을 위한 자발성(自發性, spontaneity)과 지속성(持續性, consistency)은 오히려 윤리적 덕목이 되고 있다.

종교적 실존에서 영원을 사모하는 행복추구는 고결한 매력으로 드러나며 자신의 고유한 사명을 의식하게 한다. 행복추구에서 경제적 측면만 강조하면 도덕적으로 성숙하지 못하게 된다. 각 개인이 자신의 본성을 추구할 때 그에 걸맞은 경제적 노력을 하게 되는 것이지 경제적 측면이 행복을 약속하지는 못한다. 즉 인간을 행복하게 만드는 조건이 곧 행복한 인간을 만들지는 못한다.[13] 행복의 추구는 개인적일 수 없고 공동체 속에서 일어난다는 아리스토텔레스의 주장에서 인간은 본질적으로 사회적 존재임을 알 수 있다.[14]

기능적 재질(才質)보다 도덕적 수월(秀越)을 우선시한 희랍사람들에

---

12) K. Nishitani, *Religion and Nothingness*, University of California Press, 1983.
K. Nishitani, *Was ist Religion*? Frankfurt: Insel, 2001.

13) Jan Narveson, "Utilitarianism and New Generations", *Mind* 76, 1967, pp. 62-72.

14) Aristotle, *Nicomachean Ethics*, 1094b 11, Oxford University Press, 2009.

게 '자연스럽다'는 말은 자신을 함몰시키는 쾌락주의에 대치되는 것으로 보았고 행복의 주요한 척도가 되었다.[15] 쾌락주의는 과거나 미래에 대한 일정한 사유로부터 벗어나려는 시도 즉 의식의 상실이라는 값비싼 대가를 지불해야 한다. 쾌락주의자는 미래에 대한 괘념 즉 미래의식이 아니라 현재의 쾌락을 위해 자기의식을 포기하기도 한다. 키에르케고어에게는 영원한 존재와 믿음의 관계가 행복을 찾게 하는 자연스러운 삶이다.

개인의 주체적 존엄을 현실적으로 부인하는 신비주의적 생활도 미래를 진지하게 괘념하지 않고 자신의 주관적 의식을 상실시킨다. 자신의 존엄을 의식하는 행복추구는 역설적으로 자신의 이익을 오히려 상대화시키면서 타자와 관계하고 미래를 설계한다. 이런 존엄의식과 행복추구는 타자의 존재이유를 그 자체로서 전제하고 받아들인다. 자기 자신의 존엄을 찾는 고결한 삶의 인간조건을 키에르케고어의 실존적 절망과 불안을 중심으로 살피고자 한다.

## 3. 불안과 절망의 극복으로서 도덕발달

키에르케고어는 실존적 불안과 절망을 극복하는 신앙을 통해 인간본성을 이해한다. 그는 콜버그(Kohlberg)나 피아제(Piaget) 등과 같이 특정 내용의 도덕교육론을 제창하지 않았다. 그에게서 인간 본성의 실현은 새로운 도덕이론의 창출이나 자기의지(意志)적 윤리 덕목(德目)의 준수가 아니라 신앙을 통해 가능하다. 그에게서 인간본성은 영원을 사모한다는 뜻으로 영(靈)적(spiritual)이다. 그에 의하면 영원한 존재와 관계 대신에 부차적 목적의 추구가 실존적 절망을 가져온다. 이런 절망의 극복은 자기를 찾아가는 자기교육의 핵심이다.[16]

---

15) Spaemann, *Das Natürliche und Das Vernünftige*, München : Piper, 1987, S. 46.

철학사에서 소크라테스 이후 자기 자신을 찾고자 해왔다. 개인은 자신을 찾을 때 행복하고 고결해진다면 행복추구와 도덕발달은 긴밀히 연관된다. 우리의 구체적 생활은 단지 이론의 습득이 아니라 현실적 문제의 해결을 요구한다. 영원을 사모하는 마음을 인간본성의 핵심으로 본 키에르케고어는 계몽주의자들 같이 무지(無知)가 극복되면 행복이 찾아올 것으로 여기지 않는다. 또한 그는 인본주의자(humanist)와 같이 개인의 자율성을 한(限)없이 신뢰하지 않는다.

키에르케고어에서 한 개인의 실존이해는 온 인류의 보편적 삶을 이해하게 한다.[17] 그에게서 영원의 사모와 연관되는 실존적 절망과 불안은 정신분석학이나 심리학으로 환원될 수 없는 실존적 현실이다. 그에 의하면 인간은 하느님과 신앙의 관계에서 자기의 본성을 찾을 수 있고 실존적 현상인 절망과 불안을 극복할 수 있다. 이 신앙은 윤리적 행위를 통하여 객관적으로 전달되기에 도덕교육의 함의(含意)를 갖는다. 이런 전달은 도덕이론의 차원을 넘어서는 구체적 생활을 통해 간접전달로 드러난다.

개인의 창조성에 대한 확신으로 사회적 터부를 깨뜨린 사람들에 의해 사회는 발전한다고 카시러는 주장한다.[18] 인간을 영적(spiritual) 존재로 본 키에르케고어는 신의 소명(召命)을 창조성의 근거로 보았다. 신의 소명은 실존적 변형과 긴밀히 연관되며 도덕발달로 나타난다. 종교적 실존은 실존적 절망과 불안을 넘어서 자신을 찾아가는 도덕교육으로 이해되고 전달된다. 간접전달로 드러나는 실존적 변형으로서 도덕발달은 최

---

16) A. Burgess, *Kierkegaard and Christianity*, ACTA KIERKEGAARDIANA v. 3. Kierkegaard Circle, Toronto, Canada: Trinity College, 2008, p. 93.

17) Kierkegaard, (trans.) R. Thomte, *the Concept of Anxiety*. Princeton University Press, 1980, p. 79. unum noris, omnes, if you know one, you know all.

18) E. Cassirer, *an Essay on Man: An Introduction to a Philosophy of Human Culture*, Yale University Press, 1972, p. 72 -.

근의 심리학과 정신분석학의 연구와 치료에도 원용되고 있다.[19]

키에르케고어에서 절망은 '죽음에 이르는 병'인 동시에 자기 자신을 찾는 계기가 될 수 있다. 『죽음에 이르는 병』에 의하면 생물학적 죽음은 그리스도신앙에서 잠자는 것이고 절망이 실존적 죽음이다.[20] 키에르케고어는 인간의 한계상황인 죽음을 '부활을 기다리며 잠자는' 것이라고 한다. 인생에서 겪는 수많은 고통과 재난도 '죽음에 이르는 병'이 아니다. 그에 의하면 인간의 영혼 안에서 나타나는 절망이 '죽음에 이르는 병'이다.[21] 이 절망은 자기가 있다는 것을 모르거나 자기 자신을 찾지 않거나 타자와 관계를 맺지 않고 자신을 찾고자 하는 경우에 나타난다.

키에르케고어에 의하면 영원을 사모하는 영혼이 영원한 존재와 관계하는 방식으로 자기는 자신과 관계하게 된다.[22] 영원을 사모하는 존재로서 인간은 영혼의 갈망이 충족될 때에만 자기를 찾고 행복할 수 있다. 영원을 사모하는 본성으로서 자기가 자신과 관계함으로써 자신에게 정직할 수 있다. 절망과 불안은 인간의 본성인 영원을 사모하는 마음에 눈뜨게 함으로써 오히려 자신을 찾는 숭고한 계기가 될 수 있다. 이런 면에서 실존적 절망과 불안은 인간만의 독특한 특성이다.

인간은 영원과 시간, 자유와 필연, 무한과 유한의 종합이기에 절망이 있다. 이런 종합은 그리스도신앙에서 하나님으로부터 오는 것으로 믿는다.[23] 절망은 영원한 그리스도와 관계하는 영혼의 활동을 통해 자기

---

19) K. M. Ramsland, *Engaging the Immediate. Applying Kierkegaard's Theory of Indirect Communication to the Practice of Psychotherapy*, Bucknell University Press, 1989.

20) 쇠얀 키에르케고어, 임춘갑 역, 『죽음에 이르는 병』, 도서출판 치우, 2011, 13쪽.

21) 임춘갑 역, 『죽음에 이르는 병』, 21쪽 이하.

22) 임춘갑 역, 『죽음에 이르는 병』, 23쪽.

23) 임춘갑 역, 『죽음에 이르는 병』, 28쪽.

자신을 찾는 계기(契機)가 된다. 이렇게 절망을 계기로 영혼은 영원, 자유, 무한과 관계함으로써 자기 자신이 되는 근본적 책임을 수행할 수 있게 된다. 키에르케고어에 의하면 인간은 본성(本性)상 영원의 사모, 자유의 추구, 무한의 동경으로부터 벗어나서 살 수 없다.

키에르케고어에서 절망하여 자기 자신이려고 하지 않는 것은 절망하여 자신의 힘만으로 자기 자신이려는 것과 마찬가지 실존적 절망이다. 자신의 힘만으로 즉 영원한 존재와 관계하지 않고 자기 자신이 되려는 시도는 실존적으로 절망의 지속일 수밖에 없다. 인간은 스스로 완전히 절망할 수도 없다는 점에서 영원을 사모하는 존재임을 알 수 있다. 영원을 사모하는 마음이 자신의 힘만으로 자신을 찾아 행복하려고 한다면 오히려 절망할 수밖에 없다. 동물에게는 '죽음에 이르는 병'으로서 절망이 없다.

알력(軋轢), 동요, 부조화, 불안 등 구체적 생활에서 절망스런 현실을 전혀 겪지 않는 사람은 없다. 키에르케고어에 의하면 자기 스스로 자신을 찾고자하는 의미로서 절망은 인간의 보편적 현상이다.[24] 사람은 자기 충족적(self-sufficient) 행위만으론 자기 자신을 찾을 수 없으니 자신만의 행복은 없다. 통증이 없다고 병이 없지 않다. 자신의 절망을 자각하지 못하는 절망이 절망의 가장 심각한 모습이다.

키에르케고어는 절대적인 것에는 절대적으로 상대적인 것에는 상대적으로 관계하고자 한다. 그는 상대적인 것에서 자유롭기를 원한다. 자유를 추구하는 자기의식(意識)은 영원한 존재와 관계를 자신의 구체적 생활에서 표현하고자 한다. 이렇게 순간순간의 생활에서 자신을 찾아나서는 과정이 개인과 사회의 역사가 된다. 사람은 자기 자신으로 즉 자기답게 존재하지 않으려 하면 절망하게 된다.[25] 자기 자신을 찾는

---

24) 임춘갑 역, 『죽음에 이르는 병』, 43쪽.

25) 무한과 유한의 결합으로 인간이 한계 없이 공상 속에서 살고자 하는, 즉 무

숭고한 삶은 도덕교육의 실마리가 된다.

키에르케고어는 헤겔과 독일관념론을 비판하면서 거대한 전당(殿堂) 즉 존재 전체와 세계사를 포괄하는 체계를 세우지만 이 사상가의 개인 생활을 보면 놀랍게도 둥근 천장이 있는 궁전에 살지 않고 그 전당 옆에 달린 헛간에 살고 있는 가공(架空)의 어처구니없는 사실을 지적한다.[26] 영원한 존재와 관계하지 않고 절망하고 있음은 영원을 사모하는 영혼으로서 자신을 의식하지 못함을 뜻한다.[27] 개인이 감각적 아름다움을 더한다고 삶의 문제가 해결되지 않듯이 실존적 절망은 종교 윤리적 규정이다. 키에르케고어에게 절망은 하느님 앞에서 영혼의 존재로 자신을 파악하지 못하는 모습니다.

키에르케고어의 시각에서 이타주의(利他主義)의 극단적 형태인 타자를 위한 전적 희생은 보편화될 수 있는 윤리적 규범이 아니다. 그에 의하면 인간은 본성적으로 자존(自存)적 혹은 자율(自律)적 존재가 아니기에 신과 단독자적 믿음의 관계를 통해서만 타자에게 윤리적 행동을 할 수 있게 된다. 인간의 고결한 행동은 상대적인 것들을 포기함으로써 오히려 드러나게 된다.

아리스토텔레스나 토마스 아퀴나스는 타자에 대한 행위에서 드러나는 인간 존엄의 표현을 지성적 차원이 아니라 자유와 신적(神的)인 것이 관여하는 창조행위로 본다. 롤스(Rawls)에 의하면 사람은 공공의 유익이라는 명목으로도 침해될 수 없는 고유한 존엄성을 지닌다.[28] 이

---

한이기를 원하는 개인은 절망할 수밖에 없다. 사람은 자기답게 살도록 창조되었는데 다른 사람에 대한 두려움 등으로 자신이 되려고 하지 않으면 절망하게 된다. 키에르케고어에 의하면 인간은 참으로 두려워해야 할 하느님과 믿음의 관계를 통해 독특한 자기 자신이 될 수 있다.

26) 임춘갑 역, 『죽음에 이르는 병』, 90쪽.

27) 임춘갑 역, 『죽음에 이르는 병』, 93쪽.

28) J. Rawls, *Eine Theorie der Gerechtigkeit*, Suhrkamp, 1994, S. 19.

런 인간존엄을 키에르케고어는 신과 신앙의 관계에서 찾았고 자신의 구체적 삶을 통해 타인에게 고결한 성품의 도덕교육으로 전달하려고 했다.

인간은 생물학적으로 유한적 존재이지만 영원한 존재와 관계하면서 사회적 관계를 맺는다는 점에서 윤리적 행동의 근거를 찾게 된다. 키에르케고어는 정열이 관여하는 신앙의 역설을 통해 인간의 자율(自律)적 도덕의 한계를 넘어서려고 했다. 신과 실존적 관계는 『두려움과 떨림』의 아브라함에게서 보듯이 처음에는 신 앞에 선 단독자로서 실존적 결단이지만 이런 결단이 타인에게 구체적 생활을 통해 간접전달의 형식으로 이해되었기 때문에 다른 이들에게도 실존적 결단을 요구할 수 있게 된다.[29]

## 4. 영혼의 활동과 실존적 불안

주체적 사상가는 자기의 독특한 의사소통 방식을 갖고 있다. 이 방식은 변증법적 과정을 통해 구체적으로 표현된다.[30] 종교적 실존을 죄의식(罪意識)과 연관하여 설명하는 『불안의 개념』은 키에르케고어 자신의 개인적 체험으로 해석되기도 한다.[31] 『불안의 개념』은 권위와 죄를 언급하며 인간이 거룩함과 영원을 사모하며 살아감을 드러낸다.[32] 이

29) 쇠얀 키아케고어, 강학철 역, 『두려움과 떨림』, 민음사, 1991.

30) R. L. Perkins, ed. *International Kierkegaard Library, V. 8, The Concept of Anxiety: A Simple Psychologically Orienting Deliberation on the Dogmatic Issue of Hereditary Sin*, Mercer University Press, 1985, p. 7.

31) J. Thomson, *The Lonely Labyrinth: Kierkegaard's Pseudonymous Works*, Carbondale: Southern Illinois University Press, 1967, pp. 150-164.

32) G. Malantschuk, *"Kierkegaard's Thought"*, (ed. and trans.) H. V. Hong and E. H. Hong, Princeton University Press, 1971, p. 340.

책의 익명의 저자(Vigilius Haufniensis)에 의하면 인간 본성(本性)의 선(善)을 전제하는 이교(異教)의 윤리는 하느님과 관계를 맺지 않는 죄(罪) 때문에 역사적 책임을 수행하지 못하고 파선(破船)할 수밖에 없다.

기독교윤리학에서 사람은 누구나 죄의 영향 아래 있다. 『불안의 개념』은 인간의 실존적 현실과 죄(罪)에 대한 심리학적 설명이다. 성경에 의하면 아담의 범죄에 의하여 죄가 세상에 들어왔고 그 후 다른 사람도 그 영향 아래 있게 되었다. 그리스도신앙에서 하느님과 관계가 단절된 죄로 말미암는 불안은 종교 윤리적 단계 즉 그리스도신앙으로만 극복된다.

키에르케고어에 의하면 죄가 세상에 온 것은 논리적으로는 설명되지 않는다. 그는 죄로 말미암는 불안의 극복을 논리나 사변(思辨)이 아니라 신앙의 비약(leap of faith)에서 찾는다. 죄는 인간에게서 질(質)적 비약이고 신앙은 죄를 극복하는 새로운 질적 비약이 된다. 죄를 통해 질적 비약이 있었음은 합리적으로는 설명될 수 없는 비약이다. 그러므로 심리학은 죄 자체는 설명할 수 없고 죄의 상태 혹은 현상을 설명할 뿐이다.

『불안의 개념』을 따르면 사람은 영혼(靈魂, spirit)의 활동에 의해 정신과 육체가 종합된다. 키에르케고어에서 자유와 불안이 함께 하는 영혼의 활동은 영원한 존재와 관계하며 자아를 성숙시킨다. 죄(sin)와 죄성(罪性, sinfulness)은 자연에 영향을 미치기 되어 피조물들은 하느님의 아들들이 나타나기를 고대하게 되었다(로마서 8:19). 이런 현실을 하우프니엔시스(Haufniensis)는 『불안의 개념』에서 객관적 불안이라고 한다.[33]

자연이 범죄(犯罪)한 것이 아니라 인간의 범죄(犯罪) 후 자연 즉 피조물은 전혀 다른 시각으로 보이게 되었다. 이에 반해 자아의 주관적 불안은 죄가 나타나기 전에도 자유와 함께 있었다. 자유와 불안은 같이

33) R. Perkins (ed.), p. 15.

가기 때문에 개인의 창조적 활동에는 불안이 깃들이게 된다. 생산적 활동을 전혀 하지 않는 까닭은 심리적으로 불안을 직면하지 않으려고 하기 때문이다.

하우프니엔시스에 의하면 아담의 범죄 이후 인간은 타자 즉 주위환경과 관계에서 더욱 더 죄에 노출되었다. 인간의 범죄는 자신의 피조물에 대한 지각에 나타나게 되어 감각기관이 죄성(罪性, sinfulness)을 지니고 주위 환경을 대하게 되었다. 하우프니엔시스에 의하면 여성은 남성보다 생리적으로 더 감각적이기에 더 불안하다고 한다.[34] 감각적 향락의 추구로서 성적 요구는 불안의 실존적 현실을 이성(異性)과 육체적 관계를 통해 극복하려고 한다.

그리스도신앙에서는 인간의 본성을 영원을 사모하는 영혼의 활동으로 보는 차원에서는 남성과 여성의 구분을 넘어서게 된다.[35] 즉 자신과 타자를 구분했던 성적 욕구가 영적 단계에서 지양(止揚)되고 승화(昇華)된다. 이렇게 성애(性愛)의 욕구가 있는 곳에 영적인 것이 낯설게 다가오며 불안이 깃들게 된다. 인간의 실존적 본성의 활동으로서 자유의 추구는 불안을 동반한다. 개인이 타자와 사랑으로 관계하며 자신을 찾고자 할 때 불안을 의식하지만 영혼의 활동이 표현되면 감각적인 것이 변형되어 영원을 추구하면서 불안이 극복되어진다.[36] 『사랑의 역사』에서도 이웃사랑은 개인이 하느님 앞에 믿음으로 설 때에만 오히려 가능하다.[37]

---

34) R. Perkins, (ed.), p. 16.

35) R. Perkins, (ed.), p. 17.
R. Thomte and A. B. Anderson, (trans.) *The Concept of Anxiety*, Princeton: Princeton University Press, 1980. (Begrebet Angest, by Vigilius Haufniensis, ed. S. Kierkegaard, 1844), p. 70.

36) R. Thomte and Albert B. Anderson, p. 80.

37) 쇠얀 키에르케고어 지음, 임춘갑 역, 『사랑의 역사』, 도서출판 치우, 2011.

## 5. 자기다움과 도덕교육

키에르케고어는 인간조건(conditio humana, human condition)을 재화(財貨)의 부족이 아니라 하느님과 관계가 단절된 죄(罪)에서 찾았다. 인간의 죄의식은 자기 자신의 존엄성을 의식하지 못하고 타자를 용서하지 못한다. 죄의식은 도덕교육의 측면에서 볼 때 '자기 자신만의 고유한 시각'을 갖지 못하는 부정적 상태에 이르게 된다. 만하이머(Manheimer)는 키에르케고어를 도덕교육자로서 이해하며 인간 본성의 탐구를 자기화(自己化, appropriation)라고 한다.[38] 키에르케고어에서 자신의 고유한 시각을 위한 실존적 선택이란 자기화를 뜻한다.[39] 자기화를 통한 도덕교육은 학교의 교과목 차원을 넘어서 평생 자신을 선택하는 과정이다.

아낙시만드로스(Anaximandros)에 의하면 우리는 각자 자신이 심은 것에 대한 삶의 보답을 시간이라는 법정을 통하여 자신의 본성(本性, nature)으로부터 거두게 된다.[40] 인간의 행동규범은 고대에서 중세까지 자연을 따르는 삶 즉 자연스러운 본성에 근거하였다.[41] 플라톤, 아리스토텔레스, 토마스 아퀴나스 등은 모두 윤리적 행동의 규범으로 자연의 질서를 따르는 생활을 받아들였다.[42] 행복한 미래를 형성하

---

38) R. J. Manheimer, *Kierkegaard as Educator*, University of California Press, 1978.

39) R. J. Manheimer / 이홍우 · 임병덕 역, 『키에르케고르의 교육이론』, 교육과학사, 2003.
Ronald J. Manheimer는 키에르케고어 사상을 '자기화'(自己化, appropriation)로 파악함.

40) Diels u. Kranz, *Die Fragmente der Vorsokratiker*, Hildesheim : Weidemann, 1961, B. I.

41) A. MacIntyre, *Verlust der Tugend*, Frankfurt: Suhrkamp, 1997, S. 181.

42) MacIntyre, *Verlust der Tugend*, S. 191.

기 위해 자연스러운 본성을 따르는 생활은 더 이상 그 배후를 물을 수 없게 된다.

인간은 자신의 존엄에 근거하여 타자와 관계하기에 자연을 훼손시키는 행동은 자신의 존엄을 손상시킨다. 인간의 존엄(human dignity, dignitas humana)은 희랍에서는 존귀한 사회적 신분에서 연유했고 기독교에서는 하나님의 형상에서 근원한다.[43] 인간의 자연스러운 본성을 신 앞의 단독자적 실존으로 본 키에르케고어는 자기 의지로써 존엄을 지키려는 스토아(stoa)학파의 주장을 받아들이지 않는다. 인간존엄은 수행한 업적에 의하여 인정되지 않고 인간의 자연스러운 본성을 통해 드러나기에 우리는 자기다움을 지키며 스스로 편히 있을 수 있어야 한다.

키에르케고어에서 사람의 본성은 영원을 사모하는 마음이기에 신과 인격적 관계를 가질 때 존엄하고 자연스러운 존재가 된다. 아리스토텔레스는 인간존엄을 고상하고 넓은 마음으로 보아 삶에서 주요한 목표를 하나 혹은 몇몇으로만 받아들인다.[44] 이런 삶은 명예를 생명보다 더 귀하게 여기게 된다. 아리스토텔레스나 토마스 아퀴나스에서 고결한 마음은 인간에게 고유(固有)하지 않고 외부에서 온 신(神)적이며 영원하여 소멸되지 않는다.[45]

키에르케고어에서는 자기다움을 선택하는 행위가 바로 도덕적 행위와 도덕교육의 근거가 된다. 사람이 윤리적 행위를 위해 분투하고 행복을 추구하지만 그 목적을 성취하지 못하는 까닭은 인간본성에 걸맞은 자기다움을 찾지 않기 때문이다. 자기다움을 찾는 생활은 단지 이론적

43) M. Forschner, *Über das Handeln im Einklang mit der Natur*, Grundlgen ethischler Verständigung, Darmstadt : Primus, 1998, S. 92.
44) Aristoteles, *Nikomachische Ethik*, IV. 7-8. (Ditzingen : Reclam. 1986).
45) Spaemann, *Glück und Wohlwollen*, S. 27.

설명만으로는 전달될 수 없고 구체적 생활이 동반되는 간접전달을 요구한다. 그러므로 자기를 찾는 고결한 성품은 다른 것의 수단이 아니라 그 자체가 목적이 된다.

키에르케고어의 실존적 성숙을 자기화로 해석한 만하이머는 도덕적 선택이란 바로 자기 자신을 선택함이여 이 선택은 신과 관계에서 연원한다.[46] 그런데 키에르케고어에서 도덕발달로서 자기 선택은 『두려움과 떨림』의 '윤리적인 것의 목적론적 정지'(the teleological suspension of the ethical)에서 보듯이 성육신의 신(God incarnate), 그리스도를 믿음으로 윤리적인 것이 중지됨으로써 오히려 역설적으로 드러난다.[47] 키에르케고어가 제시하듯이 인간의 도덕발달과 그 행동은 종교적 근거에서 정립된다.[48] 그에게서 그리스도신앙에 근거한 도덕적 행동은 사회적 관습을 익히는 공손함의 윤리를 넘어서서 개인의 창조적 역할을 표현한다. 그에게 하느님은 단지 도덕법칙이 아니라 은혜와 사랑을 체험한 이들로부터 열정적 반응과 책임을 보려는 분이다.[49]

키에르케고어에서 하느님에 대한 신앙에서 삶이 승화될 때 도덕적 행위가 가능해진다.[50] 그에게는 '신의 기대'(God's expectation)가 도덕발달로 표현되는 자기교육이다. 그는 하느님으로부터 받은 특별한 은혜와 소명(召命)을 의식했다. 그는 영원한 하느님과 교제하는 영혼의 활동을 행복으로 확신했고 이런 확신은 고결한 성품으로 표현되는 도덕교육이 되었다. 그는 하느님과 믿음으로 교제하면서 세상의 시련을 상대

46) 이홍우 · 임병덕 역, 『키에르케고르의 교육이론』, 서울: 교육과학사, 2003.
47) Kierkegaard, Hirsch (u.), *Furcht und Zittern*, Eugen Diederichs Verlag, 1950.
48) 쇠얀 키아케고어, 강학철 역, 『두려움과 떨림』, 민음사, 1991.
49) Kierkegaard, Hirsch (u.), *Furcht und Zittern*, 1950.
50) Pattison, "Kierkegaard and the Anxious Sublime", in: *Kierkegaard Studies Yearbook*, de Gruyter Verlag, 1998.

적으로 받아들였다.

키에르케고어에서 도덕발달로 드러나는 영(靈)적(spiritual) 자기교육은 하나님에 대한 침묵의 순종과 기쁨으로 깊어졌다.51) 그는 일생동안 자신을 힘들게 했던 죄의 용서를 확신했고 말할 수 없는 기쁨을 고백한다.52) 그는 더 이상 타인에게서 위로를 구하지 않고 하느님의 은혜를 갚는 삶을 살고자 했고 실천했다. 그에게서 자신의 정체성(正體性)을 찾음이 자기교육이며 타인을 가르치는 최선의 방법이다.

키에르케고어에서 도덕적 행동은 신과 단독자적 신앙의 실존에서 가능하다. 그에게서 도덕교육은 자신의 본성을 찾아가는 자기교육을 통해서 표현된다. 물론 그에게서 자기교육의 핵심은 하느님과 영원을 사모하는 영혼의 교제다. 그는 하느님이 이런 교제에서 우선적 행동을 취하고 특정인에게 더 많은 기대를 하며 자신을 더 깊은 종교적 차원으로 이끈다는 확신을 했다.53) 자기교육으로 표현하는 도덕교육에서 갈등의 순간은 이 세상의 안정과 하느님신앙에 근거하는 도덕적 생활 사이의 선택이다. 물론 키에르케고어에서 삶의 궁극적 안정은 하느님과 신앙의 교제다.

키에르케고어에서 도덕교육은 새로운 도덕발달에 대한 이론습득이 아니라 신과 종교적 관계의 심화를 통해 형성된다.54) 그에 의하면 감

---

51) 표재명, 『들의 백합 공중의 새』, 서울: 21세기선교출판사, 1999, 146쪽.

52) Kierkegaard, Pap. II A 228. 그는 1838년 5월 19일 10시 30분 말로 다 할 수 없는 기쁨을 체험했다고 한다. Kierkegaard, *the Journals*, II A 228. 1838 May 19: Kierkegaard records that he has experienced "an indescribable joy". Kierkegaard, Howand and Edna Hong(trans.), *the Journals & Papers*, v. II, Indiana University Press, 1967.

53) Hwang, JongHwan, *Ökologische Gerechtigkeit*, München: Herbert Utz Verlag, 2004, S. 146.

54) Andrew Burgess, *Kierkegaard and Christianity*, ACTA KIERKEGAARDIANA v. 3. Kierkegaard Circle, Toronto: Trinity College, 2008,

각적 향락을 통해 행복을 얻고자 하는 생활에는 불안의 동요가 있고 윤리적 분투에는 내면성과 지속성에서 한계를 자각하게 된다.[55] 그에 의하면 숙고(熟考)는 실존과 분리되지 않을 때에만 즉 진리는 내적으로 '자기화'될 때에만 자신을 찾게 한다. 키에르케고어는 신과 최고의 관계를 용서에 대한 확신에서 찾았다.

키에르케고어는 배우는 자가 오성(悟性)과 자기 스스로에게 말미암는 역설(逆說)마저 포기하고 영원한 신과 만나는 행복한 정열을 믿음이라고 한다.[56] 이렇게 영원한 신과 만남에는 그리스도와 동시대에 살았다고 하더라도 즉 성육신한 예수를 감각의 눈으로 보았다고 하더라도 아무런 유익을 더하지 못한다.[57] 이런 만남은 그리스도와 개인적 믿음으로 가능하다.

키에르케고어의 해석에 의하면 자기표현의 수단인 몸이 영적으로(spiritually) 될 때에만 즉 영원한 존재와 관계를 맺을 때에만 자신을 표현하게 된다.[58] 그에 의하면 인간은 보편적 관계를 설명하는 정신적 차원을 넘어서서 신과 인격적으로 관계하는 영(靈)적 차원에 들어갈 때 영원한 행복을 추구하며 이 세상을 바로 보게 된다. 이런 관계의 객관적 검증은 도덕발달로 드러나는 도덕교육이다.

키에르케고어는 인간의 자율성에 근거한 윤리적 생활에 대한 비판을

p. 93.

55) Kierkegaard, Hirsch(u.), *Entweder - Oder* Ⅰ, Ⅱ, Eugen Diederichs, 1956, S. 239.

56) 표재명, 『들의 백합 공중의 새』, 117쪽.

57) Kierkegaard, (ed. and trans.) Howard V. Hong and Edna H. Hong, *Concluding Unscientific Postscript to Philosophical Fragments*, Princeton University Press, 1992.

58) R. Hall, "Spirit and Presence: A Kierkegaardian Analysis", Robert L. Perkins, (ed.), *International Kierkegaard Commentary, Either/Or*, Ⅰ, Mercer University Press, 1995, p. 282.

『불안의 개념』에서 분명하게 기술한다.[59] 그에 의하면 자율(自律)적 자기선택은 자유로부터 나오지 않고 불안의 부정적 느낌으로부터 발생한다. 그러므로 자신의 힘에 의존하는 시도는 윤리적으로 살 수 있는 능력을 갖추지 못한 인간에게 후회를 가져오며 유효(有效)적 성취를 이룩하지 못하기 때문에 본래적 의미에서 어떤 행위도 아니다.[60] 인간은 죄와 허물 속에 있으므로 행위에서 자기 자신뿐만 아니라 타인을 의지할 수 없음을 깨닫고 역사 속에 들어온 구원(救援)자인 그리스도와 실존적 신앙의 만남을 통해서 윤리적 생활을 할 수 있다.

키에르케고어에 의하면 인간에게 현실적으로 윤리적 삶을 가능하게 하는 길인 역사 속에 들어온 예수 그리스도와 만남은 이성이나 오성의 차원을 넘어서서 실존적 역설(逆說)인 믿음을 통해서 가능하다. 실존적 역설로서 믿음이 맹목적 신앙 혹은 맹신(盲信)적 열정주의와 구별되기 위해서는 고결한 성품을 통해 드러나야 한다. 인간이 죄와 허물 안에 있다면 그 희망은 밖에서 주어져야 한다.[61] 칸트가 종교를 윤리적 영역에서 설명하고자 했다면 키에르케고어는 신과 인격적 관계에서 윤리적 삶의 가능성을 보았다.[62]

칸트가 인간의 근본악(根本惡)을 인정하면서도 개인의 선의지로써 이를 극복하고 윤리적 생활을 추구하려고 했다. 신칸트학파 카시러에게서 인간은 종교, 언어, 예술, 역사, 과학 등 문화적 형성을 통하여 새로운 세계를 창출할 수 있다는 암묵적 자기 확신이 전제되어 있다. 그러나 근본적 허물과 죄에서 인간을 이해하는 키에르케고어는 이런 전제를

59) 쇠얀 키에르케고어, 임춘갑 역, 『불안의 개념』, 도서출판 치우, 2011.
60) Hinrich Fink-Eitel, *Die Philosophie und die Wilden*, Hamburg: Junius, 1998, S. 351.
61) R. M. Green, *Kierkegaard and Kant, The Hidden Debt,* State University of New York Press, 1992.
62) Green, *Kierkegaard and Kant*, SUNY Press, 1992, pp. 156-178.

받아들일 수 없었다. 인간은 불안에서 벗어나고자 하지만 불안하기 때문에 오히려 자신을 찾아 나설 수 있다.

## 6. 권태와 허무에 이르는 감각적 향락

아담은 『이것이냐 저것이냐 1』의 감각적 만족을 추구하는 생활과 같이 주위환경에 직접적으로 반응했다.[63] 아담의 이런 상태는 '피가로의 결혼'의 파게(Page)의 모습으로도 그려진다. 어린아이의 불안은 마술피리(The Magic Flute)의 파파게노(Papageno)로서 에로스의 불안은 오페라 '돈 죠바니'(Don Giovanni)의 주인공 돈 죠바니로 나타난다. 인간이 전혀 무지한 수준의 상태에서는 영(靈)적으로 활동하지 않는다. 유아시절도 비슷한 상태로서 주위환경에 대한 의식이 없고 자기 자신만 관심을 갖게 된다.

불안으로 드러나는 원죄는 인간의 실존을 설명하기 이전에 전제된다. 인간은 유한한 존재이면서 영원을 사모하며 살아가는 실존적 불안의 존재로서 '영원'과 '불안' 중 하나를 배제하려면 다른 하나가 드러난다. 이렇게 인간은 실존적으로 불안하며 불안해하는 주위 사람들과 더불어 살아간다. 인간에게 근본적으로 주어진 실존적 불안은 상담치료로 해소될 수 있는 심리학적 불안과 구분된다. 삶에는 영원에 대한 동경이 아니라 감각적 향락만이 있을 뿐이라는 강박적 자기 설득은 키에르케고어에 의하면 실존적 불안과 절망의 역설적 표현일 뿐이다.

63) 쇠얀 키에르케고어 지음, 임춘갑 옮김, 『이것이냐 저것이냐 1』, 『이것이냐 저것이냐 2』, 도서출판 치우, 2012.

## 7. 영원한 행복을 사모하는 마음

도덕적 생활로서 도덕교육은 우리가 스스로 윤리적으로 살 수 있다고 묵계(黙契)적으로 전제한다.[64] 이런 전제에 의문을 제시하며 구체적 행동에서 윤리적 생활이 가능한 길을 모색한다. 키에르케고어에서 영원한 행복을 추구하며 자기 자신을 찾아가는 생활은 윤리적 행동을 통하여 객관화된다. 그에 의하면 자기를 찾아가는 과정으로서 윤리적 생활은 신(神)의 중재(仲裁)를 통해서만 가능하다. 개인은 하느님 안에서 자기화를 통해 윤리적 생활을 하고 타인에게 간접적으로 가르친다. 이런 고결한 생활은 타인의 시선을 우선하며 경쟁적 질투의 차원에서 살아가는 사람들을 '거리끼게'(stumble) 한다.

실존사상의 선구자 키에르케고어는 평생 자신을 찾아 나섰다. 그에게서 인간은 이웃과 관계하기 전에 자신에 대하여 우선 관계한다. 즉 존엄한 자기 자신에 대한 관계를 전제하여 주위환경과 관계한다. 이웃과 관계를 맺는 인간영혼의 활동은 윤리적 생활의 핵심적 역할을 하게 된다. 윤리적 생활이 현실적으로 가능하기 위해 인간본성을 키에르케고어는 해명한다. 그에게서 하느님을 신앙하며 자기를 찾는 윤리적 생활의 완성은 이웃사랑으로 표현된다.

왜 우리는 꾸준한 경제성장에도 불구하고 행복한 삶을 누리지 못하고 도덕적으로 발달하지 못할까? 한국사회에서 행복의 성격상 경제적 발전을 선도해야 하는 도덕발달은 학교 현장만 아니라 평생교육의 과제가 되었다. 슈페만은 삶의 추구가 그 목적을 성취하게 하는 학문이 윤리학이라고 한다.[65] 감각적 향락의 추구나 자기 의지적 노력으로 윤리적

64) 헤겔(Hegel)에서 사회적 규범으로서 인륜성(人倫性, Sittlichkeit)을 지적하며 윤리와 도덕을 엄밀히 구별하는 시도도 있으나 나는 구분 없이 사용한다.
65) R. Spaemann, *Glück und Wohlwollen*, 1993, S. 18.

생활을 하려고 했으나 목적을 성취하지 못한다면 인간 본성(本性)에 대한 미흡한 이해 때문이다. 키에르케고어에게서 인간이 자기 자신에 대해 관계하며 이웃과 관계를 맺게 하는 도덕적 수월성은 하느님과 인격적 관계에서 근원한다. 그에게 삶의 최고 단계는 종교적 단계다. 이런 개인은 주위환경에 자신의 정체성(正體性)과 개성을 표현하며 살아간다.

## 8. 영원한 존재와 관계하는 영(靈)적 본성

키에르케고어는 인간을 영혼 혹은 정신이라고 한다.[66] 그에게서 인간 본성으로서 영혼의 활동과 윤리적 생활은 실존적 불안과 관련된다. 그는 영원을 사모하며 불안을 극복하고 실존적 성숙을 이루는 영적(靈的, spiritual) 교제에서 인간본성을 찾는다. 영적 교제로서 인간의 본성은 윤리적 생활의 완성인 이웃사랑을 가능하게 한다. 그에게서 영혼은 영원을 사모하는 마음이다. 인간은 유한과 무한의 종합, 시간적인 것과 영원한 것의 종합, 자유와 필연의 종합이며 자존(自存)적 존재가 아니다.[67]

키에르케고어에서 절망한 인간이 자신을 찾아 성취해가는 고결한 생활은 아리스토텔레스의 주장과 같이 훈련과 반복을 통해 가능하지 않다. 인간 본성의 원죄(原罪)를 끊임없이 고뇌하며 이해하려고 했던 키에르케고어가 활동하던 시기에 독일, 덴마크 등 유럽에는 헤겔주의가 큰 영향력을 미치고 있었다. '현실적인 것은 이성적인 것이다'라는 헤겔의 입장에서 성경의 기적사건은 인간의 이성(理性)이 이해하는 한에서

66) 쇠얀 키에르케고어 지음, 임춘갑 옮김, 『죽음에 이르는 병』, 도서출판 치우, 2011.

67) 쇠얀 키에르케고어 지음, 임춘갑 옮김, 『죽음에 이르는 병』, 도서출판 치우, 2011.

만 받아들여진다. 헤겔은 기독교의 진리를 인간의 이성과 일치시키고 결합하려고 했다. 이렇게 헤겔은 종교와 이성(理性) 사이의 화해를 철학의 임무라고 생각했다.

키에르케고어에 따르면 인간은 자신의 사유나 윤리적 의지로써 궁극적인 물음을 해명할 수 없고 스스로 평형(平衡)이나 평안(平安)에 도달할 수 없다. 인간은 오로지 영원한 존재와 관계하는 방식으로 자기 자신 및 타자와 관계한다. 스스로 자신의 힘만으로는 윤리적 생활을 할 수 없다. 인간은 자신에 대해 절망하기에 영원한 존재에 대한 사모를 회복하여 윤리적 생활을 할 수 있게 된다. 이런 삶을 키에르케고어는 그리스도인의 생활이라고 한다.

## 9. 사유(思惟)를 넘어서는 실존(實存)

사려(思慮)하는 생활을 인간의 최고 모습으로 본 아리스토텔레스를 헤겔은 높이 평가했다. 그러나 키에르케고어는 인간의 자존(自存)적 사변(思辨)이 아니라 하느님에 대한 주체적 신앙으로 인간은 진리에 이르고 자기 자신을 알 수 있다고 보았다. 키에르케고어는 젊었을 때 큰 관심을 가졌던 헤겔의 관념철학이 신앙의 진리에 이르지 못하게 함을 의식하게 되었다. 철학자들은 이성을 통해 신앙의 진리를 정립하고자 해왔다.

보편적 이성이나 윤리를 현실적으로 오히려 가능하게 하는 신앙을 키에르케고어의 『두려움과 떨림』에서 보게 된다. '윤리적인 것을 목적론적으로 정지'하며 아브라함은 믿음을 통해 이삭을 다시 얻었다.[68] 믿음

---

68) 쇠얀 키아케고어 지음, 강학철 옮김, 『두려움과 떨림』, 민음사, 1991. Kierkegaard, (trans.) W. Lowrie, *Fear and Trembling*, Princeton University Press, 1970.

의 조상 아브라함은 영원한 하느님을 신앙하며 절대적으로 관계하고 유한한 것들은 상대적으로 관계하거나 포기함으로써 진정으로 자기 자신을 찾은 행복한 사람이다. 그런데 헤겔 철학에서는 이런 신앙은 철학적 지식에 이르지 못한 불완전한 상태일 뿐이며 창조자나 창조된 자나 오히려 영원하고 필연적 법칙을 따라야 된다.

키에르케고어는 사변(思辨)을 통해 정립한 소위 영원한 법칙에 굴복하지 않고 창조자 하느님과 신앙으로 교제하고자 한다. 실존사상가로서 키에르케고어에서 현실적 삶은 철학이나 윤리로 위로받거나 해결될 수 없다. 그에게서 인간이 스스로 자신의 논리적 추론이나 자기의지만으로 진리를 찾고자 하는 시도는 불안 속에 있는 인간의 절망적 모습일 뿐이다. 그에게서 의인은 믿음으로 말미암아 살고 믿음으로 말미암지 않는 것은 죄이며 영원한 축복은 그리스도를 무한한 정열을 갖고 주체적으로 신앙함으로써 얻고 누리게 된다.

## 10. 인간본성에 걸맞은 행복추구

키에르케고어에서는 헤겔 방식의 사변이 아니라 하느님이 모든 것을 가능하게 한다. 신앙은 이성으로부터 정당화를 얻고자 해서는 안 된다. 바른 신앙은 인간이 자기 자신을 찾아가는 길이기에 자존(自存)적으로 불가능했던 보편적 이성과 윤리를 오히려 가능하게 만든다. 사변철학은 신앙과 이성을 일치시키며 필연성을 추구하기에 신앙을 오히려 말살시킨다. 이런 시도에서 필연성을 충족시키지 않는 구체적 경험은 자신을 분노하게 한다. 절망을 실존적 죽음으로 본 키에르케고어에서 실존적 불안은 감각적 향락의 추구 다음에 오는 것이 아니라 향락의 추구와 자존(自存)적 윤리의 추구 그 자체가 실존적 불안의 표현이다.

키에르케고어가 『죽음에 이르는 병』에서 제시하듯이 실존적 절망은 영원한 존재를 사모하는 인간이 상대적 존재와 절대적 관계를 맺고자 할 때 찾아오는 현상이다. 그에 의하면 본성상 영원(永遠)을 사모하게 되어있는 인간이 이런 갈증을 충족시키지 못하면 실존적 죽음인 절망에 이르고 스스로 자신을 잠식(蠶食)하게 된다. 본성상 영원하거나 절대적이지 않은 사회적 인정, 돈, 육체적 쾌락 등에 삶의 궁극적 의미를 부여하며 살아갈 때 인간은 절망하게 된다.

인간본성에 걸맞지 않은 욕구추구는 성취여부와 관계없이 자신을 스스로 절망하게 만든다. 이런 욕구들에서 헤어나지 못하는 자는 자신을 찾지 못하기 때문에 절망하고 있게 된다. 불타지만 그렇다고 완전히 소멸되지도 않는 상태에 자신이 빠져있는 모습과 같다. 스스로 철저하게 절망할 수 없다는 데에서 인간은 영원한 존재를 사모하며 살아간다는 것을 간접적으로 알 수 있다.

키에르케고어 시각에서 자신에게 영원을 사모하게 하는 영혼이 있음을 자각하지 못하고 생활하는 인간은 역설적으로 절망의 과정을 통해서 영원한 하느님과 관계하게 되며 자신을 찾아 나서게 된다. 이렇게 보편적 현상으로서 실존적 절망은 오히려 자기 자신을 찾는 실마리를 제공한다. 이런 의미에서 '죽음에 이르는 병' 즉 실존적 절망은 하느님의 축복이다.

## 11. 인간본성과 실존심리학

키에르케고어에서 심리학은 자기이해를 통해 타인을 알아가는 방법이다. 인간은 자기이해를 통해 타인과 주위환경을 관찰하며 확증해간다. 주지(主知)주의는 인간의 지식에 집중하지만 무의식도 인간이해의 주요 부분으로 밝혀지고 있다. 타인과 교통(交通)하지 않고 자기 침잠(沈潛)에 빠진 사람과 내면적 실존적 공감(共感)을 위해서는 시각적 관찰보다 상대방을 말을 잘 듣는 것이 아주 중요하다. 타인이 드러내고 싶지 않은 고착된 생각(idēe fixe)을 찾아냄으로써 실존적 불안에 동감할 수 있게 된다.

실존적 공감은 단순히 관찰된 사실을 수집하는 추상적 수준이 아니라 구체적 인간실존의 이해를 통해 가능하다. 키에르케고어에서 인식의 주요한 요소인 주체적 열정은 타인의 실존적 불안을 동정하며 이해하기 위함이다. 그의 『불안의 개념』에서 불안은 정신분석학 심리학 상담학 등에서 같이 병(病)적이거나 건강하지 못하다는 뜻이 아니고 인간이해의 실존적 구조다.[69]

돈 죠바니(Don Giovanni), 파우스트(Faust), 아하수에로스(Ahasuerus)는 감각적 향락, 지성적 회의, 절망적 생활의 인물로 나타나는 불안의 표현이다. 이들은 삶의 구체적 현실에서 자기 자신을 찾아 살지 못하고 추상적 수준에 머무르고 있다. 육욕(肉慾)과 영혼의 활동 사이의 갈등에는 실존적 불안이 어쩔 수 없이 드러난다.

인간은 성장함에 따라 독립하는 과정에서 심리적 위기를 겪게 된다. 『두려움과 떨림』에서 아브라함은 모든 사람으로부터 떨어져 하느님 앞에 홀로 서게 된다. 아브라함은 하느님께 순종하며 이삭을 제물로 바치려 하면서 '살인하지 말라'는 보편적 규범 위에 서게 된다. 키에르케고어에서 개인은 하느님께 순종하며 살아갈 때 자의(恣意)적이지 않고 역설적으로 '공중의 새와 들의 백합을 노래하는' 윤리적 그리스도인이 된다. 그에게 영원한 하느님과 영원히 관계하며 살아가는 인간이 신앙으로 살아가는 영(靈)적 존재다.

『불안의 개념』에는 하느님 앞에 아담을 인류의 원형(典型)으로 보이

---

69) 쇠얀 키에르케고어 지음, 임춘갑 옮김, 『불안의 개념』, 도서출판 치우, 2011. Kierkegaard, (trans.) Reider Thomte, *The Concept of Anxiety*, Princeton University Press, 1980.

는 인간의 모습이 그려진다. 그는 하느님께 순종할 수도 있고 떠나서 스스로 살아가려고 할 수도 있는 상황이다. 이렇게 아담이 낙원에서 그랬듯이 온 인류의 한 사람으로서 각 개인 역시 순수한 상태에서 시작된다. 아담은 인류에 참여한 한 개인이기에 그가 타락으로 순수한 상태를 잃었듯이 후대의 각 개인도 그렇게 된다.

## 12. 도덕교육자로서 키에르케고어

키에르케고어는 전달자가 실제적 삶을 통해서만 전달할 수 있는 방법을 찾았다는 점에서 자신을 교육에서 교사가 아니라 다른 사람과 마찬가지로 끊임없이 자신을 찾아가는 사람 중의 하나로 간주했다. 한 개인이 신 앞에 단독자로 설 수 있을 때에만 오히려 역설적으로 타인과 대화하며 도덕적으로 전달할 수 있다. 타인과 교류되지 않는 개인의 맹신(盲信)적 열정주의로서 종교적 체험은 받아들이기 어렵다.

키에르케고어에의 삶과 사상에서 하느님신앙에 근거하는 개인이라야 공동체 관계가 가능하다. 즉 영원한 존재와 관계가 자기 자신에 대하여 관계하며 이 관계는 다른 사람 및 자연에 대한 관계로 확장된다. 키에르케고어는 자신의 본성을 찾아야 행복한 생활을 할 수 있다고 보았고 이런 생활은 고결한 성품을 통해 타인에게 전달이 가능하다고 보았기에 도덕교육적 함의(含意)를 갖는다. 이런 전달은 보통 교사가 학생에게 도덕적 지식을 전달하는 제도화된 교육활동의 범주를 넘어서는 차원이며 평생의 과제가 된다.

키에르케고어에서 인간은 영원한 존재인 하느님과 신앙의 관계에서 자기를 찾을 수 있고 실존적 절망과 불안을 극복할 수 있다. 이런 신앙의 타당성은 윤리적 생활을 통하여 객관적으로 검증된다. 그에게서 신앙의 표현으로서 윤리적 행동은 이론적 설득을 넘어서는 간접전달이며 타인에게 도덕교육적 영향(影響)을 미친다. 키에르케고어와 슈페만에서 인간본성에 근거하는 행복추구와 도덕발달은 긴밀히 연관된다.

키에르케고어는 자신을 힘들게 한 우울을 그의 생애 후기(後期)에 하느님 앞에서 용서에 대한 확신을 통해 극복하였다. 그는 영원한 존재 앞에서 경건・침묵・묵종(默從)의 기쁨을 배우고 자기 자신의 노래를 부르며 살아가고자 하였다. 자기교육으로서 도덕교육은 이론적 차원을 넘어서 구체적 생활을 통해 전달되는 간접전달이기에 다른 사람도 비슷한 수준에 다다랐을 때에만 이해된다. 키에르케고어를 도덕교육자로서 볼 수 있는 근거는 자기 자신을 찾는 실존적 역설로서 믿음이 타자에게도 간접전달을 통해 도덕적으로 이해되기 때문이다.

# Ⅱ. 인간실존의 성숙

## 1. 아이러니(irony)와 유머(humor)

키에르케고어는 실존적 성숙을 단지 도덕적 차원이 아니라 종교 윤리적 시각에서 분석한다. 그에게 도덕교육은 욕망의 금제(禁制)가 아니라 하느님과의 관계에서 얻은 축복된 생활의 객관적 표현이다. 그는 『철학적 단편 후서』에서 삶의 영역을 '심미(審美)적', '윤리적', '종교적'으로 구분하여 인간의 실존이 변형되어 성숙됨을 표현한다.[1)]

미적 영역과 윤리적 영역 사이에는 감각적 향락이 추구했던 인생의 행복을 성취하지 못하는 모습을 '아이러니'로 윤리적 영역과 종교적 영역 사이에는 윤리적 노력과 분투에도 불구하고 실제로 윤리적으로 살지 못하는 모습을 '유머'로 설명한다. 인간은 자기 의지적 노력만으로는 윤리적으로 행복한 생활을 할 수 없음을 드러낸다.

삶에서 사유와 윤리의 전제 혹은 궁극적 관심이 다르면 그 표현도 다르게 나타난다. 사회적 인정(認定)(F. Nietzsche), 경제적 관심(K.

1) Kierkegaard, (trans.) Howard Hong and Edna Hong, *Concluding Unscientific Postscript to Philosophical Fragments*, Volume Ⅰ, Princeton University Press, 1992.

Marx), 성적 본능(S. Freud)을 생활의 궁극적 관심으로 삼는 사람은 그런 목적에 상응하는 행동을 하게 된다. 키에르케고어는 인간의 보편적 이성(理性)을 신뢰하거나 자기의지(意志)적 윤리적 행위를 통해 자신을 찾지 않고 하느님과 신앙의 관계로서 실존적 성숙과 도덕발달을 지속해갔다.

키에르케고어에 의하면 사람과 사람 사이에서 최고의 관계는 낳는 일 즉 분만(分娩)이며 이는 신의 영역이기에 소크라테스의 산파(産婆)의 역할도 그 의미를 갖는다. 키에르케고어는 진리로서 이 땅에 왔다고 믿는 그리스도와 실존적 역설의 삶으로 관계하고자 한다. 키에르케고어에 의하면 그리스도를 믿음으로 자기 자신을 찾는 생활은  간접전달을 통하여 타자에게도 전해지기에 보편적 도덕성의 호소력을 지닌다.

## 2. 관계의 근거로서 영원한 존재와 관계

키에르케고어에서 인간의 영혼은 대상과 관계하기 이전에 영원한 존재를 사모하는 방식으로 자기 자신과 우선 관계한다. 인간영혼의 활동은 주위의 환경과 대상을 지속적으로 이해하며 반응하기 때문에 자아감(自我感)이 형성되고 발전된다. 영혼의 활동은 자아와 대상 사이에서 지속적으로 나타나기에 우리는 타인을 객관적으로 이해할 수 있다. 『두려움과 떨림』, 『철학의 부스러기』, 『철학적 단편 후서』 등에서 볼 수 있듯이 키에르케고어는 절대자와 실존적 관계에서 자신을 찾아간다.

키에르케고어의 삶과 사상을 자신을 찾는 과정으로 해석하는 교육철학자 만하이머는 인간실존에서 자기화를 도덕교육의 전제로 본다.[2] 영(靈)적 자기교육은 영원한 존재를 사모하는 구체적 생활을 통해 윤리적

2) Ronald J. Manheimer, *Kierkegaard as Educator*, University of California Press, 1977.

생활을 하게 된다. 개인의 정체성과 윤리적 생활 사이의 긴밀한 연관을 본 키에르케고어는 『죽음에 이르는 병』에서 실존적 절망을 극복함이 기독교 안에서 자기교육이라고 고백한다.[3)]

'주체성', '단독자', '외톨이'를 강조한 키에르케고어에서 사회관계는 하느님과 실존적 관계를 통하여 실현된다. 그에게서 윤리적 영역과 종교적 영역 사이에 나타나는 유머는 개인이 외부적 상황에 대해 신과 관계에서 보기 시작했다는 뜻이다. 그에게서 자아의 실현은 일방적 자기 확신이 아니라 그리스도와 신앙으로 관계하면서 가능해진다. 윤리적 성숙이 휴머니스트에게는 인간관계로 환원되지만 그리스도신앙에선 하느님과 관계에서 근거(根據)한다. 하느님의 중재를 통해서만 가능한 윤리적 행위는 순결한 마음을 통해 표현된다.

그리스도교에서 인간은 하느님의 성품을 닮아 창조되어 하느님과 같이 교제할 수 있고 땅(지구)을 다스릴 문화명령을 받았다. 하느님과 같이 되려는 유혹으로 말미암은 타락의 영향은 인간의 모든 면에 나타났다. 인간의 도덕적 가능성은 그리스도신앙에서 현실적으로 가능하다. 키에르케고어에서 도덕적 행위는 하느님의 중재(仲裁)를 통해서만 가능하기에 상대방 반응에 연연하지 않는 이웃사랑은 하느님에게서 받는 사랑의 표현이다.

키에르케고어에서 영원한 존재를 사모함이 영적 자기교육이다. 특히 자신의 삶의 회한(悔恨)과 후회로부터 죄의 용서의 확신이 그를 '말할 수 없이 기쁘게' 했다. 죄의 용서의 확신에서 그는 다른 데서 삶의 위로를 찾지 않고 신의 은혜를 갚는 삶을 살고자 한다. 자기교육의 시각에서 갈등적 순간은 이 세상의 안정과 종교적 관계에 근거하는 윤리적 삶 사이의 선택이다.

---

3) 쇠얀 키에르케고어 지음, 임춘갑 옮김, 『죽음에 이르는 병』, 도서출판 치우, 2011.

## 3. 영원한 존재의 솔선(率先)적 행위

키에르케고어는 자신이 다 헤아릴 수는 없는 방법으로 하느님이 자신을 깊은 종교적 관계로 이끌어 간다는 확신을 갖게 되었다. 이런 내면의 관계는 신과 종교적 관계에서 윤리적 행위의 근거를 찾았던 그에게서 도덕교육을 가능하게 한다. 그는 지적 추론을 넘어서는 그리스도와 깊은 영적 교제를 자기권위적 이성(理性)이나 자기 의지적 윤리로 대치할 수 없었다. 그는 인간의 이성과 도덕성을 폄하하지 않았고 신과 인간의 거룩한 관계에서만 삶의 능력이 발휘되어 이성적이고 윤리적 삶을 살 수 있음을 보여준다.

키에르케고어는 삶의 궁극적 안정을 하느님에게서 찾았다. 그는 '하느님의 기대'를 따르며 세상의 고난을 '웃을 수 있는 능력'을 자기교육의 핵심으로 받아들였다. 그는 자신이 영원한 행복을 찾아 기뻐하며 웃을 수 있게 되었고 고난의 삶에서 당연히 수반되는 타인의 비웃음도 웃음으로 받아들일 수 있었다.

키에르케고어에서 종교적 단계의 간접전달로서 윤리적 생활은 다른 사람도 동일한 수준에 다다랐을 때에만 이해될 수 있다. 콜버그(Kohlberg)의 도덕발달 여섯 단계에서 후기 관습(post-conventional)의 두 단계는 집단의 관습적 이해(利害)를 넘어선다. 인류에 대한 보편적 공헌에 관한 논의는 종교적 영(靈)적 의미를 지닌다. 콜버그의 도덕발달에서 성숙한 도덕성은 인류뿐만 아니라 오늘날에는 환경윤리로서 자연에까지 확장된다.

## 4. 주체적 내면(內面)의 진리

윤리교사와 학생은 자신을 찾아 자신을 표현하며 살아간다는 점에서 꼭 같이 한 개인이다. 물론 윤리적 성품에서 교사가 학생보다 더 고결하고 윤리교육에 대한 지식이 더 풍부할 것으로 기대한다. 그렇지만 각 개인은 신분적 차이 이전에 실존적 불안을 극복하며 행복하고 윤리적 생활을 추구한다는 점에서 평등하다.

키에르케고어에서 진리는 논리의 한계를 넘어 주체적으로 파악되어야 한다. 그는 객관적 지식과 추론에 매달리는 관념철학은 인간실존을 밝힐 수 없다면서 진리를 주체성에서 찾는다. 즉 객관적으로 이해된 사실과 주체적으로 체험된 진리는 다르다. 객관적 사상가는 역사적 지식의 끊임없는 집적(集積)과 철학적 체계화에 관심을 갖지만 주체적 사상가는 내면의 열정을 갖고 영원한 행복의 자기화를 위해 믿음으로 분투한다.

주체적 사상가가 객관적 지식이나 지위를 통해 자신의 확실성을 찾고자 할 때 우습게 된다. 단지 지식의 집적은 영원한 행복이 추구하는 실존적 주체적 결단을 반드시 요구하지는 않는다. 키에르케고어는 열정을 갖고 주체적으로 자신을 찾아가는 사람을 예술가라고 하면서 『후서』의 가명의 저자 클리마크스(Climacus)를 통해 헤겔과 대치되는 주체적 사상을 전개한다. 내면적 결단이 개인의 독단적 행동이 아님은 심미적, 윤리적, 종교적 단계로 인품이 고양되듯이 고결한 성품이 윤리적 행동으로 객관화되기 때문이다.

## 5. 감각적 향락의 승화

키에르케고어의 인간성숙에서 감각적 향락의 추구는 나와 타자의 관계를 자기중심적으로 꿈꾸며 상상한다. 『이것이냐 저것이냐 1』에서 모차르트의 오페라 '돈 죠바니'(Don Giovanni)를 언급하는 키에르케고어는 실제적으론 감각적 욕망과 그 변형을 다루고 있다. 융(Jung)의

리비도의 변형과 상징주의에서도 비슷한 언급을 본다.

돈 죠바니에서 키에르케고어는 감각적 쾌락의 직접성을 논하며 언어로서 표현할 수 없고 영혼의 활동을 볼 수 없는 단계는 음성적 자극을 통해서 표현된다고 한다. 돈 죠바니는 내면(內面)을 의식하는 한 개인의 삶이 아니다. 즉 유혹적 추론이나 숙고도 없는 단지 본능적 욕구의 충족으로 살아가는 모습이다. 돈 죠바니에서는 감각적 에로스의 충족이 하나의 기본적 원리로 작용한다.

직접적 향락의 추구에는 의식(意識, consciousness) 즉 '함께 안다'라는 관계의 개념이 없다. 『불안의 개념』에서 아담이 주위환경을 욕망의 대상으로 생각하는 것과 같다. 주위환경에 함몰(陷沒)되어 있다가, 자신에 대한 의식을 갖게 되는 개인화(個人化)는 환경 속에 있었던 자기 자신에 대한 자각에서 시작된다. 불안은 주체적으로 숙고되지 않은 채 살아가는 원동력으로 일정기간 작동하기도 한다. 키에르케고어는 여배우가 무대에서 활동하는 동안 불안이 추동력이 되어 일정 시간 자신의 불안을 잊고 지내는 모습을 기술한다.[4)]

키에르케고어에서 실존(ek-sistere)은 다른 사람이나 주위의 환경으로부터 나와서 하느님과 외톨이로서 관계하는 생활이다. 『이것이냐 저것이냐 1』은 감각적 향락에서 인생의 행복을 찾으려는 '심미(審美)적 생활'을 묘사한다. 이런 생활은 상대를 단지 쾌락의 대상으로 여기면서 끊임없이 더 강한 쾌락을 얻고자 한다. 결국 자기 자신을 찾아가는 과정 즉 영원을 사모하는 영혼(靈魂)의 본성(本性)을 찾지 못하기에 권태와 허무를 겪게 된다.

감각적 향락을 추구하는 생활에서 겪게 되는 권태와 허무를 극복하기

---

4) Kierkegaard, *Crisis in the life of an Actress and Other Essays on Drama*. (trans.) Stephen D. Crites, Harper Torchbooks, New York and Evanston, 1967.

위해 사회적 규범과 의무를 중시하는 '윤리적 생활'로서 『이것이냐 저것이냐 2』는 마땅히 해야 할 일을 하고자 한다. 키에르케고어에 의하면 이런 윤리적 추구의 문제는 스스로 윤리적 생활을 할 수 없다는 점이다. 감각적 향락이나 자기 의지적 윤리적 생활을 통해서 자기 자신을 찾을 수 없기에 키에르케고어는 그리스도 안에서 신앙의 도약(跳躍, leap of faith)을 통해  하느님과 관계하는 종교적 차원에서 영원한 존재를 사모하며 자기화를 추구했다.

사려(思慮)를 동반하는 심미(審美)적 향유(享有)는 자기를 찾아가는 실존적 의미를 지닌다. 『이것이냐 저것이냐1』의 마지막 장(章) 『유혹자의 일기』에서 요한네스(Johannes)는 코델리아(Cordelia)의 기호(嗜好)와 가족사의 정보를 통해 그녀의 감각적 향락을 분기(奮起)시킨다.[5] 이런 점이 키에르케고어가 인간실존의 가장 낮은 단계로 본 향락생활의 직접적 즉흥적 충족의 돈 후안(Don Juan)의 생활과 다르다.

요한네스는 냉철한 이성과 자기통제를 통해 코델리아와 육체적 향락을 즐기기보다 그녀가 에로틱한 성품이 있음을 자각하게 하고 이에 대한 자부심을 통해 자기 자신에 대한 정체성을 이끌어낸다. 이렇게 요한네스는 저급한 유혹자는 아니고 코델리아가 자신의 독특한 기질을 자각하고 자신을 '바치고' 싶도록 유혹한다. 코델리아가 요한네스에게 자신을 바치고 싶은 마음이 들도록 하는 것까지가 그의 목적이다.

요한네스는 코델리아로 하여금 인간의 실존적 책임인 자기 자신에 대한 자부심을 갖게 하려는 한다. 단지 육체적 만족을 추구하려는 사랑은 그 목적성취와 함께 끝나게 된다. 키에르케고어에서 감각적 충동의 직접적 충족과 숙고를 통한 심미적 향유는 실존적으로 구분된다. 돈 후안은 전자의, 요한네스는 후자의 대표적 인물이다.

---

5) 쇠얀 키에르케고어 지음, 임춘갑 옮김, 『이것이냐 저것이냐 1』, 도서출판 치우, 2012.

영원한 존재에 대한 사모(思慕)를 인간관계만으로 환원하려는 잘못이 『유혹자의 일기』에서 요한네스(Johannes)의 코델리아(Cordelia)에 대한 위악(僞惡)적 모습으로 표현된다. 『유혹자의 일기』에서 코델리아의 모순적 모습에 대한 의식(意識)과 자기발달이 요한네스의 과제다. 요한네스가 코델리아를 '유혹하는' 과정에는 인간의 '실존적 불안'이 깃들여 있으며 이런 불안의 변화과정을 키에르케고어의 『여배우의 삶에서 위기』에서 본다. 여배우는 쇠락(衰落)해져가는 자신의 육체를 극복하려고 내면(內面)연기에서 자신을 찾지만 감각적 향락을 추구하는 사람들은 그녀의 옛 육체만을 보려고 한다.

키에르케고어의 실존의 성숙에 대한 내면적 해석은 레기네 올센(Regine Olsen)과 파혼하고 하느님 앞에 홀로 서서 영원한 사랑으로 살아가려는 모습에서도 볼 수 있다. 파혼(破婚)한 레기네 올센을 사랑하는 마음으로 영원한 세계를 '간접적으로' 전달하기 위해 자신의 위악(僞惡)적 모습을 의도적으로 보인 것으로 이해된다. 키에르케고어는 한 사람의 외톨이로서 세상의 욕망을 포기하면서 그리스도 안에서 실존적 불안을 극복하고 자기 자신을 찾고자 한다. 그는 레기네뿐만 아니라 다른 이들도 이런 삶을 살도록 간접전달의 생활을 하고자 했다.

키에르케고어 사상에서 개인은 한 인간이면서 온 인류다. 그는 『유혹자의 일기』의 요한네스를 통하여 감각적 향락의 직접적 추구뿐만 아니라 지적 향락의 추구의 끝에 찾아오는 권태와 허무를 지적하며 자기 자신을 찾자고 한다. 물론 감각적 향락에 대한 관심은 종교 윤리적 단계로 성숙하더라도 실존적으로 깃든다. 『이것이냐 저것이냐 2』는 스스로 윤리적 생활을 하는 분투의 한계를 보인다.

무의식은 언어와 함께 의식(意識)의 세계로 나오게 된다. 프로이드(S. Freud)의 구분을 따르면 이드(Id)와 자아(Ego) 사이에 언어가 있게 된다. 언어전달이 없는 감각적 향락은 모차르트의 돈 죠바니와 같이 진지함이 없이 욕망의 충족만을 추구한다. 이런 생활과 윤리적 성숙의 구분은 키에르케고어에 의하면 언어와 비언어, 구체적 생활과 추상적 생활 등으로 구분된다. 언어의 표현을 요구하는 구체적 생활은 부요(富饒)한 것이라는 점에서 감각적 향락추구에 뛰어난 사람은 언어로써 표현하기 어렵고 구체적이지 못한 생활을 추구하며 산다. 감각적 향락은 시간 속에서 단지 흘러갈 뿐이기에 역사적 사건을 만들지는 못한다.

키에르케고어가 『이것이냐 저것이냐 1』에서 논하는 대로 언어로 표현되거나 명료화되지 못하는 음악을 모차르트의 '돈 죠바니'에서 본다. 단지 쾌락의 반복적 연속을 드러내는 감각적 자극을 줄뿐이며 끊임없이 표현하지만 실제적으론 아무런 표현도 없게 된다. 모차르트의 오페라 주인공 돈 죠바니의 역할에서 보듯이 그는 누구 한 사람을 사랑하지 못하고 모든 사람에 홀려서 순간적으로 정복하듯이 향락을 추구하지만 현실적으로 아무런 열매가 없다. 즉 '순간과 함께 사라지는' 사랑을 반복할 뿐이다. 돈 죠바니는 어느 여인도 사랑하지 못하고 모든 여성에게 있는 성적 욕망에 관심을 가질 뿐이다.

## 6. 실존의 변형(變形, metamorphosis)

실존의 변형과 상승에서 감각적 향락에 대한 관심은 종교 윤리적 단계에서도 완전히 배제되지 않고 승화되어 대상이 영원한 존재로 변형된다. 유혹자는 일정한 숙고(熟考)와 의식(意識)이라도 필요한데 돈 죠바니에게는 단지 감각적 향락의 향유만 있고 영혼의 활동으로 표현되는 자기 자신에 대한 정체성이 없다. 모차르트의 돈 죠바니에서 감각적 쾌락만을 추구하는 자에게도 도덕적 요구와 함께 내면적 갈등도 있게 된다. 돈 죠바니에 대항하여 진지한 의식으로 대표되는 기사(騎士) 코멘다토레(Comendatore)의 판단에 대해 돈 죠바니의 무의식적 본능은 힘을 발휘하지 못한다.

키에르케고어는 1840년 약혼 후 1841년 파혼했던 레기네 올센(Regine Olsen)에 대한 끊임없는 '사랑의 간접전달'로 여러 권의 책을 썼다. 그가 파혼 후 쓴 『이것이냐 저것이냐 1』의 마지막 한 장(章) 『유혹자의 일기』에서 영원한 존재를 사모하며 자기 자신을 찾고자 한다. 『유혹자의 일기』에서 요한네스는 코델리아를 직접적·감각적 향락의 대상으로 추구하지 않고 그녀의 고유한 것을 이끌어 내려고 한다.

『유혹자의 일기』는 키에르케고어 자신뿐만 아니라 레기네로 하여금 감각적 향락의 아이러니를 알아 영원한 행복을 바라보자는 종교 윤리적 생활의 실존전달로서 이해된다. 코델리아로 하여금 그녀 자신에 대한 자부심을 알게 하려는 요한네스의 노력에서 자신을 찾아내어 변형되려는 인간실존의 내면화 과정을 본다. 『유혹자의 일기』의 요한네스에서 인간의 자기인식의 낮은 단계인 감각적 향락의 추구를 넘어서 우리 자신의 내면을 이해할 수 있다. 요한네스의 코델리아에 대한 '숙고된 유혹'은 사회적 규범보다는 자신을 우선 찾고자 하는 실존적 과정으로 해석된다. 『유혹자의 일기』는 단지 감각적 향락이 아니라 키에르케고어가 평생 추구했던 '나 자신을 찾아가는' 과정으로 해석된다.

키에르케고어가 평생 추구했던 하느님 앞의 순결한 마음과 영원한 사랑을 그린 『사랑의 역사(役事)』를 통해서 『유혹자의 일기』를 이해한다면 이웃사랑은 인간사이의 관계만으로 환원될 수 없고 하느님의 중재(仲裁)를 통해서만 가능하다.[6] 『사랑의 역사』에서 윤리적 생활의 높은 표현으로서 이웃사랑을 하느님의 사랑에 대한 감사의 표현으로 받아들이는 키에르케고어의 뜻을 볼 수 있다. 이런 시각에서 인간관계와 이웃사랑에서 '숙고된' 감각적 향락을 종교 윤리적으로 해석할 수 있다. 감각적 향락추구에서 이성(異性)에 대한 의존이 실존적 변형을 통해 초월

6) 쇠얀 키에르케고어 지음, 임춘갑 옮김, 『사랑의 역사』, 도서출판 치우, 2011.

자에 대한 절대적 믿음으로 승화(昇華)된다.

키에르케고어의 『죽음에 이르는 병』, 『불안의 개념』 등에서 불안이라는 심리적 현상으로 표현되는 원죄(原罪)는 인간이 자기 의지만으로는 보편적 규범으로서 윤리적 사랑을 실천할 수 없다는 뜻이다. 『두려움과 떨림』에서 보듯이 하느님에 대한 인간의 순종은 보편적 윤리적 규범을 오히려 정지시킨다.[7] 종교적인 것은 윤리적인 것과 모순적 관계가 아니라 종교적 관계에서만 윤리적 사랑이 가능하다.

하느님을 믿음으로 자기 자신을 찾아가는 과정과 이웃사랑은 분리될 수 없는 변증법적 관계다. 주체적 신앙은 『유혹자의 일기』의 감각적 향락을 역설적으로 승화하게 하고 『이것이냐 저것이냐 2』의 윤리적 생활을 실제적으로 가능하게 한다. 영원한 존재를 사모하는 자유로운 영혼은 타자에게 속박되지 않고 오히려 서로의 매력을 발산하며 사랑하게 된다.

## 7. 고결(高潔)한 성품과 불안의 극복

키에르케고어는 『유혹자의 일기』에서 요한네스는 코델리아가 지닌 에로스의 매력을 단서로 그녀가 스스로 설 수 있도록 하듯이 독자에게 키에르케고어를 따르지 말고 각자가 자기 자신을 찾으라고 한다. 이런 실존적 추구에서 인간은 절대적 존재와 절대적으로 관계하며 상대적 존재자들과는 상대적으로 관계하게 된다. 영원한 존재를 사모하는 중에 성취되는 축복된 삶에 대한 감사의 표현은 상대적 존재자들과 관계에서 고결한 성품의 윤리적 생활로 드러난다.

---

7) 쇠얀 키아케고어 지음, 강학철 옮김, 『두려움과 떨림』, 민음사, 1991. Kierkegaard, (trans.) W. Lowrie, *Fear and Trembling*, Princeton University Press, 1970.

어느 누구도 인류 역사에 무관심할 수 없다. 감각적 향락을 추구하는 단계에서 일시적 쾌락을 추구하는 것과 영원을 사모하는 마음 사이에 심리적 갈등이 일어난다. 스스로 윤리적 생활을 하고자 하는 단계에서는 일시적 향락과 영원한 존재에 대한 사모 사이의 갈등이 없길 이상(理想)적으로 바라지만 실제 생활에서는 불가능하다.

키에르케고어가 한 개인에게 핵심적인 면을 영적(spiritual)이라는 한 것은 인간은 몸을 지닌 생물학적 존재로서 아주 구체적이고 실제적인 현실 속에서 살아간다는 뜻이다. '영(靈)적'이란 육체나 현실을 떠나 영혼의 활동에만 관심을 갖는다는 뜻이 결코 아니다. 인간은 인격적 존재이기에 심리적 평안과 육체적 증상이나 질병은 영혼의 활동과 긴밀히 연관된 표현이다.

키에르케고어 사상은 '진리는 주체성'(truth is subjectivity)으로 요약된다. 하느님에 대한 신앙의 비약에 근거하여서만 이웃사랑이 가능하며 진리와 사랑은 더불어 간다. 사랑의 원천이신 하느님 앞에 홀로 설 때만 우리의 이웃사랑이 가능하다. 이런 뜻에서 이웃에게서 받는 최고의 사랑은 상대방도 하느님 앞에 단독자로서 홀로 서는 삶이다.

하느님이 이웃사랑을 명령하셨다는 것은 이 길이 인간에게 실패하지 않는 길이라는 뜻을 함축한다. 사랑은 영원히 지속되기에 사랑을 하면서 누구에게 속을 수도 누구를 속일 수도 없다. 하느님과 사랑의 관계는 우리 자신이 되도록 만들기에 삶에서 부딪히는 소위 불행한 사건들은 인간을 절망시킬 수 없다.

키에르케고어의 시각에서 육체적 욕망을 따르는 생활이 반드시 감각적 향락을 추구하지는 않더라도 자기중심적으로 작용한다. 그에게서 윤리적 생활은 종교적 성숙의 단계에서만 가능하기에 하느님의 중재가 없는 인간 사이의 사랑은 서로가 최선을 다하더라도 영원한 행복을 성취할 수 없게 된다. 하느님과 관계에서 근원하는 이웃사랑은 키에르케고어가 추구했던 사회변화의 첫출발이기에 그는 사회변화에 무관심했던 외톨이가 결코 아니라 새로운 세계를 추구하면서 끊임없이 실천했던 사상가다.

## 8. 실존적 불안의 극복으로서 자기화

키에르케고어는 평생 자기 자신을 찾고자 했다. 자신을 찾는 과정으로서 도덕교육은 교육자와 학습자 사이의 관계 이전에 서로 자기 자신을 찾게 한다. 상담자는 내담자와 관계에서도 특정문제를 해결해 주기보다는 자신을 찾아가도록 한다. 상담자는 내담자를 만남으로 내담자가 되고 내담자는 상담자를 만남으로 상담자가 될 수도 있다. 그러므로 키에르케고어에서 상담자와 내담자가 관계하는 형식은 자아와 타자의 관계만으로 환원될 수 없다.

키에르케고어에서 인간이해의 단서인 불안은 특정의 대상과 연관된 공포와 달리 실존적으로 잠재된 가능성이다. 불안은 인간의 구체적 실존에서 복합적으로 작용하여 심리학적으로 양의(兩意) 혹은 양가감정(兩價感情, ambivalent emotion)이 된다. 그에게서 불안은 인간실존에 내재된 현상이다. 인간의 실존적 불안을 학문적으로 설명하더라도 불안이 해결되지는 않는다.

키에르케고어는 자기를 스스로 강화(强化)함으로써 자신을 찾지 않고 하느님과 실존적 관계로서 자기화를 이루고자 했다. 그는 자기화를 『두려움과 떨림』에서 보듯이 실존적 신앙의 도약(跳躍)(existential leap of faith)을 통해 그리스도 안에서 하느님과 관계하는 종교 윤리적 차원에서 추구했다. 하느님과 실존적 관계가 단지 주관적 독단이 아님은 이성(理性)과 도덕을 통해 객관적으로 검증되기 때문이다. 『후서』를 따르면 실존적 행복의 추구와 타자와 관계에서 드러나는 자기화는

같은 뜻이다.[8)]

키에르케고어는 인간의 실존적 현실을 '불안'으로 이해하며 불안의 극복을 자기 자신을 찾아가는 과정으로 본다. 그에게 불안이 반드시 죄로 말미암지는 않지만 원죄(原罪)의 현상으로서 불안도 있다. 그에게 불안은 인간에게만 고유한 실존적 현상이다. 심리학이나 정신분석에서 불안은 소멸되기를 원하는 부정적 증상이지만 키에르케고어에서 실존적 불안은 인간으로 하여금 신 앞에서 자기를 찾게 하는 계기가 된다.

실존심리학의 선구자 키에르케고어에서 인간의 의사소통은 이론과 지시를 통한 직접전달이 아니라 실제적 삶을 통한 교육이 더 효과적이라고 한다. 영원한 존재와 교제하며 자신을 찾는 과정의 객관적 표현인 고결(高潔)한 성품은 타인에게 직관적 매력을 준다. 키에르케고어에서 자기인식은 실존적으로 가능성을 현실적으로 바꾸는 종교 윤리적 행동을 통해 성취된다.

키에르케고어는 자신의 실제적 삶에서 죄(罪)의 실존적 현상인 불안을 극복하고 용서에 대한 확신의 종교적 체험에서 '들의 백합과 공중의 새'를 바라보며 노래하게 되었다. 그의 시각에서 실존적 성숙은 축복받은 삶의 보편적 확증이다. 그는 인간내면을 단지 객관적 탐구의 차원이 아니라 하느님과 관계에서 요구되는 '진리는 주체성'이라는 개인의 실존적 신앙과 참여로 접근했다. 그에게 자기 자신에 대한 주체적 이해는 인류전체에 공헌하는 길이 된다.

---

8) Kierkegaard, (ed. and trans.) Howard V. Hong and Edna H. Hong, *Concluding Unscientific Postscript to Philosophical Fragments*, Princeton University Press, 1992.

# Ⅲ. 키에르케고어와 칸트의 윤리의식 비교

## 1. 구세주(救世主)와 도덕적 원형(原型)

칸트가 인간의 도덕성을 그 자체로 추구했다면 키에르케고어는 『두려움과 떨림』에서 보듯이 그리스도신앙 안에서 도덕이 가능하다고 믿었다. 키에르케고어와 칸트의 관계를 독창적으로 연구한 그린(Green)을 중심으로 이 논의를 살펴본다.[1] 칸트는 키에르케고어의 『두려움과 떨림』에서 언급되는 사람을 죽여서는 안 되는 도덕법과 하느님의 명령 사이의 갈등에서 아브라함이 취하는 행위를 비판한다.[2]

칸트는 인간이 신으로부터 직접 받았더라도 도덕법에 명백히 어긋난다면 '순수한 아들을 죽이라'는 명령을 받아들일 수 없다는 입장이다. 즉 그는 초월적 명령보다는 이성적 의무를 우선시 한다. 또한 그는 그

1) R. Green, *Kierkegaard and Kant*, State University of New York Press, 1992.

2) Kant, *Religion within the Limits of Reason Alone*, (trans.) Theodore M. Green and Hoyt H. Hudson, New York: Harper and Row. (Die Religion innerhalb des Grenzen der blossen Vernunft, GS VI), 1960, p. 175.

리스도교의 신인(神人) 즉 예수 그리스도의 대속(代贖) 신앙이 인간의 도덕적 노력을 위협한다면서 받아들이지 않는다. 칸트는 그리스도를 단지 도덕적 원형(archetype)으로 보아 비신화화(非神話化)한다. 이런 점이 키에르케고어와 칸트의 분명한 차이다.

칸트는 보편적 윤리를 위해 사람을 수단이 아닌 목적으로 대하는 즉 인간존엄을 위한 도덕적 권리와 책임을 주장했다.[3] 윤리적 자율성을 비판하는 키에르케고어는 인간은 불안을 그 실존적 현상으로 드러내는 죄를 스스로 해결할 수는 없다고 믿는다. 키에르케고어가 역사 속에 계시된 하느님 즉 예수 그리스도를 통한 구속(救贖)을 말하는 점에서 칸트의 도덕적 자율성과 분명히 구분된다.

키에르케고어에게 구원은 하느님이 역사 속에 들어오신 그리스도를 개인이 믿음으로 가능하다. 그는 실존과 무관한 학문이나 '다수의 대중'을 비판했다. 키에르케고어는 『아들러에 관한 책』에서 윤리적 타당성을 지니지 못하는 개인의 특별한 종교적 체험을 비판한다.[4] 그는 헤겔주의자들이 자신들의 윤리적 행동과는 관계없이 역사적 사실에만 몰두하는 태도를 비판한다.[5]

키에르케고어는 칸트와 비슷하게 신의 존재에 대한 합리적 증명을 비판한다. 특히 『철학적 부스러기』에서 신에 대한 존재론적 증명 혹은 신을 증명하기 위한 노력자체를 비판한다.[6] 신은 증명해서 있는 것이 아

---

3) Kant, (trans.) Lewis White Beck. *Foundation of the Metaphysics of Morals*. Indianapolis: Bobbs-Merrill. (Grundlegung zur Metaphysik der Sitten), 1959, pp. 428-429.

4) Kierkegaard, *The Book on Adler*, (trans.) H. Hong and E. Hong. Princeton University Press, 1998.

5) Kierkegaard, Concluding Unscientific Postscript, David F. Swenson (trans.), Walter Lowrie(completed after his death), Princeton University Press, 1944, p. 120.

6) Kierkegaard, *Philosophical Fragments*, (trans.) H. Hong and E.

니라 이미 존재함을 증명하려고 할 뿐이다. 존재의 전제는 증명할 수 없다. 이런 점에서 사람들이 존재를 증명하려는 노력은 존재 혹은 실재에 대해 덧붙이려는(accessorium, addition) 시도일 뿐이다. 단순히 사유의 세계와 실재의 세계를 혼동해서는 안 된다.[7] 키에르케고어에 의하면 천재의 위대함은 새로운 주장을 펼치기 때문이 아니라 인간이 보편적으로 갖고 있는 궁극적 물음에 대해 정직하게 말하는 데에 있다.[8]

철학사(哲學史)에서 칸트가 인식론, 윤리학, 미학 등에 주된 관심을 가졌다면 키에르케고어는 『죽음에 이르는 병』, 『불안의 개념』 등을 통해 실존심리학자로 묘사되기도 한다. 키에르케고어는 슐라이에르마허(Schleiermacher)와 같이 종교적 의식을 통해 신과 관계를 맺고자하지 않았고 신앙의 도약을 통해 지식을 넘어서는 종교 윤리적 체험에로 나아가려고 했다. 키에르케고어는 물자체(物自體)에 대해 인식의 차원이 아니라 하느님에 대한 신앙에서 근거하는 도덕적 체험을 추구했다는 점에서 칸트와 다른 시각을 가졌다.

칸트는 자기의식이 없어지는 신비주의로 빠지지 않기 위해 인간의지와 연관된 도덕적 성찰을 찾았다.[9] 그런데 키에르케고어는 신앙의 역설에서 즉 자신의 붕괴까지 각오하는 시도로서 오성(悟性, Forstand)이 스스로 발견할 수 없는 것을 발견하려고 하였다. 그에게서 진리란 개념이 대상과 일치하려는 시도로서 '진리는 주체성'이라고 요약된다.[10] 키에르케고어에서 윤리의 종교적 근거는 아브라함과 이삭의 이

---

Hong. Princeton University Press. (Philosophiske Smuler, by Johannes Climacus, ed. S. Kierkegaard, 1844). 1985, p. 40.

7) Kierkegaard, 1944, p. 298.

8) Green, 1992, p. 40.

9) Kant, *The Conflict of Faculties*. (Der Streit der Fakultäten. trans. Mary J. Gregor), New York: Albaris Book, 1979, p. 81.

야기를 하느님의 명령에서 본 『두려움과 떨림』에서 찾을 수 있다.

도덕의 자율성을 정립하려고 했던 칸트와 달리 키에르케고어는 인간을 구원하는 하느님의 은혜에 근거하여 타자와 관계를 찾았다. 키에르케고어에서 도덕은 물론 은혜에 근거하지만 규범적 요구와 자기선택의 자유의지로서 계속 유지되었지 폐기되지 않았다. 그는 미적 경험까지도 종교적 실존의 시각에서 받아들였다. 이런 점에서 키에르케고어는 도덕성의 근거와 한계에 더 관심을 가졌다.

『두려움과 떨림』에서 '윤리적인 것의 목적론적 정지'는 보편적으로 요구되는 신앙의 실존적 결단이다. 칸트와 키에르케고어는 모두 개인적 욕구가 아니라 도덕이 공동체를 고려해야 된다고 생각했다. 키에르케고어는 『이것이냐 저것이냐 2』에서 윌리암 판사의 자기아내 사랑과 관련하여 영원에 근거하여 상대성을 부정하는 영(靈)적 사랑과 개인적 사랑을 구분한다. 영적 사랑에 근거할 때 우리는 보답을 받을 수 없는 사랑을 기꺼이 할 수 있다.[11)]

키에르케고어에서 '당위는 능력을 함의(含意)한다'(ought implies can)는 윤리의식은 개인의 재능(才能)적 차이에도 불구하고 누구에게나 똑같이 주어진 것으로 본다.[12)] 도덕적 능력을 발휘할 수 없음에도 불구하고 도덕적 요구를 한다면 모순이 아닌가? 사람은 사회적 지위에 관계없이 인간존엄과 도덕적 양심을 지키며 살아간다는 의미에서 누구나 하느님 앞에서 평등하다.

인간이 홀로 있더라도 순수하게 하느님께 매달려 선(善)을 행하려고

---

10) Kierkegaard, 1944, p. 169.

11) 쇠얀 키에르케고어 지음, 임춘갑 옮김, 『사랑의 역사』, 서울: 도서출판 치우, 2011, 611쪽.

12) Kierkegaard, (trans.) Reider Thomte, *The Concep of Anxiety*. Princeton University Press, 1980. (Begrebet, Angest, by Vigilius Haufniensis, ed. S. Kierkegaard, 1844) p. 106.

한다면 모든 사람과 더불어 실존하며 살게 된다.[13] 여기에 종교 윤리적 실존으로 신앙의 도약이 있게 된다. 윤리적 삶은 그 자체를 목적하지 부수적 보답이나 결과를 꾀하여서는 안 된다. 부수적 결과를 위해 윤리적 행동을 한다면 '두 마음을 품은' 사람이 된다. 키에르케고어에서 사람은 도덕적 요구를 스스로는 충족할 수 없기에 윤리적 단계를 넘어서 종교 윤리적 단계로 넘어갔다.[14]

## 2. 이웃사랑과 정언명법

칸트와 키에르케고어가 인간의 윤리적 행동을 위해 동기의 순수함을 중시했다는 점에서 비슷하지만 칸트가 인간의 자율적 윤리를 찾은 반면에 키에르케고어는 윤리적 생활의 근거를 하느님과 실존적 관계에서 찾았다. 칸트는 『도덕형이상학 원론』에서 '의지의 준칙이 보편적 입법에 타당하도록 행동하라'는 정언명법을 요구하지만 키에르케고어는 하느님의 은혜와 사랑에 근원하는 관계에서 이웃사랑을 전달한다.[15]

칸트는 기독교의 요구를 인간의 도덕성에 근거하여 해결하려고 했다. 그러므로 칸트에게 예수는 구원자가 아니라 완전한 도덕성을 실현한 이상적 사람으로 이해된다. 키에르케고어는 『철학의 부스러기』에서 교사를 단지 소크라테스의 산파(産婆)가 아니라 죄에서 인간을 구원하는 그리스도를 신앙으로 받아들인다. 키에르케고어의 『종결(終結)적 비(非)학문적 후서』에서 보듯이 '영원한 행복'은 어떤 역사적 사실의 집적(集

---

13) Kierkegaard, *Purity of the Heart*, (trans.) Douglas Steere, New York: Harper. (Opbyggelige Taler i forskjellig Aand, by S. Kierkegaard, 1847, Part One, "En Leiligheds-tale".) 1948, p. 206.

14) Kierkegaard, 1944, p. 261.

15) Kant, *Grundlegung zur Metaphysik der Sitten*, Reclam, 1986.

積)이나 신뢰가 아니라 그리스도에 대한 무한한 정열의 믿음으로 성취된다.

칸트와 키에르케고어는 인간의 도덕적 생활에서 의지의 중요성을 지적하는 점에서 비슷하다. 그러나 예수를 도덕적 원형(Archetypus, archetype)으로 간주하는 칸트와 구세주로 고백하는 키에르케고어는 서로 다른 견해를 갖고 있다.[16] 키에르케고어의 종교적 실존은 윤리적으로 객관화되기 때문에 종교적 변형과 윤리적 행위는 서로 변증법적으로 관계한다.

칸트는 이성(理性)적 종교에 근거하며 초월적 하느님의 도움으로 윤리적 문제를 해결하려고 하지 않는다.[17] 이와 달리 키에르케고어는 도덕적 행위의 근거를 하느님의 계시인 예수그리스도를 믿음으로 하느님 사랑과 이웃사랑을 실천하고자 한다. 인간의 선행이 악을 이긴다는 칸트와 달리 키에르케고어는 하느님과 관계하며 영원한 행복에 참여한 그리스도의 은혜의 능력에서 오는 선행이 악을 이기게 한다고 본다.[18]

칸트는 선의지를 끝까지 신뢰하며 자율적 윤리를 세우려고 했다. 그에게 기독교신앙의 예수 그리스도는 구속자(救贖者)가 아니라 도덕적 원형일 뿐이다. 그러나 키에르케고어는 불안을 실존적 현상으로 드러내는 인간은 『두려움과 떨림』에서 제시되듯이 윤리적인 것이 목적론적으로 정지되는 생활을 하게 된다. 즉 보편적 규범보다는 신앙을 통해 그리스도와 영원한 관계에 들어갈 수 있으면 도덕적 생활을 할 수 있다. 이런 과정에서 종교체험의 독단성(獨斷性) 여부(與否)는 도덕적 생활을 통해 검증된다. 즉 종교적 체험의 정당성은 도덕적 객관화과정을 통

16) Green, *Kierkegaard and Kant*, SUNY Press, 1992, p. 145.

17) John E. Hare, *The Moral Gap*, Oxford University Press, USA, 1997, pp. 60-65.

18) Green, p. 76.

해 밝혀지게 된다.

『사랑의 역사』에서 인간은 그리스도 안에서 영원한 축복을 얻는 자신을 찾게 되고 이웃사랑이 가능하다고 한다.[19] 이런 시각에서 하느님의 중재가 개입되지 않는 이웃사랑은 불가능하다. 칸트나 키에르케고어는 인간의 타락한 모습과 이웃에 대한 사랑의 의무에 관심을 가졌다는 점에서 비슷하다. 그런데 칸트는 인간의 자율(自律)적 선의 가능성을 찾았고 키에르케고어는 하느님의 사랑에 근거한 이웃사랑을 실천하고자 한다.

영원을 사모하는 본성을 지닌 개인이 영원한 존재인 하느님과 관계하는 종교 윤리적 단계의 소명은 고결한 성품으로 표현된다. 『후서』에 의하면 지식의 집적(集積)이 아니라 인간이 그리스도와 주체적으로 관계하며 내면화하는 종교 윤리적 실존이 진리의 길이다. 하느님은 무한히 주체적 존재이기에 인간의 인식도 실존적으로 주체적이어야 한다. 이런 관계에서 개인은 주체적 정열의 믿음을 갖게 된다.

그리스도신앙에서 영원한 진리로 고백하는 그리스도가 시간과 공간이 제한된 세상에 오심(incarnation)은 유대인에게는 '거리끼는' 것이고 희랍인에게는 '어리석은' 것으로서 객관적 지식이 아니라 주체적 정열의 신앙으로 변증된다. 하느님을 그리스도 안에서 신앙하는 주체적 정열의 생활은 직접적으로 전달되지 않으며 간접전달을 통하여 이웃을 동정(同情)하게 된다. 『후서』의 저작자 클리마쿠스(Climacus)도 인간의 감각적 확신이나 지식의 축적은 단지 가능성에 가까이 할뿐이기에 실존적 결단을 직접적 방법으로는 배울 수 없음을 암시한다.

키에르케고어에게 실존의 발전에서 윤리적 분투의 한계를 유머로써 삶의 고뇌를 극복해 보려는 시도는 인간이 자신의 능력이나 내면성을

19) 쇠얀 키에르케고어 지음, 임춘갑 옮김, 『사랑의 역사』, 도서출판 치우, 2011, 22-23쪽.

신뢰한다는 뜻이다. 이는 그리스도에 대한 주체적 신앙과는 다르다. 『두려움과 떨림』에서 보듯이 그리스도신앙은 윤리적인 것을 넘어서는 '윤리적인 것의 목적론적 정지'에서 나타난다.

키에르케고어는 『후서』에서 세상을 종국적으로 주관하시는 하느님께 감사한다. 사람이 고난을 겪기 위해 이 땅에 오지는 않았지만 그리스도를 증언하는 삶에는 고난이 따른다. 그러므로 고통을 벗어남이 그 자체로 삶의 목적은 될 수 없다. 『후서』는 독자가 읽고 이해하라고 쓰이지 않았고 진리를 주체적으로 받아들이길 원해서였을 것이다. 누구도 타인의 삶을 대신 살 수 없기 때문이다.

'진리는 주체성'이라는 데에서 보듯이 키에르케고어는 하느님과 인격적 관계를 통해 자신을 찾아갔다. 그는 자신의 신적 소명(召命)을 글쓰기를 통해 표현했고 감사의 생활을 노래하며 살았다. 이런 삶은 다른 사람도 그런 단계에 이르러야만 즉 실존적 변형을 거쳐야만 체험적으로 이해되기 때문에 간접전달이라 불린다. 이렇게 인간으로서 최고의 축복은 도덕생활로서 도덕교육을 통해 객관적이고 보편적으로 검증된다.

## 3. 종교윤리적 실존으로서 도덕교육

키에르케고어에서 자기 자신을 찾아가는 과정은 도덕교육에서 간접전달을 통해 사회적으로 표현된다. 자기를 찾아가는 과정은 영원한 하느님과 자신의 실존적 관계다. 이 관계는 학교교과목뿐만 아니라 평생 계속되는 과업이며 개념적 차원만으로는 정리될 수 없다. 도덕교육은 도덕에 관한 새로운 정보의 취득이나 욕망의 절제 차원이 아니라 바로 자기 자신을 찾아가는 과정임을 보여야 한다. 현대인은 수많은 부분에서 타인과 비교하며 자기 자신을 찾아가지 못하고 비생산적 갈등을 겪고 있다.

키에르케고어는 그리스도를 통하여 하느님과 관계하는 종교적 실존을 인간성숙의 최고단계로 보아 간접전달로서 자기 자신을 표현하려고 했다. 카시러는 인간은 직접적 반응을 넘어서서 문화의 세계에 산다고 주장하지만 키에르케고어는 새로운 문화의 형성을 영원을 사모하는 인간의 영(靈, spiritual)적 본성에서 찾았다.[20] 칸트와 신칸트학파에서 인간의 자율적 도덕성에 대한 한계가 그리스도와 관계에서 찾아지는 인간본성의 시각에서 비판적으로 지적된다.

키에르케고어에 의하면 실존적 불안과 절망은 각 개인이 자기 자신을 찾아가는 계기가 된다. 자기를 찾아나서는 과정은 도덕생활을 통해 객관적으로 드러날 때 호소력을 갖는다. 그는 육체적 향락이나 자기의지(意志)적 도덕생활의 한계에서 하느님과 관계하는 종교 윤리적 실존으로 자아의 변형을 가져올 수 있다고 보았다.[21] 이렇게 구체적 생활을 통한 간접전달로서 도덕교육은 교사가 학생에게 도덕교육에 대한 지식을 전달하는 제도화된 방법으로는 이해되지 않는다. 간접전달은 누구나 주체적으로 시행해야만 하는 자신만의 고유한 책임이며 실존적 과정이다.

실존적 불안과 절망은 자기 자신을 찾아가는 단서가 되기에 도덕교육과 본래적으로 관련되어 있다. 도덕발달은 도덕적 성품을 고양시키거나 사회적 적응 혹은 권위에 대한 복종을 통해 추진되었다.[22] 인간역사의 어두운 면과 물질적 풍요로 채워지지 않는 인간영혼의 공허함을 체험하면서 인간의 자율성에 근거한 접근들은 한계를 드러내었다. 사회에 대한 적응과 권위에 대한 복종은 그 자체로 합리화되지 않고 사회와 권위의 성격이 문제시된다.

---

20) E. Cassirer, *an Essay on Man*, Yale University Press, 1972.

21) Ronald J. Manheimer / 이홍우 · 임병덕 역, 『키에르케고르의 교육이론』, 교육과학사, 2003, 3쪽.

22) Bonnidell Clouse, *Moral Development*, Baker Book House, 1985, p. 20-.

키에르케고어에서 영원을 사모하며 영원한 존재와 관계함이 가장 근원적 인간의 갈망이다. 영원을 사모하며 자기 자신을 찾아가는 과정은 역사 속에 계시된 하느님 즉 그리스도와 신앙을 통한 만남이다. 그는 강화집(講話輯) 『들의 백합 공중의 새』에서 자신의 불안과 우울을 극복하고 새로운 기쁨과 평화를 노래하고 있다.[23] 그에게 이런 삶은 객관적으로 도덕적 생활을 통해 표현된다.

인간은 본성의 표현에 따라 자연을 비롯한 타자와 관계를 맺게 된다. 키에르케고어는 인간의 본성을 영(靈, spiritual)적 존재로 보며 영적 본성을 신과 단독자적 관계에서 찾았다.[24] 롤스(Rawls)의 주장대로 인간의 존엄성이 전제되어야 사회관계를 논할 수 있듯이 인간의 윤리적 책임과 도덕교육은 존엄한 인간본성의 자연스러운 표현이 된다.[25]

인간의 죄의식은 자기 자신의 존엄성을 의식하지 못하게 하고 현대사회에서 타자를 용서하지 못하는 모습으로 표현된다. 죄의식은 자기침잠(自己沈潛, self-absorption)에 쉽게 빠지게 하여 삶에서 자기 자신만의 고유한 시각을 갖지 못하게 한다. 키에르케고어에서 자신의 고유한 시각을 위한 실존적 선택이란 자기화를 뜻한다. 그는 신 앞에 선 인간의 기쁨을 배우고 자기 자신의 노래를 부르며 살아가고자 한다.

키에르케고어의 『들의 백합 공중의 새』는 하느님의 무조건적 은혜의 사랑으로 용서받은 자기의식은 자신과 타자와 관계할 뿐만 아니라 자연에까지 확장됨을 가르친다. 그는 『철학의 부스러기』에서 그리스철학과

---

23) 쇠얀 키에르케고어 지음, 표재명 옮김, 『들의 백합 공중의 새』, 프리칭아카데미, 2005.

24) Kierekgaard, *The Sickness unto Death*. Kierkegaard's Writings 19. (trans.) Howard V. Hong and Edna H. Hong. Princeton University Press, 1980. (*Sygdommen til Doden*, by Anti-Climacus, ed. S. Kierkegaard, 1849). p. 13-.

25) J. Rawls, *Theory of Justice*, Harvard University Press, 2005.

기독교를 비교하면서 전자는 산파(産婆)의 역할이지만 그리스도교에서 진리는 이성(理性)의 분노(忿怒)와 신앙의 역설(逆說)로서 신앙을 통해 주어짐을 밝힌다.[26] 이런 종교적 실존은 도덕생활과 도덕교육을 통해 보편화된다. 그는 인간의 도덕적 행위와 도덕교육을 개인의 궁극적 관심으로서 그리스도와 관계에서 찾는다.

## 4. 실존적 선택의 도덕교육적 함의(含意)

『철학의 부스러기』에 의하면 '실천하지 못함'은 그리스철학에서는 앎의 부족이지만 그리스도교에서는 하느님과 사람 사이의 관계인 신앙의 결핍이다. 죄는 인간에게 단순한 개념이 아니라 실증적으로 나타난 현상이며 죄의 극복인 하느님에 대한 인간의 신앙도 단지 개념일 수 없다. 소크라테스가 신성(神性)에 대한 경외 때문에 자신 자신을 무지(無知)하다고 했다면 기독교는 오로지 신앙에 의해서만 인간은 현존한다고 가르친다.[27] 이렇게 인간은 신의 소명(召命)을 충분히 이해하지 못하더라도 신으로부터 받은 책임을 의식하고 실존적 결단을 통해 자기 자신이 되어 간다.

실존적 변형과 연관하여 심리학적 정신분석적 연구에서도 인간은 육체만으로는 환원될 수 없는 존재임이 밝혀지고 치료에 원용되고 있다. 키에르케고어에 의하면 숙고(熟考)는 실존과 분리되지 않을 때에만 즉 진리는 내적 '자기화'를 통하여 심화되고 자신을 찾아가면서 타인에게 전달될 수 있다. 그는 신과 최고의 관계를 용서에 대한 확신에서 찾았

---

26) 쇠얀 키에르케고어 지음, 표재명 옮김, 『철학의 부스러기』(Philosophiske Smuler), 프리칭아카데미, 2007, 73쪽-.

27) 쇠얀 키에르케고어 지음, 임춘갑 옮김, 『죽음에 이르는 병/관점』, 도서출판 치우, 2011, 194쪽.

다. 그는 하느님으로부터 받은 용서의 확신을 기쁨의 노래로 표현했다. 즉 실존 변형의 최종적 변증법이 신에 대한 직접적 표현으로 나타났다.

간접전달은 전달자가 자기 자신의 경험을 내면화를 통한 전달에 관심을 갖는 실존적 표현이다. 실존적 표현은 이론적인 것을 배제하지는 않으나 '과정 중에 있는 삶'을 전달하기 위해 실천적 방법에 호소한다. 모든 전달이 간접전달을 요구하지는 않지만 인간실존은 간접전달을 통해서만 전달된다.[28] 실존적 주체성의 전달을 요구하는 간접전달은 각 개인이 삶의 체험을 드러낼 수 있을 때에만 가능하다.

칸트가 종교를 윤리적 영역에서 설명하고자 했다면 키에르케고어는 신과 인격적 관계에서 윤리적 삶의 가능성을 보았다. 그의 윤리적 행동에 대한 이해는 선의지에 근거한 칸트와 본질적으로 구분된다. 키에르케고어는 인간의 윤리적 행위의 가능성을 자기의지의 윤리적 단계가 아니라 예수 그리스도와 믿음의 관계를 통해서 찾았다.

진리 안에서 권위를 찾고자 시도하는 자는 자가 자신의 속박에서 자신을 풀어내고 타자와 실존적 관계에 들어서게 된다.[29] 키에르케고어

---

28) Kierkegaard, *Concluding Unscientific Postscript*. (trans.) David F. Swenson and Walter Lowrie. Princeton: Princeton University Press, 1968, p. 68.
Andrew Burgess 교수는 『후서』의 구조를 이렇게 요약한다. 1) 영원한 행복의 추구 2) 주체적 정열이 개인되지 않은 추구 3) 주체적 정열을 통한 진리 추구에 대해 단지 객관적 관심은 영원한 행복과 관계를 맺을 수 없다. 사유만 하는 철학이 아니라 주체적 정열을 통해서만 우리는 우리 자신과 현실을 이해할 수 있다. 새로운 책을 읽음으로서가 아니라 새로운 존재에 잠김으로서 우리는 자신을 찾아가게 된다. Andrew J. Burgess, *The Bilateral Symmetry of Kierkegaard's Postscript* in Robert L. Perkins (ed.), Internatioal Kierkegaard Commentary, *Concluding Unscientific Postscript to "Philosophical Fragments"*, Mercer University Press, 1987, p.329-.

29) Kierkegaard, *Training in Christianity*. (trans.) by Walter Lowrie, Princeton: Priceton University Press, 1941, pp. 132-133.

는 그리스도를 따르는 길을 진리로 본다. 그는 타자에 대한 일방적 지시가 아니라 자신의 권위를 그리스도 안에서 스스로 찾게 하였다. 이런 측면에서 볼 때 사람들 사이의 관계에서 전달과 교제를 부인하는 삶은 자신을 속이게 된다.

## 5. 이웃사랑에서 키에르케고어와 칸트

칸트의 도덕률은 인간의 당위적 의무에서 출발한다. 그는 이성(理性)적 종교에 근거하며 초월적 하느님의 도움으로 해결하려고 하지 않는다.[30] 칸트와 달리 키에르케고어는 도덕적 행위의 근거를 하느님의 계시에서 찾아 역사 속에 들어온 예수 그리스도에게서 하느님사랑과 이웃사랑을 실천하고자 한다. 그린(Green)에 의하면 인간의 가능성이 무한한 죄에 의하여 부패되었다면 외부로부터 희망이 주어질 뿐이다.[31]

칸트는 인간의 선행이 악을 이긴다는 생각을 갖고 있지만 키에르케고어는 이런 역사(役事)는 하느님과 관계하며 영원한 행복을 희망하는 그리스도의 은혜로만 가능하다고 믿는다.[32] 키에르케고어와 달리 칸트는 인간의 도덕적 의무에서 도덕적 생활을 찾았다.[33] 이들은 도덕성의 계발을 통해 세상을 밝게 하려는 뜻을 가졌는데 그 방법과 가능성은 차이가 난다.[34]

---

30) John E. Hare, *The Moral Gap*, Oxford University Press, USA, 1997, pp. 60-65.

31) Ronald Green, *Kierkegaard and Kant, The Hidden Debt*, State University of New York Press, 1992, pp. 156-178.

32) Green, *Kierkegaard and Kant*, p. 76.

33) Kant, *Die Religion innerhalb der Grenzen der bloßen Vernunft*, Meiner, 2004, S. 57.

34) Green, p. 93-.

칸트는 『도덕형이상학원론』에서 소위 도덕의 최고의 규칙으로서 인간의 경향성(傾向性)을 넘어서는 정언(定言)명법을 추구했다. 이에 대해 키에르케고어는 하느님관계에 근원하며 보수(報酬)에 유혹되지 않고 고난을 마다하지 않는 '이웃사랑'을 전한다.[35] 칸트와 키에르케고어는 인간의 욕망이나 경향성과 다른 순수한 도덕적 동기를 구분했다는 점에서는 같다고 할 수 있고 이들에게서 세상이 악의 영향 아래에 있다는 의식을 감지(感知)할 수 있다.

칸트는 인간의 본능적 경향을 넘어서는 도덕을 의무로서 설명한다. 칸트는 인간의 선에 대한 취향과 악한 본성, 더 나아가 근본악(根本惡, Das radikal Böse, radical evil)을 지적한다.[36] 그가 도덕적 구원의 가능성을 찾은 것은 '당위는 능력을 함의(含意)한다'고 생각했기 때문이다. 즉 인간의 도덕적 선과 완전을 향한 의지적 선택은 악으로 향하는 경향을 극복할 수 있다고 생각했다. 칸트는 기독교의 요구를 인간의 도덕성에 근거한 자연종교에 의해 해결하고자 하였다.[37] 그는 성경의 예수도 완전한 도덕성의 실현으로 보고 인간관계도 선의지의 실행이라는 점에서 이해한다.[38]

종교적 신앙은 단지 지적(知的) 수준을 넘어 의지(意志)의 질(質)적 운동을 한다는 점에서 칸트와 키에르케고어는 같지만 역사적 예수를 구세주로 고백하는 키에르케고어와 도덕적 원형(archetype)으로 생각하

---

35) Kierkegaard, (trans.) Douglas Steere, *Purity of Heart*, New York: Harper, 1948, p. 70, 149.

36) Kant, *Die Religion innerhalb der Grenzen der bloßen Vernunft*, Meiner, 2004, 1st. Ab.

37) Green, p. 61.

38) Kant, (trans.) Theodor M. Green and Hoyt H. Hudson, *Religion within the Limits of Reason Alone*, New York: Harper and Row, 1960, p. 182.

는 칸트는 서로 다른 견해를 갖고 있다.[39] 키에르케고어는 크리스천으로서 도덕에서 인간의 원죄에 대한 칸트의 견해에 관심을 가졌다. 그러나 그는 칸트의 합리적 계몽주의에 의한 인간의 자율적 도덕행위에 대한 설명을 전통적 은혜(恩惠)의 교리에 근거하여 거부한다.[40] 키에르케고어와 칸트는 인간행동에서 자유를 존중했는데 키에르케고어는 그리스도와 관계에서, 칸트는 인간의 자율성에서 찾고자 했다.

칸트는 사람이 자기 자신에 대해 좋은 의견을 낼 때 가장 자신을 속일 수 있다면서 대속(代贖)이나 구속자(救贖者)를 통한 도덕적 해결을 추구하지 않고 인간의지에 대한 신뢰를 견지한다.[41] 키에르케고어에 의하면 건전한 종교는 결국 윤리적으로 검증되고 객관화되기 때문에 종교적 단계와 윤리적 단계는 서로 변증법적으로 관계한다.[42] 죄는 인간의 거짓된 자유에서 말미암는다. 키에르케고어에서 죄가 세상에 들어온 이유를 설명하는 것은 어리석은 시도가 된다.[43] 이렇게 인간에게 자유와 죄는 전제될 뿐이지 그 이유가 설명되지 않는다. 같은 맥락으로 죄의 극복인 그리스도의 전(全)적 은혜도 합리적 설명을 할 수 없다.

윤리적 생활의 근거를 종교적 영(靈)적 실존에서 찾는 키에르케고어에서 인간은 과오의 얽매임에서 벗어나 그리스도신앙의 종교 윤리적 생활에서 참회하게 된다. 인간의 윤리적 삶에는 참회(懺悔)가 필수적이지만 참회에만 잠기면 역설적으로 윤리적 행동을 미루게 된다.[44] 사람은

39) Green, p. 145.
40) Green, p. 167.
41) Green, p. 168.
42) Kierkegaard, *Concluding Unscientific Postscript*, (trans.) David Swenson and Walter Lowrie, Princeton University Press, 1941, p. 261, 347.
43) Kierkegaard, (trans.) Reidar Thomte, *The Concept of Anxiety*, Princeton University Press, 1980, p. 50.
44) Kierkegaard, (trans.) Reidar Thomte, *The Concept of Anxiety*. p.

잘못된 과거에 얽매어 낭비하는 시간에 대해 윤리적 책임이 있다.

그리스도를 신앙함으로써 윤리적 생활의 근거를 찾는 키에르케고어의 시각은 참회와 도덕적 재생(再生)을 스스로 추구하려는 칸트와 다르다.[45] 키에르케고어의 『철학적 단편』에서 선생은 단지 소크라테스의 산파(産婆)가 아니라 죄와 과오(過誤)에서 구원하는 '신=인간'으로서 그리스도에 대해 신앙으로 관계한다.[46] 『종결(終結)적 비(非)학문적 후서』에서 보듯이 키에르케고어에서 '영원한 행복'은 하느님에 대한 주체적 믿음으로 성취되고 전달된다.[47]

『후서』에서 '영원한 행복'은 하느님에 대하여 모험을 감수하는 '믿음의 비약'을 통해서 금생(今生)뿐만 아니라 미래에 성취될 수 있는 삶의 목적이다. 키에르케고어는 주체적 신앙으로 살아가는 기독교신앙을 감각적 만족만을 추구하는 생활과 구분한다. 그는 하느님을 주체적으로 믿으며 영원한 행복을 찾았다. 영원을 사모하는 마음을 본성적으로 지닌 사람이 금생뿐만 아니라 죽음 후 내세를 심려(深慮)하며 살아가는 것은 지극히 자연스럽다.

칸트는 기독교신앙에 대해 인간의 도덕적 책임을 회피한다는 점에서 비판적이지만 근본적 악에 대항하여 선한 행동을 위한 신적 은혜의 개념을 부인하지는 않았다. 그러나 그는 인간의 도덕적 자율성을 중시했다. 키에르케고어에서 인간은 하느님 앞에서 속죄와 은혜를 필요로 하는 존재다. 속죄의 은혜는 인간을 과거의 잘못에 얽매어 회한(悔恨)에 사로잡히지 않고 새로운 삶을 살게 한다.

---

117.

45) Green, p. 171.

46) Kierkegaard, (trans.) H. Hong and E. Hong, *Philosophical Fragments*, Princeton University Press, 1985, pp. 15-18.

47) Kierkegaard, *Concluding Unscientific Postscript*, (trans.) David Swenson and Walter Lowrie, Princeton University Press, 1941.

『사랑의 역사』에서 인간은 그리스도 안에서 진정으로 자신을 사랑할 때만 타자를 사랑하게 된다.[48] 즉 하느님사랑에 근거하는 이웃사랑은 중재자의 정화(淨化)하는 과정이 있어야 한다. 이런 시각에서 하느님을 의식하지 않는 이웃사랑은 그 자체로 불가능하다. 따라서 키에르케고어의 시각에서 칸트의 선의지의 정언명법은 인간실존을 모순적으로 보게 된다.

키에르케고어와 칸트는 이웃사랑에서 비슷한 점도 있다. 1) 이들은 인간의 타락한 모습을 인정했고 2) 이웃사랑을 의무로 보았으며 3) 하느님으로부터 도덕법이 나온다고 생각했다.[49] 그렇지만 칸트는 인간 자신에서 도덕적 선의 가능성을 찾았고 키에르케고어는 하느님의 사랑에 근거한 이웃사랑을 전한다. 키에르케고어는 칸트의 도덕적 책임론에 의한 구원론과 속죄론을 거절하며 속죄(贖罪)와 연관하여 역사적 구원자로서 그리스도의 중요성을 분명히 한다.

키에르케고어는 종교적 근거에 의한 윤리적 행동의 주요성을 강조한다. 칸트에게서 실천이성이 이론이성보다 우위(優位)였다면 키에르케고어는 도덕적 삶이 하느님신앙에서만 가능하다고 믿었다. 칸트는 인간에게 악(惡)이 실재하여 성격을 왜곡시킨다는 도덕적 확신을 갖는다.[50] 그리스도교의 예수도 칸트에겐 속죄(贖罪)자가 아니라 도덕적 원형으로 이해된다. 칸트는 역사적·계시적 기독교에 대하여 합리적 시각을 갖고자 한다.

키에르케고어가 하느님사랑에 근거한 이웃사랑에 대해 실존적 실천을 전하는데 반하여 칸트는 이기심에 반대하는 보편적 선의지에 근거한

48) 『사랑의 역사』, 22-23쪽.

49) Green, p. 66.

50) William Peck, "*On Autonomy: The Primacy of the Subject in Kant and Kierkegaard*," Ph. D. Dissertation, Yale University, 1974, p. 150.

이웃사랑의 의무를 주장한다. 칸트는 자신의 쾌락을 찾는 자기사랑과 선의지를 추구하는 자기사랑을 구분한다. 칸트는 사랑도 선의지를 추구하는 의미에서 이해하려고 한다.[51] 이런 의지에 연유한 행위가 인간의 본래적 선을 향한 경향을 회복시킨다고 생각했다. 이와 다르게 키에르케고어는 인간을 하느님 앞에 종교적 실존으로 해석하고 인간이 자율적으로 선을 행할 능력이 없다고 본다.

그리스사상에서는 인간에게 보편적으로 주어진 욕망의 원리로써 육욕(肉慾)적인 것은 정신적인 것과 조화를 구하며 추구되었다. 칸트는 인간의지에 근거하는 선의지(善意志)를 신뢰하며 도덕생활을 추구하지만 키에르케고어는 인간의 실존을 불안(不安)과 절망(絕望)으로 보고 하느님에 대한 주체적 신앙을 통해 극복하며 객관적으로는 윤리적 생활로서 확증한다. 그는 자신의 불안이 하느님의 용서에 대한 확신에서 극복되자 영원한 축복에 대한 믿음에서 하느님을 노래하는 삶을 살게 되었다. 개인이 세상에서 자신의 소명과 책임을 실행하려고 하지 않을 때 영(靈)적 영향력은 세상에서 자신을 분리하게 된다.

칸트가 인간의 고상한 도덕적 구원을 추구했다면 키에르케고어는 인간의 자기구원의 가능성을 부인한다. 칸트는 역사적 예수를 도덕적 원형으로 여기지만 키에르케고어는 칸트의 '근본적 악'을 더 극단적으로 본다. 즉 인간은 불안을 실존적 현상으로 드러내는 죄 안에 있기에 스스로 도덕적 추론이나 행위를 하기에 부족한 조건 혹은 상황 아래에 있으니 신(神)적 은혜로만 가능하다. 키에르케고어에서 역사적 예수도 신앙으로만 관계할 수 있다는 주장도 같은 맥락으로 이해된다.

어거스틴(Augustinus)의 '우리의 마음은 주님 안에서 쉴 때까지는 안식이 없나이다.'는 고백같이 슈페만은 윤리학을 '성취된 삶에 대한 학문'이라는 시각에서 인간의 자율적 행복추구를 비판한다.[52] 키에르케

51) Green, p. 62.

고어와 슈페만의 견해를 볼 때 행복추구는 하느님을 포함한 타자와 관계 속에서만 이해된다.53) 윤리에서 인간의 이성(理性)과 의지를 끝까지 붙잡고자 한 칸트(Kant)와 신앙에 근거한 윤리를 전달하는 키에르케고어 사이의 차이를 보게 된다.54) 지금까지 살펴본 대로 윤리적인 것과 종교적인 것에 있어서 칸트와 키에르케고어가 상당한 유사점이 있음에도 그 본질에 있어서는 차이가 있다.55)

---

52) Spaemann, *Happiness and Benevolence,* University of Notre Dame Press, 2000, p. 52.

53) 황종환, "도덕과 예술에서 성취된 삶으로서 행복", 『윤리교육연구』 제20집, 한국윤리교육학회, 2009, 171쪽.

54) 황종환, "키에르케고어(S. Kierkegaard)의 『사랑의 역사』의 종교 윤리적 함의", 고려대학교 철학연구소, 『철학연구』, 47집, 2013, 138쪽.

55) 황종환, "키르케고아와 카시러의 종교성 비교연구", 『철학논총』 제 51집 제1권, 2008, 366쪽.

# Ⅳ. 키에르케고어와 카시러(E. Cassirer)에서 근원적 존재

## 1. 철학의 과제로서 자기인식

신칸트학파 카시러는 자기인식(self-knowledge)을 철학의 과제로 여겼다. 그에 의하면 인간은 주위 환경과 관계하며 문화를 창조하기 때문에 문화에 대한 이해가 바로 인간 자신에 대한 이해가 된다. 그는 인간의 환경에 대한 반응으로서 문화의 형성을 통해 형이상학을 탐구했다.[1] 그에게 인간영혼은 문화형성의 상징적 행위에 관여한다. 이런 상징적 행위는 환경에 지속적으로 반응하며 문화를 창출하게 된다. 그러므로 그에게 형이상학은 존재론적이기 보다는 방법론적으로 이해된다.

카시러는 인간에 대한 이해를 주위환경에 직접적으로 반응하지 않고 문화를 형성하는 모습에서 찾으려고 했다.[2] 그에 의하면 클라게스(Klages)는 감정과 본능이 그 내용이 되는 신화를 통해 인간문화를 보려고 했고 하이데거는 종교적 측면에 너무 경도(傾度)되어 있다.[3] 그

---

1) Thora Ilin Bayer, *Cassirer's Metaphysics of Symbolic Forms*, Yale University Press, 2001, p. 109.
2) E. Cassirer, *an Essay on Man*, Yale University Press, 1972.
3) Bayer, p. 111.

런데 카시러는 종교를 한 문화형식의 차원이 아니라 온 우주 전체 즉 인간문화의 모든 현상에 대한 이해에서 바라보았다. 카시러에게는 인간이 스스로 문화를 창출할 수 있다는 인간본성에 대한 낙관적 전제가 함축되어 있음을 본다. 카시러의 낙관적 인간본성에 근거한 문화 창조에 비해 키에르케고어는 인간실존의 불안과 절망을 지적한다.

카시러에서 환경에 대한 반응인 문화 창조의 생활을 키에르케고어의 실존에서 이해할 때 인간은 생존 그 자체가 목적이 아니라 영원한 존재와 관계하며 삶을 변화시켜야 한다. 키에르케고어 사상을 자기화로 해석하고 카시러의 철학은 종국적으로 문화를 통한 자기인식이라고 할 때 자신을 알아가는 방법에서 이들은 차이가 있다. 카시러에 의하면 문화의 형성이 부정적으로 될 때는 단지 정적주의(quietism)에 빠지게 되며 극단적일 경우 전체주의적 태도를 갖게 된다.[4)]

카시러는 자기 인식을 주위 환경에 대한 의지적 행위의 결과인 문화와 예술작품에서 찾지만 키에르케고어는 하느님 앞에 홀로 서는 역설적 신앙과 거룩한 은혜에서 자기 자신을 찾아간다. 키에르케고어는 하느님 안에서 인간 자신의 영원한 행복에 궁극적 관심을 가졌다. 카시러의 생존, 행위, 문화적 창작을 각기 생물학적, 심리학적, 선험적 단계로 본다면 키에르케고어의 미적, 윤리적, 종교-윤리적 실존으로 대비할 수 있는데 전자가 인간의지를 강조한다면 후자는 신의 계시를 그 근거로 본다. 카시러에서 인간은 절대적 진리를 파악할 수 없고 환경과 문화 창작의 변증법에서 살지만 키에르케고어는 삶의 최종목적을 하느님과 함께 누리는 영원한 행복에서 찾는다.

---

4) Donald P. Verene, Philosophy and Politics, in Verene (eds.), *Symbol, Myth, and Culture: Essays and Lectures of Ernst Cassirer*, Yale University Press, 1979, p. 232.

## 2. 자기인식과 문화

인간본성의 이해는 도덕교육의 핵심이 된다. 카시러의 상징적 회임(懷妊)으로서 형이상학을 키에르케고어의 실존적 역설로서 종교성과 인간본성의 시각에서 비판적으로 고찰한다. 형이상학을 실체적이기 보다 기능적으로 설명한 카시러에게 궁극적 실재를 이해하는 길은 인간 영혼의 형성(形成)적 창조물인 문화형식에 대한 이해다. 형이상학은 인간의 문화 활동을 통해 표현되고 이해된다는 카시러의 철학에는 인간본성에 대한 함축된 낙관주의가 전제되어 있다.

철학의 최고 과제를 인간의 자기인식에서 찾은 카시러에게 자극과 환경에 대한 인간의 상징적 반응은 그의 철학의 핵심이다. 궁극적 실재로서 형이상학을 전제한 신칸트학파 카시러와 신과 실존적 역설을 통한 만남이 간접전달을 통하여 결국 이해될 수 있다고 키에르케고어의 견해는 공통적 면모도 있다. 그러나 키에르케고어에서 근본적 전제에서 인간을 화해의 자리에 있게 하는 신은 이성이나 오성으로 파악될 수 없고 역설적 신앙을 통하여 관계하게 된다.

키에르케고어의 실존적 역설은 카시러의 문화철학의 형이상학적 입장과 분명한 차이가 있다. 키에르케고어의 절대적 역설은 종국적으로는 타자에게도 간접전달을 통하여 드러나기에 종교의 열정주의를 극복하는 방법이 될 수 있다. 그의 종교성은 『두려움과 떨림』, 『철학의 부스러기』[5] 등에서 볼 수 있듯이 절대자와 실존적 관계를 뜻한다. 후대 카

5) 에른스트 캇시러 지음/ 최명관 옮김, 『인간이란 무엇인가』, 서광사, 1988.
E. Cassirer, *an Essay on Man, an Introduction to a Philosophy of Human Culture*, New Haven, Yale University Press, 1944.
E. Cassirer, *The Philosophy of Symbolic Forms*, Yale University Press, 1929.
John Michael Krois(ed.), *Zur Metaphysik der Symbolischen Formen*, Meiner, 1995.

시러 연구자들의 핵심적 과제였던 '상징'에 대한 형이상학적 입장은 키에르케고어의 시각에서 비판적으로 고찰된다.

## 3. 상징형식으로서 문화

인간을 상징적 동물(animal symbolicum)로서 설명한 카시러에서 '상징'에 대한 이해는 카시러 연구자들에게 오랜 과제였다. 카시러의 주저인 『인간이란 무엇인가』, 『상징형식의 철학』 등과 특히 그의 사후에 수집된 저서 『상징형식의 형이상학』에서 형이상학의 의미를 고찰한다. 카시러는 종교성을 절대자에 대한 인격적 이해보다는 철학의 오랜 과제였던 형이상학과 인식론의 관계와 문화를 통해 이해하려고 한다. 키에르케고어와 카시러가 제기하는 근원적 존재와 인간 사이의 관계에 대한 물음을 비교하고자 한다.[6)]

카시러에게 형이상학은 상징적 회임(懷妊)의 문화형식을 통해서만 인간에게 현실적으로 재현될 수 있다고 주장된다.[7)] 그런데 형이상학적

---

6) 쇠안 키에르케고어 지음, 표재명 옮김, 『철학의 부스러기』, Philosophiske Smuler, 프리칭 아카데미, 2007. 지금까지 한국 키에르케고어 학회에서 주로 『철학적 단편』으로 번역되다가 최근에 표재명교수의 본래 제목에 충실한 번역을 따라 『철학의 부스러기』라고 함.
강학철 옮김, 『두려움과 떨림』, 민음사, 1991.
한국에 카시러를 소개, 연구하신 최명관교수는 카시러의 종교적 성품을 다음과 같이 묘사한다.
"캇시러는 유래를 찾아보기 힘들만큼 동정심이 강한 사람이었고, 또 선을 위하여 절대적 헌신을 한 사람이었다. 또한 깊이 종교적인 사람이었다. 그는 서로 다른 의식이나 교리 같은 것에 구애되지 않았다. 모든 종교의 진정한 핵심인 우주적 감정, 즉 우주만큼 넓고 태양 광선만큼 강렬한 사랑이 언제나 그의 가슴 속에 힘차게 살아 있었다. 이것이 그의 심정을 세상의 모든 선한 것에 대한 깊은 공감으로 가득 차게 했고, 또 그의 의지를 이 선을 위하여 투쟁하도록 강화하였다." 최명관 편저, 『캇시러의 철학』, 법문사, 1985. 36쪽.

실재는 문화 형식을 통한 상징으로만 이해된다는 그의 주장은 오히려 반(反)형이상학이라는 해석이 제기된다.[8)] 그는 『상징형식의 철학』에서 인식론 중심에서 문화에로 삶의 지평을 확장한 점에서 마르부르크(Marburg) 신칸트학파와 구분된다. 즉 그는 근본적 실재에 대한 해답 내지 형이상학적 이론을 제공하기 보다는 문화형식을 통하여 궁극적 실재를 파악했던 철학자로 받아들여진다.[9)] 그의 『상징형식의 철학』, 『인간이란 무엇인가』, 『국가의 신화』 등은 인간의 본성과 형이상학적 실재를 문화형식을 통해 알아가는 길을 제시한다.[10)]

카시러는 궁극적 실재를 사상사에 드러난 현실적 문제와 연관시켜 파악하고자 했다. 그는 상징형식의 철학을 인식으로 환원하지 않고 '기능적'으로 이해한다.[11)] 그는 인간문화를 사회에서 상호 관계하는 기능으로 이해한다. 인간의 본성은 형성된 문화를 통해서만 간접적으로 이해될 수 있다는 주장이다. 그는 마르부르크학파의 과학적 인식론에 선험적 방법을 접목시키려고 했고 칸트의 『판단력 비판』에 대한 해석을 통하여 문화를 상징으로 이해하는 과정에서 미적 형식의 유기(有機)적 성격을 제시하고자 했다.[12)]

---

7) D. P. Verene, (ed.), *Symbol, Myth, and Culture: Essays and Lectures of Ernst Cassirer*, Yale University Press, 1979, pp. 293-298.

8) T. I. Bayer, Cassirer's Metaphysics of Symbolic Forms, Yale University Press, New Haven & London, 2001, pp. 2-3.

9) Brand Blanshard, *Philosophical Reviews* 54, 1945, pp. 509-510.

10) E. Cassirer, *An Essay on Man, An Introduction to a Philosophy of Human Culture*, New Haven, Yale University Press, 1944,; *The Myth of the State*, New Haven, Yale University Press, 1946.

11) E. Cassirer, *Determinism and Indeterminism in der Modern Physics: Historical and Systematic Studies of the Problem of Causality*, (trans.) O. T. Benfrey, New Haven, Conn.: Yale University Press, 1956, xxiii-xxiv. T. I. Bayer, *Cassirer's Metaphysics of Symbolic Forms*, p. 11 재인용.

카시러에서 인간의 영혼은 감각적 재료로 표현된 문화를 통하여 이해된다. 게슈탈트 심리학에서 차용한 것으로 알려진 소위 '상징적 회임'에 의해 카시러는 영적인 것과 감각적인 것이 불가분리의 관계에 있음을 밝히고자 하였다. 상징적 회임으로 구체화된 그의 『상징형식의 철학』은 인식이론을 넘어서 윤리적, 미적, 종교적 이론 등을 모두 포함한다. 그의 '상징형식'이란 용어는 헤겔주의 미학자 피셔(Friedrich Theodor Vischer)가 사용한 상징개념에서 온 것으로 알려져 있다.[13)]

헤르츠(Heinrich Hertz)는 과학에 관해 언급하며 상징적 회임을 통하여 감각적 경험으로서 지각은 비(非)직관적 의미를 갖게 됨을 주장한다.[14)] 수학자들과 물리학자들이 처음으로 그들의 근본적 수행(修行)에서 상징적 성격을 자각하게 되었다. 이 과정이 특히 헤르츠의 『수학의 원리』에서 명민하게 기술된다.[15)] 헤르츠에 의하면 과학자들은 탐구의 대상을 직접적 방법이 아니라 상징체계라는 수단을 통하여 파악한다.

칸트 이후로 물려받은 철학의 과제로서 이성에 대한 비판이 문화에 대한 비판으로 카시러에 의해 확장시켰다. 카시러에 의하면 종교, 언어, 예술, 역사, 과학, 사회적 행위 등은 인간의 상징적 문화 활동의 구체적 형식이 된다. 칸트가 직관과 개념의 결합을 통하여 선험적 분석의 추상적 도식을 제시했다면 카시러는 상징의 현상 안에서 사유와 문화의 수단을 통해 관찰할 수 있는 형식을 제시하고자 했다.

카시러에 의하면 감각적으로 주어진 지각은 상징적 과정을 통하여 인간에게 이해되는 것이지 '순수하게' 혹은 '있는바 그대로' 전달될 수 없는 것이다. 이런 상징화과정이 수학적 대상은 이론화 작업으로, 신화와

---

12) Bayer, op. cit., p. 14.
13) Bayer, op. cit., p. 16.
14) E. Cassirer, *The Philosophy of Symbolic Forms*, 1929, 3: p. 202.
15) Cassirer, *The Philosophy of Symbolic Forms*, 1929, 1: p. 75.

종교는 거룩한 것이 속(俗)된 것으로부터 구분으로, 예술에서는 특정의 장식이 독특한 의미를 담지(擔持)하는 것으로 나타난다. 카시러에서 정신적(geistig)인 것과 감각적(sinnlich)인 것의 종합 즉 상징적 회임이 주장된다.

## 4. 문화에서 영혼의 활동과 생존

카시러는 삶의 지평을 칸트의 인식에서 문화로 확장했고 헤겔에서 문화가 논리로 환원됨을 비판적으로 고찰했다.[16] 카시러는 헤겔과 같이 형이상학적 논리가 아니라 문화현상에 대한 이해를 통하여 궁극적 실재 즉 형이상학을 파악하고자 했다. 이런 의미에서 그의 변증법은 기능의 변증법이며 인간의 의식(意識)은 상징행위로 표현된다. 그에 의하면 종교는 신화가 변증법적 과정을 통하여 형성되는 과정이다.

카시러에 의하면 영혼(Geist)과 삶(Leben)은 서로 변증법적으로 관계하며 형이상학적 실재는 이 둘 사이의 역동적 긴장을 통하여 드러난다.[17] 즉 삶은 끊임없이 영혼으로 변형되며 영혼은 삶의 직접성 속에서 끊임없이 새롭게 된다. 이런 과정이 상징화(象徵化) 혹은 상징적 회임(懷妊)으로 이해된다. 그는 이런 과정에서 인간을 떠받히는 형이상학이 드러난다고 보고 해명하고자 했다. 그에 의하면 철학은 인간문화의 상징적 형식을 통하여 형이상학적 실재를 파악하는 행위다.[18] 이런 의미에서 상징형식의 철학은 비판(Kant)과 성취(Hegel)의 과업을 동시에 지닌다.

카시러는 인간의 자기인식을 철학의 최고과제로 삼았으며 상징적 회

16) Bayer, op. cit., p. 20.

17) Cassirer, *The Philosophy of Symbolic Forms*, 1998.

18) Bayer, op. cit., p. 23.

임의 결과인 문화형식에 대한 이해를 통하여 간접적 방법으로 자기인식을 해결하려고 했다. 그는 자기인식의 출발을 희랍의 소크라테스에게서 찾았으며 근대 이후 르네상스와 계몽주의에서 다시 이런 시도가 있었다고 보았다. 그는 철학자체를 영혼의 발전과정으로 즉 인간문화의 한 부분으로 이해했다.

카시러에서 인간문화의 이해를 위하여 철학사는 늘 신생(新生)되어야 했다. 이런 점에서 철학은 진리를 찾는 자유행위이며 자신의 유익을 극대화하는데 최종적 목적을 두었던 소피스트의 입장과 구분된다. 카시러는 철학이 단지 과학의 논리에 환원되는 것을 비판했다. 그에게 철학의 정신은 문화에 대한 이해를 통하여 드러난다.

## 5. 철학적 활동의 윤리적 책임

카시러에게 철학의 과제는 문화일반에 대한 이해를 통한 자기인식이다. 그는 철학을 문화라는 유기적 활동에서 이해했으며 비코(Vico)가 이런 영향을 주었다.[19] 카시러는 문화의 몰락에 대한 책임을 묻는 슈바이처의 영적 윤리적 지적을 받아들였다.[20] 철학의 윤리적 임무를 강조하며 카시러는 현대의 실증주의에서 연유한 정감(情感)주의적 윤리학을 받아들이지 않았다. 그에게 윤리적 판단은 문화의 객관적 가치를 무시하는 개인의 주관적 승인이 아니다.

문화는 인간의 자기인식 행위로서 이성(理性)과 도덕적 상상력(想像

19) D. P. Verene, "Vico's Influence on Cassirer," *New Vico Studies 3*, 1985, pp. 105-111. Bayer, op. cit., p. 27. 재인용.

20) Verene, "The Concept of Philosophy as a Philosophical Problem," in D. P. Verene(ed.), *Symbol, Myth, and Culture*, Yale University Press, 1979, p. 63.

力) 등의 결합을 통해 구체화된다. 그에 의하면 인간은 니체의 '힘에의 의지'로, 마르크스의 '경제적 관심'으로, 프로이드의 '성적 본능' 등으로 환원될 수 없다. 카시러는 아리스토텔레스의 이성적 합리적 동물(animal rationale)에서 상징적 동물(animal symbolicum)로 인간의 정의(定義)를 확장시켰다. 그에게서 상징은 지적 의미와 도덕적 의미를 지닌다.

카시러는 윅스퀼(Jakob von Uexküll)의 생물학적 이론을 원용하며 문화적 존재로서 인간을 설명했다. 모든 유기체는 자신의 환경 안에서 수용계통과 반응계통 사이에서 살아가지만 인간은 이 둘 사이의 상징체계가 있다는 점에서 다른 유기체와 확연히 구분된다. 인간이 자극과 환경에 대하여 즉각적 반동(反動, reaction)만 보이지 않고 의미를 찾는 중에 반응(反應, response)을 보인다는 점에서 상징형식으로서 문화에 대한 단서를 찾을 수 있다. 이런 과정에서 그의 문화철학은 논리나 도덕적 차원 이상(以上)을 요청한다.

슈바이처는 철학을 인간의 사유로 환원하고자 하는 헤겔의 시도를 비판했고 카시러는 이런 슈바이처의 윤리적 중요성을 받아들였다. 즉 철학은 새로운 사실을 알아가는 데에 만족해서는 안 되고 진리에 대한 용기가 요청된다. 여기서 우리는 철학이 시대를 앞서가야 한다는 카시러의 의도를 이해할 수 있다.[21)]

자기인식으로서 철학의 임무는 인간문화의 신생(新生)과 창조에 의하여 구체화된다. 이런 과업은 단지 생존을 위한 노고(勞苦)가 아니라 인간다움을 종교, 언어, 예술, 역사, 과학 등 문화형식을 통한 실현으로 가능하다. 카시러는 형이상학이 이런 문화형식을 통하여 현상학적으로

---

21) A. A. Roback, (ed.), "Albert Schweitzer as Critic of Nineteenth-Century Ethics," in *The Albert Schweitzer Jubilee Book*, Cambridge, Mass.: Sci-Art Publisher, 1946, pp. 241-257.

재현된다고 보았으며 소크라테스가 추구했던 인간의 자기이해의 길이라고 주장했다. 카시러는 소크라테스를 순수한 이론과 도덕적 영혼을 동시에 지닌 철학자라고 보았다.

카시러에 의하면 히브리(Hebrew)민족의 예언자들은 새로운 윤리의식과 자기 의식적 개인의 책임감으로 원시사회의 터부를 끊고 새로운 사회를 개척했던 사람들이다. 이제 인간은 세계의 직접적 환경에 굴복하지 않고 의지를 발휘하여 문화적 결실을 창조하게 되었다. 카시러의 의하면 철학의 주요 과제 중에 하나는 윤리적-종교적 의식을 상실한 정치적 신화에 대항하는 것이다. 신화는 단순히 논리적 논박으로 극복될 수 없고 오히려 인간의식의 근본적 변혁을 시도해야 한다. 철학이 이런 극복을 수행하지 못하면 자기중심적 감정과 욕망에 휘둘리는 신화가 인간을 다시 압도하게 된다.

카시러에 의하면 신화의 힘을 저평가하고 제대로 대처하지 못하면 2차 대전 나치의 유대인 학살과 같은 신화가 반복될 것이다.[22] 그에게 철학은 슈바이처가 제창한 인간문화를 지키는 책임을 진다. 이런 책무를 위해서 인간본성에 대한 이론적 지식, 인간이 의존하게 되는 형이상학에 대한 이해가 필수적이다.[23]

## 6. 형이상학의 표현으로서 문화형성(形成)

카시러에게 형이상학의 근본관심은 생존(Leben)[24]과 영혼(Geist)[25]

22) "The Technique of Our Modern Political Myths," in Verene (ed.), *Symbol, Myth, and Culture*, p. 266.

23) Bayer, op. cit., p. 37.

24) 독일어 Leben은 삶, 생활 등으로 번역될 수 있는데 카시러 철학의 내용을 고려하여 영혼(Geist)과 구분하려는 의도에서 여기서는 '생존'으로 번역함. 다만 영혼과 대조하는 의미로 사용될 때는 삶이라고 번역하였음.

의 관계다. 그에게 이 둘의 관계는 형이상학의 현실적 표현인 상징형식의 변증법에 이르는 길이다. 카시러는 유기체가 환경과 자극에 반응하며 살아가는 개체의 원리로서 생존과 다양한 의미를 추구하는 영혼의 원리를 예민하게 구분한다. 생존은 다양한 원시적 사실들(the primordial fact)이 영혼에 주어질 때 이를 통일시키며 지속된다. 문화적 형식들로 표현된 영혼의 활동은 끊임없이 변증법적으로 새로운 삶을 구성하게 된다.

카시러에게 삶은 가능의 세계를 해석하고 상상할 수 있는 개인적 '주체성'으로도 묘사된다. 이런 의미에서 볼 때 단지 생존을 위한 생존은 의식(意識)적 선택을 요구하는 영혼의 활동과 대치된다. 인간은 영혼의 활동에 의해 문화생활을 영위하며 자신의 본질을 문화형식을 통해 간접적으로 알아가기에 동물의 본능적 생활과 구분된다. 본능이 인간으로 하여금 주어진 숙명에 따라 살게 한다면 영혼의 활동은 바른 선택을 추구하려고 한다.[26]

카시러에게 영혼은 인간문화가 가능할 수 있는 근본 원리가 된다. 문화를 가능하게 하는 영혼의 활동은 그 자체로 정의될 수 없고 이론적이며 실천적인 즉 상징적으로 이해된다. 영혼의 활동은 인간문화의 상징형식들 즉 종교 언어 예술 역사 과학이 형성되는 근거가 된다. 이렇게 영혼의 활동에 의하여 인간은 본능적 차원을 넘어선 의미의 세계로 나아가게 된다.

생존이 생물학적 유기체의 환경에 대한 반응이라면 영혼은 상황을 해

25) 독일어 Geist는 영혼, 정신 등으로 번역될 수 있는데 형이상학과 관련한다는 면을 고려하여 영혼이라고 번역하였음.

26) Robert Walter Bretall and Paul Arthur Schilipp (trans.), "'Spirit' and 'Life' in Contemporary Philosophy," in *The Philosophy of Ernst Cassirer*, ed. Paul Arthur Schilpp, Evanston, I1 1.: Library of Living Philosophers, 1949, p. 876. Bayer, op. cit., p. 43. 재인용.

석하고 새로운 의미를 부여하며 비전의 세계(circle of vision)로 나아가게 한다. 이런 주장으로 카시러는 영혼의 활동이 문화라고 한다.[27) 영혼의 활동은 인간에게 독특한 것으로 의식(意識)으로 구체화된다. 영혼의 활동으로서 의식(意識)은 인간이 자신을 세계의 단지 한 부분으로 간주하지 않고 오히려 세계를 표현하고 재현(再現)하려고 할 때 마침내 활동하게 된다. 그러므로 문화란 영혼이 의식적 활동을 통하여 성취한 인간세계라는 카시러의 주장은 일관성을 갖는 것으로 보인다. 그는 모든 지성(知性)과 이념도 영혼의 활동 안에 있다고 본다.

영혼의 활동은 단순한 생존의 세계인 물리적 시간과 공간을 넘어서려고 한다. 이런 영혼의 상징적 활동은 인간으로 하여금 가능의 세계인 '새 하늘과 새 땅'을 보게 한다.[28) 카시러는 영혼의 활동을 동물적인 것도 신적인(divine) 것도 아닌 인간다운 것이라고 주장한다. 그런데 카시러에게서 신적인 것의 의미는 명확히 알려지지 않고 있다.

판단도 그 자체로 하나의 행위이기에 인간영혼의 또 다른 면모는 가치판단에서 드러난다. 영혼은 판단을 통하여 자신을 돌아본다. 판단과 선택은 다양한 가능성을 살펴볼 수 있는 능력을 전제로 한다. 이에 반하여 생존은 종국적으로 가치의 선택이기보다는 생존 그 자체가 목적이 된다.

영혼의 변증법적 과정은 상징형식이라는 중재를 통하여 명백해진다. 영혼의 활동은 내면화(內面化)와 외화(外化)의 이중 운동을 통하여 상징형식이라는 창조적 형식을 경험하려고 한다.[29) 이런 선택과 폐기(廢

27) Bayer, op. cit., p. 45.

28) John Michael Krois, (ed.), *Zur Metaphysik der Symbolischen Formen*, Meiner, 1995, p. 109.

29) Cassirer, *The Philosophy of Symbolic Forms*, 3 vols. Ralph Manheim, Yale University Press, 1953-1957, I: 288-289. Bayer, op. cit., p. 48 재인용.

棄)라는 구체적 행위는 카시러에서 형이상학에 근거하게 된다. 그는 영혼의 활동을 실체적(實體的), 정체적(停滯的) 이해에서 나아가 기능적(機能的), 역동적(力動的) 재현에서 찾고자 했다.

카시러는 문화형식이 객관적 의미 즉 경험에 영속(永續)적 특징을 부여될 때 목적을 이룬다고 했고 이점이 영혼활동의 가장 본질적 면모라고 한다. 문화형식이 종교, 언어, 예술, 역사, 과학 등으로 나타날 수 있는 이유는 동일한 대상에 대한 영혼의 활동이 다양하기 때문이다. 그에 의하면 다양한 영혼의 활동은 일시적 감각이 아니라 개체를 지속적 대상으로 이해하게 하여 자아감(自我感)을 형성하고 발전시킨다고 한다.

카시러에서 객관성은 자아와 대상 사이에 영혼의 활동이 지속되기에 가능하다고 한다.[30] 이런 주장에 의하면 영혼의 활동은 자아가 대상과 관련을 맺을 때 현실적 의미를 지닌다. 카시러에서 인간 존재의 가장 본질은 자아에 대한 이해라고 할 수 있다. 카시러는 영혼의 활동을 의미를 찾는 주체성이라고도 한다. 여기서 주체성은 생존자체를 최종목적으로 하는 활동과 구분된다.

문화적 존재로서 인간적 삶이 가능한 까닭은 영혼의 활동이 지속적으로 이루어지기 때문이다. 문화형식 중 하나로서 언어는 대상들에 대한 인간영혼의 주체적 표현이며 활동이다.[31] 이런 활동은 타자를 지배하려고 하지 않고 생존활동을 변화시켜 문화를 생성하려고 한다.

---

30) Krois, (ed.), *Zur Metaphysik der Symbolischen Formen*, Meiner, 1995, p. 64.

31) Cassirer, *The Philosophy of Symbolic Forms*, I. p. 284.

## 7. 궁극적 실재와 실존적 관계

카시러에게 실재의 구조는 변증법적으로 드러나며 변증법적 형식의 사유를 요청한다. 생존(Leben)과 영혼(Geist)의 활동의 관계도 서로 변증법적 관계가 된다. 생존이 끊임없이 직접적이고 순간적 과정을 통하여 개체의 통일을 이룩하는 것이라면 영혼의 활동은 지속적으로 문화형식을 형성하고자 한다는 점에서 변증법적이다. 생존과 영혼활동의 결합으로서 인간실존은 생물학적이며 또한 영(靈)적이기에 둘 사이에 지속적 상호 작용에 의하여 가능하게 된다.

인간은 물리적 시간과 공간 안에 살아가지만 영혼의 활동이 관여함으로써 시간과 공간은 상징적 의미를 지니는 새로운 문화형식이 된다. 카시러에서 영혼의 활동과 생존은 서로 적대적으로 이해될 필요는 없다. 의미가 있는 생존은 영혼의 활동을 통해서만 지속적으로 가능하다. 인간에게 영혼의 활동이 없다면 그야말로 생존자체가 목적이 될 뿐이다. 카시러에 의하면 영혼의 활동도 생존을 통하여서만 실현될 수 있다.

영혼의 활동이 생존에 끊임없이 적대적으로 된다면 인간의 본질이 마침내 파괴될 수 있다. 카시러는 반복하여 문화의 생성은 영혼의 활동과 생존이 변증법적으로 상호 관계함으로써 가능하다고 주장한다. 그에게서 영혼의 활동과 생존은 정도의 차이가 아니라 근본적으로 상이한 영역이다. 이 둘 사이의 변증법적 관계에 의해 인간본성이 상징형식으로 보존된다. 문화란 인간이 단순한 생존을 넘어서서 '살아있는' 형식에로 전환되는 과정이다. 그러므로 자기의식의 각성이 문화의 창조적 과정을 통하여 영혼의 활동으로 나타난다. 이런 상징화과정을 통하여 마침내 인간의 본성이 세상에 드러난다.

신화에서는 생존이 아주 주관적으로 표현되기에 신화는 단지 논리만으론 이해될 수 없다. 언어에도 주관적 측면이 있지만 객관화 과정을 통하여 의사소통이 가능하게 된다. 예술은 형체를 부여함으로써 세계를 객관화시킨다. 과학은 생존과 영혼의 활동 사이에 상징적 형식으로서 법칙을 부여함으로써 세계를 객관화시키는 과정이다.

자연적 유기체가 단지 생존을 위해 살아가지만 인간은 '가능의 세계'에 대한 비전으로 영혼의 활동을 한다는 점에서 구분된다. 현실적으로 인간은 가능세계에 대한 비전을 실현하는 과정에서 자신을 드러내게 된다. 카시러는 문화형식에서 자기표현이 드러나는 인간자유의 의미를 주장한다.[32] 상징형식의 철학은 니체의 힘에의 의지(will to power)가 아니라 형성에의 의지(will to formation)이다.[33] 이런 의미에서 인간은 사태(事態)를 객관화할 수 있는 영적 존재다.

객관화가 카시러에게는 단순히 이론적 체계가 아니다. 그는 전(全)문화의 이해를 통해 자유를 획득하고자 한다. 카시러는 하이데거가 숙명의 개념을 받아들임으로 인간의 자유를 거부했다며 그를 비판한다.[34] 문화에서 가치판단의 의미를 중시하는 카시러는 자연과 세계를 소박하게 그 자체로서 실재하는 것으로 보는 세계관을 당연히 비판한다. 그에게 자연적 실재란 그 자체로 인간에게 받아들여질 수 없고 상징적 형성과정을 통해서만 이해된다. 그렇기 때문에 그는 철학이 실체(實體)개념에서 출발하는 것은 잘못이라고 주장한다. 그에게 철학은 다면(多面)적 기능(機能)과 형성(形成)을 통해 전개되어야 한다.

근본적으로 존재론 중심의 서양철학과 교토학파(Kyoto-school)의 절대무(絕對無)에서 사상을 전개한 종교철학과 또 다른 하나의 대비를 볼 수 있다.[35] 카시러에게 존재는 독립적 실체일 수 없고 상징적 형성

---

32) Krois, (ed.), op. cit., p. 59, 109.

33) Krois, (ed.), op. cit., p. 27. Bayer, op. cit., p. 72. 재인용.

34) Bayer, op. cit., p. 89.

35) Keiji Nishitani, *Was ist Religion?*, Insel, 1986.

을 통해 인간과 의사소통을 하며 제반 문화형식으로 나타나게 된다. 그가 궁극적 실재를 감각의 세계로서 현시(顯示)하려는 뜻을 이해할 수 있다. 그의 궁극적 존재에 대한 관심을 종교성이라는 범주로 이해하고 키에르케고어와 비교해보고자 한다.

## 8. 상징적 문화철학 비판적 고찰

키에르케고어의 시각에서 카시러의 종교이해를 비판적으로 비교한다. 카시러는 지성의 완성으로서 신적인 것을 상징형식의 하나인 종교에서 표현되는 것으로 생각한다. 그는 인간의 반응(反應)을 동물의 반동(反動)과 구분하며 인간다움의 상징적 문화형식을 주장한다. 키에르케고어에서 인간은 '본래는' 계시된 진리를 이해할 수 있는 조건이 주어졌다.[36] 그에게 인간은 허물을 지닌 비(非)진리 즉 죄(罪)의 상태에 있기 때문에 카시러와 같이 스스로 상징적 회임을 통하여 문화를 창출할 수 없게 되었다.

인간 내면에 생존과 영혼의 활동이 들어있다는 카시러의 주장은 키에르케고어의 시각과 다르다고 판단된다.[37] 키에르케고어에서 진리를 전달해줄 수 있는 교사(教師)는 소크라테스적 산파를 넘어서야 한다. 그에 의하면 이미 죄의 아래에 있는 인간에게 자율적 자유는 사실상 자유가 아니다. 인간은 자기 자신에게서 떠나 자율적 상태에 있지 않게 되었다. 또한 인간은 진리의 길과 비(非)진리의 길을 동시에 걸을 수 없다.

---

36) 키에르케고어 인간관의 핵심인 이 조건이 없어진 것은 타자에 의한 것이 아니고 바로 자신이라고 지적된다. 그에 의하면 비(非)진리의 주요 특징은 진리밖에 있는 것만 아니라 진리에 대하여 논쟁적이다. 이런 현상들은 진리를 이해할 수 있는 조건을 잃어버린 데서 온다. 표재명, 전게서, 30쪽, 212쪽.

37) Bayer, op. cit., p. 51.

우리는 어느 한 길을 걷는 순간 다른 길은 포기하게 된다. 철학의 전제 혹은 출발점이 다르면 그 결과도 다르게 된다. 키에르케고어는 인간에게 다가와 진리를 계시하는 이를 구원자, 해방(解放)자, 혹은 분노의 상태를 제거시켜주는 화해자라고 부른다. 키에르케고어는 순간(瞬間)이 결정적 의미를 지니는 때를 구원자를 만나는 순간이라면서 이를 '때가 참'이라고 구분한다.[38]

키에르케고어는 인간의 궁극적 출발 혹은 종교와 관련하여 소크라테스적 출발점과 그리스도교적 출발점을 구분한다.[39] 소크라테스에서 배운다는 것은 상기(想起)로 이해된다. 모든 사람은 이미 자기 안에 있는 것을 생각나게 하는 사람을 통해 알아가는 것이다. 이렇게 한 사람이 다른 사람과 맺을 수 있는 최고의 관계는 소위 산파(産婆)로서 역할이다. 키에르케고어에 의하면 신적인 것이 주어진다고 하더라도 소크라테스의 이런 분만(分娩)의 관계는 그 의미를 갖는다.[40] 왜냐하면 사람과 사람의 관계에서 최고의 것은 분만이고 낳는 것은 신의 영역이기 때문이다.

카시러에게서 철학의 최고의 과제는 자기인식이며[41] 소크라테스에게서 자기인식은 곧 신(神)의 인식(認識)이었다.[42] 인간은 최우선적

38) 보통 뜻으로는 만기(滿期)이지만 성서에서는 하나님의 경륜이 찼을 때, 곧 '카이로스'를 가리킨다. 갈라디아서 4장 4절, 마가 1장 15절 참조, 표재명, 『철학의 부스러기』. 212쪽.

39) 쇠안 키에르케고아 지음, 표재명 옮김, 『철학의 부스러기』, Philosophiske Smuler, 프리칭 아카데미, 2007. 강학철 옮김, 『두려움과 떨림』, 민음사, 1991.

40) 표재명, 상게서, 20쪽.

41) 에른스트 캇시러 지음/ 최명관 옮김, 『인간이란 무엇인가』, 서광사, 1988. *an Essay on Man, an Introduction to a Philosophy of Human Culture*, New Haven, Yale University Press, 1962.

42) 표재명, 전게서, 23쪽.

과제인 자기인식을 통하여 자신에 대한 자부심을 갖게 되며 역설적으로 타인에게 겸손하게 된다. 그래서 소크라테스는 자기 자신만으로 만족할 수 있는 용기를 깊이 생각했다. 이는 다른 사람과 관계에서 단지 하나의 만남 혹은 기연(機緣)이상의 것이 되지 않으려는 고결한 마음을 의미한다. 이런 출발에서 볼 때 타자와 관계에서 영원한 행복을 찾는 것은 처음부터 불가능한 시도가 된다.

키에르케고어에 의하면 그리스도교적 출발은 개인의 상기가 아니라 진리가 역사 안에 들어옴으로써 가능해진다. 인간에게 자기인식에서 가장 중요한 순간은 역사 안에 들어온 진리를 만날 때다. 이런 전제에서는 교사의 직무는 배우는 자 혹은 인간관계를 맺는 자에게 자신에게 진리가 없음을 알게 하는 일이다. 교사에게 진리가 없음을 아는 것은 역설적으로 자기 자신을 찾아가는 계기가 된다. 비(非)진리인 개인에게 진리를 전수해줄 수 있다면 이는 상기(想起)로 이해된 소크라테스적 교사로는 안 된다. 키에르케고어에게 이런 일은 신 자신에 의해서만 가능하다.[43] 신 자신에 의해서 인간은 자신의 허물에 의하여 비(非)진리에 있다는 것을 알게 된다.

## 9. 그리스도교신앙의 독특성

신이 이 땅에 찾아오심은 타자에 의해 유발(誘發)되지 않고 상호관계에 근거하지 않는 영원한 사랑의 표현이다. 이런 사랑은 그리스도교적 출발에서 교사의 본질적 의미를 갖는다. 그리스도교에서 교사로서의 사랑은 언어의 이기(利己)적 한계를 넘어서게 한다. 교사는 배우는 사

---

43) 표재명, 전게서, 212쪽. 키에르케고어의 신(神)은 〈그리스도〉의 계시를 필요로 한다. 역자 표재명은 플라톤적 의미로는 '신'을 그리스도교는 '하느님'이라는 용어로 구분하여 사용한다.

람이 자기 자신에게 찾아온 그리스도와 관계를 맺도록 해야지 교사 자신이 무엇을 줄 수 있는 듯 시도한다면 이는 그리스도교적 출발이 될 수 없다. 이런 출발에서 신은 소크라테스적 출발에서 산파의 역할이 아니라 낳는 일을 하게 한다.

배우는 자는 비(非)존재에서 존재로 이행하게 되고 신에게 모든 것을 얻게 된다.[44] 이는 교사와 배우자의 관계에서 오히려 독학자(獨學者)의 모습으로 나타날 수밖에 없다. 이 독학자는 아름다움 자체를 보게 되며 사랑을 낳게 된다.[45] 이 사랑은 가장 미천한 사람에게 종(從)의 자세를 취하는 것으로 소크라테스는 할 수 없었던 일이다. 완전한 신이 연약한 사람들 한 사람 한사람을 걱정하며 자기와 사랑을 묻고 있다. 신의 사랑은 인간으로 하여금 죄의식(罪意識)을 가르쳐 준다. 죄의식은 자기 파멸을 기도(企圖)하고 이런 기도가 신에게로 나아가게 한다.

키에르케고어는 오성(悟性)은 신을 증명할 수 없다고 한다. 신이 존재하지 않는다면 그의 존재를 증명하는 것은 불가능하고, 신이 존재한다면 그의 존재를 증명하려는 시도는 어리석다고 한다.[46] 인간의 신(神)이해는 단지 상이성을 분명히 하는 분노에 의하지 않고 실존의 역설에 의한다.[47] 신은 이 땅에 종의 몸을 입고 와서 자신을 알렸다.[48]

---

44) 표재명, 전게서, 60쪽.

45) 표재명, 전게서, 61쪽, 『향연』 210d, 재인용.

46) 표재명, 전게서, 79쪽, 80쪽. "그러므로 나는 언제나 존재에로 추론해가는 것이 아니라, 존재로부터 추론하는 것이다."

47) 키에르케고어는 분노의 수동적 성격을 다음과 같이 설명한다. "사람들은 '분노한다.'(forarges)고 말한다. 이것은 정확히 말하자면 오직 상태만을 나타내고 있다. 그러나 또한 사람들은 같은 뜻으로 '분노를 잡는다.'(teg Forargeles)라는 말도 쓴다. [이것은 분노가 능동과 수동의 일치라는 것을 보여주는 것이다]. 그리스어에서는 〈σχανδαλiχηεσδτηα〉(분노한다)라고 한다. 이 말은 〈σχανδαλον〉(분노를 일으키게 하는 것)에서 나왔으며, 따라서 '충돌을 받아들이는 것'을 뜻한다. 분노는 충돌하는 것이 아니라 충돌을 받아들이는 것이다. 오성은 스스로 분노를 만들어내는 것이 아니다. 표재명, 전게서, 99쪽, 100쪽.

> "그는 자기의 가르침을 일러주는 것만이 그에게 유일한 생의 필요사(必要事)요 음식인 것이다. 사람을 가르치는 것이 그의 일이며, 배우는 자를 위하여 애쓰는 것이 그에게는 휴식인 것이다. 그는 친구도 없으며 친척도 없다. 오히려 배우는 자가 그의 형제요, 자매인 것이다."[49)]

단지 객관적 사실을 배운다고 한다면 소크라테스적 스승으로 충분하다. 인간이 실존적 역설을 통하여 영원한 신을 만나는 순간이 바로 영원이 된다. 키에르케고어는 배우는 자가 오성(悟性)이나 스스로 말미암는 역설마저 포기하고 영원한 신과 만나는 행복한 정열을 믿음이라고 한다.[50)] 영원한 신과 만남은 그와 동시대에 살았다고 하더라도 아무런 유익을 더하지 못한다. 한편 소크라테스적 만남은 자기가 소크라테스에게 아무 것도 신세진 것이 없음을 깨닫는 것이다. 소크라테스는 아무도 낳게 할 수 없기 때문에 그는 바로 이것을 원했다.

신에 대한 믿음은 인간의 자기 의지적 행위일 수 없다. 왜냐하면 의지는 반드시 조건 아래서만 의미를 지니기 때문이다. 의지가 의미를 지니려면 신의 찾아옴을 영접한 다음이다. 인간이 신을 만나는 일은 자신이 비(非)진리임을 자각하는 데에서 출발한다. 그리스도교적 출발은 '낳는' 것을 찾기에 이는 인간의 한계를 넘어서며 신이며 동시에 인간만

48) "종의 몸을 입고 세상에 온 신은 아무 것도 가진 것이 없으며 또 가지려고 하지도 않는 사람 같이, 이 세상의 재물을 바꾸고 또 나누는 일에 마음을 쓰지 않고, 공중의 새처럼 먹을 것을 염려하지 않고. 몸을 숨길 은신처나 보금자리도 없으며, 또 찾지 않는 사람처럼, 집과 머리 둘 곳을 염려하지 않고 - 또 죽은 자를 장사지내는 일조차 염려하지 않고, 보통이라면 사람들의 주의를 자기에게로 끌 수 있는 일에 기웃거림이 없이, 어떤 여자의 호감을 사려다 오히려 그 여자의 포로가 되어 얽매이는 일 없이, 오직 제자의 사랑만을 구했던 것이다." 표재명, 전게서, 112쪽, 113쪽.

49) 표재명, 전게서, 115쪽.

50) 표재명, 전게서, 117쪽.

이 할 수 있는 일이다. 여기에서 다시 믿음과 이성의 문제가 제기된다.

카시러는 인간은 직접적 반응을 넘어서서 상징형식을 통한 문화의 세계에 산다고 주장한다.[51] 그는 문화의 형성을 통한 자기인식(self-knowledge)을 인간의 본질로 여기는데 키에르케고어는 인간을 영(靈)적(spiritual) 존재로 보며 신의 소명을 의식하고 그 책임을 다하는 것을 인간본질로 보았다. 키에르케고어에서 인간의 본질로서 신의 소명은 실존적 변형과 긴밀히 연관된다.

## 10. 인간사유의 한계

인간의 이성(理性)과 오성(悟性)의 한계에 대한 이해는 도덕교육의 본질을 찾게 한다. 신과 실존적으로 만날 수 있게 하는 믿음에서 오성과 이성의 의미를 『철학적 부스러기』를 중심으로 살펴보고자 한다. 독일어 오성(Verstand)과 이성(Vernunft)에 각기 대응하는 덴마크어 Forstand와 Fornuft를 구분함으로써 라우리(W. Lowrie)는 신앙이 비합리적인 것이 아님을 주장하려고 했다.[52] 그에 의하면 인간은 오성에 의하여 인간 실존의 역설을 이해할 수 있게 된다.

이에 대하여 스웬손(David Swenson)은 『키에르케고어에 관한 것』(Something about Kierkegaard)이란 저서에서 덴마크어 Forstand를 Understanding으로 번역하는 것을 받아들이지 않는다. 그 근거는

---

51) Ernst Cassirer, *an Essay on Man*: An Introduction to a Philosophy of Human Culture, Yale University Press, 1972.

52) Andrew J. Burgess, "Forstand in the Swenson-Lowrie Correspondence and in the "Metaphysical Caprice" In Robert L. Perkins, *Philosophical Fragments and Johannes Climacus*, International Kierkegaard Commentary, Vol. 7. Mercer University Press, 1994, p. 112.

"만약 인간이 자신의 오성으로 인간실존의 역설을 이해할 수 있다면 이는 더 이상 역설이 아니기 때문이다. 이런 생각은 키에르케고어의 전체 사상을 고찰할 때 받기 어렵다. 절대적 역설이 없다면 교사(教師)는 이미 신이 아니다. 이렇게 되면 믿음도 더 이상 의미를 지니지 못하여 인간은 새로운 피조물이 될 수 없으며 단지 수사(修辭)적 과장(誇張)이 있을 뿐이다."[53]

라우리와 스웬손은 이 점에서 서로 분명히 대조된다. 라우리는 오성의 영역 너머에 이성의 여지를 남겨놓았으니 스웬손은 바로 이런 여지 때문에 이성을 사용한다. 스웬손에 의하면 키에르케고어에게는 이성과 오성의 구분이 칸트철학처럼 있는 것이 아니라고 주장한다.

"스칸디나비아 언어의 일상적 사용에서 이성(Fornuft)과 오성(Forstand)의 구분이 없고 이런 이해가 키에르케고어의 절대적 역설에 적용될 수 없다. 그렇지만 이성이든 오성이든 이는 칸트의 사고범주에서와 같이 추상적 사유기능이나 플라톤의 일반적 영혼의 기능을 의미하지 않는다."[54]

스웬손은 인간의 언어는 보편적 의미를 지니지만 불완전하다고 본다. 한편 라우리는 스칸디나비아 언어에서 오성과 이성이 구분이 없이 사용된다면 키에르케고어가 단지 오성(Forstand)만 사용한 점에 주목해야 된다고 한다.[55] 스웬손은 라우리의 견해에 동의하더라도 계시와 수학

53) David Swenson, *Something about Kierkegaard*, Mercer University Press, 1983; ROSE ed. [with addition] of 1945 rev. and enlarged ed. from Augsburg Publishing House, Minneapolis, pp. 219-220, In R. Perkins(ed.), International Kierkegaard Commentary, vol. 7. pp. 113, 재인용.

54) Swenson, ibid., pp. 218-220.

55) Walter Lowrie, *Swenson-Lowrie Correspondence*, Univ. of Minnesota,

적 논리적 진리 사이에는 모순이나 반대가 없다고 한다.[56) 『철학적 부스러기』에서 기술된 오성(Forstand)은 추상적 능력이 아니라 인간이 자신, 신, 신과 관계에 대한 구체적이고 합리적 의식이라고 한다.[57) 스웬손과 라우리는 모두 특히 『비학문적 후서』에서 나타나듯이 키에르케고어는 어떤 종류의 비합리주의도 용납하지 않았다는 점에 일치한다.

스웬손에 의하면 이성(reason)은 추상적이지 않고 구체적인 인류의 가치판단을 포함한 공통적 의미를 지닌다. 이런 점에서 이성은 '역설'에 반하여 인간의 자기 확신적 본성을 지닌다. 이성이 과학적 인식과 같이 추상적 의미만을 지닌다고 보는 것은 『철학적 부스러기』를 오해하게 한다.[58) 스웬손은 이런 분석에 따라 칸트의 이성과 오성의 구분을 거절한다. 라우리도 자신의 입장을 고수하면서도 오성(Forstand)을 '심사숙고되고 조직된 인류의 공통감각'으로 보는 스웬손의 주장을 받아들인다.[59)

라우리와 스웬손은 『철학적 부스러기』의 3장에서 이성과 오성의 구분은 더 이상 의미가 없다는 점에서 일치한다. 키에르케고어는 3장에서 오성만 사용하고 있는데 이는 헤겔의 정신현상학에서 보다는 칸트의 실천이성비판에서 나타난 윤리적 의미를 지닌다. 그린(Green)은 윤리적인 것과 종교적인 것에 있어서 칸트와 키에르케고어가 상당한 유사점이 있음에도 그 본질에 있어서는 차이가 있는 것으로 본다.

---

#45, Princeton #41, Perkins, op. cit., p. 114, 재인용.

56) Perkins, op. cit., p. 114.

57) Swenson, *Something about Kierkegaard, 223*. Perkins, op. cit., pp. 114-115. 재인용.

58) Swenson, Notes in Johannes Climacus, 〔S. Kierkegaard〕, *Philosophical Fragments or a Fragments of Philosophy*, trans, with into. and notes by David F. Swenson, Princeton University Press, 1936, pp. 99-100 -note p. 39. Perkins, op. cit., p. 115. 재인용.

59) Perkins, op. cit., p. 117.

키에르케고어에게 오성(Forstand)은 인격적 의미로 사용되지만 주로 지성 일면(一面)적 활동이기에 '사랑은 허다한 허물을 덮는다.'는 적극적 의미와 대조된다. 오성은 의기소침하고 소심하게 하지만 사랑은 끝없는 용기를 가져온다. 버저스(Andrew J. Burgess)는 키에르케고어의 여러 저작을 인용하며 인격적 오성의 사려는 깊은 침묵에로 이끌지만 용기가 없음을 지적한다. 키에르케고어에서 오성은 철학적 이론에 근거를 두기 보다는 설교, 희곡 등 다양한 문헌을 배경으로 나타난다. 이 세상 지혜(worldly wisdom)의 지성적 자긍심은 단지 이 세계에 관심을 갖게 한다.[60] 이런 오성은 『철학적 부스러기』에 나타나듯이 실존적 역설을 이해하지 못한다.

## 11. 생명의 유대(紐帶)로서 종교성

생태적(生態的) 정의(ecological justice)는 인간과 자연 사이에도 정의(正義)가 성립한다는 전제에서 출발한다. 자연(nature)은 외부환경뿐만 아니라 본성(本性)이라는 뜻을 지닌다. 즉 인간은 자기 자신과 바람직한 관계를 가질 때 정의롭다고 할 수 있다. 카시러에 의하면 인간은 자극과 주어진 환경에 대하여 상징형식을 통하여 반응한다.

종교적 상징형식에서 인간은 대상과 감정적으로 하나라는 유대의식으로부터 출발하게 된다. 종교적 상징형식에 있어서 인간에게 사회와 자연은 분석적 대상 이전에 분리될 수 없는 정감적 공동체가 된다. 그러므로 종교와 신화의 형식에서 인간을 둘러싸고 있는 환경은 상모(相貌)적 성격을 띠게 된다. 이러한 시각에서 화이트(L. White), 아메리(C. Amery), 뢰비트(K. Löwith) 등이 전통적 기독교가 환경파괴의

60) Perkins, op. cit., p. 124.

책임이 있다고 하면서, 인간이 신화적 의식구조 속에 살 때에는 비록 그 의식이 잘못되었다고 할지라도 자연을 함부로 파괴하지 않았다는 주장을 이해할 수 있다.[61)]

카시러에 의하면 신화의 진정한 하층구조는 사고로 되어 있지 않고 감정으로 되어 있다. 신화적, 종교적 상징형식에서 인간과 환경의 관계는 논리적 규칙보다는 감정의 통일의 더 의지한다. 과학적 사고가 현실을 기술하고 설명하려 한다며 일반적 방법 즉 분류와 체계화의 방법을 사용할 것이다. 그러나 생명의 유대로서 주위의 환경을 이해하고자 하는 종교적 형식은 분석적이 아니라 종합적이다.[62)]

생명은 여러 부분으로 나누어질 수 없다. 인간사회와 자연환경은 종적(種的)으로 어떤 차이가 있을 수 없는 공감적 세계가 된다. 이러한 생명의 연대성에서 인간은 환경에 대하여 독특한 특권을 지닌 존재로 이해될 수 없다. 신화적 감정에 있어서 자연은 거대한 사회, 즉 생명의 사회가 된다.

종교의 진보에 따라 생명의 연대성에 대한 일반적 감정은 하나의 새롭고 보다 강한 동기, 즉 인간의 개성에 대한 특별한 의식에 자리를 넘겨주었다. 이제 신과 인간의 관계는 어떤 관계보다도 우선하게 되었다. 종교적 공감은 신화적, 마법적 공감과 달리 새로운 감정인 개성에 대한 감정이 활동할 수 있게 한다. 개성은 종교적 형식에 의하여 요청되는 감정의 보편성에 대한 부정이나 제한이다.

인간은 개성의 원리를 추상적 사유가 아니라 자신의 고유한 일에서 발견하게 되었다. 인간은 이제 신과의 관계에서 신과 더불어 살며 일하

---

61) L. White, "the Historical Roots of Our Ecological Crisis", in *Science* vol. 155, 1967.

62) E. Cassirer, *an Essay on Man*, Yale University Press, 1972, Chapter Religion.

게 되었다. 이러한 의식의 확장에 따라 인류는 도덕적 의무에서 종교적 자유로 넘어 가게 되었다. 본능에 기초한 신화적 유대에서 특별한 영감과 직관에 의존하는 종교의 세계가 나타나게 되었다. 이렇게 발전된 종교적 상징형식에서 하느님은 특정의 민족을 넘어서서 정의의 신으로 온 우주적으로 확장되어 졌다. 이제 인류의 위대한 종교적 교사들은 금지의 힘이 아니라 영감과 갈망의 적극적이고 새로운 충동을 갖게 되었다.[63]

## 12. 의사소통의 신(神)적 출발

문화를 통하여 형이상학을 드러내는 신칸트학파 카시러와 신의 역사 세계로 성육신(incarnation)을 전달하려는 키에르케고어의 종교는 오성적 의사소통을 인정하는 유사점에도 불구하고 본질에서 근본적 차이가 있음을 볼 수 있다. 인간의 근본악(惡)을 인정하면서도 인간이 스스로 극복할 수 있다는 칸트의 주장과 유사하게 카시러에서 인간은 문화적 형성을 통하여 새로운 세계를 창출할 수 있다는 낙관적 함축이 암묵적으로 전제되어 있다. 그러나 근본적 허물과 죄에서 인간을 이해하는 키에르케고어는 이런 전제를 받아들일 수 없다.

자기결정성을 통해서는 자신을 이끌 수 없다는 키에르케고어의 시각에서 이성과 오성의 구분은 더 이상 의미를 지닐 수 없다. 『철학적 부스러기』에 그려진 인간은 자율적 가능성을 신뢰하는 계몽주의의 칸트나 신칸트학파와 대조를 이룬다. 키에르케고어에게 철학적 자기분석을 통한 구원의 길은 없다. 그의 시각에서 카시러의 문화형식을 통한 형이상학의 이해는 죄에 의하여 그 뿌리가 침식당하고 있는 것이다. 카시러

---

63) E. Cassirer, *an Essay on Man*, Yale University Press, 1972, religion 부분.

는 인간의 찬란한 문화와 함께 인류의 어두운 역사도 인정해야 할 것이다.

철학적 사유는 자율성을 지니고 있지 않다는 견해는 도이에베르트의 『서구사상의 황혼에서』에서도 나타난다.64) 그에 의하면 인간의 사유는 종교적 뿌리를 지니고 있다. 또한 그는 칼빈의 성경관에 근거하여 기독교철학을 전개하면서 비기독교적 철학도 종교적 전제를 가진다고 주장한다.

인간은 자신을 자충족(自充足)의 존재로 생각하며 사유의 자율성을 가정할 때 오히려 신을 상대화한다. 이런 태도는 자신에게 자신이 문제가 되며 세상의 경험도 왜곡하게 된다. 인간의 사유와 존재는 자율적이거나 자기 충족적인 것이 아니라 종교적 배경을 갖고 있다는 시각을 도이에베르트(H. Dooyeweerd)와 키에르케고어(Kierkegaard)에서 본다.

키에르케고어에게 실존적 역설은 영원한 존재를 사모하는 믿음이다. 물론 신과 실존적 관계는 『두려움과 떨림』의 아브라함에게서 보듯이 처음에는 신 앞에 선 단독자의 실존적 결단이지만 이런 결단이 타인에게 간접전달의 형식으로 이해되었기 때문에 다른 이들에게 실존적 결단을 요구할 수 있다. 자신만의 종교적 체험이나 믿음은 도덕적 검증을 통해 타인과 공유되어야 한다. 키에르케고어의 실존적 역설은 결국 타자에게도 이해되고 전달될 수 있는 도덕교육적 의미를 지닌다.

카시러(Cassirer)는 문화형성을 자기인식(self-knowledge)의 방법으로 찾았지만 키에르케고어는 신의 소명을 의식하고 그 책임을 다하는 삶을 인간의 본질로 보았다. 인간의 궁극적 물음을 신과 실존적 관계에서 찾은 키에르케고어의 확신이 신앙적 독단이 아님은 윤리적 생활을 통해 간접적으로 전달되기 때문이다. 우리는 자신의 실존이 고양(高揚)된 현실에서만 타인의 실존을 이해할 수 있다.

---

64) Hermann Dooyeweerd, *In the Twilight of Western Thought*, Nutley, New Jersey, Craig Press, 1980.

# Ⅴ. 인간본성의 자기화(自己化)와 미래의식(意識)

## 1. 인간본성과 미래의식

슈페만에게서 '자연스럽다'는 말은 더 이상 그 배후를 물을 수 없다는 뜻이다.[1] 인간이 바람직한 미래를 형성하기 위해 자연스러운 본성을 따른다는 것은 무엇인가? '배후를 물을 수 없다'는 자연스러운 인간의 본성을 비른바허의 미래윤리학과 관련시켜 고찰한다. 역사의식과 환경의식을 지닌 영(靈)적 존재로서 인간은 자신에 대한 미래의식(意識)을 실존적으로 표현하며 살아간다.

인간은 본성적으로 바람직한 미래를 기대하며 살아간다. 도덕과 윤리는 인간이 미래에 대한 책임을 괘념(掛念)하며 산다는 의미다.[2] 영원을 사모하는 마음을 본성적으로 지닌 사람이 금생뿐만 아니라 죽음 후 내세를 자연스럽게 심려(深慮)하며 산다. 『후서』의 '영원한 행복'은 하느님에 대하여 모험을 감수하는 '믿음의 비약'을 통해서 금생(今生)뿐만

1) R. Spaemann, *Glück und Wohlwollen, Versuch über Ethik*, Stuttgart: Klett-Cotta, 1989.

2) D. Birnbacher, *Verantwortung für zukünftige Generationen*, Reclam, 1988.

아니라 미래에 성취될 수 있는 삶의 목적이다.[3)]

실존적 자기표현이란 사유의 차원을 넘어서 타자와 관계를 맺으며 살아가는 책임적 존재를 의미한다. 키에르케고어의 해석에 의하면 자기표현의 수단인 몸이 영적으로(pneumatically) 될 때에만 자신을 표현하게 된다.[4)] 그에 의하면 인간은 보편적 관계를 설명하는 정신적 차원을 넘어서서 신과 인격적으로 관계하는 영적 차원에 들어갈 때 이 세상을 넘어서서 저 세상의 영원한 행복을 추구하게 된다.

키에르케고어는 인간이 영원한 신과 영(靈)적 관계에 들어가지 않고 보편을 추구하는 정신적 차원에 머무는 까닭은 서구의 로고스(logos) 중심적 세계상 때문이라며 비판한다. 그에게 신 앞에 주체적 정열로 서는 역동적 삶은 정신의 세계를 넘어서서 그리스도와 관계하며 영원한 행복을 추구한다. 이렇게 영(靈)적 의식(意識)을 갖는 인간은 구체적으로 역사와 환경에 관계하게 된다. 키에르케고어가 말하고자 하는 영적 존재로서 자아는 일시적으로 흘러가는 향락을 추구하는 돈 주앙(Don Juan)의 모습이 아니다. 키에르케고어에 의하면 감각적 향락의 추구를 넘어서서 역사의식을 갖고 역동적으로 자신을 표현할 때 인간은 본래의 영적 존재로서 의미를 지닌다.[5)]

---

3) Kierkegaard, (ed. and trans.) H. and E. Hong, *Concluding Unscientific Postscript to Philosophical Fragments*, Princeton University Press, 1992.

4) R. Hall, "Spirit and Presence: A Kierkegaardian Analisis", Robert L. Perkins, (ed.), *International Kierkegaard Commentary, Either/Or*, I, Mercer University Press, 1995, p, 282.

5) Kierkegaard, *Concluding Unscientific Postscript to Philosophical Fragments*, Volume 1, H. Hong and E. Hong (trans.), Princeton University Press, 1992, p. 77.

## 2. 비른바허(D. Birnbacher)의 미래윤리학

비른바허는 미래윤리학을 목적론적 입장에서 보며 당위적 요구는 실제로 가능성을 함의(含意)하는 것으로 본다. 즉 도덕이란 도덕생활 그 자체를 위한 목적이 아니라 인격의 성숙을 가져오는 좋은 삶 혹은 성취된 삶에 기여하기 위해 보편적 시각에서 이해된다. 비른바허는 개인의 정체성(identity)을 미래의식과 관련지어 분석한다.[6] 지성적 · 정서적 · 의지적 면모를 포함한 인격의 성숙은 미래의식과 긴밀히 연관된다. 오늘날 윤리학적 관심이 인간에서 자연으로 확대되는 것을 볼 때 비른바허의 미래윤리학이 갖는 중요성을 다시 보게 된다.

존재하는 것들의 그 자체로서 존재의 의미를 받아들이는 비른바허는 도덕의 근거화(根據化, Begründung)를 슈페만과 마찬가지로 증명이 아니라 형이상학적 전제로 받아들인다. 이런 점에서 공리주의적 원칙 즉 인간을 행복하게 하는 요소들이 곧 행복한 인간을 만드는 것은 아니다. 또한 개인의 주관적 판단은 종종 소위 '희망적 사고'(wishful thinking)에 의하여 왜곡될 수 있다. 실존적 현상으로서 불안을 드러내는 죄를 통해 인간을 본 키에르케고어는 자기충족의 명제로서 '당위는 능력을 함의한다.'는 주장을 받아들일 수 없었다.

키에르케고어에 의하면 인간의 자기 선택을 통한 자기변화는 결국 자기 자신이 되는 과정이다. 그렇다면 구체적 생활에서 윤리적 생활의 자기 모순적 현실은 어떻게 이해되어야 하는가? 하이데거도 문화철학이라는 측면에서 구체적 삶과 단지 정신의 활동을 구분했다. 니체도 삶의 구체적 모순을 근원적으로 디오니소스적인 것과 아폴론적인 것의 구분을 통해 심층적으로 고찰했다.[7] 하이데거는 이 세계 역사에 대한 인간

6) D. Birnbacher, *Verantwortung für zukunftige Generationen*, Ditzingen : Reclam, 1988.

의 참여를 생각하며 현존 깊은 곳에 머무르고 있는 무료(無聊, Langweile)를 천착하고자 했다. 하이데거는 문화철학적 의미에서 현대의 숨겨진 기분을 깊은 무료로 이해한다.

## 3. 무료(無聊)와 우울의 극복과 실존

키에르케고어에 의하면 인간은 무료와 권태를 자부심의 표현이 아니라 우울 속에서 경험하게 된다. 이런 시각에서 오늘날 환경윤리학자들이 생태적 위기의 종교적 배경으로 지적하고 있는 소위 진보신앙(Fortschrittsglaube)은 자신을 신뢰하는 자부심의 표현이 아니라 오히려 깊은 우울(憂鬱)이 드러난 현상이라고 할 수 있다. 키에르케고어에 의하면 우울의 근저에는 불안이 있고 불안은 정신이 자유롭게 표현되지 못하고 억압된 상태에서 드러난다.[8] 그러므로 우울과 의심은 쾌락주의적 생활의 현실적 원인이며 결과다. 정확히 말하면 그 결과라기보다는 쾌락주의의 근저에 자리 잡고 있다.

키에르케고어에서 감각적 향락추구는 타인과 관계에서 그 힘을 얻고자하기 때문에 타인이 사라짐과 더불어 자기 자신도 잃을 수밖에 없다. 인간의 실존에서 자기 자신을 잃게 됨은 사회적 관계에서 자아가 아니라 자신이 반복적으로 단지 수(數)의 하나로 전락(轉落)됨을 의미한다.[9] 키에르케고어에 의하면 불안에 의해 억눌린 감각적 직접성(Unmittelbarkeit)과 자아의 상실은 자유롭게 할 수 있는 능력을 갖

7) M. Heidegger, *Die Grundbegriffe der Metaphysik*, Frankfurt : Klostermann. 1983, S. 103-.

8) Kierkegaard, *Entweder - Oder*, München : dtv. 1988, S. 40.

9) Fink-Eitel, *Die Philosophie und die Wilden*, Hamburg: Junius, 1998, S. 312.

지 못하게 된다.[10]

인간의 실존을 변형에서 볼 때 영원을 사모하는 마음에 역행하는 감각적 향락의 생활은 공허함에 직면하며 자기를 상실하게 된다. 감각적 향락의 추구는 실존변형을 통해 이성(異性)에 대한 의존이 초월자에 대한 신앙으로 승화(昇華)된다. 직접적 향락을 통한 만족추구는 인간의 실존적 불안을 공허하게 극복하려는 시도다.

인생에는 감각적 향락만이 있고 영원을 사모하는 마음이 없다는 강박적 자기설득도 실존적 불안과 절망의 역설적 표현일 뿐이다. 『죽음에 이르는 병』에서 보듯이 영원한 행복을 동경하지 않고 감각적 향락 속에서 실존적 불안을 극복하려는 시도는 절망의 다른 표현이다. 이렇게 실존적 불안은 감각적 향락의 추구의 결과가 아니라 향락의 추구자체가 실존적 불안의 표현일 뿐이다.

직접성에 얽매인 현실에 대한 키에르케고어의 예리한 실존 진단, 즉 인간이 회의(懷疑) 중에 더 이상 자신이 되고자 하지 않거나 스스로 자기의 힘만으로 자신이 되려고 하지만 어느 경우에도 자기 자신이 될 수는 없다. 직접성의 삶은 더 이상 자기 자신을 찾을 수 없게 된다. 이렇게 키에르케고어에 의하면 인간은 자기 자신의 힘만으로는 평안과 안식에 도달할 수 없다.[11] 그는 자율(自律)적 혹은 자기 의지에 근거한 도덕교육은 자기 모순적 실존을 낳게 됨을 지적한다.

키에르케고어는 『두려움과 떨림』에서 인간이 신과 단독자적 관계에서 '윤리적인 것이 목적론적으로 정지될' 수밖에 없음을 밝힌다.[12] 그는 미적 생활과 윤리적 생활을 실존적으로 가능케 하는 길로서 오히려

---

10) Kierkegaard, *Der Begriff Angst*, Gütersloh : Gütersloh Verlag, 1991, S. 9.

11) Fink-Eitel, *Die Philosophie und die Wilden*, 1988, S. 307.

12) 쇠얀 키아케고어 지음, 강학철 옮김, 『두려움과 떨림』, 민음사, 1991.

종교적 실존을 알린다. 인간이 인간답게 살 수 있는 길은 키에르케고어에 의하면 하느님의 능력을 믿고 관계함으로써만 가능하다. 즉 스스로 자아를 선택하여서는 자아를 찾을 수 없게 된다.

키에르케고어는 인간의 자율성에 근거한 윤리학에 대한 비판을 『불안의 개념』에서 분명히 기술한다.[13] 그에 의하면 소위 자율적 자기선택은 자유로부터 나오지 않고 불안의 부정적 느낌으로부터 발생한다. 그러므로 그에게서 자율적 자기선택의 윤리는 윤리적으로 살 수 있는 능력을 갖추지 못한 인간에게 후회를 가져오며 본래적 의미에서 어떤 행위도 아니다.[14]

키에르케고어에 의하면 인간은 죄와 허물 속에 있으므로 행위에서 자기 자신뿐만 아니라 타인을 의지할 수 없음을 깨닫고 역사 속에 들어온 구원(救援)자 그리스도와 실존적 만남을 통해서 윤리적 생활을 할 수 있게 된다. 이런 만남은 이성이나 오성의 차원을 넘어서서 실존적 역설(逆說)인 믿음을 통해서 가능하다. 실존적 역설로서 믿음은 맹목적 신앙 혹은 맹신적 열정주의와 구별된다. 이런 구별은 간접전달로서 도덕생활이 타인에게도 실존적으로 전달됨으로써 가능하다.

## 4. 미래윤리학의 가능근거

인간은 구체적 상황에서 일정한 행동의 선택을 요구한다. 키에르케고어는 그리스도 예수를 믿음으로 만나는 신과 관계를 신앙의 비약(飛躍)으로 받아들여 인간들 사이의 윤리적 표준보다 우선시 하였다. 인간의 내재적 종교성에서 출발하는 일반종교와 달리 기독교에서는 영원한 진리가 인간에게로 찾아왔다.

---

13) 쇠얀 키에르케고어 지음, 임춘갑 옮김, 『불안의 개념』, 도서출판 치우, 2011.
14) Fink-Eitel, *Die Philosophie und die Wilden*, S. 351.

영원한 진리는 인간이 처한 생물학적 시간의 한계를 넘어서서 그리스도와 같은 시대에 살아가도록 실존적 결단을 촉구한다. 이런 실존적 결단은 미래를 준비하는 도덕적 생활을 통하여 객관화된다. 영원한 존재를 사모(思慕)하는 신앙에 근거한 자기 자신에 대한 관계는 삶의 물음을 스스로 해결하려는 시도에서 발생되는 실존적 분노를 극복하는 영혼의 기쁨을 맛보게 한다.15)

비른바허가 그의 미래윤리학을 통하여 요청하였던 윤리학의 보편적 과제는 키에르케고어에서 신과 인격적 관계에서 실존적 결단을 통해 가능하게 된다. 인간실존은 스스로 자기 힘만으로는 절망을 경험할 수밖에 없기에 미래에 대한 윤리적 준비를 성취할 수 없다. 키에르케고어의 실존적 결단은 삶을 통하여 반복적으로 요청되며 인간에게 부여된 미래윤리학의 과제를 수행할 수 있게 되며 타인에게도 같은 결단을 촉구하게 된다.

키에르케고어의 신 앞의 실존적 결단을 미래윤리학에 원용한다면 종교 윤리적 단계를 통한 윤리적 삶의 구현은 자기 자신을 발견해가는 계기 즉 만하이머의 해석대로 '자기화'가 된다. 이런 점에서 키에르케고어에서 자기를 찾아가는 과정은 카시러에서 보듯이 문화의 이해가 아니라 신과 인격적 관계에서 가능한 보편적 도덕화(道德化)로서 도덕교육의 길이 된다.

키에르케고어를 따르면 신과 관계하는 영원에 대한 의식이 있은 후에 미래에 대한 윤리를 갖게 된다. 영원에 대한 의식만이 현재와 미래의 세대를 비롯하여 자연과 관계를 가능하게 한다. 신과 관계에서 근원하는 영원에 대한 의식만이 현실적 구체적 관계를 가능하게 한다.16)

---

15) 월터 라우리 지음, 임춘갑 옮김, 『키르케고르의 생애와 사상』, 서울 : 다산글방, 2007.

16) J. Elrod, *Being and Existence in Kierkegaard's Pseudonymous*

도덕교육을 자아선택을 통한 자아의 변형으로 본 만하이머를 따른다면 미래윤리학도 다음 세대를 위한 단순한 선의 추구가 아니라 인간다움을 찾아 타자에게 표현하려는 시도라고 할 수 있다.[17] 이런 인간다움은 만하이머의 키에르케고어에 대한 교육철학적 해석에서도 볼 수 있듯이 단순한 지적 전수가 아니라 실제로 도덕적 행위를 수행할 수 있는 능력의 함양이다. 키에르케고어를 따르면 자신의 주체성을 신 앞에서 단독자로서 자각하고 신앙의 관계에 들어갈 때에만 미래윤리학을 포함한 윤리의 보편적 요구를 성취하는 행복한 생활을 할 수 있게 된다.

인간은 누구나 신 앞에서 주체적 결단을 요구 받는다는 시각에서 그 누구도 타인의 교사가 될 수 없다. 누구나 영원한 존재를 사모하며 자신을 찾아야 된다. 사상사에서 키에르케고어가 인간이성으로 보편적 설명을 하려고 했던 독일관념론을 비판한 형식으로 기존 도덕교육의 한계를 비판했다고 볼 수 있다. 즉 만하이머에게서 엿볼 수 있듯이 키에르케고어의 시각에서 도덕교육은 보편적 타당성을 지닌 이론의 정립이 아니라 신 앞에서 홀로 서는 실존으로만 가능하다.

## 5. 영원을 사모하는 마음과 미래의식

인간의 삶과 행동은 미래의 결과를 생각해야 한다. 최근의 미래윤리학이 윤리학의 새로운 분야로 주장되지만 윤리학은 그 본래의 의미상 행동의 결과를 고려하여야 한다. 미래윤리학은 인간의 존엄에서 고찰될 때 그 본래적 의미가 이해된다. 윤리학이 현재 세대뿐만 아니라 미래세대를 고려하는 근거도 인간의 존엄성을 전제하기 때문이다. 인간의 존엄은 증명의 대상이 아니라 전제된다는 점에서 미래윤리학은 의미를 갖는다.

---

*Works*, Princeton University Press, 1975, p. 118.

17) 이홍우·임병덕 역, 『키에르케고르의 교육이론』, 2003, 9쪽.

모든 존재자는 그 나름대로 존재의 의미가 있음은 증명되어 받아들이는 것이 아니고 이런 전제에서만 우리는 미래세대를 포함한 타자와 관계를 생각할 수 있다. 인간존엄은 그리스도교에서 하느님의 형상(image of God)이나 자녀에서 연원하며 개인의 공력(功力)에 의존하지 않고 인간조건에서 하느님의 은혜에 의존한다. 키에르케고어는 인간의 자연스러운 본성을 하나님 앞의 단독자적 실존에서 찾았다. 그는 인간의 종교적, 사회적, 자연적 관계가 신과 관계에서 연유함을 밝힌다. 이런 시각에서 미래에 대한 윤리의식은 신과 인간의 관계에서 찾아지는 인간존엄에 근거한다.

인간은 본성적으로 자신의 미래를 생각하며 살아가게 되어있다. 우리가 다음세대와 미래생활을 괘념(掛念)하는 미래의식은 오래 전부터 주어진 과제였다. 사실 도덕교육도 앞으로 다가올 바람직한 미래의 현실에 대한 준비라고 할 수 있다. 인간행동을 연구하는 윤리학과 도덕교육은 미래에 바람직한 결과를 생각해야 한다. 미래윤리학이 '미래'라는 말을 덧붙여 구분하지 않는다고 하더라도 윤리학은 미래와 다음 세대에게 미치는 영향을 늘 고려하여야 한다. 종교는 여기에서 더 나아가 우리가 사는 금생(今生)뿐만 아니라 다음 세상의 약속 즉 영원한 생명과 축복과 관계한다.

인간이 단순히 본능에 호소하지 않고 미래의 문화를 창조하는 존재라면 자신의 자연환경, 사회적 환경 및 종교적 환경을 심려(深慮)하는 것은 당연이다. 미래를 의식하는 문화적 존재는 그 행위의 규범에서 단지 유용성을 따르지 않고 삶의 형이상학적 근거를 찾고자 한다. 슈페만의 견해를 따르면 인간이 순간적 만족만 추구한다면 성취된 삶을 살 수 없기에 행동규범의 형이상학적 근거를 전제해야 된다.[18] 그에 의하면 행

---

18) R. Spaemann, *Glück und Wohlwollen*, Stuttgart : Kletta-Cotta, 1993, S. 10.

동의 형이상학적 전제는 인간존엄의 전제에서 출발을 의미한다.[19] 인간의 존엄과 본성의 내재적 가치를 받아들이면 미래를 괘념(掛念)할 수밖에 없다. 우리가 형이상학적 규범을 전제하고 받아들인다면 자기 자신의 완벽주의를 지향할 수 없다.

우리는 미래를 의식하기 때문에 문화의 창조와 인류의 보편적 관심을 생각하며 살아가게 된다. 미래의식은 타인을 위한 자신의 희생을 의미하지 않고 구성원이 각자 자신의 존엄을 의식하며 미래를 준비하는 행동을 요청한다. 한 사람이 다른 사람을 위하여 일방적으로 희생하는 절대적 이타주의 윤리학은 자신의 존엄과 고유성을 실현하지 않게 된다.

## 6. 자연스러운 삶으로서 자기의식(意識)

비른바허는 합리적 이기주의도 합리적 집단주의도 또한 전적 이타주의도 미래윤리학의 정당한 근거로 받아들이지 않는다.[20] 전적 이타주의가 아니라 각자의 존엄을 의식한 비른바허는 그의 미래윤리학에 대한 언급에서 미래세대에 대한 배려를 주된 관심으로 삼았다. 미래의식은 슈페만이나 하버마스에게서 보듯이 현대윤리학에서 사회적 관계가 자연에까지 확장된다.

매킨타이어에서 인간의 행동규범은 고대에서 중세까지 자연을 따르는 삶 즉 자연스러운 본성에 근거하였다.[21] 그에 의하면 플라톤, 아리스토텔레스, 토마스 아퀴나스 등은 자연의 질서를 따르는 것을 인간행동의 규범으로 삼았다.[22] 인간이 바람직한 미래를 형성하기 위해 자연

---

19) Spaemann, *Glück und WohlWollen*, Klett-Cotta, 1993, S. 204.
20) D. Birnbacher, *Verantwortung für zukunftige Generationen*, 1988, S. 180.
21) A. MacIntyre, *Verlust der Tugend*, Frankfurt: Suhrkamp, S. 181.

스러운 본성을 따른다는 것은 슈페만에게서 더 이상 그 배후를 물을 수 없다는 뜻이다.

슈페만에 의하면 인간의 보편적 목적인 행복은 제 이의 천성으로 내면화(內面化)되면서 찾아진다.[23] 내면화를 위하여 미래와 과거는 끊임없이 구체적 생활에서 통합되고 현재는 삶에서 주요한 의미를 지니게 된다. 인간은 자신의 본질적 인간조건을 자연스럽게 받아들일 수밖에 없다. 즉 인간은 자신의 생활에서 누구의 도움과 은혜가 없이는 존엄에 걸맞은 인간다운 삶을 지속할 수 없게 되어있다. 그렇기에 17, 18세기의 하느님의 절대적 은혜를 주창한 사람들은 홉스(Hobbes)의 기능주의적 이론을 비판했다.[24]

## 7. 인간자율성의 오해와 이해

근대 이후 인간과 자연의 상호관계 혹은 형식을 괘념하지 않은 세속주의와 낙관주의는 인간자율성에 근거했다. 자율성에 의지한 자연의 정복은 이상적 세계를 미래에 세울 수 있다는 신념 속에 추진되었다. 이런 낙관주의는 현대 인류가 직면한 생태적 위기에서 그 문제점이 분명히 드러났다.

신과 관계에서 자신의 본성을 받아들이는 인간은 하느님의 문화명령으로서 자연을 돌볼 책임을 위탁받았다. 전통적 기독교의 창조론에 의하면 자연의 파괴는 하나님에 대한 인간의 불순종과 연결되어 있다. 타

---

22) MacIntyre, ibid., S. 191.

23) Spaemann, *Das Natürliche und Das Vernünftige*, München : Piper. 1987, S. 45.

24) Spaemann, *Happiness and Benevolence*, (afterword) Arther madigan, S.J. (trans.) Jeremiah Alberg, S.J. University of Notre Dame Press, Notre Dame, London, 2000, p. 44.

자와 자연을 단지 탐구의 대상으로만 삼는다면 미래에 대한 의식보다는 기술과 경제적 발전만을 우선시 하게 된다. 이런 입장에서는 타자와 자연은 단지 개인의 의식 안에서만 의미가 있을 뿐이다.[25)]

인간의 자율성에 근거하여 자연을 지배하려는 시도는 오늘날 환경의 위기를 가져왔고 인간의 생존근거마저 위협하게 되었다. 이제 인류는 자연을 포함한 타자를 대상화하지 않고 공동의 삶을 영위할 수 있는 방안을 찾아야 할 책무를 맡게 되었다. 인간의 자기관계는 플라톤에서 직접적으로 이해되지 않고 도시국가에서 즉 타자와 관계를 통하여 객관화된다.[26)] 인간의 자기의식(意識)은 대화나 변증법적 과정을 통해서만 이해된다. 인간이 사회적 관계에서 즉각적으로 반응하지 않고 의미를 찾는 것은 이미 자신을 의식하는 사회적 존재임을 밝혀준다.

근대 이후 인간이 자신의 힘만으로 진보신앙과 형이상학적 낙관주의 등을 통해 자연 등 타자와 관계를 고려하지 않고 이 땅 위에 이상적 세계를 세우려는 인간중심의 시도는 생태계의 위기를 가져왔다.[27)] 인간은 근대 이후 자신의 삶과 운명에서 스스로 주인이 되려는 시도를 하게 되었다. 형이상학적 낙관주의는 근대인간의 단순한 실수가 아니라 종교적 근원에서 문제가 된다. 이런 진보 일변도의 신앙은 도덕 윤리적 규범인 인간과 인간 혹은 인간과 자연 사이의 교제를 어렵게 했다.

인간의 미래의식은 자기 자신의 본성에 대한 이해와 긴밀히 연관되어 있다. 스토아학파가 타자와 관계보다는 인간의 자율적 자기 독립을 주장한 반면 기독교는 인간의 자율적 의지가 아니라 신과 관계 안에서 인

---

25) D. Hume, *A Treatise of Human Nature*, Oxford University Press, 2000.

26) E. Cassirer, *Versuch über den Menschen*, Frankfurt : S. Fischer, 1990, S. 21.

27) R. u. D. Groh, *Weltbild and Naturaneignung. Zur Kulturgeschichte der Natur*, Frankfurt: Suhrkamp, 1991, S. 7.

간의 본질을 이해한다. 즉 기독교에서 인간의 이성과 의지는 신의 계시 아래서만 조명될 수 있다. 키에르케고어에서 인간실존은 자기 자신과 관계하는 의식으로 이해하며 이런 의식은 신과 인간의 관계에서 연유한다.[28)]

## 8. 정체성과 미래의식

비른바허는 개인의 정체성(identity)을 미래의식과 관련지어 분석한다. 지성적, 정서적, 의지적 면모를 포함한 인격의 성숙은 미래의식과 긴밀히 연관된다.[29)] 비른바허는 미래윤리학을 목적론적 입장에서 보며 당위적 요구는 실제로 가능성을 함의(含意)하는 것으로 본다.[30)] 즉 도덕이란 도덕생활 그 자체를 위한 목적이 아니라 인격의 성숙을 가져오는 좋은 삶 혹은 성취된 삶에 기여하기 위해 보편적 시각에서 이해된다.

합리적 이기주의자와 합리적 집단주의자는 미래에 대한 배려와 행동을 자신들의 동정심에서 찾는데 이들의 동정심은 자기 자신이나 자기 집단에 제한된다. 미래윤리학은 동정심의 제한을 극복하는 데에서 그 의미를 갖게 된다. 여기서 제한의 극복이 자신과 집단의 한계를 넘어서서 보편적 시각을 갖고자 하나 이는 인간의 능력 내에서만 논의될 수 있다. 즉 인간의 능력은 미래세대에 대하여 무한한 책임을 요구할 수는 없다.

---

28) Kierkegaard, *Die Krankheit zum Tode*, München : Diederlichs Verlag, Abt. 24/25, 1954.

29) E. Lessing, "Demographic, Developmental, and Personality Correlates of Length of Future Time Perspective", *Journal of Personality* 16, 1968, pp. 183-201.

30) Birnbacher, *Verantwortung für zukunftige Generationen*, Ditzingen : Reclam, 1988, S. 52, 53.

도덕적 규범은 그 본질상 특정한 집단을 위한 시각을 극복하여 사태를 보편적 시각에서 볼 때 타당성을 갖는다. 인간은 도덕적 주체로서 객관적 사태에 대하여 가능한 한 중립적 시각에서 관찰하고 행동할 것을 요청받고 있다. 합리적 개인주의자와 합리적 집단주의자의 문제를 합리적 보편주의자의 입장에서 해결하려는 비른바허의 시도는 키에르케고어와 달리 인간의 고유한 능력에 대한 잠재적 신뢰가 함축되어 있는 듯하다.[31]

현재세대의 행동은 다음세대의 삶의 질과 긴밀히 연결되어 있다. 이는 단순히 현재 세대의 영향력에 대한 언급이 아니라 인간은 현재세대인이나 미래세대인이나 모두 존엄성을 지닌다는 윤리적 함축이 분명히 들어있다. 이런 시각에서 현재세대인이 살아가는 윤리적 행동은 다음세대의 행복과 긴밀히 연관된다. 물론 다음 세대의 행복은 양적인 것과 질적인 것을 모두 포함하고 있다. 생태적 정의에서 인간의 존엄은 자연을 비롯한 다른 존재자들이 갖고 있는 가치와는 본질적으로 다른 존재의 높이(Seinshöhe) 때문에 우선적으로 보호되어야 한다.

현대윤리학은 자연의 내재(內在)적 가치를 인정함과 함께 미래 세대의 윤리적 권한을 생각하게 되었다. 우리가 윤리적 주장에 대하여 옳고 그름을 말하려는 것은 보편타당성에 대한 전제가 이미 있기 때문이다.[32] 미래윤리학이 미래세대뿐만 아니라 자연에 대하여 책임을 갖는 것은 그들이 현재세대로부터 배려를 받을만한 존엄이나 가치를 갖는 여부를 증명받기 전에 전제되기 때문이다.

---

31) Hwang, Jong Hwan, *Ökologische Gerechtigkeit*, München: Herbert Utz Verlag, 2004. S. 113.

32) N. Hartmann, *Ethik*, Berlin : de Gruyter, 1926.

## 9. 인간존엄과 미래의식

롤스(Rawls)는 바람직한 사회를 언급하면서 공리주의의 한계를 지적하고 다수의 유익이라는 이유로도 침해받을 수 없는 고유한 인간존엄을 전제한다.[33] 오늘날 윤리학적 대상이 자연에까지 확장됨에 따라 자연의 내재적 가치는 논증되기 전에 전제된다. 롤스의 시각에서는 논증의 행위를 출발하기 전에 이미 인간존엄이 전제되어야 한다.

비른바허의 이해에 의하면 공리주의원칙, 즉 인간을 행복하게 하는 조건들이 곧바로 행복한 인간을 만드는 것은 아니다.[34] 윤리학의 과제는 단지 직관의 체계화가 아니라 반대로 우리의 직관이 그 타당성을 가질 수 있는 원리를 제시하는 것이다. '희망적 사고'(wishful thinking)에 의한 개인의 주관적 판단은 종종 미래윤리학의 목적 즉 단순히 추상적 미래상과 실제적으로 가능한 미래를 바르게 분별하는 능력을 수행하지 못하게 할 수 있다.

미래윤리학의 목적은 특정한 날 특정인에 의하여 성취되지 않고 공동의 긴장과 노력을 요구하고 세대 간의 협력을 통해서만 수행될 수 있다. 도덕교육 역시 전수(傳受)된 가치와 이상들은 다음 세대의 관심과 유익이 될 수 있어야 한다. 이런 의미에서 세대 간의 관심은 인지적인 면만 아니라 도덕적 면 혹은 도덕교육적 측면이 당연히 고려되어 다음 세대도 같은 관심을 갖도록 하여야 한다.

미래회의(懷疑)주의(Zukunftsskeptizismus)와 유토피아주의(Utopismus)는 미래세대를 생각하면서 가질 수 있는 두 가지 잘못된 생각이다. 비른바허는 아리스토텔레스의 중용을 주요하게 생각하면서

---

33) J. Rawls, *A Theory of Justice*, Harvard University Press, 2005.
34) J. Narveson, "Utilitarianism and New Generation", *Mind* 76. Oxford University Press, 1967, p. 46.

우리의 미래에 대한 인식의 한계를 깊이 고려할 것을 요구한다. 즉 미래에 대한 회의주의에 대해서는 미래에 대한 낮은 배려로 정적(靜寂)주의에 빠질 수 있음을, 유토피아주의에 대해서는 지나친 낙관으로 과도한 미래에 대한 열정을 경계한다.[35)]

하르트(H. L. Hart)를 인간 미래의 생물학적, 심리적, 사회적 특성의 불변적 특성을 말한다.[36)] 즉 미래 세대도 생물학적으로 현재 세대와 똑같은 산소, 물, 토양 등을 필요로 한다. 심리적 측면에서도 미래 세대도 현재 세대와 설령 다른 문화적 표현을 빌려 충족되더라도 현재 세대와 마찬가지로 안정, 인정(認定), 배려를 필요로 한다. 사회적 측면에서 인간은 현실적으로 다음과 같은 인간조건에서 살 수밖에 없음을 지적한다. 1. 인간은 서로에 대해 폭력적 위해(危害)를 가할 수 있다. 2. 어떤 사람도 제 삼자의 도움이 없이 오랫동안 다른 사람을 지배할 수 없다. 3. 인간은 이타주의에서 어쩔 수 없이 한계를 가질 수밖에 없다. 4. 생존을 위한 자원은 제한되어 있다. 5. 모든 사람은 때때로 타당한 규칙을 자신을 위하여 깨뜨리려고 한다.

유토피아주의자들에게서 우리는 인간능력과 의지에 대한 지나친 평가를 감지할 수 있다. 그들은 미래에 대한 확신에서 자신의 힘을 환상적으로 신뢰하는 중에 폭력을 정당화하기도 한다. 그들은 현재의 일정한 사회적 법칙을 적용함으로써 이상적 사회를 스스로 만들 수 있다고 믿는다. 미래에 대한 환상 속에서 유토피아주의자와 폭력은 긴밀한 연관을 갖게 된다.[37)] 이렇게 유토피아주의자들은 자신의 힘은 과도하게

---

35) Birnbacher, 1988, S. 165.

36) H. L. A. Hart, *Der Begriff des Rechts*, Frankfurt: Suhrkamp, 1973, S. 266.
S. Norman, "Future Generation, Public Policy, and the Motivation Problem", *Environmental Ethics*. 4, 1982, S. 204.

37) K. Popper, "Utopie und Gewalt", G. Lührs (u. a.) (Hrsg.), *Kritischer*

평가하고 미래에 활동할 이들은 과소하게 평가한다.

유토피아주의자들은 최종적 승리를 위하여 희생이 윤리적 규범으로서 정당화되지 않고 단지 환상적 확실함인데도 불구하고 희생을 요구한다. 유토피아주의자들은 그들의 목표설정의 매력에 몰입하여 시간에 대한 의식을 잃어버린 가운데 역사의 추동력을 지나치게 신뢰한다. 그들은 자신과 타인에게 폭력까지 수단으로 적용함으로써 미래에 대한 모험과 가능성을 추진하려고 한다. 더 나아가 물리적이든지 도덕적이든지 희생을 통한 시도가 성취되지 않을 때 더 큰 희생을 요구하기도 한다.[38]

미래윤리학은 미래에 대하여 스스로 위축되는 패배주의도 아니고 환상적 유토피아주의도 될 수 없다. 오히려 미래윤리학은 인간이 자신의 능력을 바르게 평가하는 가운데 연대성, 실행력, 분별력 등이 요청된다. 미래윤리학에서 자기 자신에 대한 의식(意識)이 전제되며 현재에 대한 무시(無視)나 매일 매일을 단지 즐기려는 직접적 향락(享樂)도 용인되지 않는다.

시간적으로 가까운 것과 먼 것을 구분하려는 것은 인간의 자연스러운 본성이다. 카시러는 단순히 시간적 선후(先後)만이 아니라 시간에 대해 상징적 의미를 부여했다.[39] 미래에 대한 의식과 보상을 미루는 태도는 인격성숙과 도덕교육의 결과다.[40] 심층심리학적 측면에서 보더라도 만족의 원리는 단지 현재에만 주된 관심을 갖는데 반하여 자기의식을 갖는 현실의 원리는 욕망의 충족을 미래의 보답을 위하여 미루는 시도를 하게 된다.

---

*Rationalismus und Sozialdemokratie*, Bonn-Bad Godesberg : J. W. Dietz, 1975, S. 303-316.

38) Birnbacher, 1988, S. 170, 171.

39) Cassirer, 1972.

40) G. Ainslie, "Specious reward: a behavioral theory of impulsiveness and impulse control". *Psychological Bulletin 82*, 1975, pp. 463-495.

비른바허는 미래윤리학이 현실에 적용되는 데에서 고려해야 될 세 가지를 지적한다. 즉 미래의식, 미래에 대한 평가, 인간의 행위에 있어서 미래에 대한 정향(定向) 등이다. 미래의 결과는 인지적 측면만 아니라 정의(情誼)적, 의지적 측면에 의하여서도 형성되고 평가된다. 미래에 대한 강한 의식은 현재의 자신에 대한 평가보다는 미래의 보답에 더 관심을 갖게 된다.

우울증이나 히스테리로 나타나는 노이로제적 성품은 과거에 얽매이고 현재의 기분에 영향을 받아 미래를 전망하며 살지 못하게 된다. 이런 성품은 인격적 성숙을 볼 수 없는 상태가 지속되며 미래가 새롭게 전개된다는 의식을 쉽게 갖지 못한다. 따라서 미래에 대하여서 비현실적 평가와 의식을 갖게 만든다.[41] 반대로 감정에만 얽매인 유토피아주의자는 왜곡된 미래의식의 영향으로 살아가게 된다. 본래 윤리학은 단순히 생물학적 본능이나 현재의 만족을 따르지 않고 미래에 바람직한 결과를 가져올 수 있는 행동을 구현하고자 한다.

자신의 존엄을 의식하고 자기 행위의 먼 훗날의 결과를 의지적으로 의식하는 자만이 다양한 문화형식을 창조하려고 한다.[42] 이런 창조의식의 인간은 직접적 시간과 공간에서 살지 않고 상징적 시공간과 미래를 설계하며 미래세대와 연대하게 된다. 인간의 실존에서 과거도 현재에서 살아서 활동한다는 점에서는 미래와 긴밀히 연관되어 있는 것이다. 미래에 대한 직관은 현재에서 이미 활동하고 있다. 이런 점에서 미래의 기회, 가능성, 모험 등은 현재에서 작용하게 된다. 이렇게 미래의식은 현재를 단순히 즐기지 않고 능력의 준비를 요구한다.

---

41) F. Riemann, *Grundformen der Angst, Eine tiefenpsychologische Studie*. München/Basel: Reinhardt, 1961, S. 160-.

42) G. H. von Wright, *The Variety of Goodness*, London: Routledge & Kegan Paul Ltd, 1963, p. 113.

뢰비트(Löwith)에 의하면 미래의식의 왜곡된 현상은 현재의 즐거움을 모두 부인하는 형태로 나타나며 미래에 대한 극단적 의식에서 현재를 잊어버리게 된다.[43] 이러면 자신의 자발성이 발현되지 못하고 자신만의 고유한 개성과 책임을 존엄하게 표현하지 못한다. 미래에 지나치게 정향되는 형식은 자발적 경험능력을 상실하게 하며 자신의 삶을 통해 더 이상 미래의 목적을 추진하지 못하게 한다.[44]

## 10. 관계적 존재로서 미래의식

인간의 지성・정서・동감(同感)의 의지 등은 한계를 갖기 때문에 미래에 대한 책임도 제한될 수밖에 없다. 슈페만에 의하면 인간의 행복은 호의에서 이루어진다.[45] 행복은 상호 간의 교제(koinonia) 안에서 이루진다고 할 때 현재세대의 미래세대에 대한 과제는 무한책임이 아니라 서로 간의 사귐으로 이해되어야 한다. 여기에서도 인간의 존엄과 자연의 내재적 가치는 효용성을 논의하기 전에 그 자체로 전제된다. 자기존엄에 대한 의식은 미래세대의 행복을 괘념(掛念)하는 동기가 된다.

자신의 존엄의식은 타인에 대한 보복적 정의나 라이벌의식 등에서 벗어나서 자연을 포함한 이웃에 대해 사랑과 겸손한 노력을 하게 한다.[46] 인간존엄은 이상(理想)사회의 건설을 위한 모험적 도구가 될 수

43) K. Löwith., "Das Verhängnis des Fortschritts", *Vorträge und Abhandlungen. Zur Grundlegung der Christlichen Überlierung.* Stuttgart : Kohlhammer. 1966, pp. 139-155.
Erich Bruck, (Hg.) *Die Idee des Fortschritts*, München : Beck, 1963, S. 28~42.

44) J. Keynes, *The Economic Consequence of Peace*, Cornell University Press, 2009, p. 16-.

45) Spaemann, 1989.

46) W. Kaufmann, *Jenseits von Schuld und Gerechtigkeit, Von der*

없다. 자연을 비롯하여 모든 존재자는 그 자체로서 존재의 의미가 있다는 생태적 정의도 인간존엄을 근거하는 실존에서만 논의될 수 있다.[47] 모든 세대는 그들의 자녀가 다음세대에 대한 책임을 의식하게 하는 도덕교육을 실시하게 된다.[48] 그러나 현재의식이 없이 단지 이상적 미래만을 꿈꾸는 것은 단지 환상일 뿐이다.

슈페만은 시간의 의미를 중시하기에 자기의식을 상실케 하는 쾌락주의나 신비주의를 비판한다. 인간은 근대의 세계관에서 무한의 개념을 발견한 이후 자기 자신의 차원을 넘어서려는 시도를 하게 되었다. 인간은 더 이상 물리적 세계에 제한되지 않고 무한의 세계를 상징적 활동을 통하여 도달하려고 하였다. 근대의 무한 개념은 플라톤과 같이 부정적 개념이 아니라 브루노(G. Bruno)에게서 보듯이 인간의 지성능력을 통하여 끊임없이 새로운 현실에 도달하려는 시도다.[49]

인간은 인격체로서 타자와 관계하며 살아갈 수밖에 없으므로 자연 생태계를 훼손시키는 행동은 인간존엄의 손상이다. 인간의 존엄(dignitas humana)은 희랍에서는 존귀한 사회적 신분에서 연유했고 기독교에서는 하나님의 형상과 자녀에서 근원한다.[50] 스토아학파와 같이 존엄을 지키기 위한 자기 의지적 노력은 성취될 수 없고 오히려 자연스러운 본성을 따를 때 가능하다.

---

*Entscheidungsangst zur Autonomie*, Hamburg : Hoffman und Kampe, 1974, S. 99.

47) Hwang, 2004.

48) C. Horn [u. a] (Hrsg.): *Umweltpolitik in Europa*. München, BLV, 1973, S. 37-.

49) Cassirer, 1972, p. 15.

50) M. Forschner, *Über das Handeln im Einklang mit der Natur, Grundlgen ethischler Verständigung*, Darmstadt : Primus. 1998, S. 92.

# Ⅵ. 공동생활의 준거로서 도덕과 영(靈)적 존재

## 1. 실존전달과 도덕발달

성인의 도덕교육뿐만 아니라 객관적 중립적 입장이 특히 요구되는 초중등 도덕교과과정에서 키에르케고어를 중심으로 도덕발달의 방법을 제시하고자 하지만 새로운 이해 자체가 한 개인을 도덕적으로 만들 수 있는 것은 아니다. 키에르케고어는 자기화 혹은 자기발견을 통해 타인도 자기 자신을 찾도록 하며 이를 도덕발달 혹은 도덕교육의 가능성으로 시사한다.[1]

키에르케고어에서는 간접전달 혹은 실존전달(existence communication) 즉 구체적 생활을 통한 방법이 효과적이라는 것이다. 이론적 전달은 무의미하지는 않지만 그 한계가 있다. 그렇다면 교육현장에서 도덕교육자는 도덕교육의 내용을 강박적으로 전달하려고 할 것이 아니라 교실에서 예기치 않은 모든 돌발 상황을 자기 자신을 찾아가는 도덕교육의 계기로 삼을 수 있다.[2]

---

1) Ronald J. Manheimer / 이홍우 · 임병덕 역, 『키에르케고르의 교육이론』, 교육과학사, 2003.

2) 박영하, "바람직한 도덕 · 윤리교사의 자질과 역할", 181-202쪽. 변순용, "도

키에르케고어에서 도덕발달은 실존이해와 관련하여 비판적으로 고찰한다. 그에게서 도덕발달의 근거인 거룩한 창조주는 피조물로부터 구별되고 초월해 있음을 의미한다.[3] 타락한 인간의 모습은 전능하고 사랑하는 하느님의 고양(高揚)을 필요로 한다. 즉 신적 도움을 통해서만 인간은 거룩함으로서 도덕발달에 나아갈 수 있다.

## 2. 도덕발달과 신앙의 비약

사회적으로 재가(裁可)된 행동을 할 때 흔히 도덕적이라고 한다. 사회적으로 재가(裁可)된 보편적 규범이 과연 '늘 도덕적으로 바람직한 행위인가?'라는 질문이 제기된다. 도덕발달의 행동주의적 접근(behavioristic approach)에서는 사람은 중립적으로 태어난다고 보고 인간행동의 자율성을 신뢰하지 않으며 사회적 요구에 초점을 두고 선천적(先天的, a priori) 전제를 받아들이지 않는다. 그러므로 인간은 악(惡)의 경향성을 갖고 태어나며 초월자와 관계에서 도덕성의 자율적 회복을 믿는 기독교의 시각과는 차이가 있다.

도덕적 추론의 선구자 피아제(Jean Piaget)에서 도덕발달은 타율(他律)통제에서 자율적 자기규제로 변환이다.[4] 그는 주로 4세부터 12세까지 어린 아이의 도덕발달을 연구했다. 한편 콜버그(Kohlberg)는 청소년과 성인시기의 도덕발달을 연구했다. 주지하는바 콜버그는 관습(慣習, convention)을 보는 태도에 따라 도덕발달을 6단계로 구분한

---

덕교육의 서양윤리학적 접근", 『道德倫理科敎育』, 제 37호, 2012, 99-116쪽.

3) J. I. Packer, *God's Words: Studies of Key Bible Themes*, Downers Grove, IL: Inter-Varsity, 1981, p. 171.

4) Jean Piaget, *The Moral Judgment of the Child*, (trans.) M. Gabain, Free Press, 1997.

다. 그에게서 도덕발달은 자기중심적 생활로부터 삶을 거룩하게 보면서 인류에 대한 보편적 책임과 봉사에 대한 의식으로 발전한다.[5)]

우리는 콜버그 도덕발달의 여섯째의 마지막 단계에서 사회적 관습과 규칙을 뛰어넘는 진리와 정의(正義) 등 보편적 가치를 추구하는 것을 보게 된다. 도덕발달이 높아질수록 자기중심적 요구로부터 직접적 대가(代價)를 바라지 않고 그 자체가 목적이 되는 자유, 평등, 인간의 존엄을 솔선(率先)해서 지속적으로 추구하게 된다.[6)] 그런데 사회적 관습은 도덕적 미숙뿐만 아니라 높은 도덕성도 오히려 좋아하지 않는다.

도덕발달의 인지(認知)심리학적 접근은 타인이나 주위환경의 영향보다는 개인이 의식(意識)을 갖고 인지(認知), 추론(推論)할 수 있는 능력에 초점을 맞춘다. 즉 도덕적 행위에서 주위환경 보다는 개인에게 강조를 둔다. 도덕적 추론과 도덕발달을 동일시하는 인지적 접근은 도덕발달과 도덕적 인지(認知)능력 사이의 상관관계를 받아들이지만 높은 지성의 사람이 도덕적으로 발전하지 못한 경우를 보게 된다. 인지(認知)이론적 도덕발달에 대해 인간본성에서 추론이 감정이나 의지보다 도덕발달에 더 우선적 요인이 아니라는 비판도 있다.[7)]

인지이론가들은 개인이 더 높이 추구하는 가치가 있기에 도덕적 추론을 한다고 생각한다. 하느님의 형상으로서 인간을 보는 시각에서 영(靈)적 성숙과 인지적 발달이 상관관계가 있다. 추론이나 합리성은 인간이 하느님으로부터 받은 속성이지만 인간속성의 전부는 아니다. 하느님의 모습대로의 인간창조는 추론능력도 주어졌다는 의미다. 추론은 현실에서 도덕적 행위에 적용될 때 의미를 갖는다.[8)] 그렇지만 도덕발달

---

5) L. Kohlberg, *Essays on Moral Development: The Philosophy of Moral Development*, Vol. 2, New York: Harper & Row, 1984.

6) 유병열, "학교 인권교육 강화를 위한 실천방안 연구", 『道德倫理科敎育)』, 제39호, 2013, 239-264쪽.

7) B. Clouse, *Moral Development*, Baker Book House, 1985, p. 119.

에서 감정의 중요성을 인정하는 사람들은 추론에만 근거한 도덕행위를 비판한다. 구체적 삶에서 '추론이 행동 보다 우선인가?'라는 의문도 제기된다.

도덕발달의 인본주의적(humanistic) 접근은 인간의 잠재적 가능성을 신뢰한다. 이런 신뢰가 외부환경에 의해 통제될 수 있다는 행동주의적 접근이나 인간내면의 부패로 말미암은 문화적 변형을 요구하는 정신분석적 접근과 다른 점이다. 휴머니스트들은 스스로 도덕발달의 가능성을 지녔다고 생각하면서 인간조건의 긍정적 면을 본다. 이들은 도덕성을 인간의 특정부분에서만 생각하지 않고 자기 자신의 표현이라고 여긴다. 도덕성과 도덕발달을 인간들 사이의 관계로만 환원시키는 휴머니즘과 하느님과 관계에서 자신을 찾는 그리스도교는 동일시될 수 없다.

인본주의 심리학자들은 인간의 자기실현의 가능성에 관심을 갖는다. 이런 심리학자 중에는 매슬로우(Abraham Maslow), 로저스(Carl Rogers) 등이 있다. 한편 비츠(Paul Vitz)는 휴머니즘을 과학이 아니라 세속(世俗)종교로 본다.[9] 휴머니즘의 도덕발달에 의하면 사람은 선하게 태어나고 자신의 가능성을 실현하기 위해선 격려와 칭찬이 중요하게 생각된다. 그리스도교 시각에서 볼 때 사람이 근본적으로 선하고 자기운명의 주인으로서 자기실현의 가능성이 있다면 하느님보다 자기 자신을 더 중시하게 된다. 인간역사의 어두운 면을 볼 때 휴머니즘을 일방적으로 받을 수 없다. 그리스도신앙은 이 세상을 자신을 실현하는 종국적 세계라고 여기지 않고 하느님과 더불어 누리는 영원한 축복을 약속한다.[10]

---

8) Carl Henry, *God, Revelation, and Authority*, V. 5, TX: Word Books, 1982, p. 383.

9) Paul C. Vitz, *Psychology as Religion: The Cult of Self Worship*, Eerdmans Publishing Co, 1995.

10) John A. Hammes, *Humanistic Psychology: A Christian Interpretation*,

키에르케고어에서 자아의 실현은 일방적 자기긍정이 아니라 그리스도와 신앙의 비약으로 관계할 때 오히려 가능해진다. 그에게 인간의 실존은 하느님의 창조적 의지에 의존하고 도덕적 덕성은 그리스도의 구속적 능력에 의해 가능하다. 도덕발달이 휴머니스트에게는 인간관계로 환원되지만 그리스도교에선 인간관계가 하느님관계에서 연원(淵源)한다. 파커(J. I. Packer)는 휴머니즘의 이상(理想)은 오히려 그리스도를 통해서만 가능하다고 한다.[11)]

그리스도교에서 인간은 하느님의 모습대로 창조되었고 더불어 교제할 수 있다. 인간은 땅을 다스릴 문화명령을 받았을 뿐만 아니라 하느님의 성품을 닮을 수 있는 가능성을 갖고 있다. 하느님에 대한 복종 대신 스스로 하느님과 같이 되려는 유혹에 의한 '타락한' 영향은 인간의 모든 면에 나타났지만 사람으로서 가치는 아직 있어 어느 피조물 보다 우위에 있다. 이렇게 인간의 도덕적 가능성은 그리스도와 연합에서 가능하지 세속적 휴머니즘의 암묵(暗默)적 자기 신격화(神格化, self-deification)로는 되지 않는다.

정신분석적 접근에서 인간은 쾌락의 추구와 사회적 규제 사이에서 갈등을 겪으며 자신의 어두운 면을 직시하게 된다. 도덕발달은 사회의 규범을 내면화하고 지키는 것이다. 욕망의 금지가 사회적으로 기대되는 방향으로 승화(昇華)될 때 문화가 된다. 억압(repression)과 달리 본능의 정신적 에너지가 사회와 문화에 기여하며 자아가 창조적으로 바뀔 때 승화가 발생한다.

키에르케고어와 정신분석적 접근은 공통적으로 인간의 부패를 전제한다. 그는 그리스도를 통한 구원을 말하는데 프로이드의 정신분석은

---

New York: Grune & Stratton, 1971, p. 184.

11) J. I. Packer, *Knowing Man*, Westchester; IL: Cornerstone Books, 1993, p. 11.

어린아이가 성장하면서 사회적 규제와 타인의 욕구에 잘 적응하면서 더 나은 사람이 된다고 한다. 프로이드는 소외(疏外)와 그 해결을 인간 사이의 관계로 환원하려고 하지만 기독교는 '천하를 얻어도 자기 영혼을 잃으면 아무 유익이 없다'면서 하느님과 관계하는 믿음으로 인간소외를 극복한다. 기독교에서 하느님과 인간의 관계는 정신분석의 승화와 같이 단지 긍정적 방어기제가 아니라 새로운 생명을 창조하려고 한다.

정신분석이 본능과 초자아 사이의 갈등해소가 관심이라면 기독교는 하느님과 관계를 맺는 새사람과 그렇지 않는 옛사람 사이의 갈등을 극복하여 영원한 행복을 추구한다. 프로이드에게 불안은 성(性)의 욕구와 사회적 금제(禁制) 사이의 갈등이지만 『불안의 개념』에서 불안은 물론 성(性)과도 연관되지만 인간의 실존적 현실이다.[12] 키에르케고어에서 하느님과 주체적 관계가 종교적 독단(獨斷)이 아님은 도덕적 생활을 통하여 객관화되기 때문이다. 그에게서 도덕은 인간사이의 관계로 환원되지 않고 하느님과 내적 혹은 영(靈)적 관계가 인간관계로서 표현됨이다.[13]

기독교에서 인간은 신(神)적 성품과 죄(罪)된 성품 사이에서 갈등하며 산다. 그런데 아담에서 상속된 죄의 성품과 비교할 수 없는 그리스도의 영광된 성품이 주어진다고 한다(롬 5:17). 갈등은 선택의 과정에서 나타난다. 인간에게 영(靈)적 성품이 주어졌기에 이 두 성품 사이의 갈등의 싸움이 나타난다. 기존 도덕발달 연구의 전제와 달리 인간이 죄안에 있다는 말이 즐겁게 들리지 않지만 종국에는 영광된 성품을 약속한다. 키에르케고어에 의하면 하느님과 신앙의 역설로서 관계하는 사람만이 신(神)적 성품을 지니며 현실적으로 실존한다.

12) 쇠얀 키에르케고어 지음, 임춘갑 옮김, 『불안의 개념』, 서울: 도서출판 치우, 2011.

13) Bernard L. Ramm, *The Right, the Good and the Happy*. Waco, TX: Word Books, 1971, pp. 42-43.

도덕발달에 대한 기독교의 시각은 기술(旣述)한 네 입장을 부분적으로 모두 포함한다. 인간은 기존 도덕발달론 연구의 네 면모를 모두 갖고 있기에 신(神)적 성품을 갖추는 것을 도덕발달의 완성으로 본다.[14) 전통적 기독교의 입장에 서더라도 신학이나 성경이 우리가 직면하는 실존적 문제에 답을 모두 제시하는 것은 아니다.[15) 그리스도신앙은 현실적으로 가능한 도덕발달에 관심을 갖고 해결방법을 제시한다.

키에르케고어의 시각에서 아담의 타락 후 온 인류는 그 영향 아래에 있게 되었다. 그리스도신앙에서 사람은 하느님의 모습대로 창조되었기에 예수 그리스도의 구속(救贖)사역에 따라 그 형상을 회복하고 거룩하고 존귀한 생활을 할 수 있게 된다. 성경에는 인간의 영광된 모습과 비참한 모습이 모두 기록되어 있다.[16)

키에르케고어에서 도덕적 활동은 신으로부터 분리될 수 없고 그 과정을 인간이 모두 이해할 수도 없다. 거룩함으로서 도덕성은 기존의 도덕발달 이론만으론 인간의 행동을 설명할 수 없다는 주장이다. 특정의 사람만 고결한 도덕성을 드러내는 이유를 충분히 이해할 수 없고 하나님의 은혜로 종국적 대답을 한다. 인간은 스스로 거룩함의 도덕성에 다다르지 못하고 단지 신이 용납했다는 데서 위로와 평안을 찾을 뿐이다. 빈스방거(L. Binswanger)는 불안에 대하여 키에르케고어에 빚지고 있음을 인정하지만 신과 인간 사이의 존재론적 관계를 받아들이지는 않는다.[17)

---

14) J. Anderson, *Morality, Law and Grace*, Inter Varsity Press, 1972, p. 59.

15) G. Collins, *The Rebuilding of Psychology*, Wheaton: Tyndale House, 1977, p. 160.

16) D. G. Bloesch, *Essentials of Evangelical Theology* Vol. I. God, authority, & salvation, San Francisco: Harper & Row, 1978, pp. 88-90.

## 3. '진리는 주체성'의 오해와 이해

독일과 북유럽의 자유주의 신학은 『후서』에서 주체성을 일방적으로 받아들였지만 이는 본래 『후서』의 의도와 전혀 다르다. 일부 실존주의자들도 키에르케고어에서 '주체성'을 일방적으로 받아들여 인간을 낙관적으로 이해하지만 『후서』에서 '진리는 주체성'은 한 사람의 크리스천이 되는 과정으로 받아들여진다.[18] 『후서』에서 그리스도 안에서 누리는 영원한 행복은 무한히 근접시키는 객관적 지식이 아니라 주체적 신앙을 통해서 가능하다.

개인은 신앙의 비약을 통해서만 하느님과 관계를 맺을 수 있다면 어떤 철학적 사변도 자기 자신을 찾게 할 수 없다. 그리스도인은 단지 사고가 아니라 삶을 통해 진리를 변증한다. 현실적 삶에서 고난(苦難)으로 표현되는 그리스도와 신앙의 교제는 비(非)진리의 다수의 군중과 영합(迎合)하며 지낼 수 없다. 인간이 그리스도와 신앙의 비약으로 관계하며 자기 자신을 찾아가는 과정은 개인의 사유(思惟) 아래 종속될 수 없다.

레기네 올센(Regine Olsen)과 파혼(破婚)(1841. 8.11), 코르사르 사건(the Corsair affair, 1845-1846) 등에서 보듯이 키에르케고어는 단지 사유(思惟)가 아니라 자신의 구체적 삶을 통해 그리스도를 믿음을 보여준다. 『두려움과 떨림』에서 하느님과 관계하는 신앙은 보편적 사유와 윤리를 목적론적으로 오히려 정지시킨다.[19] 반복하는바 이

---

17) Ludwig Binswanger, "Insanity as Life-Historical Phenomenon and as Mental Disease" in Rollo May et. al, *Existence*, New York: Simon & Schuster, 1958, pp. 236, 297-298.

18) N. Thulstrup, (trans.) Robert J. Widenmann, *Commentary on Kierkegaard's Concluding Unscientific Postscript*, Princeton University Press, 1984, p. 135.

19) 쇠얀 키아케고어 지음, 강학철 옮김, 『두려움과 떨림』, 서울: 민음사, 1991.

런 신앙을 개인의 독단(獨斷)적 신념과 구분하는 방법은 도덕발달을 통한 검증이다. 즉 한 개인의 바른 종교적 신앙은 도덕적으로 객관화된다.

키에르케고어에서 개인은 그리스도와 내면적 자기화를 통해 자기 자신을 강화시킨다. 이런 신앙은 객관적으로 표현된다. 하느님과 주체적 관계를 가질 때 '진리는 주체성'이지만 이런 관계없이 죄 안에서 주체성은 비진리가 된다. 그리스도와 죄 아래 인간은 상대적으로 다른 것이 아니라 전적으로 다른 존재이기에 사변이 아니라 신앙으로 관계를 맺을 수 있다.[20] 철학이 상이한 존재들 사이에 중재(仲裁, mediation)를 추구한다면 기독교는 하느님과 인간 사이의 한계를 신앙의 역설(逆說, paradox)을 통해 극복한다.

## 4. 사변(思辨)철학 비판과 인간실존

키에르케고어에서 하느님과 실존적 관계를 맺으면 개인은 사유와 관심이 현실적으로 상호 작용하게 되고 자기 자신을 찾게 된다. 그는 클리마크스(Climacus)를 통해 『후서』에서 기독교진리에 대한 단지 학문적 이해가 아니라 주체적 사상가로서 실존적 관계를 다룬다. 그에게서 하느님으로부터 주어진 각자의 실존적 특징은 어떤 철학적 체계로도 설명될 수 없고 자신의 문제를 타인이 풀어줄 수도 없다. 기독교의 진리는 단순히 객관적 지식체계로 설명될 수 없고 개인의 주체적 신앙으로 받아들여야 한다. 자신의 주장에 걸맞은 윤리적 덕목을 반드시 요구하지 않는 소피스트와 달리 소크라테스는 자신의 가르침과 삶을 일치시키고자 했다.

키에르케고어에게 인간은 무한과 유한의 결합, 영(靈)과 몸의 종합이

20) N. Thulstrup, op. cit., p. 169.

다. 『죽음에 이르는 병』에 의하면 그리스도는 나사로의 생물학적 죽음을 '잠자는 것'이라고 하며 '이 병은 죽음에 이르지 않는다.'(요한복음 11장 4절)고 한다.[21] 영원한 존재와 관계를 맺지 못하는 '절망'이 실존적 죽음이다.

영원한 존재와 영혼의 세계를 추구하는 바에 따라 인간은 실존적으로 끊임없이 새로운 단계 혹은 영역을 추구하게 된다. 키에르케고어는 인간의 본성을 단지 문화의 창조가 아니라 자신의 존재에 대해 무한한 관심을 갖는 영원한 행복의 시각에서 본다. 그는 하느님 앞에서 자신을 '외톨이'로 보며 삶 전체를 금생(今生)뿐만 아니라 내세(來世)의 영원한 축복으로 받아들인다.

슈페만(Spaemann)에 의하면 윤리적 행동은 형이상학적 배경을 갖는다.[22] 궁극적 실재에 대한 탐구와 윤리적 행위 사이의 관계는 인류 사상의 시원(始原)부터 밀접히 연관되어 인간의 자기 이해를 위해 탐구되었다. 희랍철학의 기원에서 이미 개인적 감정과 욕망을 따르는 신화적 의식을 극복하고 우주의 궁극적 존재가 탐구되었다. 소크라테스에서 우주의 신비와 자기 자신에 대한 이해는 분리될 수 없었다.

키에르케고어 당시 헤겔주의에서 볼 수 있는 관념론적 합리주의가 철학과 신학에 지대한 영향을 미치고 있었다.[23] 초월적 역사(役事)를 부인하는 스트라우스(David Strauss)나 바우어(Bruno Bauer)의 영향을 받은 당시 기독교는 생기(生氣)를 잃고 있었다. 인간의 관념과 사변을 통해 궁극적 물음에 대한 해답을 찾고자 했다. 인간의 궁극적 존재에 대한 관심을 관념론적 합리주의를 통해 해결하려는 시도는 당시에만

21) 쇠얀 키에르케고어 지음, 임춘갑 옮김, 『죽음에 이르는 병』, 서울: 도서출판 치우, 2011, 13쪽.

22) R. Spaemann, *Glück und Wohlwollen*, 1989, S. 11.

23) N. Thulstrup, op. cit., p. 77.

나타난 현상은 아니다.

키에르케고어가 수강한 1833-1834년 겨울학기 기독교철학 강의에서 시번(Frederik Christian Sibbern, 1785-1872)은 종교와 사변(思辨)을 종합하려고 했고 이 강의에서 개인의 진실한 사변은 기독교 교의(敎義)의 주장에로 인도하게 된다고 주장했다.[24] 시번은 기독교의 객관적 주장이 영(靈)적 전제를 통해 개인에게 스며들 수 있다고 생각했지만 키에르케고어에서 기독교적 실존은 신앙을 요구하며 사유(思惟)는 부차적이다. 인간은 신앙에 근거한 내적 증거를 통해서만 도덕발달의 근거인 영적(spiritual) 생활이 가능하게 된다.

묄러(Poul Martin Møller, 1794-1838)는 1830년대에 사변철학의 큰 영향(影響)를 받았지만 말년에 돌아섰다. 묄러는 사변(思辨)의 중요성을 인정했지만 사변을 통해 문제가 해결될 것으로 믿지 않았고 개인의 중요성을 의식했다. 개인의 차이는 사변철학이 중요시하지 않는 각자의 체험을 통해 오히려 드러난다.[25] 키에르케고어의 잊을 수 없는 스승인 묄러는 개인의 실체와 영혼의 불사(不死, immortality)를 주장하며 기독교세계관에 접근한다.

묄러에게 헤겔은 대단한 철학적 체계를 세우려는 시도에서 존경을 받을 수 있지만 그런 체계는 인간의 실존을 현실적으로 설명하지 못하기에 키에르케고어도 그랬듯이 웃음의 대상이 될 수밖에 없었다. 묄러는 실존을 설명하지 못하는 '철학적 체계'를 반대했고 키에르케고어는 반대를 넘어 진리와 영원한 행복을 찾았다. 한편 하이베어(Johan Ludvig Heiberg, 1791-1860)는 덴마크에 헤겔 철학을 소개하고 따르며 자신의 생각을 전개했다.[26] 그는 헤겔의 체계를 통해 예술, 종교, 철학을

---

24) N. Thulstrup, op. cit., p. 81.
25) N. Thulstrup, op. cit., p. 84.
26) N. Thulstrup, op. cit., p. 226.

지성적으로 결합할 수 있다는 확신을 가졌다. 당시에 사상가들은 헤겔의 체계를 지지하든지 반대하든지 무한과 영원에 대한 관심을 갖고 있었다.

헤겔과 하이베어가 유한한 인간이 영원한 존재와 관계하는 길을 논리나 관념에서 찾았다면 키에르케고어는 신앙을 통해서만 가능하다고 믿었다. 이렇게 단지 논리나 관념이 아니라 인간실존에 관심을 가졌던 키에르케고어가 인간학 혹은 인간본성에 대한 관심을 갖는 것은 자연스럽다. 그의 독일관념론 비판은 하느님과 관계에서 자신의 인간이해가 논리와 사변을 넘어섰고 깊어졌기 때문이다. 그는 이런 의식(意識)에서 자신에게 주어진 사명과 이를 수행할 수 있는 현실을 의식했다.

키에르케고어에게 선택은 스스로 올바른 것을 취함이 아니라 하느님과 관계하는 열정과 진지함을 동반한다.[27] 하느님은 세상을 창조했고 지금도 창조하는 분이라면 우리의 실존과 선택에도 당연히 관여한다. 하느님은 무한히 주체적 존재이기에 절망은 이런 주체적 존재에 주체적으로 관계하지 못하는 인간의 부정적 모습이고 신앙은 긍정적 창조의 태도다.[28]

## 5. 영원을 사모하는 영(靈)적 존재

키에르케고어에게 인간은 철학적 체계를 통해서가 아니라 하느님과 관계하는 영(靈)적 존재로서 자신에게 주어진 삶의 과제를 수행할 때에만 윤리적 생활을 할 수 있다. 그는 『죽음에 이르는 병』에서 실존적 죽

---

27) Kierkegaard, (tr.) D. Swenson & W. Lowrie, *Concluding Unscientific Postscript*, Princeton University Press, 1941, p. 171.

28) Kierkegaard, (trans.) D. Swenson, *Either/Or, II*, Princeton University Press, 1971, p. 178.

음인 절망의 극복을 통해 자기인식을 추구한다. 그는 하느님 앞에 정직해지고 신적 선물로서 용서에 대한 확신 속에서 자기를 찾는 '말로 표현할 수 없는 기쁨'을 1838년 5월 19일 체험했다고 한다.[29] 그는 영원하신 하느님의 무조건적 용서와 수용(受容)을 확신하게 되었다.

실존심리학의 선구자로서 키에르케고어에서 분노의 승화된 표현은 하느님의 용서에 대한 확신에서만 오는 축복의 길이다. 분노는 인간에게 정상적 감정이고 삶의 한 부분으로서 자기 자신을 표현하는 방법이다. 승화된 표현으로 분노는 자신의 감정을 폭발시키는 것이 아니라 문제를 해결할 수 있게 다른 사람이 이해할 수 있는 방법으로 표현한다.[30]

키에르케고어가 하느님 관계에서 자신을 찾았다면 사람의 분노는 종국적으로 하느님에 대한 분노가 된다. 인간은 터무니없이 부족한 자신과 현실을 바라보면서 분노하게 된다. 이런 현실의 궁극적 제공자가 하느님이라고 간주하면서 하느님에 대한 기대와 함께 분노하게 된다. 이렇게 분노는 상호간의 관계에서만 즉 하느님에 대한 신뢰의 표현으로서 가능하다. 키에르케고어에서 특정의 대상에 의존하는 심리학적 분노와 달리 실존적 분노는 인간이 전적으로 다른 하느님을 오성(悟性)으로 이해하려는 시도에서 나타나는 불행한 현상이다.[31]

하느님과 인간의 관계인 역설(逆說)적 믿음은 오성에게 불합리한 것인데도 불구하고 오성적으로 이해하려면 분노하게 된다. 그러므로 실존심리학적으로 분노는 오성이 파악할 수 없는 것을 시도한다는 간접적 승인이 된다. 오성이 파악할 수 없지만 역설을 통해 하느님과 만나는 행복한 순간이 키에르케고어에서 바로 신앙이 된다.

---

29) Kierkegaard, Pap. II A 228.

30) Ronald T. & Patricia S. Potter-Efron, *Letting Go of Anger*, New Harbinger Publications. 2006, p. 184.

31) 표재명, 『사랑과 영혼의 철학자 키에르케고어를 만나다』, 서울: 도서출판 치우, 2012, 193쪽.

키에르케고어는 하느님과 종교 윤리적 차원에서 자기 자신에 대해 정직해지는 체험을 통해 다른 사람을 이해하고자 했다.[32] 우리는 키에르케고어의 익명(匿名)의 저술들을 통해 자기 자신이 겪는 일은 타인에게도 나타난다는 소위 간접전달의 의도를 감지하게 된다. 그에게서 사람은 자존(自存)적 혹은 자기 환상(幻想)적으로 되려고 하지 않고 하느님과 관계에서 영원한 행복을 얻고자 하는 존재가 되려고 할 때에만 자신을 알 수 있다. 하느님을 떠나 자신을 찾고자 하는 시도 그 자체가 이미 환상이다.

키에르케고어에서 인간은 하느님과 관계를 단절시키거나 자신에게 주어진 소명(召命)을 수행하지 못할 때 실존적 죽음으로서 절망을 겪게 된다. 하느님과 관계는 단지 일회적 행동을 통해 성취되지 않고 끊임없는 '반복'이다.[33] 그렇다면 『두려움과 떨림』에서 보듯이 '윤리적인 것의 목적론적 정지'도 아브라함의 단회(單會)적 사건이 아니라 우리 각자에게 일생동안 반복적으로 주어지는 믿음의 책임이 된다.

## 6. 영원한 행복추구와 도덕교육

헤겔 철학에서 사변적 종교철학은 세계역사의 발전을 위해 개인은 소멸될 수도 있지만 키에르케고어에서 개인은 자신의 삶에서 책임적 존재가 된다. 『후서』에서 삶의 세 영역이 '미적', '윤리적', '종교적'으로 구분되며 미적 영역과 윤리적 영역 사이에서 '아이러니'를 윤리적 영역과 종교적 영역 사이에서 '유머'를 드러난다.[34] 삶에서 겪는 일들을 유머로

32) Kierkegaard, (trans.) H. & E. Hong, *Philosophical Fragments*, Princeton University Press, 1985.

33) 쇠얀 키에르케고어 지음, 임춘갑 옮김, 『반복/현대의 비판』, 도서출판 치우, 2011.

써 대한다는 것은 비록 우리가 그렇게 살지 못한다고 하더라도 인간은 종국적으로 하느님과 관계하는 내면의 존재라는 의미가 된다. 여기서 '내면'은 바깥 상황에 전혀 개의치 않겠다는 의미가 아니라 그리스도와 개인적 관계가 종교적 영역에서 우선 세워져야 도덕적 존재로서 외부적 상황도 개선할 수 있다는 뜻이다.

슈페만은 『행복과 호의』에서 행복을 삶의 성취와 연관하여 해석한다. 인간의 행동은 1) 주관적 측면에서 2) 객관적 측면에서 3) 주관적이며 객관적 측면에서 '삶의 성취'로서 고찰되어야 한다.[35] 슈페만에서 인간본성에 걸맞은 도덕적 행위는 자기 자신뿐만 아니라 인류전체에 대한 기여를 의미한다. 도덕적 행위는 인간의 전체적 삶과 연관되어 있기에 행복과 도덕적 행위는 긴밀히 연관된다. 그렇다면 '인간은 누구나 행복하게 살기 원하는데 결과적으로 행복하지 못한 비도덕적 행위를 왜 하는가?'라는 질문이 제기된다. 이는 인간본성에 상응하는 행복을 추구하지 않고 비본질적인 것을 행복이라고 잘못 생각하고 추구한 결과라고 할 수 있다.

아리스토텔레스에서 행복은 자신의 주관적 측면만 아니라 타인에게 기여할 때 성취된다. 행복을 성취하려는 행위는 주관적으로 개인적 생활과 객관적으로 인류 전체를 고려하지만 단지 특정의 목적을 추구하는 기술(技術)적 행위는 행복과 분리되어 수행될 수 있다. 삶 전체의 성취를 가져오는 효과가 현실적으로 나타날 때에 비로소 도덕적 행위가 된다.

키에르케고어는 주체적 신앙으로 살아가는 기독교신앙을 직접적 감각적 만족을 추구하는 생활로부터 구분한다.[36] 그는 『불안의 개념』에

---

34) Kierkegaard, (trans.) D Swenson, *Concluding Unscientific Postscript*, 1944, p. 448.

35) Spaemann, *Glück und Wohlwollen*, 1989, S. 19.

36) Swenson, op. cit., 1941, p. 259.

서 영원한 행복의 단초인 '영원에 대한 기대'를 서술하며 '참된 예술은 영원한 생명의 기대'(true art is an anticipation of eternal life)라고 한다.[37] 키에르케고어의 스승 묄러(Møller)에 의하면 예술은 축복된 생활에 대한 기대(true art is an anticipation of the blessed life)다.[38]

인간실존에서 보면 영원한 존재에 대해 믿음의 관계를 가지고자 할 때 이 세상의 것들 즉 경제적 관심, 사회적 인정, 감각적 향락 등을 포기하거나 상대적으로 대하게 된다. 하느님과 인간의 관계는 사변적 관념론에서 보듯이 논리적 필연성이 아니라 신앙의 모험이 진지하게 '반복되는' 과정이다. 인간 삶의 궁극적 의미에 대한 의심은 논리적 추론을 통해서가 아니라 신앙의 모험을 통해 극복된다. 인본주의적 윤리가 인간자신에 대한 낙관적 견해를 갖지만 그리스도교의 윤리는 하느님을 신앙하지 않고 살아가려는 원죄(原罪)를 전제한다. 그리스도교에서 죄(罪)는 특정의 잘못이 아니라 하느님을 신앙하지 않음이다.

『후서』에서는 기독교에 대한 객관적 진리 여부(與否)의 논의 보다는 삶의 근원적 자아의 주체적 관심과 행위가 문제시되기에 누구도 기독교에 대한 객관적 진리를 온전히 체계화할 수 없다. 그리스도교의 진리는 각 개인이 객관적 진리를 깊이 숙고함으로써가 아니라 실제로 그런 삶을 삶으로써 즉 열정을 갖고 신앙의 비약을 함으로써 도덕적 의사소통할 수 있게 된다. 여기에서 열정은 자신의 '영원한 행복'에 대한 관심이다.

키에르케고어에서 감각적 향락을 찾는 낭만주의자나 사변적 사상가는 하느님 관계의 단절과 회복으로서 원죄(原罪)와 신앙을 알지 못한

37) Kierkegaard, (trans.) R. Thomte, *the Concept of Anxiety*, Princeton University Press, 1980, p. 153

38) Kierkegaard, ibid., p. 253. p. 241, footnote, 42. Poul M. Møller, Efterladte Skrifter, 1 ed. II, p. 217.

다. 그들은 역설(逆說)적 신앙의 진리를 받아들일 수 없고 삶에서 윤리적 의미를 찾지 못한다. 인본주의적 윤리학은 죄에 대한 의식만 할뿐 해결은 못한다.

키에르케고어에게 영원한 행복의 성취는 영원한 존재로서 역설적으로 유한한 시공간에 온 예수 그리스도에 대한 신앙을 통해 가능하다. 이런 신앙은 자존(自存)적 이성(理性)이나 윤리를 통해 가능하지 않지만 도덕적 생활과 보편적 이성(理性)으로 결국 검증된다. 만약 신앙이 도덕적 생활을 드러내지 못한다면 자의(恣意)적 행동이나 광신(狂信) 등 잘못된 신앙이다. 그리스도에 대한 신앙은 자기 본위(本位)적 생활에서 나타난 죄의 전(全)적 용서와 불가분리적이다.

그리스도와 신앙의 비약을 통해 변증법적으로 영원한 행복을 추구하는 자는 심미적 영역의 생활인 개인적 욕망과 감정관계에서 벗어나게 된다. 크리스텐슨(Christensen) 등은 『후서』의 내용적 주제는 '어떻게 크리스천이 될 수 있는가?'라고 한다.[39] 키에르케고어에게 진리를 변증하는 삶에 동반되는 고난은 궁극적 물음을 해결하는 데에서 자기 이성(理性)의 포기를 뜻한다. 그런데 그의 삶에서 볼 때 그리스도와 신앙의 관계는 윤리적·이성적 삶으로 결국 검증된다. 이렇게 자기를 찾는 과정의 객관적 검증이 도덕적 생활이기에 키에르케고어의 삶과 사상에서 도덕교육적 이해를 볼 수 있다.

## 7. 무한히 주체적인 하느님의 전달

프로타고라스(Protagoras)의 '인간은 만물의 척도다'(homo-mensura)

39) Niels Thulstrup (trans.) Robert J. Widenmann, *Commentary on Kierkegaard's Concluding Unscientific Postscript*, Princeton University Press, 1984, p. 125.

에서 볼 수 있듯이 인간은 그리스도와 관계하지 않으면 자기 자신을 스스로 주체화하게 되며 인식에서 상대주의적 입장을 갖는다. 키에르케고어에서는 지식의 집적(集積)이 아니라 인간이 주체적으로 내면화하는 과정으로서 종교 윤리적 삶이 진리에로 이르는 길이다. 하느님은 무한히 주체적(infinitively subjective) 존재이기에 하느님에 대한 인간의 실존적 인식은 이 방법을 따라 주체적이어야 한다.[40] 이런 방법에서 개인은 주체적 정열을 갖게 되지만 주체와 객체의 완전한 일치는 있을 수 없다.

그리스도교에서 영원한 진리로 고백하는 그리스도가 시간과 공간의 제한 즉 세상에 오심(incarnation)은 유대인에게는 '거리끼고' 희랍인에게는 '어리석게' 보인다. 그리스도와 관계는 객관적 지식으로는 파악되지 않고 주체적 정열의 신앙으로써 변증된다. 역설적 신앙으로 살아가는 개인은 이 땅에서 겪는 시련을 영적 투쟁으로 간주하기에 그리스도와 관계에서 승화된 평안 속에서 견디어낼 수 있다. 이런 영적 신앙의 투쟁은 어머니가 아이의 독립을 위해 젖을 떼는 것같이 단지 개념이나 숙고가 아니라 실존적으로 스스로 내면화(內面化)하면서 해결해야 한다.[41]

고난의 실존은 하느님과 영원한 관계 즉 무한한 초월을 무조건적으로 우선시하며 자신에게 안전해 보이는 욕망의 대상을 포기하기도 한다. 이렇게 주체적 열정의 신앙으로 윤리적인 것이 목적론적으로 정지될 때 인간은 오히려 역설적으로 윤리적 삶으로 실존하게 된다. 키에르케고어에서 기독교에 대한 학문적 이해는 가능하겠지만 기독인(基督人)을 이

40) Kierkegaard, (trans.) David F. Swenson and Walter Lowrie, *Concluding Unscientific Postscript*, Princeton University Press, 1941, p. 178.

41) Kierkegaard, (trans.) W. Lowrie, *Fear and Trembling*, Princeton University Press, 1970, p. 28.

해하는 길은 자신이 실제로 그러한 생활을 함으로써만 가능하다.

영원한 존재가 유한한 시공간의 세계에 왔다는 절대적 모순의 진리는 개인이 자신의 실존에서 절대적 모순의 생활을 함으로써만 전달될 수 있다. 시공간적으로 유한하게 살아가는 인간이 영원한 하느님과 관계하며 영원한 행복을 바라보는 것은 역설적 신비(神秘)이기에 사변(思辨)만으로는 전달될 수 없다. 내면적 진리는 각자가 그에 상응하는 실존에 다다랐을 때에만 전달된다. 현대인은 과도한 지식과 정보의 습득에만 집착하기에 영원한 진리와 관계할 수 있는 내면적 정열의 신앙을 오히려 상실해간다.

## 8. 변증법적 인간실존

영원한 행복은 내면의 관계이면서 시간 속에서 실존적 선택을 해야 하는 변증법적 성격을 갖는다. 인간은 자신의 실존에서 끊임없이 선택을 요구받기 때문에 영원한 행복은 변증법적으로 성취될 수 있다. 영원한 행복에 대한 종교적 열정은 하느님을 단지 찬양하는 것이 아니라 이런 행복을 받아들여서 윤리적 변화를 가져오게 된다.

개인이 외부의 대상에 매달리게 되면 미적 열정이 되지만 자신을 구원하기 위해 외부적 대상을 포기하면 윤리적 열정이 된다. 그런데 영원한 행복을 추구하는 종교 윤리적 행위는 그 결과보다 종교적 시각에서 윤리적 행위의 선택 자체가 중요한 의미를 지닌다.[42] 무한과 유한의 결합으로 존재하는 개인에게 종교적 삶과 윤리적 선택은 더불어 가게 된다.[43]

---

42) 황종환, "키에르케고어(Kierkegaard)의 『사랑의 역사』의 종교 윤리적 함의", 고려대학교 철학연구소, 『철학연구』, 47집, 2013, 135쪽.

43) Kierkegaard, (trans.) D. Swenson, op. cit., p. 350.

영원한 행복을 삶의 최고의 목표로 삼으면 절대적 목적에는 절대적 헌신으로 관계하고 상대적인 것에는 상대적으로 관계하게 된다. 이 땅에서는 영원한 행복을 완전히 맛볼 수 없으니 영원한 행복을 추구하는 개인에게 이 땅에서 생활은 그리스도에 대한 연애의 기간이라고 할 수 있다. 인간이 이런 행복에 관계하는 자기 자신에 대한 존엄에 대한 의식(意識)이 없을 때 순간적 감각적 향락에 자신을 맡기게 된다. 하느님 앞에 홀로 서서 스스로에게 정직하게 영원한 행복을 추구할 수 있다는 점에서 인간은 진정으로 평등하다.

## 9. 신앙의 이중운동(double movement)

영원한 행복을 위해 절대적 목적에 대해 절대적으로 관계하는 실존적 결단은 일상적 생활에서는 도덕적으로 표현되는 이중운동(double movement)으로 나타난다. 이중운동을 하는 개인은 유한한 세상에서 살고 있지만 영원한 행복을 위한 절대적 목적을 불확실성에도 불구하고 추구하며 살게 된다. 사람은 영원한 것과 유한한 것을 동시(同時)에 선택할 수는 없다. 키에르케고어 당시나 우리 세대나 사람들은 외형적 인정(認定)에 매달려 실존의 내면화(the inwardness of existence, Existents-Inderlighed)를 등한시한다.

영원한 행복을 동경하는 중에 자신에 대한 존엄의식을 지닌 개인은 앞으로 나아가기 위해 과거를 돌아본다.[44] 성경의 바울은 영원한 행복

44) Kierkegaard, Journalen JJ:167 (1843), Søren Kierkegaards Skrifter, Søren Kierkegaard Research Center, Copenhagen, 1997, volume 18, p. 306. ("It is really true what philosophy tells us, that life must be understood backwards. But with this, one forgets the second proposition, that it must be lived forwards. A proposition which, the more it is subjected to careful thought, the more it ends up

을 바라보고 이 세상의 고난을 견디었다(고전 15:19, 고후 11:23). 이런 생활은 영지(靈智)주의(gnosticism)나 신플라톤주의 같이 이 세상에서 벗어나고자 하거나 헤겔과 같이 시민생활에서 자신의 정체성을 찾는 데서 나아가 실존이 심화(深化)되어 그리스도와 관계에서 영원한 행복을 추구한다.[45]

영원한 행복은 고난(苦難)과 불가분리 결합되어 있다. 재능이 뛰어난 사람이 있는가 하면 남다른 고난의 삶으로 다른 사람과 구분되는 사람이 있다. 인간은 영원한 행복에 대한 믿음에 의해 타인의 시선을 넘어서서 자기 자신의 내면과 관계하며 살아간다. 보편적 종교성에 근거하는 종교적 단계 A는 내면(內面)의 세계로 살아간다. 이런 내면은 지극한 영광된 분으로서 비천(卑賤)했던 그리스도와 신앙의 절대적 역설(逆說)관계를 갖지 못한다.[46] 영원한 행복을 추구하는 종교적 단계 B의 종교 윤리적 실존에서 고난은 삶의 표지가 되며 신앙의 확실성은 실존적 불확실성과 불가분리적 관계가 된다.[47]

영원한 행복을 추구하는 신앙의 생활은 윤리적으로 고양(高揚)된 영향을 사회에 드러내기에 주위에서 '거리낌과 질투'의 대상이 되는 영적 시련(spiritual trial)을 겪게 된다. 이런 시련의 생활은 하느님 앞에서 자기 자신이 아무 것도 아닌 것을 알아가는 '고난의 축복'을 경험한다. 이렇게 인간은 자신의 힘만으론 최선의 진력(盡力)을 다하여도 성취할

---

concluding precisely that life at any given moment cannot really ever be fully understood; exactly because there is no single moment where time stops completely in order for me to take position [to do this]: going backwards." Often shortened to "Life can only be understood backwards; but it must be lived forwards".

45) Kierkegaard, (trans.) N. Thulstrup, op. cit., p. 343.

46) 표재명, 『사랑과 영혼의 철학자 키에르케고어를 만나다』, 서울: 도서출판 치우, 2012, 135쪽.

47) Kierkegaard, (trans.) N. Thulstrup, op. cit., p. 348. 400. 402.

수 없는 존재다. 즉 하느님 앞에서 아무 것도 아니라는 의식(意識)을 종교적 의지를 갖고 지속적으로 견지할 때에만 한 개인은 영원한 행복의 신앙생활을 할 수 있게 된다.

종교 윤리적 실존은 감각적 직접성에서 벗어나는 고난을 통하여 하느님 앞에서 자신이 아무 것도 아님을 드러냄으로써 자신의 실존을 오히려 지키게 된다. 이렇게 하느님 앞에서 영원한 행복을 추구함으로써 종교 윤리적 실존은 구체적 행동의 변화를 추구한다. 키에르케고어에서 주체적 정열은 독단(獨斷)이 아니라 타인에게 오히려 기여하는 도덕적 생활로 객관화되어 나타난다.[48)]

개인이 영원한 행복에로 자신을 자기화(自己化)하지 않는 한 역사적 지식의 단순한 축적은 진리에로 끊임없이 접근할 수는 있지만 진리일 수는 없다. 윤리적 측면에서 볼 때 개인이 윤리적 생활을 위해 자존(自存)적으로 끊임없이 분투하지만 현실적으로 윤리적 생활을 할 수 없는 바와 같다. 그리스도가 이 땅에 오심은 역사적 사실이지만 이는 객관적으로 이성적으로 충분히 이해될 수 없고 신앙의 역설을 요구하는 사건이다.

## 10. 종국적 주관자로서 하느님

그리스도교에서 진리인 그리스도는 사람들로부터 이해받으려고 이 세상에 온 것이 아니고 영원한 분으로서 시공간 안에 온 역설(逆說,

48) Kierkegaard, (tr.) N. Thulstrup, op. cit., 1984, p. 263.
Kierkegaard, (tr.) N. Thulstrup, *Søren Kierkegaards Papirer*. Copenhagen: Gyldendal, 1968, Pap. X2 A299.
Kierkegaard, (ed. and trans.) H. and E. Hong, *Søren Kierkegaard's Journals and Papers*, Bloomington: Indiana University Press, 1967, JP IV 4450.

paradox)적 존재로서 따르는 이들로부터 증언(證言)을 듣고자 했다. 그리스도가 단지 지식이나 문화의 축적으로 더 잘 알려질 수 있는 분이라면 2000년 지난 지금은 훨씬 이해하기 쉬워졌을 것이다. 그리스도에 대한 지식의 축적이 아니라 개인이 실제로 신앙 안에서 영원한 행복을 성취함이 목적이다.

하느님과 관계하는 생활은 현실에서 주위 사람들을 '거리끼게' 하고 죄 속에 있는 인간을 고통스럽게 동정(同情)하는 주체적 정열이 그리스도를 신앙함에서 나타난다. 신앙의 역설은 개인의 주체적 결단이 되어야지 이를 그 누구도 직접적 방법으로 전달할 수 없다. 『후서』의 저작자 클리마쿠스(Climacus)도 자신의 책을 누가 읽더라도 실존적 결단을 직접적 방법으로 배울 수 없음을 암시한다.

인간의 감각적 확신이나 지식의 축적은 단지 가능성에 가까이 할뿐이기에 키에르케고어는 신앙의 확신을 신뢰할 수 있었다. 실존의 발전에서 감각적 영역과 윤리적 영역의 삶의 고뇌를 유머(humor)로써 극복해 보려는 시도는 인간자신의 능력이나 내면성의 신뢰다. 이런 시도는 그리스도에 대한 주체적 신앙과 근본적으로 다르다. 그리스도와 신앙의 관계에서는 『두려움과 떨림』에서 보듯이 윤리적인 것을 일정한 기간 의도적으로 무시하는 혹은 정지시키는 '윤리적인 것의 목적론적 정지'가 나타난다.

『불안의 개념』에서 타인의 동의를 얻고자 자신의 품격을 낮춤을 어리석은 것으로 본 키에르케고어에서 영원한 행복의 도덕적 객관화와 검증은 타자도 그런 실존의 영역에 이르렀을 때에만 가능하게 된다. 사람이 자기 자신을 의식(consciousness)한다는 것은 본성(本性)적으로 타자와 더불어 살아가며 알아간다는 뜻이고 키에르케고어에서 타자에 대한 의식은 하느님과 관계에서 근원한다. 키에르케고어 사상에 동의는 그를 따름이 아니라 영원한 행복을 추구하는 자기 자신을 찾아 도덕적 성품을 드러냄이 된다.

자유사상가 슈트라우스(D. Strauss)는 기독교를 단지 신화로 보지만 키에르케고어는 『후서』 끝 부분에서 세상을 주관하시는 하느님께 감사한다. 그리스도를 증언하는 삶에 고난이 따르지만 사람이 고난을 겪기 위해 이 땅에 오지 않았다. 그러므로 고통에서 벗어남이 삶의 목적은 아니다. 『후서』는 독자가 읽고 이해하고 생각하길 원해서 쓰이지 않고 진리를 주체적으로 받아들이길 원해서였을 것이다. 진리에 대해 주체적으로 실존한다는 시각에서 볼 때 그 누가 나의 삶을 대신 살고 개인적 물음에 대답할 것인가?

# Ⅶ. 실존적 삶과 도덕발달

## 1. 실존적 불안의 이중(二重)적 의미

키에르케고어의 『불안의 개념』에서 보듯이 우리는 낭떠러지를 보며 불안해진다. 떨어져 죽을 수도 있고 뛰어 넘을 수도 있는 현기증을 느낀다. 인간은 유한과 무한, 시간과 영원 사이의 종합으로서 불안 속에서 선택의 책임을 갖는다. 실존적 불안은 키에르케고어에 의하면 심리학적 상담이나 정신분석으로 환원될 수 없고 하느님과 관계에서 자신을 찾아가는 계기(契機)가 된다. 실존적 불안은 새로운 시각을 창조하면서 자신을 만들어 가는 근거가 된다. 우리는 영원한 행복과 순간적 쾌락 사이를 선택하는 불안의 경험 중에서도 자신의 삶에 대한 책임을 갖는다.

키에르케고어를 따르면 우리가 그리스도에 대한 신앙의 도약을 할 때 도덕행위에 대한 근거를 갖고 실제적 힘과 현실성을 얻게 된다. 『두려움과 떨림』에서 보듯이 하느님에 대한 절대적 목적은 보편적 · 윤리적 요구를 중지시킨다. 우리는 타인을 단지 언어적 지시가 아니라 간접전달이라는 도덕적 행위를 통하여 가르치게 된다. 우리는 영원한 행복을 위해 감각적 향락이나 자기충족(充足)의(self-sufficient) 도덕적 완벽주의를 포기한다.

키에르케고어의 『사랑의 역사』에서 도덕발달의 완성으로서 이웃에 대한 호의(好誼)적 사랑은 하느님의 사랑에서 연원한다.[1] 학교교육과 평생교육의 과제로서 도덕발달은 인간이 도덕적으로 행동할 수 있음을 암묵(暗默)적으로 전제한다. 이런 전제는 과연 타당하며 인간은 구체적 현실에서 도덕적으로 살아갈 수 있을까? 도덕행위에 대한 이론적 논의 이전에 인류역사의 어두운 현실을 볼 때 쉽게 수긍하기 어렵다.

실존철학과 실존심리학의 선구자 키에르케고어에서는 교육자 자신이 스스로 도덕적으로 살아야 타인에 대한 도덕교육이 가능하다. 도덕적 행위는 새로운 도덕이론의 창출 이전에 인간의 본성(本性)에 대한 정직한 이해를 요구한다. 아리스토텔레스는 도덕적 행위를 가능하게 하는 인간의 덕(德)은 반복과 훈련을 통해 몸에 배게 된다고 한다. 그런데 키에르케고어는 아리스토텔레스를 비판적으로 수용하면서 도덕적 행위의 근거를 인간의 본성과 관련하여 탐구한다. 키에르케고어는 인간본성과 불안에 대한 실존분석을 통해 도덕발달의 가능성을 찾는다.

키에르케고어는 인간의 현실적 조건을 '실존적 불안'으로 이해하며 이런 불안의 극복을 자기 자신을 찾아가는 과정으로 본다. 그에게서 자기 자신을 찾아가는 과정 즉 자기화의 객관적 표현이 도덕적 행위가 된다. 도덕적으로 발달된 고상한 성품은 보편적으로 직관적 매력을 갖게 된다. 이렇게 키에르케고어에서 인간 본성과 도덕적 행위의 이해는 불가분리의 관계에 있다.

---

1) 쇠얀 키에르케고어 지음, 임춘갑 옮김, 『사랑의 역사』, 도서출판 치우, 2011.

## 2. 키에르케고의 실존적 변형(變形)

키에르케고어에서 자신의 삶과 사상은 긴밀히 연관된다. 그가 겪은 개인적 사건과 갈등은 분리되지 않고 자기 자신을 찾아가는 과정이었다. 무어(C. Moore)는 키에르케고어의 생애에서 심각한 위기를 가져온 사건들을 지적한다.[2) ] 그는 아버지 미하엘이 57세에 하녀였던 45세인 어머니 사이에 태어났다. 아버지는 경건주의적 분위기에서 쇠얀(키에르케고어)을 키웠지만 아버지에게는 깊은 우울(憂鬱)이 늘 있었다. 아버지의 정신적, 영적(靈的) 명민(明敏)함이 자신의 깊은 우울을 오히려 스스로 잘 숨길 수 있었다. 형제와 두 누나, 어머니가 계속 세상을 떠났다. 이런 분위기에서 키에르케고어는 타고 난 우수(憂愁)와 함께 깊이 생각하는 기질을 갖게 된다.

키에르케고어는 아버지의 경건과 내적 불안정 사이에 이상한 불일치가 있음을 감지(感知)했다. 하느님의 성품인 경건 속에서 살아가는 사람이 영원한 사랑의 하느님으로부터 왜 평화를 누리지 못할까? 미하엘이 하느님을 저주했었고 또한 비정상적 방법으로 쇠얀을 낳은 것은 자신에게 충격이 되어 아버지 미하엘을 멀리하게 했고 1813년 미하엘의 별세 얼마 전 화해했다. 키에르케고어에게는 소위 대지진과 같은 사건이고 자신의 삶을 낭비하며 신학공부를 멀리한 시절이기도 했다.[3)]

키에르케고어에게 다른 큰 사건은 레기네 올센(Regine Olsen)과 파혼이다. 키에르케고어는 자신의 우수(憂愁)를 극복하기 어려울 것으로 알고 약혼의 잘못을 자각했다. 코르사르(Corsair)사건도 그에게 큰 사건이다. 발행인 골드슈미트(Goldschmidt)는 키에르케고어의 외모를

---

2) Charles E. Moore(ed.), *Provocations, Spiritual Writings of Kierkegaard*, Orbis, 2002, xiv.

3) Charles E. Moore(ed.), *Provocations*, xv.

과장해서 풍자하는 등 그는 사람들에게 조롱의 대상이 되고 큰 상처를 받았다. 그는 주체성 없이 타인을 따르는 대중과 맞서 하느님 앞에 홀로 서는 것으로서 그리스도의 진리를 받아들였다.

현실적 삶에서 진리를 따르지 않던 당시 덴마크 국교회의 주교 뮌스터(Mynster)의 후계자 마르텐손(Martenson)이 뮌스터를 사도들 이후 지속되어온 진리의 증인이라고 하였다. 증인은 진리를 위해 고난당하는 사람이라고 확신한 키에르케고어는 뮌스터는 세상의 지혜와 즐거움을 추구한 사람이라고 하면서 다시 격분하게 되었다. 키에르케고어의 눈에 당시 덴마크교회는 신앙을 상실함으로써 점점 약해져갔다.

## 3. 진리의 변증(辨證)

키에르케고어에서 진리는 실제적 생활을 통해 변증되어야 한다. 단지 사유의 이념에만 머무르고 삶의 변증이 없는 철학자도 새로운 대상을 끊임없이 찾아 감각적 향락을 누리려는 사람과 실존적으로 차이가 없다. 키에르케고어에게 헤겔은 전형적으로 사변적 사상가였다. 키에르케고어는 사고(思考)를 실존으로 착각하는 주지(主知)주의자들을 비판한다.

키에르케고어에서 실존적 사상가는 기독교를 단지 신학이 아니라 그리스도와 인격적 관계 즉 결단과 열정, 자기화, 내적 혹은 실존적 변형으로 받아들이는 사람이다. 보편적 규범인 윤리 보다 더 높은 그리스도와 관계에서 실존적 삶을 찾고자 한다. 『두려움과 떨림』에서 보듯이 도덕적 규범 보다 하느님을 순종한 아브라함이 전형적으로 그런 사람이다.[4] 도덕적 규범의 준행 그 자체가 신앙의 비약으로만 가능한 그리스

4) 황종환, 「윤리적인 것의 목적론적 정지의 도덕교육적 함의 - 환경의식을 중심으로」, 『도덕윤리과교육』, 한국 도덕윤리과 교육학회, 28호, 2008, 125쪽 이하.

도와 신앙의 관계에 근거한다.

그리스도와 관계에서 실존이 고양(高揚)되고 완성된다는 시각에서 인간은 누구도 자기충족(自己充足)의 존재일 수 없다. 인간은 자신의 실존을 스스로 변형시킬 수 없고 그리스도를 신앙함으로써 가능해진다. 이런 삶은 하느님이 자신을 변형시키기를 바라며 세상에 대해 죽는 무한한 자기 체념의 고난을 요구한다. 신앙의 사람은 현실적으로 자기 확신이 아니라 영원한 사랑에 대한 확신 속에서 회한(悔恨)과 용서의 하느님을 만나게 된다.

키에르케고어에서 심리학은 단지 인간 내면에 대한 객관적 탐구가 아니라 하느님과 관계에서 요구되는 '진리는 주체성'이라는 개인의 실존적 신앙과 참여로 이해된다. 그에게서 심리학은 한 마디로 자기분석이다. 그는 신앙 안에서 자기분석과 자기인식을 통해 인간을 이해하고자 했다. 인간의 적극적 자세를 강조하는 소위 긍정심리학(positive psychology)과는 구분된다. 인간이 하느님과 역설적 신앙으로 관계할 때 단지 독단이 아니라 내면의 평화와 기쁨이 도덕성으로 입증된다.

키에르케고어에서 실존적 참여로서 인식과 관찰은 개인의 덕(德)을 고양시키고 심화시키는 열매를 맺게 한다. 이런 시각에서 그리스교적 인식과 과학의 객관적 관찰은 더불어 갈 수 있다. 관찰은 그저 수동적 수용이 아니라 관찰자가 참여하는 창조적 과정이다. 그를 따르면 실존적 참여(existential engagement)를 통해서만 인식이 가능하다. 실존적 참여는 키에르케고어가 심리학, 철학, 신학 등 제반 학문을 이해하는 핵심이며 도덕발달 즉 인격의 고양을 가능하게 한다. 인식은 인격의 성숙과 긴밀히 연관된다는 점에서 자기 자신에 대한 인식과 세계에 대한 인식은 밀접하게 관계된다. 인간은 자기인식을 통해서만 주변 세계를 알아가게 된다.

## 4. 내성(內省)의 극복으로서 무의식과 신앙

내성(內省, introspection)에 의한 자기인식의 추구는 무의식에 대한 발견과 연구가 진척됨에 따라 비판된다. 키에르케고어의 자기분석은 단지 내면(內面)적 분석이 아니라 하느님에 대한 주체적 정열과 역설적 신앙을 통한 인식과정이다. 이렇게 그에게 감정과 행위 사이의 관계는 인격적이기에 개인의 의지적 자기개방을 통해서 자신이 타인에게 알려진다. 하느님과 인간의 인격적 관계가 독단이 아님은 그런 체험이 결국 도덕적 생활을 통하여 보편적 호소력을 갖기 때문이다.

인간이 하느님에 대한 주체적 신앙을 갖지 않는다면 예술가에게 고유성이 없으면 더 이상 예술가가 아니듯이 자신을 알 수 없게 된다. 그러므로 키에르케고어에서 하느님관계에서 근원하는 윤리적 행위는 과학적 인식 등 학문적 행위에도 적용될 수 있다. 키에르케고어가 당시 과학을 비판한 까닭은 객관적 사유를 낮게 평가해서가 아니라 인간영혼도 계량화(計量化)하려는 시도를 감지(感知)했기 때문이다. 그에게서 이웃을 비롯한 환경에 대한 관계는 주변에 대한 단순한 관찰이 아니라 '어떻게 보느냐?', 즉 자기이해에서 출발한다.

키에르케고어에서 인간의 주위환경에 대한 이해는 개인의 자기화 과정 즉 하느님과 인간의 영적(靈的, spiritual) 관계와 긴밀히 연관된다. 인간은 타자 등 주위와 객관적으로 관계하기 이전에 자기 자신과 주체적으로 관계하게 된다. 이런 점에서 우리는 자신의 주관이 관여하는 개인적 입장에서 완전히 자유롭게 중립적일 수는 없다. 키에르케고어에서 영원한 존재와 관계하는 자기화가 아니라 홀로만 있으려는 자기침잠(沈潛)은 인간관계를 가능하게 하는 간접전달을 못하게 한다.

키에르케고어에서 이성(理性)과 윤리가 정지되는 주체적 정열의 신앙이 드러날 때 인간은 자신을 표현하게 되고 의사소통이 가능하게 된다.[5] 독단이 아닌 신앙은 이성과 윤리를 통해 결국 객관적으로 검증된다. 키에르케고어 자신의 삶에서 그의 실존이 삼 단계 즉 미적 단계, 윤리적 단계, 종교 윤리적 단계로 변형됨을 본다. 그는 종교 윤리적 단계를 인간실존의 최고영역으로 보여준다. 하느님을 그리스도 안에서 신앙하는 종교 윤리적 단계는 심리학적 동기(動機)와 객관화 검증을 가능하게 한다.

## 5. 인간이해의 단서(端緖)로서 실존심리

키에르케고어에게 불안은 인간실존에 내재된 현상이다. 그에게 불안은 특정의 대상과 관련되는 공포(恐怖)와 달리 인간의 내면에 깃들어 있는 실존적 현상이다. 불안을 설사 학문적으로 설명하더라도 인간의 실존적 불안이 해결될 수는 없다. 아니 실존적 불안의 해결이 바람직하지 않다. 키에르케고어에서 미적, 윤리적, 종교적 단계에서 실존적 현상으로서 불안은 오히려 자기 자신을 찾아가는 계기가 된다. 이렇게 실존적 불안은 인간생활의 부정적 측면만 있지 않고 자기 자신을 찾아가는 과정 즉 자기화를 가능하게 한다.

키에르케고어에 의하면 인간에게 불안은 단지 심리학적으로 설명되지 않지만 인간에 대한 심리학적 이해는 의미를 갖는다. 키에르케고어 자신이 조울증(躁鬱症), 분열기질(分裂氣質, schizothymia)을 겪었다는 심리학적, 정신의학적 연구가 있는데 그는 인간에 대한 실존심리학적 분석을 추구했다.[6] 그는 심리학적으로 병적(病的) 상태에 있으면서

5) Kierkegaard, *Stages on Life's Way*, Princeton University Press, 1945, p. 184.
6) John Björkhem, *Søren Kierkegaard in psychologisk belysning* [Søren Kierkegaard in the Light of Psychology], Uppsala: Nyblom, 1942.

개인과 사회에 대하여 개념적 이해를 넘어서는 실존심리학적 공헌을 했다.7) 심리학은 인간 내면에 대한 이해라고 할 때 그는 심리학적 연구의 한계를 넘어 인간본성을 실존적으로 알아갔다.

『불안의 개념』과 『죽음에 이르는 병』은 인간의 본성에 대한 심리학적 이해와 한계를 분명히 지적하고 있다. 키에르케고어에서 불안은 특정 대상과 관계된 증상 즉 불안신경증과 같은 심리(학)적 상태가 아니라 인간실존에 깃들여져 있는 실존적 현상이다. 그는 인간의 삶을 관념이나 학문적 차원이 아니라 실제적 현실에서 보고자 했다. 도덕적으로 고양(高揚)된 윤리적 삶은 '진리는 주체성'이라는 종교 윤리적 해석을 통해 가능해진다. 키에르케고어에서 윤리적인 것과 종교적인 것은 서로 변증법적으로 드러난다.

키에르케고어에서 직관적 매력을 느끼게 하는 도덕적 성품은 영원한 존재인 하느님과 거룩한 관계의 표현이다. 그는 인간을 신앙의 역설(逆說)을 통해 하느님과 관계하며 실존적 불안을 극복하는 존재로 본다. 단순히 이론이 아니라 구체적 삶을 통해 자신을 전달하고자 하는 그의 의도를 그 자신의 실제적 삶을 통에서 볼 수 있다. 그에 의하면 인간영혼은 유한과 무한의 결합으로서 영원한 존재를 사모하는 마음을 갖고 있다. 키에르케고어에서 실존적 미학은 자기 독립적 혹은 자기 충족(充足)적 낭만주의자들과 달리 영원한 존재와 사귀며 성숙해 가는 과정이다. 즉 즉각적 감각적 만족의 추구와 영원한 존재에 대한 주체적 신앙 사이의

---

Kresten Nordentoft, (trans.) Bruce H. Kirmmse, *Kierkegaard's Psychology*, Wipf & Stock, Eugene, Oregon, Duquesne University Press, 1978, p. 387. 재인용.

7) 키에르케고어가 인간의 본질을 '심리학적으로' 추구한 바, 소위 실존심리학의 대한 이해로서는 Rollo May, *The Meaning of Anxiety*, New York, Ronald, 1950. R. May, E. Angel, H. F. Ellenberger, (eds.), Existence : *A New Dimension in Psychiatry and Psychology*, New York: Basic Books, 1958.

실존적 선택이다. 그에게서 그리스도의 성육신(成肉身, incarnation)에 대한 신앙은 실존적 미학의 완성이다.

키에르케고어에 의하면 자존(自存)적 낭만주의는 스스로 영원한 세계를 꿈꾸는 중에 자기 자신을 소진(消盡)하게 된다. 이런 낭만주의는 순간적 만족의 끊임없는 수집(收集)일 뿐이다. 아리스토텔레스가 시학(詩學)에서 주장하듯이 시는 현실의 세계를 말하지 않고 있을 수 있는 가능의 세계를 그린다.[8] 키에르케고어는 시(詩)적 삶을 구체적으로 가능하게 하는 현실에 관심을 가졌다. 그에게서 시적(詩的) 생활과 미적(美的) 생활은 종교 윤리적 삶에서 가능하다.[9]

키에르케고어에서 참된 현실은 끊임없이 형성되는 과정 중에 있다. 이런 과정은 그리스도신앙에 근거한 인간존엄성에서 연원하는 예술적 진지함을 통해 드러나기도 한다. 하느님과 관계하는 절대적 목적을 전제하는 실존적 미학은 낭만주의와 달리 자신의 존엄을 고양(高揚)시켜 자기 자신을 내면화(內面化)시킨다.[10] 그리스도신앙의 시각에서 볼 때 인간은 낭만주의자들과 달리 완전히 자유스러운 존재가 아니라 하느님의 동반자다.[11] 이렇게 인간은 자기 충족적으로 창조되지 않았고 자신에게 주어진 본성을 구현(具現)하게 된다.

칸트는 인간의 선의지(善意志)를 신뢰하며 인간의지에 근거하는 도덕생활을 추구한다. 키에르케고어는 하느님에 대한 신앙을 통해 인간의

---

8) Sylvia Walsh, *Living Poetically, Kierkegaard's Existential Aesthetics*, The Pennsylvania State University Press, 1994, p. 47. Aristoteles, *Poetics*, Chap. 9, 1451a, pp. 36-38.

9) S. Walsh, *Living Poetically, Kierkegaard's Existential Aesthetics*, 1994, p. 53.

10) 김현, 「헤겔의 낭만주의 비판」, 『철학논총』 제5집, 2008. 제1권, 89쪽 이하.

11) 황종환, 「키르케고어와 카시러의 종교성 비교연구」, 『철학논총』 제51집, 2008, 제1권.

실존적 불안(不安)을 극복하고 객관적으로 검증하는 윤리적 생활을 하려고 한다. 자기의 본성을 찾지 않고 감각적 향락을 추구하는 생활은 그 만족을 외부에서 추구하기에 자기 자신으로부터 소외(疎外)된다. 키에르케고어에서 인간은 타자와 관계하기 이전에 실존적으로 불안(不安)의 존재다. 그는 하느님의 용서에 대한 확신에서 자신의 실존적 불안이 극복되고 영원한 축복을 기대하며 하느님을 노래하는 삶을 살게 되었다.

키에르케고어에 의하면 인간의 실존에서 한 개인은 본질적으로 온 인류에 관여하기에 한 개인의 삶이 온 인류를 결정하게 된다. 불안은 보편적 사유를 추구하는 정신(mind)과 몸(body)이 영원한 존재를 사모하는 영(靈, spirit)의 활동의 있게 되자 나타난다. 영원한 존재와 관계하기를 원하는 영(靈)적 존재로서 인간의 영혼은 정신과 육체의 관계를 가능하게 한다.

불안이라는 실존적 현상은 감각적 향락을 추구하는 미적 단계에서뿐만 아니라 실존의 최고단계라는 종교 윤리적 실존에서도 드러난다. 직접적 감각적 단계의 생활은 타자를 감각적 향락의 대상으로만 간주하기 때문에 실존에서 수동적 관계를 갖게 한다. 실존적 불안은 반드시 일탈(逸脫)적 행위의 결과만은 아니지만 인간의 죄(罪)는 불안이라는 실존적 현상으로 드러난다.

현대의 정신신체의학(psychosomatics)이 밝히듯이 육체의 질병은 정신적 갈등과 밀접히 연결되어 있다. 인간을 전 인격적으로 이해한다면 한 개인이 자기 자신을 찾아가는 과정에서 갈등하는 증상은 정신과 몸을 통해 나타난다. 직접적 감각적 생활은 타자를 향락의 대상으로만 여기기에 구체적 생활에서 수동적 태도를 갖게 한다. 인간이 자기 자신을 찾아가는 과정이 제대로 정립되지 못하면 과민한 감수성과 분노, 우울 등 부정적 증상이 정신과 몸을 통해 드러난다.

키에르케고어는 죄의 용서와 회심(悔心)의 체험 이후 '들의 백합 공중의 새'를 보고 노래하게 되었다. 몸은 정신이, 근원적으로는 정신과 몸의 관계를 가능하게 하는 영혼이 표현되는 기관이다. 이렇게 인간을 전 인격적으로 이해한다면 한 개인이 자기 자신을 찾아가는 과정은 정신과 몸을 통해 드러나게 된다. 물론 키에르케고어에서 자신을 찾아가는 방법은 영원한 존재를 사모하는 과정을 통해서이다.

## 6. 희랍철학의 정신과 그리스도신앙의 영혼

고대 그리스사상에서 육욕(肉慾, flesh)적인 것은 정신적인 것과 조화를 구하며 추구되었다. 육욕은 단지 한 개인의 욕망이 아니라 인간에게 보편적으로 주어진 욕망의 원리였다. 이런 욕망의 일방적 추구는 각 개인의 실존적 책임인 자기화를 이룩하지 못하고 자기 소멸(消滅) 된다. 그런데 개인이 세상에서 자신의 소명과 책임을 실행하려고 하지 않고 영적(靈的) 영향력을 정신과 신체로부터 분리하여 살아가고자 할 때 세상에서 자신을 분리하게 된다. 이렇게 되면 세상은 늘 갈등의 힘이 작용하는 곳이 되고 영적 영향력이 행사되는 영역이 줄어들게 된다.

인간의 영혼은 정신 및 육체와 함께 할 때에만 온전한 역할을 하게 된다. 키에르케고어에게 자기 자신에 대한 주체적 이해 즉 자기가 자신을 자신에게 관계시키는 일은 인류전체를 이해하는 길이다.[12] 키에르케고어에 의하면 개인이 하느님과 관계하지 않고 자기 자신의 권위자가 되려고 하면 근원적 불안을 해결할 수 없다. 단지 다양한 지식의 축적

12) Kierkegaard, *The Concept of Dread*, Princeton University Press, 1957, (1844년에 처음 Kierkegaard에 의해 가명(假名)저자 Vilgilius Haufniensis로 발행됨, 지금은 영어번역서에서 덴마크어 원문 뜻에 충실하여 Dread 보다 Anxiety로 번역함) p. 79, 168-.

이 아니라 개인이 자신의 근본적 존재와 관계할 때 영원을 사모하는 자신을 찾게 된다.

키에르케고어는 심리학이 관여하는 주요한 역할로서 인간의 죄가 실존적 현상으로 드러나는 불안을 주목했다. 전술한바 그에게서 불안은 심리학이나 정신분석만으로 환원될 수 없는 인간의 실존현상이다.[13) 만약 불안이 실존적 현상이 아니고 특정 대상과 관련된 문제라면 유능한 심리학자나 정신의학자를 만나면 삶의 문제가 해결될 것이다.

『후서』에서 보듯이 '정열을 지닌 주체적 사상가'라야 자기를 자신의 실존을 통해서 찾아가게 되며 이런 삶은 도덕발달로 검증된다.[14) 키에르케고어에서 미적 단계, 윤리적 단계, 종교 윤리적 단계로 구분되는 실존은 각각 분리되어 있지 않고 서로 연관되어 있다. 즉 미적 단계의 생활에서도 영원한 존재에 대한 갈망이 있고 종교 윤리적 단계에서도 감각적 향락에 대한 관심을 갖게 된다. 그러나 영혼(靈魂)의 활동이 들어오면서 영(靈)적이지 않은 감각적 향락의 생활을 배척하게 된다.

자신의 힘만으로 윤리적 생활을 유지하려는 윤리적 단계에서는 윤리적 시도가 감각적 향락과 더불어 지내고자 한다. 키에르케고어의 실존 삼 단계에서 미적 실존으로 살아가는 사람은 영(靈)적인 것과 육욕(肉慾)적인 것 사이의 갈등을 느끼지만 윤리적 단계에선 이 둘 사이의 갈등이 없길 바란다. 이 세상에서 영적인 것이 영향력을 발휘하지 못할 때 육욕적인 것이 힘을 발휘하게 된다.

---

13) Kierkegaard, *The Concept of Dread*, p. 13.

14) Kierkegaard, (trans.), Howard H. Hong, *Concluding Unscientific Postscript to Philosophical Fragments*, Volume 1, 2. Princeton University Press, 1992.

## 7. 원죄(原罪)의 실존적 현상

키에르케고어에서 원죄에 대한 교의학(教義學)적 설명에 의하면 원죄는 그 자체로 전제된다. 그에 의하면 인간은 몸과 영혼, 순간과 영원이 더불어 있는 현실의 모순적 결합이다. 이 모순적 현실이 드러나면서 인간에게 불안의 현상이 나타났다. 유한한 인간이 어떻게 영원을 사모하는 갈증을 채울 수 있는가? 인간은 한 개인인 동시에 인류 전체로서 존재하면서 불안하게 실존한다. 동물은 수많은 세월이 흘러도 하나의 개체적 실존이 될 수 없다. 그런데 키에르케고어에서 실존적 불안은 부정적 의미만 가지지 않고 자기 자신을 찾아가게 하는 계기가 된다.

키에르케고어에서 낮은 단계의 생활은 감각적 향락의 추구다. 돈 주앙(Don Juan)은 숙고(熟考)가 없이 직접적으로 감각적 향락을 추구하는 대표적 인물이다. 감각적 향락의 추구는 영적(靈的, spiritual)인 것을 배제함으로써 강화시키려고 한다. 감각적 향락만을 추구하는 돈 주앙에게는 충동의 힘이 있을 뿐이지 구체적 현실성에서 의식(意識)을 지니고 살아가는 개인적 실존이 없다. 이런 생활에는 영(靈)적 본질로서 개인의 정체성(正體性)이 없고 타인이나 환경에서 구분된 자아의식과 윤리의식이 없다. 성숙하지 못한 자아는 감각적 경험의 단계에 있을 뿐이지 자신 및 타자의 실존을 의식하지 못한다.

인간에게 타자와 관계는 감각적 직접성을 넘어설 때 형성될 수 있다. 감각적 직접성은 『불안의 개념』에서 아담에게 주위환경이 원형적(原型的, prototypical)으로, 마치 단지 욕구의 대상인 것으로 보이는 것과 같다.[15] 감각적 향락의 추구는 욕망의 충족이 목적이기에 본질적으로 특정(特定) 대상이 있을 수 없다. 그런데 키에르케고어에 의하면 인간은 본질적으로 영원(永遠)을 사모하며 자기 자신을 찾아가는 영(靈)적

15) 쇠얀 키에르케고어 지음 임춘갑 옮김, 『불안의 개념』, 도서출판 치우, 2011.

존재다.

특정의 대상과 관계하는 공포와 달리 불안은 실존적으로 부정적 현상인 동시에 자기 자신을 찾아가는 현실적 계기 즉 개인의 정체성을 확립하게 한다. 이렇게 실존적 불안은 낮은 단계에서는 단지 감각적 쾌락을 추구하는 실체적 에너지이지만 높은 단계에서는 주체적으로 자기화를 이루는 계기가 된다. 이런 불안의 변화과정을 키에르케고어의 『여배우의 삶에서 위기』에서도 본다.[16] 여배우는 나이가 들어가면서 쇠락(衰落)해진 자신의 육체를 극복하기 위해 내면(內面)연기에서 자신의 생명력을 구하지만 감각적 향락을 추구하는 관중은 그녀의 옛 육체만을 보려고 한다.

어린아이의 '자기중심적 자아(me)'는 성숙하면서 분명히 '환경과 관계하는 나(I)'로 바뀌게 된다. 사람이 단지 욕망에 따라 살아갈 때는 특정대상에게 고정되지 않고 다양한 양상을 갖는다. 욕망은 처음에는 꿈을 꾸고 다음에는 대상을 찾으며 다음 단계에선 욕구를 충족시키려고 한다.[17] 키에르케고어를 따르면 사람이 단지 욕망을 추구하는 동기는 감정이 아니고 실존적 현상인 불안 때문이다. 이 불안이 감각적 향락의 추동력이 된다.[18] 그런데 이런 추동력으로서 불안은 일시적 작용을 할 뿐이지 지속적으로 작동할 수 없다.[19]

키에르케고어에서 간접전달은 불안을 실존적 현상으로서 드러내는

---

16) Kierkegaard, *The Crisis and a Crisis in the Life of an Actress*, Princeton University Press, 2009.

17) Kierkegaard, *Either/Or I* (trans.) Walter Lowrie, (Kierkegaard가 1834년 Victor Eremita라는 가명으로 첫 출판), Anchor Books, 1959, p. 79.

18) Kresten Nordentoft, (trans.) Bruce H Kirmmse, *Kierkegaard's Psychology*, Wipf & Stock Publisher, Eugene, Oregon, 1978, p. 31.

19) Kierkegaard, *Either/Or I*, p. 128.

인간의 원죄(原罪)와 타락을 전제한다. 원죄 아래의 개인에게는 하느님과 관계하지 않는 인간적 연합에 대한 열망이 깃들어 있다.[20] 이런 모순적 모습에 대한 의식(意識)과 자기발전이 『이것이냐 저것이냐 1』의 한 장(章)이면서 단독으로도 출판되는 『유혹자의 일기』에서는 코델리아(Cordelia)에 대한 요한네스(Johannes)의 과제가 된다. 이런 과제의 출발은 코델리아가 자기 자신 안에 갇힌 상태에서 벗어나 주위환경을 의식하게 하는 것이다. 나아가서 그녀가 자신 밖에서 대단한 것을 찾지 않고 무한과 영원에 대한 의식으로 자신에 대한 존엄을 찾고 솔선(率先)적으로 살게 하는 것이다.[21] 요한네스가 코델리아를 '유혹하는' 과정에서 인간의 실존적 불안을 볼 수 있다.

## 8. 인간실존과 무의식

키에르케고어의 모차르트에 대한 언급에서 논한 욕망, 숙고, 영혼(spirit) 등은 프로이드(S. Freud)의 본능(本能, Id), 자아(自我, Ego), 초자아(超自我, Super-Ego)와 비교 설명할 수 있다.[22] 키에르케고어의 실존 삼 단계 각 영역의 특징인 욕망(desire), 숙고(reflection), 영(spirit)이 각각 프로이드의 본능, 자아, 초자아로 비교되어 이해된다. 프로이드가 초자아와 본능의 조화로 자아가 형성된다고 하나 키에르케고어에서는 영원한 존재인 하느님과 주체적 정열의 믿음으로 관계함으로써 자신을 찾아가게 된다.

프로이드에게 불안은 성(性)과 사회적 금제(禁制) 사이의 갈등이지

20) Kierkegaard, *Either/Or I*, p. 328.

21) Kierkegaard, *Either/Or, I*. p. 386, 406.

22) 쇠얀 키에르케고어 지음, 임춘갑 옮김, 『이것이냐 저것이냐 1』, 도서출판 치우, 2012, 73쪽 이하.

만 키에르케고어는 『불안의 개념』에서 몸을 인간의 의식(意識)과 모순적 관계가 되며 불안을 야기하는 성(性)과 관련하여서도 설명한다. 기독교는 영원한 행복을 위해 감각을 포기하면서 감각의 존재를 오히려 분명히 한다. 프로이드에서는 리비도가 의식(意識)으로부터 억압되면 소멸되지 않고 불안하게 된다. 키에르케고어는 직접적 감각적 향락을 넘어서서 개인이 자기 자신을 찾는 길로서 하느님과 교제를 찾는다.

프로이드에서 자아는 초자아와 본능의 조화로 형성된다고 하지만 키에르케고어에서 개인은 영원한 존재인 하느님과 주체적 열정의 관계로써 자신을 찾아가고 영원한 행복을 누리게 된다. 그에 의하면 불안은 반드시 일탈(逸脫)적 행위의 결과만은 아니다. 서양철학의 이성(理性)적 사유전통과 달리 정신분석은 본능, 비합리성, 쾌락추구 등 성(性)과 공격성 등 인간의 무의식에 관심을 갖는다. 즉 쾌락의 추구와 사회적 규제 사이의 갈등에서 인간의 어두운 면이 직시된다. 사회의 규범을 내면화하면서 욕망의 금지가 사회적 기대의 방향으로 승화(昇華)될 때 억압(repression)과 달리 문화가 표현된다.

프로이드는 소외(疏外)의 해결을 위해 욕망의 해결을 문제시한다. 키에르케고어에서 하느님과 인간의 관계는 정신분석의 승화와 같이 단지 긍정적 방어기제의 차원이 아니라 새로운 생명을 창조함이다. 본능과 초자아 사이의 갈등해소가 정신분석의 관심이라면 그리스도신앙은 하느님과 인간의 관계에서 옛사람과 새사람 사이의 갈등을 극복하여 영원한 행복을 추구한다.

인간을 자존(自存)적 존재로 볼 수 없는 키에르케고어에게 도덕발달은 인간사이의 관계로 환원되지 않고 하느님과 내적 혹은 영(靈)적 관계의 표현이다. 신(神)적 성품과 죄(罪)된 성품 사이에서 갈등하면서 아담에서 상속된 죄와 비교할 수 없는 그리스도의 영광된 성품이 인간에게 주어졌다고 믿는다(로마서, 5:17). 인간에게 선택의 갈등이 주어진 것은 영(靈)적 성품이 주어졌기 때문이다. 프로이드의 정신분석적 인간이해를 넘어서 키에르케고어에서는 하느님과 신앙의 관계에서 성숙한 실존이 가능하게 한다.

개인이 단지 감각적 향락에 몰입하는 것은 영원한 실재(reality)에 대한 의식이 없기 때문이다. 감각적 향락에 얽매인 생활은 삶을 현실적으로 직면하지 못하고 추상적 수준에 머무를 뿐이다. 이런 생활에서는 진지하고 끈질긴 사유가 없다. 이렇게 돈 주앙(Don Juan)의 생활은 객관적 표현이 없는 지속적 불안정일 뿐이다. 이런 사랑은 한 사람을 사랑하지 못하고 순간적 만족만을 추구하기에 순간이 지남과 동시에 모든 것은 사라지고 아무런 신뢰도 없게 된다. 이런 식의 욕망충족은 현실생활의 빈곤이며 자기 자신의 정체성을 갖지 못한다.

키에르케고어에 의하면 정신(mind)과 몸(body)이 하나인 상태에서 영원한 존재를 사모하는 영(靈, spirit)의 활동이 있게 되자 불안이 나타나게 되었다.[23] 키에르케고어의 시각에서 인간실존의 이런 현실은 미적 단계에서 뿐만 아니라 최고의 단계라는 종교 윤리적 실존에서도 드러난다. 이렇게 키에르케고어에서 불안은 특정의 대상과 연관된 것이 아니고 실존적 현상으로서 정서적 잠재성(emotional potentiality)을 갖고 있다.

키에르케고어에 의하면 인간의 실존에서 한 개인은 본질적으로 온 인류에 관여하기에 한 개인의 삶이 온 인류를 결정하게 된다. 인간은 생물학적으로 몸을 지녔기에 인간의 본질을 영(靈)이라고 하는 의미는 몸과 함께 구체적으로 활동한다는 뜻이다. 인간의 영혼은 정신과 육체의 관계를 가능하게 한다. 키에르케고어의 시각을 받아들이면 한 개인이 자기 자신을 찾아가는 과정 즉 하느님과 관계가 제대로 정립되지 못하

---

23) K. Nordentoft, (trans.) B. Kirmmse, *Kierkegaard's Psychology*, p. 46.

면 부정적 증상이 정신과 몸을 통해 드러나게 된다. 그 예로는 과민한 감수성과 분노, 우울 등을 들 수 있다.[24] 인간의 영혼은 전 인격의 정신과 몸에 영향을 미치므로 키에르케고어의 회심(悔心)의 체험 이후에서 보듯이 감사의 노래는 영혼의 표현이 된다.

키에르케고어는 『불안의 개념』에서 인간의 의식(意識)과 모순적 관계가 되며 불안을 야기하는 성(性)과 관련하여서도 몸을 설명한다.[25] 기독교는 감각적 향락을 영원한 행복을 위해 포기하면서 감각의 존재를 오히려 분명히 한다.[26] 기독교의 교훈과 육욕(肉慾)은 역사적으로나 심리학적으로 서로 배타적이다. 우리가 어느 것을 선택하면 그것과 모순적인 것을 배척하면서 간접적으로 그 실재를 인정한다는 뜻이 된다. 즉 기독교에서 그리스도와 영(靈)적 관계에서 영원한 행복을 추구하면서 육욕(肉慾)적인 것을 포기한다는 것은 인간에게 육욕적인 것이 있음을 간접적으로 인정한다.

프로이드에서는 리비도가 의식(意識)으로부터 억압되면 단지 소멸되지 않고 개인이 불안하게 된다. 키에르케고어에서 미적 단계의 감각적 향락은 욕망의 충족을 통해 달성하려고 하지만 프로이드에서 억압된 성적 본능은 불안 등 다른 증상을 나타낸다. 키에르케고어에서는 직접적·감각적 향락을 넘어서서 하나님과 교제에서 자기 자신을 찾는다.

---

24) K. Nordentoft, (trans. B. Kirmmse), *Kierkegaard's Psychology*, p. 52.

25) 쇠얀 키에르케고어 지음, 임춘갑 옮김, 『불안의 개념』, 도서출판 치우, 2012. 129쪽 이하.

26) Kierkegaard, *Either/Or*, p. 50, 59.

## 9. 하느님과 교제로서 영(靈)적 인간실존

그리스도신앙은 단지 하나의 교리체계가 아니라 마땅히 살아야 되는 삶으로서 스스로 진리를 발견해가는 모험과 도약의 길이다. 하느님은 영(靈)이시기에 인간이 주체적 내면적 방법으로 알아갈 수 있다. 절대적 존재인 하느님은 존엄한 존재로서 각 개인에게 순수한 마음으로 절대적 관계를 요청한다. 『두려움과 떨림』의 '윤리적인 것의 목적론적 정지'에서 보듯이 하느님 앞에 홀로 서는 '외톨이'는 단지 수(數)의 하나로 자신을 간주하는 군중들의 일반적 규범 위에 서서 살아가게 된다.[27] '외톨이'는 하느님 앞에 홀로 섬으로써 진리에로 나아가게 된다. 이렇게 영(靈)적 개인은 하느님과 그의 말씀 안에서 자신의 내면을 심화시키려고 한다.

영적 존재로서 인간은 자신을 완전히 비움으로써가 아니라 영원한 존재인 하느님과 관계함으로써 자기 자신을 찾아간다.[28] 이런 관계에 근거하여 실존적 결단의 연속과 반복은 영원한 행복과 관련하여 진행된다. 실존적 결단은 영원한 존재와 영원한 행복의 관계이기에 용기가 요구된다.

하느님에 대한 신앙의 용기를 갖지 못하는 사람은 자기 자신의 힘만으로 큰일을 하려하며 자부심이 넘치는 듯 같지만 실상은 하느님께 저항하며 비겁한 생활을 한다. 이런 뜻에서 근거 없는 자부심과 비겁은 더불어 가게 된다. 이런 사람은 주위에서 자기와 비슷한 사람을 찾지만 신앙의 용기를 가진 사람은 하느님만 바라본다. 비겁은 영원한 존재에게서 연원하는 영원한 행복에 대한 결단을 두려워한다. 이런 비겁은 마

---

27) Kierkegaard, *Fear and Trembling*, Princeton University Press, 1954. (1843년 Johannes de silentio라는 가명으로 첫 출판됨).
28) 조수동, 「禪과 자유」, 『철학논총』 제49집, 2007, 제3권, 291쪽 이하.

땅한 행위를 끊임없이 미루는 식으로 드러난다.

하느님의 영(靈)은 인간에게 비겁함이 아니라 힘과 사랑 및 절제를 주었다.[29] 영원을 사모하는 마음은 개인의 일상적 일처리와 선택에서 드러난다. 각 개인은 영원한 축복을 주는 하느님과 세상 혹은 돈(money) 사이의 선택이 주어진다. 이 둘을 동시에 선택하려는 시도는 논리학에서 '당나귀의 딜레마'같이 현실적으로 선택하지 못하여 굶어 죽는 자기 파멸을 가져온다. 하느님 앞에서 자기 자신이 되지 못하고 타인을 두려워하면서 타인과 비슷하게 살아가는 것은 시간을 낭비하게 한다.

키에르케고어에서 하느님은 우리를 각 개인으로 즉 외톨이로서 만난다. 하느님과 신앙의 만남에서 외톨이로서 한 개인은 보편적 규범 위에 있게 된다. 보편적 규범을 넘어서 인간이 마땅히 따라야 할 명령이 없다면 윤리학자의 주장이 인간에게 최고의 요구가 될 것이다. 보편적 규범 위에서 절대자와 절대적으로 관계하는 신앙은 삶에서 역설(逆說)이다. 『두려움과 떨림』에서 하느님 앞에 홀로 선 아브라함이 보편적 설명을 구하였다면 그 자체가 이미 유혹이 된다.[30]

아브라함은 나라를 구하거나 다른 일정한 목적을 위해 이삭을 바치려 하지 않고 하느님의 명령이기 때문에 순종하려고 했다. 하느님 앞에서 아브라함의 신앙은 하느님의 명령과 '살인하지 말라'는 보편적 윤리 사이의 결단이다. 인간으로서 하느님 앞에 홀로 서는 길이 키에르케고어에서 최고의 윤리적 삶이며 도덕교육이다. 사람은 이렇게 하느님 앞에 홀로 섬으로써 성화(聖化)되고 보편적 규범인 윤리적 생활을 할 수 있게 된다.

---

29) "하나님이 우리에게 주신 것은 두려워하는 마음이 아니요 오직 능력과 사랑과 절제하는 마음이니" (디모데후서 1장 : 7절).

30) 표재명 지음, 『사랑과 영혼의 철학자 키에르케고어를 만나다』, 도서출판 치우, 2012, 181쪽 이하.

각 개인은 하느님 앞에서 실존적으로 변형되면서 선(善)의 추구가 현실적으로 가능하게 되고 이런 생활은 이웃에 대한 사랑으로 완성된다. 사유와 실존이 일치해야 하는 진리는 주체적 열정의 믿음에서 가능하다. 키에르케고어에서 영원한 존재를 사모하는 종교 윤리적 삶은 주체적 열정과 사유를 통해 드러난다. 이렇게 신앙의 대상은 신앙으로 알게 되며 도덕적 행위로 객관화 된다.

# Ⅷ. 실존적 변형(變形)과 이웃사랑

## 1. 실존의 변형과 신앙

감각적 향락을 추구함으로써 인생의 즐거움을 찾으려는 '심미(審美)적 생활'은 대상과 관계없이 더 강한 쾌락을 얻고자 한다. 이런 생활은 키에르케고어가 이해한 인간 영혼(靈魂)의 본성적 추구가 아니기에 '권태와 허무'를 가져올 뿐이다. 이런 권태와 허무를 극복하기 위해 마땅히 해야 할 일을 하는 노력이 '윤리적 생활'이다. 그런데 실존적 불안 속에 살아가는 인간은 자신의 결단만으론 윤리적 생활을 할 수 없다.

키에르케고어에 의하면 사람은 심미적 생활에서는 아이러니(irony)한 결과에 이른다. 윤리적 생활에서는 자신을 찾을 수 없는 자기행위의 한계에 스스로 웃을 수밖에 없는 유머(humor)에 이른다. 그는 『두려움과 떨림』에서 보듯이 실존적 신앙의 도약(跳躍)(existential leap of faith)을 통해 그리스도 안에서 하느님과 관계하는 종교적 차원에서 자기화를 추구했다.

감각적 향락을 추구하는 생활은 『유혹자의 일기』의 전반부 요한네스처럼 하느님 없이 스스로 자기 삶의 주인공이 되려고 한다. 그는 자신의 힘만으로 세계를 구성하려고 하면서 스스로 멋진 인생을 꿈꾸고 성취하려고 한다. 감각적 환락의 생활 속에서도 인간내면의 실존적 불안을 숨길 수 없으며 감각적 환락의 추구 자체가 바로 불안의 표현이다. 키에르케고어가 자기 자신을 찾기 위해 추구했던 영원한 존재와 교제하는 축복을 향락의 생활에서는 얻을 수 없다. 감각적 향락의 추구는 실제적으로는 자기 자신을 찾지 않기에 결과적으로 아이러니하게도 자기 자신에게 속게 된다.

키에르케고어는 자신의 힘만으로 이상적 도덕적 생활을 꿈꾸며 자기를 상실해가는 과정을 밝혔는데 『유혹자의 일기』의 요한네스도 그렇다.[1] 그는 직접적 방법으로 즐기는 감각적 향락의 생활과 숙고를 통한 미적 향유를 구분했다. 인생의 고통을 단지 감각적 즐거움을 통하여 해결하려는 돈 주앙과 미적 감각적 향락의 추구가 더 세련되게 발전된 요한네스가 구분된다. 키에르케고어는 요한네스를 통하여 감각적 향락의 직접적 추구뿐만 아니라 지적(知的)으로 향락만을 추구하는 생활의 끝에 찾아오는 권태와 허무도 지적한다.

감각적 향락만을 추구하는 생활에서는 자기 자신을 찾아가는 과정이 없다. 그런데 현실적 삶에서 감각적 향락에 대한 관심은 인간실존의 최종단계인 종교 윤리적 단계에도 깃들어 있기 때문에 인간의 실존은 다른 단계를 완전히 배제할 수는 없다. 『이것이냐 저것이냐 2』에서 도덕적 책임감으로 살아가는 삶에서 자기 의지(意志)적 생활의 한계와 연약함이 지적된다.[2] 키에르케고어에서 인간의 보편적 규범인 윤리적 생활은 『두려움과 떨림』에서 보듯이 하느님과 실존적 관계에서만 가능하다.

키에르케고어의 실존 삼 단계에서 종교적 단계는 윤리적으로 객관화

1) Kierkegaard, (trans.), H. Hong, *The Seducer's Diary*, Princeton University Press, 1997.

2) Kierkegaard, *Either/Or, II*, Anchor Books, 1959.

된 검증을 드러내기에 종교 윤리적 단계라고 한다. 키에르케고어는 『유혹자의 일기』를 통해 감각적 향락의 추구를 넘어서 인간 실존에 깃들어져 있는 자신에 대한 책임으로서 자기를 찾는 과정을 '간접전달'로서 표현한다.3) 그는 감각적 향락의 추구와 그 한계를 통해 한 개인의 실존이 성장해가는 모습을 표현하려고 한다.

키에르케고어에서 실존적 성숙은 미적 단계, 윤리적 단계, 종교 윤리적 단계는 분리되어 있지 않고 서로 연관되어 있다. 즉 미적 단계의 생활에서도 영원한 존재에 대한 갈망이 있고 종교 윤리적 단계에서도 감각적 향락에 대한 관심을 갖는다. 그렇지만 영(靈)적인 것이 들어오면서 영원한 존재와 절대적으로 관계하고 다른 것들은 상대화시킨다. 그런데 보편적 규범인 윤리적 생활을 가능하게 하는 실존은 『두려움과 떨림』에서 보듯이 하느님과 주체적 단독자적 관계에서만 가능하다. 이점이 아리스토텔레스나 칸트의 윤리학과 다른 점이다. 그리스도신앙의 시각에서 볼 때 인간은 낭만주의자들이 생각하듯이 완전히 자유스러운 존재가 아니라 하느님의 동반자다.

자신의 힘만으로 윤리적 생활을 하려는 단계에서는 윤리적인 것이 감각적 향락과 더불어 지내고자 한다. 몸이 곧 육욕(肉慾)적인 것은 아니지만 감각적 향락만 따르는 생활은 이기적으로 된다. 『이것이냐 저것이냐 2』에서 자기 의지(意志)적 도덕생활의 한계가 지적된다. 키에르케고어에서 윤리적 생활의 실천은 하느님과 실존적 관계에서만 가능하다. 그에게서 하느님에 대한 신앙의 비약과 도덕적 행위는 변증법적으로 긴밀히 연관된다. 종교적 생활과 도덕적 생활은 모순관계가 아니라 종교 윤리적 생활에서만 윤리적 사랑이 가능하게 된다. 인간은 하느님을 주체적 정열을 통해 신앙함으로써 실존적으로 행복을 추구하게 된다.

---

3) 표재명, 『사랑과 영혼의 철학자 키에르케고어를 만나다』, 서울: 도서출판 치우, 2012, 285쪽.

인간의 실존을 변형의 시각에서 볼 때 감각적 향락을 추구하는 생활은 영원한 존재를 사모하는 마음에 역행하는 공허함에 직면하면서 자기 상실을 경험하게 된다. 이런 생활은 그 내용이 열정적 에너지의 표현이 아니라 자신의 실존적 불안과 절망의 표현일 뿐이다. 키에르케고어의 시각에서 이런 생활은 본래의 자기에 대해 눈이 멀고 스스로 가상(假想)적 자신을 만들어보려는 시도다.

## 2. 하느님의 중재(仲裁)와 자기화(自己化)

키에르케고어는 『유혹자의 일기』에서 인간관계만으로는 성취할 수 없는 영원한 세계를 '간접적으로' 전달하기 위해 요한네스로 하여금 코델리아에게 자신의 위악(僞惡)적 모습을 의도적으로 보인다. 그의 이런 모습은 『두려움과 떨림』을 '윤리적인 것이 목적론적으로 정지'되는 신앙에 대한 설명뿐만 아니라 레기네 올센(Regine Olsen)과 파혼하고 하느님 앞에 홀로 서는 영원한 사랑으로도 해석된다. 그는 세상의 욕망을 포기하고 한 사람의 외톨이로서 실존적 불안을 극복하고 자기 자신을 찾는 그리스도인이 되고자 했다. 그는 자신의 약혼녀였던 레기네(Regine)뿐만 아니라 다른 사람들도 이런 삶을 살도록 자신의 삶을 통해 표현하는 '간접전달'의 생활을 했다.

키에르케고어가 실제 생활에서 레기네 올센과 파혼(破婚) 후 영원한 사랑의 추구는 『유혹자의 일기』에서 요한네스가 코델리아의 감각적 향락을 분기(奮起)시켜 자기 자신을 찾아가는 과정으로 보게 된다. 즉 도덕적 행위의 완성으로서 사랑은 단지 인간관계로 환원될 수 없고 하느님과 신앙적으로 교제하는 종교 윤리적 생활의 표현이다. 또한 감각적 향락추구에서 이성(異性)에 대한 의존이 종교 윤리적 변형을 통해 초월자에 대한 신앙으로 승화(昇華)된다. 직접적 향락의 추구나 향락에 대한 숙고(熟考)나 모두 인간의 실존적 불안을 공허하게 극복하려는 헛된 시도다.

인생에는 감각적 향락만이 있고 영원을 사모하는 마음이 없다는 강박적 자기설득도 삶에 깃들인 실존적 불안과 절망의 역설적 표현일 뿐이다. 『죽음에 이르는 병』에서 보듯이 영원한 세계를 동경하지 않고 직접적이든지 숙고를 통하든지 감각적 향락 속에서 실존적 불안을 극복하려는 시도는 절망의 다른 표현이다. 이렇게 실존적 불안은 감각적 향락의 추구 다음에 찾아오는 것이 아니라 그런 향락의 추구자체가 이미 인간에게 깃들인 실존적 불안의 표현일 뿐이다.

키에르케고어에서 도덕적 행위는 인간사이의 관계로 환원되지 않고 하느님의 중재(仲裁)를 통해서만 가능하다는 『사랑의 역사(役事)』를 통해서 『유혹자의 일기』를 이해하게 된다.[4][5] 즉 하느님의 중재는 인간의 구체적 현실에서 도덕적 행위의 순결한 마음을 통해 표현된다. 키에르케고어에서 '진리는 주체성'에서 보듯이 진리와 도덕적 행위는 불가분리의 관계가 되고 하느님에 대한 신앙의 비약은 도덕적 행위의 근거다.

키에르케고어에서 도덕교육의 근거는 그리스도와 관계에서 체험되며 도덕적 생활로서 객관화된다. 이런 객관화는 건전한 신앙행위의 검증이 되기도 한다. 이런 뜻에서 도덕적 행위는 상대방도 하느님 앞에서 신앙의 관계를 하게 하는 실천과정이다. 키에르케고어에서는 각 개인이 하느님과 실존적으로 교제하며 자기 자신을 찾아가는 과정이 도덕적 행위의 근거가 된다.

하느님과의 교제가 도덕적 행위의 근거라면 그 행위의 완성인 이웃사랑은 인간에게 주어진 지속적 요청이 되며 본래적 의미에서 인생에서

4) 쇠얀 키에르케고어 지음, 임춘갑 옮김, 『사랑의 역사』, 도서출판 치우, 2011.
5) 황종환, 「키에르케고어(S. Kierkegaard)의 『사랑의 역사』의 종교 윤리적 함의」, 『哲學硏究』 제47집, 고려대학교 철학연구소, 2013, 131-157쪽.

자신을 성취하게 한다. 순간적 감각적 향락에 자신을 내어던지는 모습은 자기를 찾지 않고 스스로 자신을 속이게 된다. 하느님과 교제에 근거한 도덕적 행위는 이웃의 반응에 연연하지 않게 된다.

이웃사랑은 그 이웃에 매달리지 않고 하느님에게서 받는 사랑의 표현이다. 키에르케고어의 『죽음에 이르는 병』, 『불안의 개념』 등에서 불안이라는 실존적 현상으로 드러나는 원죄(原罪) 아래의 인간은 자율적으로 도덕적 행위를 실천할 능력이 없다. 『두려움과 떨림』에서 보듯이 하느님과 인간의 관계는 보편적 윤리적 규범을 오히려 '목적론적으로' 정지시킨다. 키에르케고어는 종교적 생활과 도덕적 생활은 모순적 관계가 아니라 오히려 종교 윤리적 실존운동에서만 윤리적 사랑이 가능함을 밝힌다.

## 3. 신앙의 실제적 변증으로서 도덕교육

키에르케고어가 추구한 바는 도덕교육의 근거로서 자아의 형성이다. 그는 다른 사람도 자기를 찾는 삶을 살도록 전달하고자 하는 내용의 삶을 실제로 살고자 하였다. 그에게서 실존적 불안은 신앙을 통하여 극복된다. 이 신앙의 길은 이성(理性)을 넘어서는 하느님의 사랑을 체험한 순종의 삶이다. 이런 삶은 타자와 관계에서는 끊임없이 도덕적 행위로 자기를 표현하게 된다. 실존적 불안은 일생동안 삶과 같이 하기에 이런 불안은 극복의 대상이기 보다는 더불어 살아야 될 관계라고 할 수 있다.[6)]

키에르케고어가 실존 삼 단계에서 윤리적 단계를 넘어서려고 함은 윤

6) 아르네 그뢴 지음, 하선규 옮김, 『키에르케고어 인간학 불안과 함께 살아가기』, 도서출판 b, 2016. (Arne Grøn, Begrebt Angst hos Søren Kierkegaard, Nordisk Forlag, Copenhagen, 1994).

리적 생활을 낮게 평가해서가 아니라 인간이 신과 단독자적 단계에 있을 때에만 도덕적 행위를 실천할 수 있다고 믿었기 때문이다. 그러므로 키에르케고어에서 자기를 선택하는 자기화와 타인에 대한 도덕적 행위 및 그 완성으로서 사랑은 분리될 수 없다. 종교적 신앙에 근거한 도덕적 행위는 감각적 욕망, 경제적 관심, 권력의지를 찾으며 살아가는 세상에서 '거리끼게' 하고 '어리석은' 모습이 된다.

키에르케고어에서 인간은 욕망의 충족이나 경제적 평등의 추구를 통해서가 아니라 주체적 정열을 통해 하느님을 신앙함으로써 실존적으로 평등하게 되며 도덕적 행위의 완성인 이웃사랑을 할 수 있다. 이런 주체적 신앙에 근거하는 도덕적 행위만이 역설적으로 『유혹자의 일기』에 나오는 감각적 향락을 승화하며 향유하게 하고 『이것이냐 저것이냐 2』의 윤리적 실천을 현실적으로 가능하게 한다. 키에르케고어에서 하느님의 중재가 전제되지 않는 사랑은 서로가 최선을 다한다고 해도 그 목적을 성취할 수 없다.

하느님과 관계에서 근원하는 도덕적 행위로서 이웃사랑은 사회변화의 첫 출발을 가능하게 된다. 그는 사회변화에 무관심했던 외톨이가 아니라 끊임없이 새로운 세계를 바라보면서 도덕적 행위의 근거를 찾아 실천에 옮겼던 사상가다. 그에게서 인간영혼은 하느님과 영원한 관계를 맺는 방법으로 우선 자기 자신과 관계하고 나아가 타인 및 자연에 대해 도덕적 행위를 하게 된다.

자기선택 혹은 자기화로서 도덕적 행위의 효과가 나타나는 방법은 전달자가 표현하고자 하는 삶을 실제적으로 사는 길이다. 이런 시각에서 볼 때 어느 개인의 주장은 상호 간의 담론에서 온전히 드러날 수 없고 미래에 맺어지는 삶의 열매를 통하여 타당성이 입증된다. 이런 생활의 열매를 키에르케고어는 인간이 신 앞에 신앙으로 서는 실존적 삶을 통하여 표현하고자 했다. 그에게 자기 자신을 알아가는 과정은 전체를 알아가는 과정이다. 그는 주체적 진리와 객관적 사유를 자신의 삶을 통해 구분한 사람이다.

## 4. 『사랑의 역사』의 종교 윤리적 함의

철학사에서 실존철학의 선구자로 알려진 키에르케고어는 진리의 탐구와 자신의 구체적 삶을 분리할 수 없었다. 그는 진리를 단지 지식의 점진적 증가를 통해서가 아니라 신앙의 역설(逆說)을 통한 현실적 삶 즉 간접전달로 표현한다. 키에르케고어는 『사랑의 역사』에서 이웃사랑의 근거인 하느님사랑을 단지 관념이 아니라 약혼 후 파혼했던 레기네(Regine)에 대한 평생의 사랑에서 보듯이 삶의 실천을 통해 드러낸다.

키에르케고어의 이웃사랑은 칸트(Kant)의 선의지(善意志)를 넘어서 그리스도와 신앙의 역설에서 연원(淵源)한다. 즉 감각적 향락의 불안과 윤리적 절망이 갈등의 단계를 거쳐서 삶이 하느님 앞에 홀로 서면서 영혼의 감사와 평화로서 완성되어 간다. 키에르케고어는 인간에게는 감각적 향락으로는 만족되지 않는 영원을 사모하는 영혼이 있음을 보았다. 키에르케고어는 이웃사랑으로서 '사랑의 역사(役事)'를 진리와 주체적 관계를 통해 자기를 찾아가는 영혼의 활동으로써 해명했다. 이렇게 그에게서 이웃사랑은 하느님사랑에 근거하는 종교 윤리적 함의(含意)를 지닌 영(靈)적 행위가 된다. 슈페만(Spaemann)을 따르면 도덕적 삶의 추구는 인간본성(本性)에서 더 이상 '왜'를 물을 수 없는 인간의 자연스러운 모습이다.[7]

키에르케고어는 사람이기에 사람답게 관계하기를 요구하며 윤리적 관계의 완성을 사랑이라고 보면서 삶의 근거와 가능성을 찾았다. 우리

---

7) Robert Spaemann, *Glück und Wohlwollen*, Ketta-Cotta, 1989, S. 10.

는 초월자, 자기 자신, 타인 및 자연과 관계를 맺으며 살아간다. 그런데 현실세계에 대한 키에르케고어의 토로(吐露)는 오늘날도 여전해 보인다.

> "사상가들의 시대는 지나간 것 같다. 조용한 인내, 겸손히 복종하는 일편단심, 순간적인 영향에 대한 미련 없는 단념과 무한한 거리의 유지, 하나의 사상에만 골몰하기 위해 필요한 자신의 사상, 하느님에게 헌신하는 사랑 등은 사라진 것 같다. 이런 것들은 거의 인간들의 조롱거리로 되어가고 있는 것 같다. 다시금 '인간이 만물의 척도'가 되었다. 이렇게 하느님과 관계하며 살아가는 사람의 값이 폭락되었다. 하느님 사랑의 표현인 기도할 수 있는 시간도 사라져가고 있다"[8)]

『사랑의 역사』는 키에르케고어가 평생 그토록 원했던 마음의 청결을 추구하는 내용이다. 그는 구체적 사랑의 행위를 통해 하느님 앞에 순수한 사람으로 살고자 했다. 키에르케고어에 의하면 하느님 앞에서 사람의 청결한 마음과 생각은 자신의 구체적 생활 특히 사랑의 행위를 통하여 나타난다. 사랑의 실천이 구원의 길은 아니지만 하느님은 크리스천으로서 생활을 사랑을 통해 표현하길 원하며 사랑은 크리스천으로서 필연적으로 드러나는 행위다. 사랑은 직접적이거나 감각적 방법이 아니라 그 열매를 통해서 드러난다는 점에서 사랑의 어려움이 있다.

## 5. 사랑의 원천(源泉)으로서 하느님교제

키에르케고어의 '하느님 앞에서 주체성이 진리'라는 데에서 볼 수 있듯이 '사랑의 역사(役事)'는 인간사이의 관계로 환원될 수 없고 사랑의 원천인 하느님과 인간의 관계를 심화시키는 일이다. 이렇게 사랑은 인

8) 쇠얀 키에르케고어 지음, 임춘갑 옮김, 『사랑의 역사』, 도서출판 치우, 2011, 651쪽.

간이 하느님 앞에 정직하게 홀로 섬으로써 가능하다. 『사랑의 역사』에서 키에르케고어는 하느님의 아가페사랑과 제한적 의미의 에로스사랑 및 우정의 사랑을 구별한다. 그는 그리스도의 사랑만이 일시적인 에로스와 제한된 대상의 우정과 달리 유일하게 진정한 사랑임을 강조한다.

나무는 열매를 통해 알 수 있듯이 그리스도교의 사랑은 일시적이지 않고 영원한 진리를 통해 나타난다. 키에르케고어에게 윤리적 행위의 완성인 사랑을 가능하게 하는 하느님은 지식의 점진적 접근을 통한 인식의 대상이 아니라 신앙에 근거하는 윤리적 체험을 갖게 한다. 그는 이런 윤리적 생활의 가장 구체적 표현으로서 진리에 주체성이 관여하는 인간영혼의 활동으로서 '사랑의 역사(役事)'를 통해 현실의 실제적 변화를 추구했다. 그에 의하면 인간은 불안을 실존적 현상으로 드러내는 죄(罪) 때문에 스스로 윤리적으로 살 수 없다.

인간은 하느님 앞에 '외톨이'로서 관계하기에 사랑 때문에 자기 자신을 속인다는 것은 가장 무서운 속임수다.[9][10] 자기 자신에게 정직할 때만 사랑이 가능하기에 자기 자신을 속이는 사랑은 원천적으로 불가능하다. 유한한 인간이 영원한 하느님 앞에 홀로 서는 길이 『신앙의 기대』에서는 희망으로 『두려움과 떨림』에서는 신앙으로 『사랑의 역사』에서는 사랑으로 나타난다.[11][12]

그리스도교에서 하느님은 사랑이라고 할 때 우리가 하느님을 모두 알 수 없듯이 사랑의 근원이 하느님임을 믿지만 하느님의 사랑은 신비하여 모두 헤아릴 수는 없다는 뜻이다. 인간존재로서 이웃사랑은 영원하고 깊은 하느님의 사랑에 그 근거를 두고 있다.[13] 사랑의 원천인 하느님

---

9) 임춘갑 옮김, 『사랑의 역사』. 14쪽.

10) 키에르케고어 연구자와 번역자들이 최근에는 '단독자' 보다 '외톨이'라는 표현을 쓰기에 따른다.

11) 쇠얀 키에르케고어 지음, 표재명 옮김, 『신앙의 기대』, 프리칭아카데미, 2009.

12) 쇠얀 키아케고어 지음, 강학철 옮김, 『두려움과 떨림』, 민음사, 1991.

은 우리 각자에게 신적 권위로서 외톨이의 사랑을 요구한다. 하느님은 당신의 사랑에 근거하는 확고부동한 영원성으로 각자 자신을 바라보며 사랑하라고 가르친다.

영원한 행복 안에서 자기 자신을 사랑하라는 명령은 인간이 자신보다 강한 하느님과 관계할 때 진정으로 자기를 사랑할 수 있음을 드러낸다.[14] 오직 하느님만이 영원한 진리로서 사랑을 베풀며 그 지혜를 사람이 모두 헤아릴 수 없기에 순종하고 노래하며 사랑하게 된다. 이런 의미에서 사람들 사이의 사랑은 각자가 상대방으로 하여금 영원한 행복에 잇대어 하느님 앞에 홀로 설 수 있게 함으로써 완성되어 간다.

## 6. 도덕성의 근거로서 하느님사랑

키에르케고어에 의하면 사람은 하느님을 홀로 따르면서 각자에게 주어진 자기 자신의 목적을 추구해야 한다.[15] 그에게서 윤리는 재능의 다과(多寡)와 무관하게 누구나 지켜야 되는 보편적 규범이지만 그 실행 능력의 근거는 종교적 · 영(靈)적이다. 그는 하느님 앞의 외톨이로서 실존하는 중에 도덕성의 근거를 찾았다. 칸트는 정언명법(定言命法, Kategorischer Imperativ, categorical imperative)을 주장하나 키에르케고어는 『두려움과 떨림』에서 보듯이 영원한 하느님과 관계하는 '윤리적인 것의 목적론적 정지'에서 오히려 윤리의 근거를 찾는다.[16][17]

---

13) 『사랑의 역사』, 21-22쪽.

14) 키에르케고어의 '영원한 행복'에 대하여;
David Swenson and Walter Lowrie (trans.), *Concluding Unscientific Postscript*. Princeton University Press for American-Scandinavian Foundation, 1941.

15) Kierkegaard, (trans.) H. Hong and E. Hong, *Either/Or*, Princeton University Press, 1987, v. II. p. 265.

"나의 의도는 아브라함의 이야기 가운데 있는 변증법적인 것을 몇 개의 문제 형태로 끄집어내어서 신앙이 얼마나 터무니없는 역설인가를 알려고 하는 것이다. 즉 살인까지도 신이 기뻐하시는 거룩한 행위로 만들 수 있는 역설, 이삭을 아브라함에게 되돌려 줄 수 있는 역설을 말이다. 이 역설을 사고(思考)는 붙잡지 못한다. 왜냐하면 신앙이란 사고가 멈추는 그곳에서 시작하는 것이기 때문이다."[18]

키에르케고어에게 사람은 사회적 신분과 관계없이 하느님 앞에서 신앙의 외톨이로서 서기 때문에 종교적 영(靈)적으로 평등하고 존엄한 존재다.[19] 존엄한 존재로서 인간은 이웃사랑의 책임을 갖는다. 키에르케고어에서 보편적 윤리를 실현하는 근거는 개인이익의 추구가 아니라 신앙의 비약이다.[20] 그에게서 하느님은 무한한 주체성(infinite subjectivity)이기에 단지 합리성이나 경험적 차원의 종교철학으로 증명될 수 없다.[21] 그리스도와 교제는 그와 동시대에 살았다고 혹은 감각적 만남이 주님으로 더 잘 고백할 수 있지 않고 신앙을 통해서 가능하다.[22] 또한

16) I. Kant, "Handle nur nach derjenigen Maxime, durch die du zugleich wollen kannst, dass sie ein allgemeines Gesetz werde(네 의지의 준칙이 보편적 입법에 타당하도록 행동하라)." *Grundlegung zur Metaphysik der Sitten*. Ausgabe der Preußischen Akademie der Wissenschaften, Berlin 1900, S. 421.

17) Kierkegaard, (trans.) H. Hong and E. Hong, *Fear and Trembling*, Princeton University Press, 1983.

18) Kierkegaard, E. Hirsch (u.), *Furcht und Zittern*, Eugen Diederichs, 1950. S. 56. 표재명, 『키에르케고어 연구』, 지성의 샘, 1998, p. 77, 재인용.

19) Kierkegaard, (trans.) Howard V. Hong and Edna H. Hong, *Works of Love*, Harper and Row, 1962, pp. 73-98.

20) Kierkegaard, (trans.) David F. Swenson and Walter Lowrie, *Concluding Unscientific Postscript*, Princeton University Press, 1941, p. 125.

21) Kierkegaard, (trans.) D. Swenson & W. Lowrie, 1941, p. 178.

22) Kierkegaard, (trans.) H. Hong and E. Hong, *Philosophical Fragments*,

키에르케고어는 윤리를 희생하여 지(知)적 추구를 하는 영지주의(靈智主義, gnosticism)를 비판한다.[23)]

키에르케고어에서 사람들 사이의 사랑은 영원한 존재인 하느님의 중재가 있어야만 가능하다. 영원한 존재인 하느님은 자신을 신뢰하는 이들에게 영원한 행복을 약속하며 '사랑하라'고 명령한다. 사랑은 하느님의 명령이고 인간의 의무이며 실패가 있을 수 없는 인생의 길이다.[24)] 이렇게 하느님과 실존적 관계는 몇몇 사람에게만 요구되는 일이 아니고 인간의 본성적 책임이다.

하느님과 영원한 관계에서 살아가는 사람에게 『죽음에 이르는 병』의 실존적 죽음으로서 절망이 없게 된다. 이런 의미에서 인간에게 다가오는 불행은 인간을 절망하게 할 수 없고 하느님과 영원한 관계에 있지 않음이 이미 절망이고 불행이다. 자기 본위(本位)적 자기애(自己愛)는 자기 자신을 신격화(神格化)하기에 하느님과 관계를 맺지 않는 우정과 연애는 본질적으로 우상숭배다. 우리의 이웃은 편애(偏愛)의 뜻이 아니라 자신에게 가까이 있는 사람을 의미한다.

## 7. 하느님사랑과 이웃사랑의 변증법

하느님 앞에서 홀로 서는 사람만이 자기 자신과 이웃을 사랑할 수 있기에 자기 자신을 사랑하는 길과 이웃을 사랑하는 길은 근본적으로 하나이고 현실적으로 변증법적 관계다. 이런 시각에서 순간적 향락에 자신을 내던짐은 하느님 앞에서 자기 자신을 사랑하는 법을 배우지 못했기 때문이다. 하느님 안에서 자기사랑은 이웃사랑을 통해서만 가능하기

---

Princeton University Press, 1985, p. 63.

23) Kierkegaard, (trans.) D. Swenson & W. Lowrie, 1941, p. 347.

24) 『사랑의 역사』, 64쪽.

에 이웃을 사랑하라는 신적 권위의 명령은 각자에게 주어진 최고의 책임이 된다.

반복적으로 키에르케고어는 이웃사랑의 근거를 하느님의 사랑에서, 실천의 능력을 하느님 앞의 실존적 관계에서 찾는다.[25] 순서상으로도 하느님의 사랑은 이웃사랑 보다 우선한다. 여기서 이웃은 하느님 앞에 본성적으로 평등하기에 소위 사회적 신분이 높은 사람에 대한 이웃사랑은 용기가, 낮은 사람과 사랑에는 겸손이 요구된다. 연애와 우정이 그 대상에 매달려 있다면 이웃사랑은 하느님 신앙에서 근원한다. 하느님 안에는 어떤 비범함도 없기에 하느님사랑은 어떤 특별한 대상으로서 이웃에 따라 달라지지 않는다.

사람은 그 이웃의 차별성이나 환경에 의해 행복을 누리지 않고 하느님 안에서만 영원한 행복의 근거를 갖는다. 애정과 우정이 특정의 사람을 구하는데 관심이 있다면 하느님의 사랑에 근원하는 이웃사랑은 거룩하고 고귀한 사랑에서 나오는 사랑 그 자체에 '눈멀게' 한다. 그리스도교의 시각에서 하느님 앞에서 인간은 군중이 아니라 한 단독자로서 실존한다는 의미에서 평등한 존재가 된다.

그리스도인이 된다고 세상의 차별이 없어지는 것이 아니라 영원한 행복을 기대하면서 평정(平靜)의 마음을 갖고 지상적, 사회적 차별에서 오는 유혹을 이기려고 한다. 사람은 이 세상의 사회적 차별 속에서 살아가지만 영원한 행복을 사모한다는 점에서 모두 평등하다. 노예제도의 폐지 등 역사적으로 보면 하느님 앞의 평등이 역설적으로 지상적 차별을 없애왔다.

---

25) 『사랑의 역사』, 100쪽.

## 8. 하느님과 관계의 단절로서 죄(罪)

키에르케고어에서 하느님은 사랑의 원천이기에 인간이 하느님 안에 있을 때에만 사랑이 가능하다. 구원자이며 사랑의 실천자인 그리스도의 삶은 바로 순수한 혹은 영적 의미의 사랑의 역사다. 『불안의 개념』에서 보듯이 불안을 그 실존적 현상으로 드러내는 죄(罪) 안의 인간은 자발적 힘으로 스스로 사랑을 실천할 수 없다.[26] 그리스도의 거룩한 고난과 구원이 도덕적 삶에서 절망할 수밖에 없는 인간에게 새로운 힘을 준다. 키에르케고어에서 이웃사랑을 가능하게 하는 하느님과 새로운 관계는 『죽음에 이르는 병』에서 표현된 자기 자신을 찾아가는 과정이다.[27]

아리스토텔레스에 의하면 인간의 행동은 반복과 훈련을 통해 몸에 배게 되지만 죄(罪) 안에 있는 인간은 스스로 윤리적 책임을 완수할 수 없다는 점에서 새로운 행동은 단지 습관의 소산이 아니다. 『죽음에 이르는 병』, 『불안의 개념』 등에서 제기된 인간의 죄는 윤리적 자율성을 함축적으로 부인(否認)한다. 이렇게 키에르케고어에서 죄를 생각하지 않는 윤리학은 의미가 없다.[28] 『두려움과 떨림』에서도 개인의 타자와 관계는 하느님과 절대적으로 관계에서 근거한다.[29]

키에르케고어의 시각에서 죄와 참회(懺悔)를 생각하지 않는 철학적 윤리학은 그 한계에 다다를 수밖에 없다. 그러나 참회가 단지 참회로서 극단화되면 자기포기에 이를 수 있다. 하느님과 영(靈)적 관계를 인간 실존의 근거로 본 키에르케고어에게 윤리가 최종적 목적이 될 수 없고

---

26) John E. Hare, *The Moral Gap*, p. 191.

27) 키에르케고어 지음, 임춘갑 옮김, 『죽음에 이르는 병/관점』, 다산글방, 2007, 24쪽.

28) Kierkegaard, (trans.) H. V. Hong and E. H. Hong, *Fear and Trembling*, Princeton University Press, 1983, p. 98.

29) H. Hong and E. Hong (trans.), *Fear and Trembling*, 1983, p. 62.

이보다 더 높은 용서의 체험에서 윤리적 삶이 가능하다. 이런 시각에서 이웃사랑은 죄 속에 있고 구속(救贖)을 필요로 하는 인간에게 '윤리적인 것이 목적론적으로 정지'되는 하느님관계에서만 가능해진다.

인간은 자충족(自充足)적으로 윤리적 생활을 할 수 없으니 하느님관계가 없는 이웃사랑은 불가능해진다. 하느님사랑에 대한 감사의 표현으로서 이웃사랑은 자유선택에 의한 인격적 관계이지 강요된 행위가 아니다. 하느님의 영원한 사랑은 인간의 성품과 질적으로 무한히 다르다.[30)]

하느님의 사랑은 지성(知性)의 차원을 넘어서 사랑의 관계에 들어감으로써만 체험할 수 있다. '네 이웃을 네 몸같이 사랑하라'는 명령에서 자기자신을 찾는 과정과 이웃사랑이 불가분리의 관계에 있음을 알게 된다.[31)] 이런 시각에서 단지 말이나 이론이 아니라 개인이 주체적 삶을 통해 진리를 변증하려는 키에르케고어의 간접전달을 이해할 수 있다.

인간의 신비한 종교적 체험으로서 은혜에 대한 표현도 결국 도덕적 생활로서 객관적 검증이 요구된다. 이런 시각에서 키에르케고어는 그의 생애 말년에 덴마크기독교의 열매가 없는 삶을 비판했다. 그는 도덕적 무관심을 드러내는 헤겔주의를 비판하기 위해 칸트의 도덕성을 원용한다.[32)]

키에르케고어는 절대적 하느님과 관계하기 위해 '보편적 윤리를 정지'하는 신앙과 윤리의 이중운동(double movement) 즉 윤리는 신앙에 근원하지만 신앙은 윤리로서 객관화됨을 알려준다. 신앙과 윤리의 변증법적 과정은 이웃사랑에도 적용된다. 『두려움과 떨림』에서 아브라함은

---

30) Kierkegaard, (trans.) H. Hong and E. Hong, *Works of Love*, 1962, p. 280.

31) Kierkegaard, (trans.) H. Hong and E. Hong, *Works of Love*, 1962, p. 21.

32) R. M. Green, *Kierkegaard and Kant. The Hidden Debt*. State University of New York Press, 1992, p. 181.

하느님에 대한 믿음에서 보편적 윤리를 정지하기 때문에 '믿음의 조상'이 될 수 있다.[33)]

## 9. 윤리적 삶의 종교적 근거

펙(Peck)에 의하면 키에르케고어는 도덕적 현상 보다는 도덕적 행위의 근거와 그 한계에 대해 말한다.[34)] 키에르케고어는 자신의 삶과 사상을 글쓰기로 표현했는데 종교적 윤리적 실존과 분리된 대중영합(迎合)적이거나 학자적 글쓰기를 배척했다.[35)] 각자가 하느님 앞에서 자신을 찾아가듯이 그는 글쓰기의 주제를 분명히 하고 자기 자신에 대한 탐구를 통해 인격적이고 근원적 시각에서 진리를 찾았다.[36)] 그는 인간자율성을 신뢰하는 합리성과 윤리성을 넘어서서 오히려 '윤리적인 것의 목적론적 정지'를 통해 윤리를 세우고 이웃사랑을 실천하고자 하였다.[37)]

키에르케고어에서 영원한 존재인 하느님은 개인의 삶을 통해 드러나고 그의 사랑은 각자의 이웃사랑을 통해 표현된다. 이런 이웃사랑의 표현은 단지 반복과 훈련을 통해 덕(德)으로서 몸에 배는 것이 아니라 하느님에게서 그 근원을 가져야 가능하다. 믿음이 보통 사람이 의식하지 못하고 보이지 않는 일에 관여한다면(고린도후서 4:16-18) 관대한 삶의 표현인 이웃사랑은 용서의 과정을 통해 심화된다.[38)] 하느님과 관계

33) H. V. Hong and E. H. Hong (trans.), *Fear and Trembling*, 1983, p. 56, 81, 120.

34) William Peck, *"On Autonomy, The Primacy of the Subject in Kant and Kierkegaard"*. pp. 240-241.

35) R. M. Green, *Kierkegaard and Kant. The Hidden Debt*, 1992. p. 209.

36) Kierkegaard, (trans.) R. Thomte, *the Concept of Anxiety*, Princeton University Press, 1980, p. 7.

37) R. M. Green, *Kierkegaard and Kant*. 1992, p. 222.

하는 외톨이로서 자기부인(否認)을 요구하는 최고의 윤리로서 이웃사랑은 종교적 영(靈)적인 것에 눈뜨지 않은 사람들을 '거리끼게' 한다. 나아가 오해되고 미움을 받게 된다.

키에르케고어는 일생동안 추구했던 마음의 순수로서 하느님 앞에 외톨이로서 실존하고자 했다. 그에 의하면 개인은 종국적으로 경제적 평등이 아니라 하느님 앞에서 영원한 행복을 추구해야 된다는 점에서 평등하다.[39] 하느님의 사랑에 근거하는 이웃사랑은 신앙을 통한 개성의 특성으로 주어진다.

신앙은 주체적 정열의 최고의 표현으로서 내면의 무한한 정열과 객관적 불확실성 사이의 모순이다.[40] 정열이 없는 사랑은 불가능하다.[41] 사랑에서 영원에 대한 의식이 없을 때 정열은 시들게 된다.[42] 그리스도신앙은 죄, 참회 등으로 윤리적 행동을 넘어선다. 『두려움과 떨림』에서 보듯이 하느님에 대한 순종과 신앙은 인간에 대한 직접적 사랑을 부인하게도 된다.

> "신앙은 단지 지식이 아니라 우리에게 끊임없이 역설적 행동을 요구한다. 최고의 역설은 하느님이 인간이 되심이다. 이렇게 인간의 실존은 단지 존재하는 것이 아니라 다른 사람 혹은 주위 환경으로부터 나와서(ek-sistere) 하느님 앞에서 삶이다. 이런 삶은 실존적 교통

---

38) 『사랑의 역사』, p. 524.

39) Kierkegaard, (trans.) H. V. Hong and E. H. Hong, *Works of Love*, 1962, p. 272.

40) Kierkegaard, (tr.) D. Swenson & W. Lowrie, *Concluding Unscientific Postscript*, Princeton University Press, 1941, p. 204.

41) Kierkegaard, (trans.) H. Hong and E. Hong, *Works of Love*, 1962, p. 50.

42) Kierkegaard, (trans.) H. Hong and E. Hong, *Stage on Life's Way*, Princeton University Press, 1983, p.410.

(交通, communication)으로서 자신을 표현하게 된다. 관념이나 지식에 근거하지 않고 자신의 삶 즉 실존을 통하여 타인에게 전달된다는 점에서 영원한 행복은 도덕적 함축을 지닌다."[43]

이웃사랑은 자기를 찾아가는 과정이이기에 이웃을 사랑하지 않음은 자신을 잃어가고 있는 것이다. 갈등관계 속에서 이웃사랑도 타자에 대한 화해와 용서를 추구하는 중에 그 사랑이 표현되어야 하며 이는 곧 자기 자신을 강하게 한다.[44] 영원한 하느님사랑에 근거한 이웃사랑은 인간이 속지 않고 희망 속에서 살아갈 수 있는 방법이다. 이렇게 일시적인 감각적 향락을 제거하는 이웃사랑은 현실세계에서 각 개인에게 주어지는 최고의 과제가 된다.

전술한바 사람은 사회적 신분과 무관하게 하느님사랑에 근거하여 이웃사랑을 나누어야 될 존재라는 점에서 차등이 없다.[45] 이런 키에르케고어의 시각에서 결혼관계도 윤리적 차원이 아니라 종교 윤리적 차원으로 이해된다. 이웃사랑은 주는 자나 받는 자나 서로의 완벽성을 괘념(掛念)하지 않고 사랑을 주고받는 관계라는 데에 초점이 맞추어진다. 영원에 잇댄 이웃사랑은 속임이나 실망이 깃들 영역이 없고 오히려 사랑은 강해진다. 키에르케고어의 시각에서 하느님사랑에 근거한 이웃사랑만이 에로스사랑과 우정을 역설적으로 존속하게 한다.

하느님이 각 개인을 사랑하는 만큼 우리는 이웃과 사랑을 주고받을 수는 없으며 만약 같은 정도로 추구한다면 이는 자기 자신을 속이려는 시도다.[46] 이렇게 이웃사랑은 실제생활에서 실행여부 보다 하느님 앞

43) 황종환, "영원한 행복의 도덕적 함축", 『철학논총』 제67집 제1권, 2012, 285쪽.

44) Kierkegaard, (trans.) H. Hong and E. Hong, *Works of Love*, 1962, p. 366.

45) Kierkegaard, *Works of Love*, 1962, p. 89.

에 신앙으로 홀로 서서 영원한 행복을 바라보고 살아가는 과정이 더 우선이다. 하느님의 현존이 전제되지 않으면 사랑의 양쪽 파트너가 최선을 다해도 사랑의 지속은 불가능해진다.

키에르케고어는 그리스도를 신앙의 주님이며 율법의 완성인 사랑의 완전한 실천자로 고백한다. 그는 반복해서 이웃사랑은 단지 인간과 인간의 관계가 아니라 하느님이 중재하는 인간과 인간의 관계라고 가르친다. 이렇게 하느님을 중재자로 신앙하는 길이 자기를 찾아가는 과정 즉 자기화의 과정이 된다.[47] 하느님을 사랑함이 자신을 찾고 진리를 사랑하는 길이며 자신을 강하게 하고 이웃사랑을 통해 타인으로 하여금 하느님을 사랑하도록 한다.

## 10. 영원한 행복으로서 이웃사랑

키에르케고어는 인류를 대중으로 여기지 않고 하느님 앞에 홀로 서는 외톨이들로 보기에 인간관계는 본질적으로 이런 이웃사랑의 표현이다. 이렇게 하느님과 관계하는 외톨이는 '사랑의 무한한 빚'에 근거하여 살아간다. 영원한 하느님의 사랑에 근거할 때 이웃사랑이 가능하며 인간들만의 사랑은 이에 비교할 수 없다. 데카르트가 『방법서설』과 『성찰』에서 속지 않는 길을 찾고자 했는데 키에르케고어는 『사랑의 역사』에서 '사랑 안에서 모든 것을 믿는 것'이 바로 자신을 속이지 않고 타인으로부터 속지 않는 길이라고 한다.[48]

사랑은 영원하기에 속고 속인다는 것은 영원한 행복에 비추어 보면 아무 것도 아니다. 영원한 행복에서 볼 때 속는 것은 단지 하나, 하느님

---

46) Kierkegaard, *Works of Love*, 1962, p. 108.

47) 『사랑의 역사』, 198쪽.

48) 『사랑의 역사』, 423쪽.

과 실존적으로 외톨이의 관계에 들어가지 않는 것이다. 이렇게 자신을 찾지 않는 삶은 자신을 속이는 것이며 그 자체가 이미 자신이 받는 처벌이고 나아가 파멸에 이르는 생활이 된다. 하느님과 관계에서만 자신을 찾고 이웃사랑이 가능하다면 영원한 존재의 탁월성은 그분 안에서 행복을 추구하면서 존엄을 얻고 축제(祝祭)하게 된다. 이렇게 사랑한다는 것은 최고의 선이고 축복이다.49)

사람은 오직 사랑함으로써만 역설적으로 속지 않는다면 이웃사랑의 표현이 한 사람에게만 몰입한다면 이는 한 사람에 대한 사랑이 아니라 그 사람에게 홀린 것이다. 또한 자기 자신만 사랑하는 사람은 자기 자신에게 홀린 것이다. 이웃사랑의 시각에서 볼 때 다른 사람에게 속았다고 분(忿)해할 수도 타인에게 속지 않았다고 자랑할 수도 없다. 사랑의 관계에서 다른 사람에 대해 절망하는 사람은 자기 자신에 대해 절망하는 것이다.50) 오히려 상대방이 자신의 사랑을 알아채지 못하게 하는 방법 즉 간접전달을 추구함이 바로 키에르케고어가 전하는 사랑이다.

자기 자신이나 타인 혹은 시간 등 피조물과 관계에서 영원한 행복을 희망할 수 없다. 희망과 기대는 본래적으로 영원한 존재인 하느님과 관계에서만 가능하며 인간적으로는 순수하게 '아무래도 좋다'는 마음가짐이다. 키에르케고어에서 영원한 존재와 관계하는 사랑은 인간의 최대의 힘이며 두려움을 극복할 수 있는 근거다. 하느님과 관계에 우선하지 않는 우정과 육체적 사랑은 인간에게 최고의 선물 즉 영혼을 지녔음을 의식하지 못하기에 오히려 상대방과 자신을 파멸케 한다.51)

『사랑의 역사』를 『철학의 부스러기』로 해석하고 이해한다면 소크라테스는 타인이 홀로 설 수 있도록 일했지만 그리스도는 하느님의 사랑

49) 『사랑의 역사』, 424쪽.
50) 『사랑의 역사』, 459쪽.
51) 『사랑의 역사』, 489쪽.

안에서 홀로 설 수 있도록 사람들을 사랑했다.[52] 키에르케고어에 의하면 하느님 앞에서 외톨이로서 홀로 서는 과정에서 하느님에 대한 사랑과 자기 자신에 대한 사랑과 타인에 대한 사랑은 더불어 가며 이런 관계는 오늘날 자연에까지 확장된다. 하느님과 이런 사랑의 관계에 들어가지 못함은 하느님에 대한 믿음보다는 세상의 판단과 이목을 더 두려워하기 때문이다.

하느님에 대한 사랑은 타인의 잘못에 대해 혹은 악(惡)에 대한 궁극적 뜻을 알려고 하기 보다는 하느님 경외를 우선시하며 이런 경외에 근거한 사랑은 허다한 죄를 덮게 된다. 키에르케고어에 의하면 이웃사랑은 본능을 무시하거나 없애는 것이 아니라 내면적으로 즉 하느님과 관계 속에서 끊임없이 새롭게 변화시켜 승화한다.[53] 타인의 변화가 사랑 표현의 이유가 될 수 없다.

## 11. 이웃사랑과 도덕교육의 근거

자신이 하느님 앞에서 무한히 빚진 자로서 자기 부인(否認)을 통한 종교 윤리적 사랑을 함으로써 이웃의 변화를 가져오게 된다. 이런 의미에서 키에르케고어에서 사랑은 궁극적으로 하느님관계를 우선시하는 종교적 · 영(靈)적 관계에서 연원한다. 이웃사랑은 공동체 안에서 검증되고 객관화된다는 시각에서 볼 때 키에르케고어는 일부 비판자들의 오해와 달리 결코 사회를 떠나는 분리주의자나 반(反)지성주의자가 아니

52) 표재명, 『철학의 부스러기』, 프리칭아카데미, 2007, 21쪽. "〔'신은 나에게 분만(分娩)시키는 일을 강요했다. 그러나 낳는 일을 허락하지 않았다.' 『테아에테투스』150c〕. 왜냐하면, 사람과 사람 사이에서는 「분만시키는 일」이 최고의 것이며, 낳는 일은 신의 소관이기 때문이다."

53) 『사랑의 역사』. 143쪽.

라 사회변혁의 실천을 오히려 이웃사랑에서 보았다.

키에르케고어는 사랑의 행위를 종교 윤리적 시각에서 보기에 인간의 구원 혹은 구원의 질서(ordo salutis)는 사랑의 실천과 긴밀히 연결되어 있다고 본다. 그는 『사랑의 역사』에서 사랑에 대해 '단지 논하지' 않고 사랑을 실천하는 방법을 찾았다. 우리는 『두려움과 떨림』의 '윤리적인 것의 목적론적 정지'에서 보듯이 신앙을 통한 인간윤리의 한계극복을 키에르케고어에서 보게 된다. 그는 '인간이 얼마나 성취할 수 있느냐?' 보다는 그리스도 안에서 한 개인의 새로운 탄생을 감사한다.

하느님의 사랑은 영원히 지속됨이 우리가 사랑을 노래하게 되는 근거다. 사랑의 중단은 처음부터 사랑이 없었다는 뜻이니 사랑은 사랑의 지속으로 보일 뿐이다. 하느님의 사랑이 영원히 지속되니 이 세상은 완전히 혼란하게 될 수는 없다. 사랑은 단지 인간들 사이의 관계가 아니라 하느님사랑에 근거하는 삼자 사이의 관계다. 이웃사랑은 하느님의 중재 안에서만 가능하기에 하느님 앞에 우리가 신앙의 역설(逆說)로써 홀로 설 때만 가능하게 된다. 키에르케고어에서 하느님 안에 홀로 서기 전에 인간끼리 하나가 된다는 것은 불가능하다.

하느님의 중재 안에서 이웃사랑이 가능하다고 믿기에 '원수사랑'이나 '부모나 자매나 애인을 미워하라'는 뜻을 이해하고 실천할 수 있게 된다. 율법의 완성이라는 이웃사랑은 '영원한 행복'의 추구에서 이루어지고 이런 사랑은 우리 자신을 강하게 한다. 윤리적으로 객관화되어야 하는 인간구원이 자신의 능력만으론 불가능하기에 윤리적 행위로서 이웃사랑은 그리스도와 관계에서 가능하다. 키에르케고어에서 윤리적 행위는 도덕자율주의자들의 주장과 달리 단지 의지적 행동의 결과가 아니다.

사랑은 하느님으로부터 주어진 명령이라는 점에서 절망하거나 중단될 수 없고 사랑받는 대상의 태도와 무관하게 영원하다. 사랑은 그 본질적 속성상 영원히 지속하기에 사랑에는 결렬이 있을 수 없고 어느 편의 다른 편에 대한 포기는 단지 사랑이 완성되지 않았다는 뜻일 뿐이다. 하느님의 영원하고 불가항력(不可抗力)적 사랑은 지속되니 상대방의 반응과 관계없이 이웃사랑은 지속된다. 키에르케고어는 하느님 앞에서 외톨이로서 '진리는 주체성'이라는 실존을 강조하면서 사랑은 그 열매를 통해서만 알려지는 간접전달의 삶을 살았다.

## 12. 에로스사랑과 우정의 가능성과 근거

에로스사랑과 우정은 몸-마음-영혼의 관계와 마음-영혼의 관계로 구분된다. 그런데 이웃사랑은 하느님의 사랑에 대한 '영혼의 관계'에서 근원한다. 에로스사랑과 우정에서는 대상이 문제시되지만 이웃사랑은 하느님 사랑에 근거하기에 사랑의 성격과 본질이 새롭게 될 때에만 가능하다. 에로스사랑과 우정도 역설적으로 하느님의 중재로 가능해진다. 이웃사랑이 가능하게 되는 하느님신앙은 한 개인으로서 자기답게 사는 길이며 인간으로서 최고의 축복이고 자부심이다. 이런 시각에서 다른 사람도 하느님 앞에서 각자의 고유한 특성이 있음을 믿게 된다.

『사랑의 역사』뿐만 아니라 키에르케고어의 사상전반을 볼 때 주체적 진리는 타자도 하느님 앞에서 주체적 실존을 할 때 전달되고 공유된다. 유한한 인간이 하느님과 관계하는 신앙이 약해질 때에도 하느님의 개인에 대한 사랑은 지속되고 있다. 이런 하느님사랑이 각 개인에게 주는 선물은 각자를 독특한 존재로 만듦이다. 영원하고 존엄한 존재와 내 존재가 사랑으로 맺어지는 놀라운 관계는 자연을 포함한 이웃사랑으로 표현될 수밖에 없다. 이런 관계 속에 있는 나는 나다움의 원천인 하느님을 매개로 이웃을 사랑하게 된다.

각 개인의 독특성은 타자와 사랑의 관계 안에서만 그 의미를 지닐 수 있다. 하느님사랑에 대한 나의 감사는 감각적 윤리적 단계를 넘어 종교적 영(靈)적 존재로서 나다움을 끊임없이 표현함으로 드러난다. 『두려움과 떨림』을 키에르케고어와 레기네(Regine)의 개인적 관계로도 해석하듯이 다른 사람에 대한 사랑은 상대방이 하느님을 사랑하게 하며 상대방이 하느님을 사랑하게 된다면 나는 다른 사람의 사랑을 받는 것이다.

행동의 자발성과 지속성은 현대윤리학에서 인간존엄의 덕목이 된다. 키에르케고어에 의하면 인간은 본질적으로 자율적 존재가 아니고 하느님과 관계에서 자기를 찾을 수 있고 실존적 현상인 불안을 극복할 수 있다. 키에르케고어의 시각에서 볼 때 인간은 자기화를 근거로 자연을 포함한 타자와 관계하게 된다. 하느님과 관계에 근거하여 타자와 관계하는 간접전달은 자연과 관계하는 환경윤리의 함의(含意)를 지닌다.

키에르케고어에서 하느님과 인간의 관계가 다른 모든 관계에 우선한다. 그는 하느님과 인간 사이의 보편적 구원문제에 대해 각자가 자기 자신의 구원에 괘념(掛念)할 것을 요구한다. 그의 레기네(Regine)와 파혼에서 드러나듯이 결혼을 위해서는 자신의 개인적 생활의 진실을 말해야 하는 도덕적 의무를 갖고 있었지만 『두려움과 떨림』의 '윤리적인 것의 목적론적 정지'에서 볼 수 있듯이 그리스도와 개인의 관계는 인간의 타자와 자연의 관계보다 '목적론적으로' 우선한다고 믿었다.[54]

## 13. 실존적 절망의 윤리적 의미

키에르케고어는 『죽음에 이르는 병』에서 정신은 자기가 자기와 관계하는 관계라고 한다.[55] 인간을 자존(自存)적 존재로 보는 근대 이후 휴머니즘적 인간관과 달리 키에르케고어는 『죽음에 이르는 병』에서 인

54) 강학철 옮김, 『두려움과 떨림』, 민음사, 1991.
55) 임춘갑 옮김, 『죽음에 이르는 병』, 도서출판 치우, 2011, 21쪽.

간의 생물학적 죽음이 아니라 실존적 죽음을 절망(絕望)으로 해석한다. 절망은 실존적 현상인 불안으로 드러나는데 불안은 부정적 요인만 있는 것이 아니라 자기 자신을 찾아가는 단서가 된다. 키에르케고어에 의하면 절망에는 세 경우가 있다 1) 절망하여 자기가 있다는 것을 자각하지 못하는 절망 2) 절망하여 자기 자신이려고 하지 않는 절망 3) 절망하여 자기의 힘만으로 자기 자신이려고 하는 절망 등이다.

첫째 절망하여 자기가 있음을 자각하지 못하는 절망은 특히 현대인에게 적용된다고 할 수 있다. 현대인의 상당한 불행은 자기 자신이 있음을 의식하지 못하고 끊임없이 자연을 포함하여 타자와 교제하지 않고 오히려 정복하고자 하는 데에서 연유한다고 할 수 있다.

둘째로 절망하여 자기 자신이려고 하지 않는 절망은 자기 자신에게 모순적으로 살아가는 모습이다. 인간이 자기 자신이 되어야 함은 그 자체로서 목적이지 더 이상 그 배후를 물을 수 없다. 키에르케고어는 물론 하느님과 관계에서 자기를 찾았다.

셋째 절망하여 타자와 관계없이 자기 자신이려고 하는 절망은 인간의 본질인 사회적 관계에 눈뜨지 않는 모습니다. 인간이란 생물학적으로 잠시 살지만 영원을 사모(思慕)하는 존재이기에 이런 사모와 관계하지 않고 단지 자기 자신으로서 살아가려고 할 때 절망할 수밖에 없다. 그러므로 키에르케고어에게서 인간은 자존(自存)적 존재가 아니라 영원한 존재와 관계하는 방식으로 사회적 관계를 맺는 도덕적 행위를 하게 된다.

# Ⅸ. 윤리적 능력의 근거로서 신앙

## 1. 윤리적 행동과 종교적 신념

테일러(Taylor)에 의하면 인간의 자연에 대한 공동체 의식이나 지배는 인간 자신의 본성에 대한 이해나 신념과 긴밀히 연관되어 있다.[1) ]키에르케고어에게서 무료(無聊)와 우울은 불안의 결과이며 환경윤리학자들이 생태적 위기의 종교적 배경으로 간주하는 진보신앙도 불안을 스스로 혹은 자신의 힘만으로 극복하려는 헛된 시도다.[2)] 그에 의하면 순간의 감각적 향락의 추구와 소위 자율적 윤리의 행위는 불안에서 유래하기 때문에 성취될 수 없다. 이런 생활은 절망 속에서 자기 자신이 있음을 잊거나 자기 자신이 되려하지 않거나 자기 자신의 힘만으로 자신이 되려는 노력을 반복할 뿐이다.[3)]

키에르케고어에서 윤리적 행동의 추구는 인간의 불가능을 극복하는 하느님 앞의 역설적 신앙을 통해서만 가능하다.[4)] 그에게서 자기선택

---

1) C. Taylor, *Negative Freiheit?* Suhrkamp, 1995, S. 106-107.
2) Kierkegaard, *Entweder/Oder*, DTV, 1998, S. 180.
3) Kierkegaard, *Die Krankheit zum Tode*, Gütersloh, S. 9.
4) 쇠얀 키에르케고어 지음, 임춘갑 옮김, 『불안의 개념』, 도서출판 치우, 2011.

(Selbstwahl)은 하느님과 관계에서 가능하다. 『불안의 개념』에서 보듯이 자율적 자기선택은 자유에서 나오지 않고 실존적 불안감정에 연유한다. 신과 단독자적 관계는 현실적으로 주위 사람에 대한 윤리적 행위로 나타나며 이는 현대적 의미에서 자연에까지 확장된다. 자연과 주위 환경에 대한 바람직한 행동도 직접적 방법으로는 가능하지 않고 종교적 신념에 근거한다.

슈페만에 의하면 윤리적 행동과 종교적 신념은 아리스토텔레스에게서 보듯이 '최선을 다하는 행위'와 '그 자체의 목적을 위하는 행위'는 서로 구분된다.[5] 아리스토텔레스는 자연의 길과 인간행동의 관계를 탐구했다.[6] 품위가 있는 사람은 자신의 정체성을 지키기 어려운 때에도 자신의 고유한 영혼의 힘과 함께 스스로 자연스럽게 있을 수 있어야 한다. 즉 어려운 상황에서도 자신의 품위를 지키기 위해 애쓰는 사람이다. 고결한 성품은 특정의 도덕적 행위를 통해서만 아니라 예기치 않게 다가온 두려운 일들을 잘 견디어내고 마음을 평정을 지키는 가운데 성취된다. 용기와 절제 등 도덕적 덕목도 그 자체가 목적이 아니라 고상한 생활을 위함이다.[7]

슈페만에 의하면 윤리적 행동의 궁극적 근거를 논리적으로 증명할 수는 없고 유용성 차원을 넘어서 형이상학적 근거에 따라 행동하게 된다.[8] 한편 파치히(Patzig)는 칸트의 정언명법(kategorischer Imperativ)과 공리주의를 결합하여 타자에 대한 호의와 자기사랑(Selbstliebe, self-love)은 상호모순관계가 아니라고 본다.[9] 즉 도덕적 행위는 자기 사랑

---

5) Spaemann, *Glück und Wohlwollen*, Kletta-Cotta, 1989, S. 35.

6) Aristoteles, *Nikomachische Ethik*, Ferdinand Schöningh, Padeborn, 1956, S. 11.

7) Aristoteles, *Nikomachische Ethik*, S. 86.

8) Spaemann, *Glück und Wohlwollen*, Kletta-Cotta, 1989.

9) G. Patzig, *Ethik ohne Metaphysik*, Vandenhoeck & Ruprecht, 1983.

과 분리될 수 없다고 주장한다.

로스(Ross)에 의하면 칸트의 정언명법도 행위의 성격 혹은 원칙이지 구체적 행위라고 할 수는 없다.[10] 그런데 키에르케고어에 의하면 인간의 원죄와 불안은 존엄과 도덕을 드러내지 못하기 때문에 자기사랑을 윤리적 근거로 삼을 수 없다. 키에르케고어의 시각에서 인간은 타자를 위해 자신을 희생할 권리까지는 없다. 즉 자기의식(意識)을 지닌 인간에게 희생은 보편화될 수 있는 윤리적 규범이 아니다. 이렇게 그는 인간을 자존(自存)적 혹은 자율(自律)적 존재로 여기지 않고 신과 단독자적 관계에서 자연을 포함한 타자와 관계를 찾는 자기의식(意識)의 존재로 본다.

## 2. 인간존엄의 현실적 표현

슈페만에 의하면 복음서에서 예수는 세속 권력을 포기함으로써 자신의 존엄을 오히려 드러내듯이 존엄은 자신이 수행하는 결과에 의해 결정되지 않는다.[11] 인간에게 존엄은 품위 있는 행위로 표현되며 가치의 추구와 달리 생명보다 더 귀한 것이다. 이런 시각에서 인간의 타인과 자연에 대한 행위는 자기 존엄의 표현이 된다. 아리스토텔레스나 토마스 아퀴나스는 인간존엄의 표현을 단순히 지성적인 것이 아니라 자유와 신적인 것의 관여로 보면서 개인의 창조행위에서 찾았다.[12] 인간은 타인에 의해 상처를 받고 존경을 받지 못할 수는 있으나 자신의 존엄은 단지 자기 스스로에 의해서만 잃게 된다. 키에르케고어는 신과 관계에

S. 46.

10) W. D. Ross, *Kant's Ethical Theory*, Oxford. 1954, pp. 31-33.

11) Spaemann, *Glück und Wohlwollen*, Kletta-Cotta, 1989.

12) Spaemann, *Das Natürliche und das Vernünftige*, Piper, 1987, S. 26.

서 이런 평안과 존엄을 찾았고 전달하려고 했다.

슈페만에 의하면 인간의 존엄의식은 기술적 재질(才質)보다 우선한다.[13] 인생의 결정적 순간마다 타인을 기술적으로 속여 목적을 추구하는 사람은 그 순간마다 성공했지만 인생 전체에서 볼 때 실패한 삶을 산다. 인간이 생물학적으로 유한적 존재이지만 영원한 존재와 관계하면서 사회적 관계를 맺는다는 점에서 인간과 자연(nature)의 관계는 기실 자기가 자기의 본성(本性, nature)과 관계하는 관계가 된다.

켈러(Keller)에 의하면 인간과 자연 사이의 중재자가 없는 직접적인 이분법적 사고방식은 성(性)적 은유라고 할 수 있다.[14] 인간의 존엄의식은 자연을 단지 대상화할 수 없다. 존엄의식으로 자기를 지키며 자신이 되려고 할 때 상대의 존엄을 의식하기에 상대와 거리를 두면서 서로 하나가 되려고 한다. 인간의 자기 존엄의식은 타인과 자연 등 타자에 자신을 의탁하여 평정을 찾지 않는다.

키에르케고어는 인간의 자연스러운 본성을 신 앞의 단독자적 실존으로 받아들였다. 그에 의하면 각자는 하느님과 관계에서 근원하는 자신과 관계하는 방식으로 타자와 관계한다. 인간존엄은 수행한 업적에 의하여 인정되지 않고 인간의 자연스러운 본성을 통해 드러난다. 스스로

---

13) Spaemann, *Glück und Wohlwollen*, Kletta-Cotta, 1989, S. 18. 플라톤은 자기를 찾는 과정으로서 행복은 특정한 지식이나 기술의 습득이 아니라고 한다. 병(病)을 잘 치료만 하는 의사(A)와 병을 잘 치료할 뿐만 아니라 병을 악화(惡化)시킬 수 있는 기술을 갖고 있는 의사(B) 중에 누구 더 나은(better) 의사인가? 병을 악화시킬 수 있는 기술도 남이 갖지 못한 것을 지녔다고 본다면 B가 더 나은 의사라고 할 수 있다. 소크라테스는 그렇다면 '남을 잘 속일 수 있는 기술을 갖고 있는 사람은 그렇지 않은 사람보다 더 낫다는 말인가?'라는 의문을 제기하며 이는 인간의 추론 이전에 직관(直觀)에 비추어 볼 때 받아들일 수 없는 주장이라고 한다.

14) Evelyn Fox Keller, *Liebe, Macht und Erkenntnis*. Calhanser Verlag, 1986, S. 24.

자기 자신과 함께 즉 자기다움으로 편히 있음으로 인간본성으로서 존엄이 드러난다.

복음서는 인간존엄을 행위가 아니라 존재의 능력(Seinsmächtigkeit)에서 연유하는 것으로 가르친다. 아리스토텔레스는 존엄을 고상한 마음 혹은 넓은 마음으로 보았다.[15] 고상한 마음은 명예를 종국적으로 생명보다 더 귀하게 여기며 삶에서 하나 혹은 몇몇의 목표만을 설정하게 된다. 아리스토텔레스나 토마스 아퀴나스에서 고상한 마음은 인간 영혼에 고유(固有)하지 않고 외부에서 온 신적인 것으로서 영원하고 소멸되지 않는다.[16]

인간은 신(神)적 존엄을 의식하며 평화를 누릴 수 있다. 키에르케고어는 이 평안을 신과 단독자적 관계에서 받아들였다. 자신의 존엄을 의식하는 자만이 미래의식을 갖고 타자와 관계할 수 있으며 역설적으로 자신의 이익을 상대화할 수 있다. 인간의 존엄은 그 자체로 목적을 갖는다는 점에서 그 무엇을 위한 수단이 될 수 없다.

## 3. 산파(産婆)설의 이해와 한계

『철학적 부스러기』에 의하면 한 인간이 타인에게 할 수 있는 최고의 것은 소크라테스에서는 타인이 진리를 낳는 일을 도와주는 일이지만 그리스도교에서 진리는 인간 스스로 낳을 수 없고 하느님과 관계에서 주어진다. 이런 시각에서 나를 찾는 과정은 하느님과 관계에서 근원한다. 자기를 찾아가는 과정은 결국 실존적으로 각자의 몫이기에 일정한 지식을 전달하는 방식이 아니고 구체적 현실에서 생활을 통해 표현될 수밖에 없다.

---

15) Aristoteles, *Nikomachische Ethik*, Ditzingen : Reclam. 1986, IV. 7-8.
16) Spaemann, *Das Natürliche und das Vernünftige*, 1987, S. 27.

소크라테스의 산파(産婆)설은 양면(兩面)적 의미를 지닌다. 즉 인간이 타인에 의해 진리를 얻을 수 없다는 소극적 측면과 더불어 진리를 낳는 문제는 스스로 책임을 지는 적극적 의미를 지닌다. 스승과 제자의 관계를 포함해서 인간관계를 통해 진리가 전수될 수 있다는 허위를 폭로하는 적극적 의미를 지닌다.

키에르케고어에서 인간에게 감각적 충족은 도덕적 욕구에 의존하고 도덕적 행위는 영적(靈的, spiritual) 사모(思慕)에 영향을 받게 된다. 그러므로 자신을 찾아가는 과정은 근원적으로 영적 존재로서 종교적 관계에 연유한다고 할 수 있다. 이런 종교적 관계의 건전성과 타당성은 개인의 현실적 삶에서 윤리적 생활에 의해 객관적으로 입증된다. 이런 윤리적 생활은 한 개인을 영원에 잇대어 보게 함으로써 영원한 존재로서 자신의 독특함을 자각하게 한다.

자기를 찾아가는 과정 즉 자기화는 일생동안 지속되는 과정이며 자신의 존엄한 인격을 고양(高揚)시킬 수 있는 계기를 갖게 한다. 이런 시각에서 각자가 겪는 갈등과 시련은 오히려 자기 자신을 찾는 계기라고 밝게 해석할 수 있다. 각자의 개성과 인류의 보편성은 서로 모순적 관계이면서 보편성 안에서 각자의 정체성과 독특성을 갖게 된다.

키에르케고어에서 인간은 단지 논리나 사유만으로 살지 않고 실존 즉 영원을 사모하는 삶을 살아가고 있다. 소크라테스가 다른 사람에게 무지를 자각하게 했다면 『철학적 부스러기』에서 영원한 행복을 주는 진리는 자율적 자기탐구의 소산이 아니라 신으로부터 오는 선물이다. 소크라테스는 자신 안에 진리가 없음을 밝히며 소위 상기(想起)에 의하면 개인의 신성(神性)에 눈을 뜨게 한다.

소크라테스에게서 대화의 상대자에 대한 사랑의 표현은 자신의 무지에 대한 고백이지만 키에르케고어에 의하면 영원한 행복은 그리스도에게서 주어진다. 진리가 그리스도에 의해 주어지더라도 개인의 주관적 자기화 과정이 요구된다. 키에르케고어에서 자기화는 한 개인이 갖는 실천적 결단이 요청되며 수동적 형식으로 형성될 수 없고 윤리적 행위로 객관화 되며 진리를 위해 종국에는 목숨을 바치게도 된다. 이런 시각에서 그리스도신앙에서 자기화는 하느님에 대한 순종의 관계를 의미한다.

## 4. 개체성과 보편성

칸트는 개인에게 본성적 충동을 제어할 능력이 있다고 여겼지만 키에르케고어는 인간의 육체적 욕망, 불안, 영원한 존엄의 의식(意識) 등이 인간실존 안에 함께 있는 것으로 보았다. 감각적 향락만을 추구하는 삶은 주어진 현실에서 기실 자신의 주관이 없게 된다. 키에르케고어에 의하면 종교적 존재인 인간은 감각적 향락추구의 생활에서 나아가 자기의 독특성을 의식하며 자신을 찾아나서는 과정에서 하느님과 관계를 통해 자기를 선택하며 자기를 창조한다.

개인은 감각적 향락과 윤리적 생활의 추구에서 나아가 보편에서 예외적 삶인 하느님과 실존적 관계로 나아가며 성숙하게 된다. 윤리적 삶은 타자와 관계를 통해 결국 자기 자신에로 돌아오지만 종교적 실존은 다른 사람들로부터 나와서 하느님과 종국적으로 관계한다. 하느님과 관계하는 실존은 타인과 세상을 객관적으로 변형시키는 도덕교육의 삶이 된다.

키에르케고어에서 윤리는 그리스도와 인격적 관계에서 가능하기에 헤겔은 그의 체계에도 불구하고 윤리가 부족함이 지적된다.[17] 키에르케고어의 시각에서 인간이 타인이나 자연과 직접적으로 관계할 때 감각적 향락이나 자기 의지적 윤리에 의존하기에 본래적 의미의 관계가 현

17) Niels Thulstrup, (trans.) George L. Stengren. *Kierkegaard's Relation to Hegel*, Princeton University Press, 1980, pp. 24-26.

실적으로 이루어지지 않는다. 논리적 체계만으로는 '현실'이라는 실존을 구체적으로 다룰 수 없다.[18]

키에르케고어는 『사랑의 역사』에서 인간이 우수(優秀)하다는 것은 개개인이 본질적으로 다르고 독특하기 때문이라고 지적한다.[19] 이 독특성이야말로 인간의 진정한 우수성이다. 외톨이의 반대개념은 '일반성'이다. 외톨이가 반대하는 것은 사람들이 세계사적인 것과 교섭한다면서 중대사건만을 추구하고 인간에게 본질적이고 내적인 자유와 윤리를 소홀히 하는 생활이다.[20] 사람이 하느님 앞에 외톨이로서 교제하는 감격이 있으면 타인의 평가 보다는 이 교제의 희망 중에 더욱 살려고 한다.[21]

## 5. 현실적 실천의 가능

키에르케고어는 자신의 시름과 우수(憂愁)의 밑바닥에 있는 비밀은 불안이고 이 불안의 밑바닥에 절망이라는 죄의 불안을 자각하였다.[22] 그에 의하면 인간은 권태, 불안, 절망 등 무(無) 앞에 서는 것이 아니라 신앙에 의해 외톨이로서 무에서 창조한 하느님 앞에 서게 된다. 몽테뉴에 의하면 '철학자들은 범인을 놀라게 하고 그리스도교는 철학자를 놀

18) Kierkegaard, (trans.) David F. Swenson, Walter Lowrie(Completed after his death), *Concluding Unscientific Postscript*, Princeton University Press, 1941, p. 100.

19) 쇠얀 키에르케고어 지음, 임춘갑 옮김, 『사랑의 역사』, 서울: 도서출판 치우, 2011, 414쪽.

20) 칼 뢰비트 지음, 임춘갑 옮김, 『지식과 신앙, 그리고 회의』, 서울: 다산글방, 2007, 115쪽.

21) 임춘갑, 전게서, 2007, 117쪽.

22) 키에르케고어 지음, 임춘갑 옮김, 『불안의 개념』. 서울: 도서출판 치우, 2011, 117쪽.

라게 한다.'고 했는데 키에르케고어는 단지 사상의 창조가 아니라 자신의 실존적 삶을 통해 그리스도교 세계를 놀라게 했다.[23]

키에르케고어의 신념에 의하면 정치사회적 변혁은 단독자(單獨者)의 실존적 내면성에서 가능하게 된다.[24] 그가 실존적 외톨이를 주장했다고 해서 반(反)역사적, 반정치적 태도를 견지하지 않았다. 그에게 영원한 진리는 시종일관 그리스도와 신앙의 관계다. 그에 의하면 세계의 진정한 통치는 결코 세속의 권위에 의해서는 이루어질 수 없고 진리를 구체적 생활에서 실현하는 이들을 통하여 하느님께서 행하신다고 믿었다.[25] 키에르케고어가 발견하고자 하는 진리는 단지 관념적 진리가 아니라 자신이 그것을 위해 살고 그것을 위해 죽을 수 있는 진리였다. 그에게서 이런 진리는 인간이 스스로 만들어낼 수 없고 신의 은혜로만 가능하다.

## 6. 영원한 행복의 도덕적 의미

행복은 존엄과 함께 인간이 보편적으로 추구하는 목적이다. 키에르케고어는 행복을 추구하는 생활이 갖는 도덕적 측면의 의의와 그 한계를 신앙의 간접전달을 통하여 밝힌다. 그에 의하면 영원한 행복은 사람의 사변(思辨)이나 추상의 차원에 머무르지 않고 실제 생활의 지평(地平)에서 현실을 변화시키는 도덕적 능력으로 드러난다. 영원한 행복은 하느님과 단독자의 신앙의 관계를 통해 추구될 때 본래적 가능성을 실현하게 된다.

---

23) 칼 뢰비트 지음, 임춘갑 옮김, 『지식과 신앙, 그리고 회의』, 서울: 다산글방, 2007, 101쪽.

24) 임춘갑 옮김, 상게서, 2007, 120쪽.

25) 임춘갑 옮김, 『지식과 신앙, 그리고 회의』, 2007, 127쪽.

키에르케고어가 추구하는 영원한 행복은 타인에게 간접전달의 형식으로 표현되는 도덕적 함축을 지닌다. 사태를 객관적으로 이해하려는 사변(思辨)철학자들은 자신을 객관화시키게 되며 주체성을 최고조로 요구하는 영원한 행복이 주된 관심이 될 수 없다. 키에르케고어에서 주체적 사상가는 타자와 직접적 관계를 맺지 않고 보편자와 떨어져 역설적으로 의사소통을 하게 된다. 이런 의사소통은 자기 자신을 찾게 하는 윤리적 생활을 통해 현대사회의 개인주의와 성과중심주의를 극복하게 한다.

키에르케고어에서 의사소통의 주체는 하느님이다. 하느님 안에서 주체적으로 실존하는 자는 자신의 근원적 영역 즉 종교적 실존에서는 타인과 직접적으로 교제하지 않는다. 종교적 실존에서 타자와 직접적 의사소통의 시도는 하느님과 관계에서 자기 자신을 속이게 되고 타자에 대한 근본적 존엄을 자각하지 못하게 된다. 즉 인간의 의사소통 혹은 전달은 인간들 사이의 관계가 아니라 하느님 앞에 주체적으로 실존할 때에만 가능하다.

## 7. 윤리의식의 근거

『두려움과 떨림』에서 하느님은 아브라함에게 신앙으로 도덕법을 넘어서기를 즉 '윤리적인 것의 목적론적 정지'를 요청했다. 윤리적 요청이 이렇게 목적론적으로 초월되지 않으면 윤리적 행위자는 윤리적 차원 내에 있기에 윤리적으로 살 수 없게 된다. 『불안의 개념』에서 죄(罪)의 개념과 함께 원죄(原罪)의 교의(教義)를 염두에 둔다. 인간의 불안을 심리학적으로 취급해 보려고 하지만 실존적 불안은 단지 심리학적 과제가 아니다.[26] 불안의 실존적 현상을 가져온 원죄는 인간사유로 설명되지 않고 윤리의식(意識)을 지닌 경건한 감정이 분노를 드러낸다.[27]

『불안의 개념』에서 죄는 불안으로 말미암아 들어왔지만 이제는 죄가 불안을 가져왔다. 개체적 죄의 실존적 현상은 주체적 불안이며 이 불안이 자연 등에 나타나는 현상은 객관적 불안이다. 자연의 구속(救贖)은 '피조물의 절실한 고대'(로마서 8:19)에서 보게 된다. 동정(同情)은 한 사람에게 일어난 것이 모든 사람에게 있을 것이라는 점에 대한 깊은 이해이듯이 죄와 불안은 누구에게나 공통적이다.

키에르케고어에 의하면 영(靈)적인 것과 육(肉)적인 것은 자유의 정신에 의해 종합된다.[28] 순간은 영원과 관계하기에 순간으로서 의미를 지니지만 죄가 정립되는 그 순간에 감성(感性)이 오염되었듯이 순간에 대한 관계도 마찬가지로 오염되었다. 실존적 불안은 키에르케고어에 의하면 죄에 의한 불안의 현상 이전에 죄에 선행하는 인간의 심리상태이다.[29] 인류에서 개개의 개체는 그 자신에게 개체인 동시에 온 인류이기에 후대의 개체는 원죄와 관련하여 최초의 개체와 본질적으로 다를 바 없다.[30]

자신의 운명을 스스로 갈무리할 수 있다고 믿고 살아가는 천재는 자신의 수많은 명성과 업적에도 불구하고 하느님 앞에 홀로 실존하는 영원과 불멸 앞에 가련할 수밖에 없다. 자신의 힘만으로 도덕적으로 살 수 있다는 입장은 하느님과 관계에서 해결될 수 있는 불안을 스스로 극복하겠다는 어리석은 시도다. 영원한 존재를 사모하는 대신 순간적 즐

---

26) 임춘갑 옮김, 키에르케고어 지음, 『불안의 개념』, 서울: 도서출판 치우, 2011, 26쪽.

27) Kierkegaard, *Purity of Heart*, (trans.) Douglas Steere, New York: Harper. (Opbyggelige Taler i forskjellig Aand, by S. Kierkegaard, 1847, Part One, "En Leiligheds-tale".) 1948, p. 49.

28) 키에르케고어 지음, 임춘갑 옮김, 『불안의 개념』, 서울: 도서출판 치우, 2011, 180쪽.

29) 임춘갑 옮김, 『불안의 개념』, 도서출판 치우, 2011, 182쪽.

30) 임춘갑 옮김, 『불안의 개념』, 도서출판 치우, 2011, 195쪽.

거움에 매인 생활은 세월을 낭비하고 자연을 비롯한 타자와 올바른 관계를 맺지 못하게 된다. 하느님 앞에 홀로 서는 종교적 생활을 반복함으로써 키에르케고어는 자기 자신을 찾아 나섰다. 이런 시각에서 하느님과 관계하지 않는 타자 및 자연에 대한 인간의 직접적 관계는 사실 관계가 아니다.

## 8. 윤리적 능력으로서 역설적 신앙

슈페만에서 자연을 포함한 타자에 대한 윤리적 행동은 형이상학적 근거를 갖는다. 『반복』의 키에르케고어는 악(惡)의 번창, 의인의 고난, 바람직한 삶 등에 대한 해답을  윤리학적 신학적 철학적 논의에서 구하지 않고 욥과 같이 하느님에 대한 전폭적 신뢰에서 찾는다. 그는 인간 행동의 근거를 외톨이로서 하느님 신앙에서 찾았다.[31]

키에르케고어는 정열이 관여하는 신앙의 역설을 통해 자신의 윤리적 능력의 한계를 넘어서려고 했다. 그는 하느님의 은혜와 사랑을 체험한 후 영원한 행복에 대한 동경에서 이웃과 자연을 사랑했다. 그에게 역설(逆說)이 없는 사유는 정열이 없는 사랑과 같다. 여기에서 역설은 자기 자신의 몰락을 각오하기까지 한다. 인간에게 판단활동이 있을 때 진리에 관여한다면 키에르케고어는 신앙의 역설을 통해서 진리에 다다르려고 했다.

키에르케고어는 그리스도에 대한 신앙의 역설을 통해서 자기화 즉 자신을 찾게 되었다. 그는 자기화를 통해 자연을 포함한 타자에 대하여 관계하며 사랑하게 되었다. 그에게서 윤리적 행동은 신앙의 역설을 통해서만 가능하기 때문에 예수 그리스도를 그 당시 직접 감각적으로 본

---

31) 쇠얀 키에르케고어 지음, 임춘갑 옮김, 『반복/현대의 비판』, 도서출판 치우, 2011.

사람들이 더 신앙을 갖게 되지 않는다.

키에르케고어는 하느님에 대한 종교적 신앙에 근거하여 인간실존을 설명하면서 구체적 생활에서 자기 자신을 우선적으로 고려하며 살아가는 낙관적 윤리관을 받아들이지 않는다. 그에 의하면 미적 단계의 생활은 직접적, 감각적, 순간적 만족을 추구하며 역사변화와 문화형성에 무관심하다. 윤리적 단계는 미적 생활의 모순을 극복해 보려고 자기 자신의 힘만으로 자기 자신이 되려는 시도로서 하느님과 실존적 관계에서만 가능한 자기화를 성취하지 못한다.

키에르케고어에서 그리스도만이 개체 이상의 존재다. 인간은 키에르케고어의 시각에서 볼 때 실존적으로 개체이면서 온 인류이기에 한 개인의 실존적 과제와 책임이 온 인류를 위한 과제와 책임이다. 그에게서 하느님 앞에서 자기 자신을 찾아가는 자기화의 과정으로서 한 개인의 주위환경에 대한 윤리적 행위가 바로 인류의 생태적 위기를 극복하는 길이다.

# X. 실존적 주체성과 환경의식

## 1. 성취된 삶으로서 행복

행복은 인류가 오랫동안 추구해온 이상(理想)이다. 이런 행복을 보편적으로 도덕적으로 전달할 수 있는 길을 키에르케고어 사상에서 살펴본다. 윤리학은 끊임없이 제기되는 새로운 문제를 해결해야 되지만 근본적으로 그 원칙은 변할 수 없다. 행복과 도덕에서 근본적 원칙은 인생이 전체적으로 성공적 혹은 성취된 삶을 살아야 된다는 점이다. 키에르케고어는 인간을 영(靈)적 존재로 보면서 진리는 하느님과 실존적 관계 즉 신앙의 역설을 통해서 가능하다고 본다. 그는 인간의 보편적 이해 혹은 윤리적 규범을 일방적으로 무시한 사상가가 결코 아니다.

키에르케고어에서 객관적 의사소통은 독특한 의미를 지닌다. 즉 그는 개념적 차원의 보편적 이해가 아니라 다른 사람도 하느님 앞에 실존적으로 설 때에만 진리는 전달될 수 있는 의사소통의 가능성을 보여주었다. 영원한 행복은 키에르케고어가 그의 저술뿐만 아니라 실제적 삶을 통하여 전달하고자 했던 핵심사상이다. 그는 영원한 행복을 이 땅의 생활에 국한시키지 않고 사후에 맞을 삶에까지 확장하여 신앙으로 고대하였다.

키에르케고어에 의하면 인간은 행복의 추구를 미적 단계에서는 직접적이고 감각적 향락을 통해 추구한다. 그에 의하면 미적 단계는 행복이 순간적 감각적 향락에 의해 성취될 줄로 착각하는 생활방식이다. 윤리적 단계에는 인간의 의지에 근거한 윤리적 생활을 통해 추구한다. 종교 윤리적 단계는 계시(啓示)된 하느님 즉 예수그리스도에 대한 믿음을 통해 성취하고자 한다.

감각적 만족을 외부에서 추구하는 생활은 소위 자기화가 성취되지 않아 실존이 될 수 없다. 감각적 향락의 끝은 『죽음에 이르는 병』에서 지적된 대로 생물학적 죽음으로서 죽음이 아니라 실존적 죽음인 절망에 이르게 된다.[1] 자기 자신의 능력에 근거한 윤리적 생활의 추구는 스스로에게 절망하게 되며 종교 윤리적 생활에서 행복을 추구하려고 한다.

## 2. 객관적 지식의 한계와 신앙

철학사에서 키에르케고어는 실존철학의 선구자이며 독일관념론을 비판한 사상가로 알려져 있다. 그의 독일관념론 비판은 오해를 가져올 수 있다. 그는 실존 삼 단계 사상을 볼 수 있는 『철학적 단편에 대한 종결(終結)적 비(非)학문적 후서』에서 이 땅의 생활을 넘어서서 영원한 행복의 삶을 전한다.[2] 영원한 행복은 간접전달을 통해 타인들에게 도덕적 의미를 전달한다는 시각에서 볼 때 키에르케고어는 흔히 오해되듯이 객관적 도덕성을 무시한 사상가가 결코 아니다.

키에르케고어에 의하면 인간은 감각적, 윤리적, 종교적 단계를 거쳐

---

1) 쇠얀 키르케고르, 임춘갑 옮김, 『죽음에 이르는 병』/『관점』, 다산글방, 2007.
2) Kierkegaard, (übersetzt), Hans Martin Junghans, *Abschlissende unwissenschaftliche Nachschrift zu den Philosophischen Brocken*, Eugen Diederichs, 1957-1958.

서 그리스도교적인 것에 이르게 된다.[3)] 이런 단계에 대한 언급이 이미 헤겔의 『정신현상학』에서 언급되는 절대정신의 발전단계의 영향과 전혀 무관하다고 할 수 없기에 키에르케고어는 독일관념론을 일방적으로 비판했다는 주장은 타당하지 않다. 키에르케고어는 실존의 '단계'라는 표현보다는 실존운동에 관심을 갖고 헤겔의 『정신현상학』의 발상과 논리를 숨은 전제로 하면서도 헤겔의 전제를 극복하려는 의도를 갖고 있다.[4)]

인간의 실존은 순수한 사유가 아니라 '이것이냐 저것이냐'를 절대적으로 선택해야 된다. 키에르케고어의 사상을 자기화라는 측면에서 본다면 자기선택은 자신의 인격을 형성하는 활동이다.[5)] 그런데 그는 자신의 실존을 결국 종교적 즉 그리스도교적 실존으로 설명한다. 그의 실존 삼단계에서 미적 단계가 직접적 향락을 추구하며 자기중심적, 자기폐쇄(閉鎖)적 생활태도라면 윤리적 단계는 보편성을 추구하며 타자와 상호관계를 통하여 사회에 책임을 지려는 생활태도다.

개인은 자신의 행복을 외부에서 찾으려는 향락적 생활에 절망하게 되어 내면적 세계로 관심을 돌리게 된다. 미적 단계가 불안에 의한 동요가 있다면 윤리적 단계는 내면성과 지속성을 통해 삶의 의의를 추구하고자 한다.[6)] 윤리적 단계에서 사람은 자기 자신을 선택하며 내면적 인격으로서 자기를 선택하려고 한다. 그런데 이 단계에서 사람은 자신의 허물과 뉘우침을 발견하며 스스로 윤리적으로 살 수 없는 자기모순을 보게 된다.[7)] 키에르케고어에 의하면 인간에게 죄(罪)는 내재적 한계를

3) 표재명, 『키에르케고어 연구』, 지성의 샘, 1998, 68쪽.

4) 표재명, 『키에르케고어 연구』. 70쪽.

5) Ronald J. Manheimer / 이홍우, 임병덕 역, 『키에르케고르의 교육이론』, 교육과학사, 2003.

6) Kierkegaard, (u.) E. Hirsch, *Entweder - Oder II*, Eugen, Diederichs, 1956, S. 239.

표시하고 초월적 존재를 요구하며 윤리적 생활의 좌절을 의미한다.[8)]

인간의 실존에서 미적 단계와 윤리적 단계는 하느님 앞에 인간이 신앙적 정열로 서는 종교적 단계에 이르는 통과영역이라고 할 수 있다. 키에르케고어는 『두려움과 떨림』에서 종교적 결단이 윤리적 생활과 모순될 수 있음을 극명히 그리고 있다.[9)] 자신의 아들을 바치라는 하느님의 명령 아래에서 아브라함은 윤리적 생활의 극한점이라고 할 수 있는 무한한 자기 체념을 하게 되고 마침내 죽음까지도 물리칠 수 있다는 신앙의 결단을 하게 된다.

『두려움과 떨림』에서 키에르케고어는 초월적 존재와 관계하기 위해 인간의 보편적 규범인 윤리적 요구를 목적론적으로 정지한다. 이런 종교적 태도는 일반종교에서 볼 수 있는 종교성 A와 그리스도교에서만 가능하다는 종교성 B를 구분한다.[10)] 종교성 B에서는 계시된 하느님인 예수 그리스도와 신앙적 관계가 핵심이며 그 목적은 이 땅의 삶에 얽매이지 않고 영원한 행복을 추구한다.

## 3. 영원한 축복의 추구

인간을 감각적 향락추구나 윤리적 규범준수의 차원이 아니라 깊은 내면에서 하느님과 관계하는 영(靈)적 존재로 본 키에르케고어의 시각에서 인간은 영원한 행복을 추구하는 존재다. 영원한 행복의 추구는 윤리

---

7) Kierkegaard, (u.) E. Hirsch, *Furcht und Zittern*, Eugen Diederichs, 1950.

8) 표재명, 『키에르케고어 연구』, 76쪽.

9) 쇠얀 키아케고어, 강학철 옮김, 『두려움과 떨림』, 민음사, 1991.

10) Kierkegaard, *Abschlissende unwissenschaftliche Nachschrift zu den Philosophischen Brocken*, Eugen Diederichs, 1957-1958, S. 267. 표재명, 『키에르케고어 연구』, 79쪽 재인용.

적으로 전달된다는 점에서 종교적 광신(狂信)과 구분된다. 키에르케고어에서 개인은 타자를 위해 자기 자신을 일방적으로 희생할 권한은 없고 공동체의 행복도 개인의 행복과 연관될 때에만 가능하다.[11] 슈페만(Spaemann)은 '영혼을 좋게 한다.'는 아리스토텔레스의 형식적 행복에 내용을 담고자 한다.[12]

기독교신앙은 계시된 그리스도를 인간이 믿음으로 진리를 얻지만 소크라테스는 상기(想起)에 의하여 진리가 배워진다고 한다. 그에 의하면 사람은 이미 아는 것은 구하지 않고 아직 모르는 것도 구하지 않을 것이라는 '논쟁적 명제'에 부딪히게 된다.[13] 진리를 모르는 사람은 생각해주는 사람이 필요할 뿐이기 때문에 소위 산파(産婆)설이 설명된다. 소크라테스 자신이 산파로서 자신의 사명을 알고 있었다.

소크라테스에 의하면 각 사람은 자기 자신이 중심이며 이 자기를 통하여 세계와 관계하게 된다. 그에게서 자기인식은 곧 신(神)인식이며 자기 자신만으로 만족할 수 있는 용기와 생각을 추구했다. 소크라테스 사상에 의하면 상기설에서 보듯이 사람은 그 바탕에 처음부터 진리를 갖고 있다고 설명된다. 아리스토텔레스에게서 신은 스스로 움직이지 않으면서 사랑이라는 동기(動機)로서 모든 것을 움직인다.[14]

그리스도교의 출발에 의하면 개인은 아담 이후 처음부터 비(非)진리의 상태에 있게 되었다. 가르치는 자가 배우는 자에게 진리를 줄 수 있

---

11) 황종환, 「생태정의와 인간의 존엄」, 『철학논총』, 47집 1권, 새한철학회, 2007.

12) Robert Spaemann, *Glück und Wohlwollen*, Stuttgart: Klett-Cotta, 1989, S. 9.

13) 쇠얀 키에르케고어 지음, 표재명 옮김, 『철학의 부스러기(Philosophiske Smuler)』, 프리칭 아카데미, 2007, 18쪽.

14) 표재명, 『철학의 부스러기』, 49쪽, 재인용, 아리스토텔레스 『형이상학』 제2권 7, 8(1071B).

으려면 배우는 자를 근본적으로 개조시켜야 되는데 이는 신에게만 가능한 일이다.[15] 사람이 진리를 받아들임으로써 새로운 전향(轉向)을 하게 되는데 이 순간 뉘우침은 과거를 돌아볼 뿐만 아니라 미래를 내다보게 된다. 비(非)진리에서 진리로 무(無)에서 진리로 태어남을 키에르케고어는 다시 태어남 혹은 재생(再生)이라고 한다. 이렇게 다시 태어남은 다른 사람에게 전달될 수 있을까?

키에르케고어의 수미일관(首尾一貫)된 시각에서 볼 때 철학적 관념이나 추론이 아니라 타인도 순간(瞬間)적으로 다시 태어남을 통해서만 전달되고 전달받을 수 있다. 그리스의 정열이 상기(想起)에 집중된다면 그리스도교의 정열은 비진리가 진리를 받아들이는 순간적 사건에 집중된다.[16] 진리는 개인이 과거 비(非)진리 상태의 추억에 더 이상 얽매이지 않고 어엿하게 살 수 있기를 원하게 한다. 진리를 영접하고 지속적으로 배우는 자는 하느님과 교제를 위해 끊임없는 상승이 요구되며 자신이 얻은 지극한 행복을 노래하고 싶어진다.[17]

하느님의 사랑은 소크라테스의 산파로서 역할이 아니라 진리를 낳는 일을 한다. 오성(悟性)은 자기 자신을 부인할 수 없기에 자신과 전혀 다른 존재와 관계하게 할 수 없다. 하느님과 인간의 관계를 가능하게 하는 신앙은 그 자체가 이미 기적이다. 이런 신앙의 기적은 사람이 다른 사람에게 신세를 지지 않고 하느님의 선물로서 가능하다. 키에르케고어는 하느님과 인간 사이의 신앙의 기적적 관계를 영원한 행복으로 보았다.

15) 표재명, 『철학의 부스러기』, 29쪽.
16) 표재명, 『철학의 부스러기』, 41쪽.
17) 표재명, 『철학의 부스러기』, 57쪽.

## 4. 그리스도와 신앙의 관계

하느님에 대한 믿음으로 누리게 되는 영원한 행복에서 그리스도와 같은 동시대의 문제는 중요하지 않다. 각 개인의 신앙의 목격(目擊, autopsie) 혹은 실견(實見)으로 동시대인이 아닌 사람이 오히려 동시대인이 될 수 있다. 인간과 인간의 관계는 소크라테스적 관계가 최고의 관계이지만 진리가 인간을 찾아온다고 믿는 그리스도교에서는 하느님이 인간이 되심은 이성(理性)이나 오성(悟性)을 넘는 역설이고 신앙으로 관계할 수 있다.

하느님은 가현체(假現體)가 아니라 참 육체로서 이 세상에 왔다. 인간이 하느님과 관계하는 신앙은 순간(瞬間)이란 계기를 통하여 이루어진다. 산파로서 소크라테스의 출발에서는 낳는 일을 대행하지 못하지만 그리스도교의 출발에서 진리는 신앙이라고 불리는 행복의 역설을 통해 '낳게' 된다. 이런 행복의 역설만이 하느님과 인간 사이의 전혀 모순적 관계를 가능하게 하는 길이다. 믿음은 단순한 인식(認識)이 아니다.

키에르케고어는 『관점』에서 저술가로서 자신의 삶을 설명하고 있다.[18] 그 자신의 설명에 의하면 『후서』는 심미적이거나 인간이 스스로 추구할 수 있다는 종교적 저서가 아니었다.[19] 어떻게 하면 '한 사람의 기독인(基督人)이 될 수 있는가?'를 말하는 전환점이 되었다. 즉 한 인간이 심미적 혹은 사변(思辨)적 삶을 넘어서서 기독인으로 변형되는 과정을 그리고 있다. 이런 의미에서 키에르케고어의 삶에서 『후서』는 그의 저서의 종결이 아니라 자신이 추구했던 행복한 삶의 출발이 된다.

---

18) 쇠얀 키르케고르 지음, 임춘갑 옮김, 『죽음에 이르는 병』/『관점』, 다산글방, 2007.

19) Kierkegaard, *Concluding Unscientific Postscript*, (trans.) David F. Swenson, Walter Lowrie(completed after his death), Princeton University Press, 1944.

그는 기독인의 삶이 사변적 단계로서는 결코 성취될 수 없음을 자신의 삶을 통하여 증언한다.

키에르케고어는 그 당시 사변과 과학적 방법에만 의존하는 태도가 인간의 영혼에까지 적용됨을 위험하게 받아들였다. 인간영혼을 과학적 방법만으로 접근하면 하느님에 대한 인간의 실존적 관계와 종교 윤리적 정열을 깨뜨리게 된다. 키에르케고어에게 유일하게 확실한 길은 오히려 종교 윤리적 삶이다.[20] 하느님 앞의 종교 윤리적 삶에서 드러나는 인간의 실존적 신비를 과학은 설명하지 못한다.

키에르케고어에 의하면 과학은 신앙의 신비를 단지 가능성으로 바꾸려는 시도로서 하느님에 대한 인간실존의 모습을 질식시키려고 한다. 그에게서 신앙과 과학의 관계는 그의 헤겔비판에서 함축되어 있다. 『후서』에는 키에르케고어가 그리스도신앙을 단지 이론적으로 이해하고자 했던 자신의 생활에 대한 참회가 보인다.

키에르케고어는 자신의 자기화를 가져오는 신앙의 비약에 의해서만 그리스도인이 됨을 알게 되었다. 그는 신앙의 역설적 열정을 통해서 더 이상 '기독교란 무엇인가?'라는 사변적 물음이 아니라 자신이 그리스도를 닮는 제자가 되려고 투쟁하였다. 이렇게 키에르케고어에게 '진리는 주체성'이 된다. 신앙은 단지 지식이 아니라 우리에게 끊임없이 역설적 행동을 요구한다. 최고의 역설은 하느님이 인간이 되심이다. 관념이나 지식에 근거하지 않고 자신의 삶 즉 실존을 통하여 타인에게 보편적으로 전달된다는 점에서 영원한 행복은 도덕적 함축을 지닌다.

키에르케고어는 종교적 실존이 윤리적으로 표현되는 생활을 감각적 향락의 생활로부터 구분했다. 또한 종교의 내재적 측면과 초월적 측면의 강조에 따라 종교적 단계를 A와 B로 구분했지만 초월적 측면은 내재적 측면을 배제하는 것은 결코 아니며 도덕적 전달을 간접적으로 가능하게

20) Kierkegaard, *Concluding Unscientific Postscript*, 1944, xv.

한다. 이렇게 볼 때 종교적 실존은 윤리적인 것을 배제하는 것이 아니라 오히려 윤리적인 것으로 자신의 정당성을 입증하게 된다.[21]

키에르케고어에서 인간은 자신의 힘만으로 윤리적 삶을 통하여 하느님 앞에 실존할 수 없다. 하느님과 인간의 관계는 '윤리적인 것이 목적론적으로 정지'되더라도 결국은 타인에게 고결한 삶이 전달된다는 점에서 윤리적이며 도덕교육의 함의를 지닌다. 하느님 앞에 실존은 가능성만을 제시할 수 있는 지식의 축적이 아니라 단독(單獨)자 혹은 외톨이로서 신앙의 질(質)적 도약을 요구한다.

단지 체계를 세우려는 시도는 온갖 것을 약속하지만 아무런 결과를 낳지 못한다. 학문적 방법은 양(量)적 변화를 가져올 수는 있더라도 최고의 선(善)으로서 영원한 행복을 성취할 수 없다. 개인이 외톨이로서 단지 객관적 차원의 생활을 거부하고 하느님 앞에 실존적 신앙으로 영원한 행복에 대한 관심으로 설 때 진리는 오게 된다. 키에르케고어에 의하면 신앙에서 요구되는 무한한 정열이 학문과 과학적 객관화에서는 오히려 상실된다고 한다.[22]

사변적 확실성의 추구와 신앙은 더불어 갈 수 없으므로 정열이 퇴색하는 곳에 신앙이 있을 수 없다. 유한한 존재인 인간의 숙고(熟考)는 확실성을 보장하지 못하기에 하느님과 인간의 관계는 신앙을 요구한다. 단지 객관적으로 세상을 탐구할 때 하느님에 대한 인간의 관계에서 요구되는 주체적 실존의 무한한 정열인 신앙은 사라질 수밖에 없다.

그리스도교는 영(靈)적이고 영적인 것은 내면(內面)적이다. 내면적인 것은 주체(主體)적이고 주체적인 것은 본질적으로 정열이며 이 정열은 영원한 행복에 대한 무한한 인격적 관심이다.[23] 진리는 주체가 그

21) Kierkegaard, *Concluding Unscientific Postscript*, 1944, xix.
22) Kierkegaard, *Concluding Unscientific Postscript*, 1944, p. 30.
23) Kierkegaard, ibid., p. 35.

진리에 '어떻게 관여하느냐'에 달려있는 것이다. 진리가 영(靈, Spirit)이라면 인간의 주체성이 내면적으로 전환되어 신앙으로 표현되어야만 한다. 진리는 키에르케고어에서 하느님과 인간의 자유로운 영적 관계에서 나타난다.

## 5. 내면(內面)의 주체성

키에르케고어는 기독교에 대한 객관적 이해수준이 아니라 개인이 주체성을 갖고 내면의 변화를 드러내는 크리스천으로 살아감을 문제시하였다. 무한한 정열이 없이 단지 객관적 무관심으로 살아가는 사람에게 진리가 전달될 수 없다. 진리에 대한 사변(思辨)적 접근은 아무런 전제도 받아들이지 않지만 그리스도교는 하느님의 계시를 실존적으로 전제한다. 우리들이 겪는 이 세상의 현실은 사변으로 해결될 수 있는 수준이 아니라 각자의 실존적 참여를 요구한다.

키에르케고어에게 기독교는 본질적으로 주체적이기에 진리는 사변적 객관적 방법만으로는 전달될 수 없다.[24] 그에게 이런 주체성의 최고표현은 영원한 행복에 대한 무한한 정열로서 드러난다. 어느 정도 환상이 있을 수밖에 없는 이 땅의 연인들의 사랑도 주체적 정열이 요구되는데 사람의 측량보다 훨씬 베푸시는 하느님과 관련한 영원한 행복에서 신앙은 무한한 정열로 표현된다.

진리는 객관적 관찰이 아니라 주체적 정열의 긴장으로서 전달될 수 있다. 영원한 행복은 키에르케고어에서 사변(思辨)이 아니라 신앙에 의해 성취될 수 있다. 그의 시각에서 하느님 앞에 주체적으로 실존함이 타인에 대한 인간관계의 표현인 도덕적 행위가 된다. 인간관계의 문제는 인간들 사이의 갈등 이전에 개인이 주체적으로 하느님 앞에 홀로 서

24) Kierkegaard, ibid., p. 51.

지 못하기 때문에 발생한다.[25] 하느님과 관계를 맺는 길인 주체성은 인간관계를 우선시할 때 오히려 상실되게 된다.

인간이 본질적으로 주체적이기 위해선 객관적 가능성 보다는 개인에게 부하(負荷)된 책임을 의식하고 수행해야 한다. 키에르케고어에서 실존의 마지막 단계를 종교적 단계라고 하지 않고 종교 윤리적 단계라고 한데서 감지(感知)할 수 있듯이 하느님과 인간의 관계는 종국적으로는 인간과 인간의 관계로 검증된다. 주체적으로 실존하는 사상가는 의사소통과정에 대하여 오히려 큰 관심을 갖는다. 객관적 사유는 사유자의 실존에 대하여 관심을 갖지 않지만 주체적 사상가는 본질적으로 한 개인으로서 자신의 실존과 사유의 관계에 관심을 갖는다. 이런 사상가는 사유를 내면화(內面化)함으로써 윤리적으로 실존하고자 한다.

객관적 사유가 결과에 주된 관심을 갖고 때로는 상대방을 속이려고도 하지만 주체적 사유는 끊임없이 자기 자신이 되도록 하기 때문에 결과보다는 과정을 중시한다. 주체적 사상가의 사유는 보편화과정을 통하여 점점 더 자기 자신이 되어간다. 객관적 사유는 단지 직접적 의사소통을 추구하기에 내면화나 자기화가 없게 된다.

하느님과 인간의 관계에서 의사소통과 전달의 창시자는 하느님이기에 헤아릴 수 없는 방법으로 인간은 자신의 내면화와 자기화를 표현할 수 있게 된다. 이런 자기화의 표현은 단지 자기중심적으로 자신을 표현하는 태도와 구별된다. 키에르케고어에서 진리는 고정되어 있지 않고 끊임없이 자기를 형성하는 과정 중에 있기에 어떤 결과에 종국적으로 도달하지는 않게 된다. 이런 형성은 주체적 실존이 하느님과 관계하면서 은밀하게 이루어지며 역설적으로 인간관계를 가능하게 한다.

주체성과 내면화가 주요한 의미를 지니는 곳에서는 한 개인이 다른 사람과 구별되는 특별한 의미를 갖기 때문에 늘 다양한 의사소통 혹은

25) Kierkegaard, ibid., p. 62.

전달의 방법과 기술이 핵심적 문제가 된다. 하느님과 관계에서 간접적으로만 표현될 수 있는 개인적 비밀이 주체적 사유에서는 특별한 의미를 지닌다. 인간관계에서 나타나는 객관적 지식도 자기화의 과정을 겪을 때에만 그 중요성을 갖게 된다.

키에르케고어의 시각에서 내면화나 자기화를 직접적으로 전달하고자 하는 시도는 어리석고 실패할 수밖에 없다. 소크라테스도 타자와 의사소통에서 소위 다이몬(daimon)의 소리를 듣는다고 하면서 자신 자신을 인간관계와 동일시하지 않았다. 그는 소위 산파술을 통하여 타인들이 자신들의 다이몬 즉 그들만의 비밀에 귀를 기울이도록 하였다.

영원한 행복을 추구하는 주체적 실존에게 감각적 향락은 일시적으로 속이며 자신을 왜곡하게 한다.[26] 역사적 사실에 대한 단순한 습득은 외부세계에 대하여 많은 정보를 얻더라도 자기 자신을 찾게 하지는 못한다. 직접전달은 사회적 안전 속에서 자신을 표현하며 지키려는 의도다. 그러나 주체적 실존은 인간의 삶이 이 땅에서 유한하지만 영원한 행복을 위해 죽음을 각오하면서까지 하느님과 관계하며 자신을 드러내고 타자와 의사소통하게 된다. 주체적 사상가로서 실존은 『두려움과 떨림』에서 아브라함 같이 하느님 앞에 홀로 서기 위하여 인간관계 즉 윤리를 끊임없이 '목적론적으로 정지시킬 수' 있어야 한다.

기독교의 역설적 성격은 시간과 역사적 사실을 끊임없이 영원과 연관하여 본다는 점이다. 영원과 연관된 신앙적 역설은 이전과는 다른 결정적 행위로서 드러나게 된다.[27] 간접전달의 주체적 행동은 개인의 확신을 요구하는 것이지 누가 권고하거나 강압한다고 가능하게 되지 않는다. 주체적 개인이 자신의 구체적 삶을 통해 타인에게 간접전달을 보이는 목적은 사람은 본질적으로 하느님에게만 배울 수 있다는 점에서 모

26) Kierkegaard, *Concluding Unscientific Postscript*, 1944, p. 75.
27) Kierkegaard, *Concluding Unscientific Postscript*, 1944, p. 91.

두 같음을 보이기 위함이다. 주체적 실존은 자신의 결단 보다 타자의 동의를 더 구하지 않는다.

## 6. 실존적 절망과 신앙

키에르케고어의 시각에서 인간은 누구나 절망할 수밖에 없음에도 불구하고 절망하지 않고 있다고 여기고 살아가는 모습이 절망의 현실이다. 인간은 단순한 영육(靈肉)의 결합이 아니라 정신이라는 규정으로 볼 때 절망을 알게 된다.[28] 실존적 현상인 불안이 자신을 찾아가는 단서와 근거가 되는 것과 마찬가지로 절망은 자신을 찾을 수 있는 하느님의 축복이라고 할 수 있다.[29]

키에르케고어에서 불안이 이중(二重)적 의미를 지니듯이 절망은 단점이 되기도 하고 인간이 숭고(崇高)하게 될 수 있는 장점이 된다. 물론 그는 그리스도 안에서 불안과 절망이 자신을 찾는 단서와 근거로서 가능함을 밝히고 있다. 자기가 자신에게 관계하는 관계는 자신에게서 오거나 타자에게서 온다.[30] 영원과 순간, 자유와 필연, 무한과 유한의 종합이 하느님 안에서 살아가는 인간에게 내재하기 때문에 실존적 불안과 절망은 오히려 자신을 찾아가는 계기가 된다.

키에르케고어에서 사람은 영원을 사모하는 자기 자신을 부인할 수 없으며 하느님 안에서 자기 자신과 관계하는 책임을 진다. 그리스도교에서 사람은 부활과 심판을 믿기에 생물학적 죽음이 아니라 절망이 죽음에 이르는 병이다. 절망이 인간의 본질적 소원인 영원(永遠)을 사모하는 내면(內面)의 영혼의 활동을 소멸시킬 수 없다. 이런 시각에서 인간

28) 임춘갑 옮김, 『죽음에 이르는 병』/『관점』, 다산글방, 47쪽.
29) 임춘갑, 상게서, 49쪽.
30) 임춘갑, 상게서, 24쪽 이하.

은 자기 자신을 교토학파의 주장과 같이 무(無)로 만들 수는 없다.[31]

키에르케고어에 의하면 인간은 유한성과 무한성이 종합되어 자기 자신과 관계한다. 이 관계는 가능성과 필연성의 규정으로 나타나는 자기 자신에 대한 관계가 된다. 자기 자신에 대한 의식은 의지(意志)로 표현된다. 즉 의지를 갖게 될수록 사람은 자기의식을 갖게 된다. 무한성과 유한성의 결합으로서 자기의식은 키에르케고어에서 구체적 행위를 통해서 표현된다. 이런 표현은 자기가 혹은 개체가 하나님과 관계하는 관계를 통해서만 수행된다.[32] 이런 구체적 관계를 통하여 가능태(可能態)가 현실태(現實態)로 변환되면서 자기화(自己化)가 지속적으로 형성된다.

자기 자신이 되도록 되어있는 인간이 무한성과 연관을 갖지 않음으로써 혹은 인간에 대한 공포 때문에 자기화에 대한 근원적 책임을 방기(放棄)하게 된다. 인간의 가능성은 본질적으로 제한되어 있기에 자기화도 한계를 갖는다. 키에르케고어에 의하면 인간의 자기 자신에 대한 절망의 유일한 치유는 하느님 안에서 활동하는 믿음의 가능성이다. 자신의 과오 때문에 파멸이 당연히 올 것이라는 현실 속에서도 아니 바로 이런 현실에서 믿음의 의지가 활동하며 구제가 나타난다.[33]

『죽음에 이르는 병』에서 절망의 셋째 형태 즉 절망을 극복하고 자기 자신이 되기 위해선 하느님과 신앙의 관계에 있어야 한다. 이런 관계에서는 생의 필수적 조건인 호흡이나 수면과 더불어 심오한 본성으로서 고독(孤獨)에 대한 욕구를 갖는다.[34] 고독에 대한 욕구는 사회적 소음으로 자신을 잠재우지 않으려는 정신이 인간 속에 있다는 의미다.

---

31) 니시타니 케이지 지음, 정병조 옮김, 『종교란 무엇인가』, 대원정사, 1996.
32) 임춘갑 옮김, 『죽음에 이르는 병』/『관점』, 다산글방, 57쪽.
33) 송재우, 「키에르케고르적 개인적 체험의 학문적 정초가능성 -하이데거의 해석학적 방법을 통하여 -」, 『철학논총』, 55집 1권, 새한철학회, 2009.
34) 임춘갑 옮김, 『죽음에 이르는 병』/『관점』, 124쪽.

우리는 자기 자신의 나약함을 알지만 자기 자신이 되기 위해서는 자기 자신에게 절망을 넘어서 하느님과 관계하게 된다. 영원한 존재와 관계를 인간실존의 근거로 본 키에르케고어에서 이런 관계를 위한 자기 자신의 포기 즉 자신을 포기하는 절망의 용기는 신으로부터 오는 것이다.[35] 영원한 존재인 신과 관계의 포기는 용기와 신앙이 아니라 끝까지 추상적 형태로서 자기 자신이 되려는 태도다.

인간이 끈질기게 혹은 절망적으로 자기의 힘만으로 자신이 되려고 할 때 영원한 존재와 관계를 맺지 못한다. 현실적으로 자기 안에 있는 영원을 사모하는 마음을 절망적으로 오용(誤用)하며 자신이 되지 못한다. 영원한 존재와 관계하지 않고 스스로 자기 자신이려는 태도를 고대 스토아주의와 근대 휴머니즘에서 본다.

하느님과 관계를 자기 자신에 대한 관계로 환원하거나 자기 자신을 향락하면 결국 절망에 이르게 된다. 『죽음에 이르는 병』은 절망하여 자신이 되지 않으려는 형태로부터 끝까지 타자와 관계를 거부하고 하느님에 대한 반항을 통해 자기가 되려는 절망을 그리고 있다. 타자와 관계를 거부하는 절망은 하느님과 관계에서 주어지는 영원한 행복을 주목하지 않기 때문이다.

『죽음에 이르는 병』에서 종교적으로 하느님에 대한 관념을 갖고 있지만 절망하여 자기 자신이려고 하지 않거나 절망하여 자신의 힘만으로 자기 자신이려고 함이 죄(罪)다.[36] 즉 죄는 하느님 앞에서 사람이 절망하여 자기 자신이려고 하지 않거나 하느님 앞에서 절망하여 스스로 자기 자신이려고 함이다.[37] 키에르케고어에서 죄는 인간이 하느님을 의식하지 않는 저급한 자기고집이라고 할 수 있다.

---

35) 임춘갑 옮김, 상게서, 131쪽.
36) 임춘갑 옮김, 상게서, 149쪽.
37) 임춘갑 옮김, 『죽음에 이르는 병』/『관점』, 158쪽.

죄의 반대는 인간적 척도로서 덕(德)이 아니고 하느님 안에서 자기 자신을 찾으려는 신앙이다. 죄의 반대는 덕이 아니라 신앙이라는 것은 그리스도교의 가장 결정적 규정이다.[38] 사변(思辨)철학이 사람들을 인류라는 보편성으로 추상화한다면 하느님 앞에서 살아가는 외톨이 혹은 단독자(單獨者)로서 인간은 죄의 극복을 그리스도신앙에서 찾는다.

사람은 자신이 선택한 대상에게 헌신함으로써 행복해질 수 없다고 느낄 때 그 대상을 오히려 질투하게 된다. 찬양은 행복한 자기상실이고 질투는 불행한 자기주장이다.[39] 그리스철학이 행위의 실패를 앎의 부족(不足)으로 설명하는데 앎은 인간 사이의 관계에서 설명되지만 하느님과 사람 사이의 관계는 신앙이다. 죄는 인간에게 단순한 개념이 아니고 실증적으로 나타난 현상이다. 죄의 극복인 하느님에 대한 인간의 신앙도 단지 개념일 수 없다. 소크라테스가 신성(神性)에 대한 경외 때문에 자신은 무지(無知)하다고 한다면 그리스도교는 신앙에 의해서만 인간은 살 수 있다고 가르친다.[40]

아름다움은 아름다움 그 자체를 위해 추구되어야 한다는 칸트의 주장과 달리 큉(Küng)에 의하면 아름다움은 진리를 드러낼 때에만 의미를 지니게 된다.[41] 키에르케고어를 원용하면 사람은 아름다움 자체를 위해 죽을 권리가 없고 하느님과 실존적 관계가 바로 최고의 아름다움이다. 그리스도와 인간이 관계하면서 자신의 죄에 절망하면서도 그리스도와 관계에 들어가지 않으려는 즉 죄의 용서에 관여하지 않으려는 반항을 키에르케고어는 인간의 실존적 나약성으로 분석한다.[42] 그런데 인

38) 황종환, 「키르케고아와 카시러의 종교성 비교연구」, 『철학논총』, 51집 1권, 새한철학회, 참조.

39) 임춘갑 옮김, 『죽음에 이르는 병』/『관점』, 160쪽.

40) 임춘갑, 옮김, 상게서, 194쪽.

41) Gesa Elisbeth Thiessen (ed.), *Theological Aesthetics*, Eerdmans, 2009, p. 205.

간이 그리스도를 삶의 척도로 삶고 믿음의 관계에 들어갈 때 죄에 대한 의식은 더 예민하게 된다. 그리스도와 관계하는 실존적 주체성과 환경의식의 관계를 살핀다.

## 7. 환경의식과 도덕교육

환경윤리학이 1960년대 이후로 독립적 학문분야로 자리를 잡은 이후 환경의식의 종교적 배경에 대한 연구가 진행되고 있다.[43] 환경의식(environmental consciousness)은 아직도 학문적으로 정립되어 가고 있지만 환경파괴를 수반하는 산업화와 연관하여 인간과 (자연)환경 사이의 바람직한 관계로서 논의되는 개념이다.[44] 키에르케고어의 실존적 주체상과 관련하여 환경의식을 개선하는 방안을 찾고자 한다.

공동체의식의 상실로서 환경위기는 키에르케고어가 『죽음의 이르는 병』에서 지적하듯이 자신에 대한 절망과 우수(憂愁)가 상호관계 속에서 드러난 현상일 뿐이다. 자기를 선택하는 자기화는 키에르케고어의 간접전달을 통해 환경의식에 원용될 수 있다. 환경의식에 대한 이론적 거대담론은 이론적 호소력을 지닐 수 있으나 우리들의 삶을 변화시킬 수는 없다.

잘사는 삶은 인간의 본질을 있는 대로 알고 그에 걸맞은 목적적 행위를 이룩해야 한다. 소위 잘사는 나라는 인간 영혼에 대한 이해와 더불어 영혼의 구체적 활동의 장(場)인 환경에 대한 고찰을 요청해왔다. 키에르케고어에서 자기의식은 신과 실존적 관계를 통하여 자기를 찾아가

42) 임춘갑 옮김, 『죽음에 이르는 병』/『관점』, 222-223쪽.

43) 길희성 외, 『환경과 종교』, 민음사, 1997.

44) Adler, H. Achim von Hoegen, *Kulureller Wandel in Korea*, Wechselwirkungen zwischen Wirtschaft, Gesellschaft und Kultur, Band 10, Erlangen-Nürnberg Universität, 1995, S. 4.

는 과정이다. 신 앞에서 인간의 단독자적 실존은 인간 사이의 관계를 넘어서서 자연에까지 확대되고 환경의식에 원용(援用)된다.

> "키에르케고어는 큽니다. 그는 마치 다이아몬드가 그 앞에 어리는 물체의 빛깔에 따라 영롱한 빛을 내듯이, 시인에게는 시인으로, 철학자에게는 철학자로, 신학자에게는 신학자로 나타납니다."[45]

키에르케고어는 하느님과 인간의 실존적 관계를 영혼의 순수함으로 이해하고 끊임없는 자신을 찾고자 했다. 그는 삶의 마지막까지 정신적으로 공허한 덴마크 사회에서 정직과 삶의 일관성을 회복하기 위해 헌신했다. 그는 자신의 삶에 대하여 감사하고 값 없이 받은 은혜를 갚기 위해 각 사람이 자신의 소중함을 알고 홀로 설 수 있도록 간접전달의 삶을 살았다.

키에르케고어의 실존에서 각 개인은 자기 자신과 관계하는데 이 관계는 신과 관계에서 근원한다. 자존(自存)적 존재를 전제하는 인간이해의 한계는 악(惡)의 문제와 관련하여 한계를 갖는다. 자연에까지 확장되는 인간의 타자와의 관계는 사회문화 혹은 자연환경과 관계를 통하여 검증된다. 『두려움과 떨림』의 '윤리적인 것의 목적론적 정지'는 신과 관계에서 인간이 끊임없이 주변 환경과 관계하며 자기를 찾아가는 환경의식으로서 도덕교육의 함의(含意)를 지닌다. 키에르케고어는 아브라함의 신 앞에서 이삭에 대한 관계를 전하면서 한 개인이 그 자신을 보편적인 것의 한 부분 이상(以上)으로 자인(自認)하고 실존할 수 있다면서 이를 목적론적이라고 한다. 그는 이런 실존을 '윤리적인 것의 목적론적 정지'라고 한다.[46]

---

45) 표재명, 『키에르케고어 연구』, 서울: 지성의 샘, 1995, 279쪽.
46) Kierkegaard, *Fear and Trembling*, London: Penguin Books, p. 84.

## 8. 자기의식과 환경의식

키에르케고어에 의하면 인간과 타자의 관계는 신 앞에서 인간의 실존적 자기이해와 필연적 관계를 갖기에 인간과 자연의 관계는 종교적 물음을 제기한다.[47] 『두려움과 떨림』에서 아브라함은 신과 관계하며 보편자 보다 더 높은 개인이 되어 타자와 관계한다. 이런 목적론적 정지는 윤리의 보편적 타당성을 넘어서고자 한다. 인간의 자연에 대한 바른 관계를 환경의식이라고 한다면 이 관계는 키에르케고어에서 신과 인간의 실존적 관계로 가능하다.

희랍인의 이상적 삶은 자연과 더불어 지내는 것이다. 화이트(L. White)에 의하면 인간의 자연에 대한 오만한 태도와 잘못은 창조를 인간중심적으로 본 데 연유한다.[48] 기독교의 창조론에 대한 역사적 왜곡은 자연에 대한 급격한 비신화화(非神話化)를 빌미로 자연약탈을 가능케 했다. 화이트가 자연에 대한 인간의 공격적 태도의 근거로서 제시한 창세기 1장 28절은 히브리-그리스도교적 해석이기보다는 아리스토텔레스-스토아적 배경이라며 이의(異議)가 제기된다.[49]

알트너(G. Altner)에 의하면 기독교의 문화명령이 역사적으로 인간의 자연에 대한 오만한 태도로 나타났고 공동피조물에 대한 유대위임(紐帶委任)이 '이용할 수 있는 모든 것을 이용하라'는 식으로 세속화되었다고 한다. 이런 역사적 과정은 창조에 대한 문화위임에 반(反)하여 오해되었다.[50] 기독교에서 구속사(救贖史)적 의미가 상실될 때 윤리

---

47) R. Groh, *Weltbild und Naturaneignung, Zur Kulturgeschichte der Natur*, Frankfurt a. M. : Suhrkamp, 2002, S. 21.

48) Lynn White, "The Historical Roots of Our Ecological Crisis", in: *Science 155*, 1967, pp. 1203-1207.

49) J. Passmore, *Man's Responsibility for Nature. Ecological Problems and Western Tradition*, London, 1974, pp. 36-65.

학의 영역이 단지 과학과 기술에로 축소될 수밖에 없다.

환경윤리학자들이 1960년대 이후 지적한 대로 생태적 위기의 사상적 배경은 인간 본성에서 악(惡)을 의식하지 않고 낙관적 견해를 따르는 진보신앙이다. 근대 이후 인간이 신(神)을 배제하고 지상에 이상적 세계를 세우고자 했을 때 인간과 자연의 관계만이 남게 되었다. 인류는 근대 이후 산업혁명과 과학의 진보 등 발전을 이룬 반면 삶의 질을 숙제로 남겨놓았다.

## 9. 환경위기의 내면적 배경

인간과 자연을 분별하여 나누는 이분법적 의식구조는 환경위기의 종교적 배경으로 지적된다. 요나스(H. Jonas)에 의하면 고대의 영지주의(靈智主義)와 플라톤사상에서 이분법(dichotomy)은 그 연원을 찾게 된다.[51] 특히 근대 이후 형성된 인간의 절대적 독립성에 대한 요구는 상호간의 인격적 친밀성보다 분리된 인식을 추구하며 정복욕과 공격성이 수반되었다. 이런 배경에서 인간은 자신을 자존(自存)적 존재로 간주하며 자연을 대하게 되었다. 근대의 진보신앙은 인간에 의한 세속적 종말론으로서 생태적 위기의 배경이 되었다. 새롭게 직면한 생태적 위기에서 환경의식에 대한 각성은 '성장히스테리'를 멀리하고 자연을 공동세계와 동반자로 보려고 한다.

카시러의 문화형식에 의하면 근원적 유대에 의해 이루어지는 종교적 상징형식은 그 하층구조가 정감(情感)적 유대(紐帶)이기 때문에 진위(眞僞)라는 판단형식보다는 연대성과 독창성에 의해 설명된다.[52] 카시

50) G. Altner, *Naturvergessenheit*, Darmstadt: Wissenschaftliche Buchgesellschaft, 1991.

51) H. Jonas, *Das Prinzip Verantwortung*, Frankfurt: Suhrkamp, 1984.

러의 종교적 상징형식에서 사회와 자연은 '분석적' 대상 이전에 분리될 수 없는 정감(情感)적 공동체가 된다. 종교와 신화의 형식에서 주위의 것들은 객관적 성격이 아니라 정감적 호소로 다가오는 상모(相貌, physiognomy)적 성격을 띠고 하나의 커다란 연대사회가 된다.

환경의식의 측면에서 볼 때 인간이 신화적 의식구조 속에서 살 때에는 비록 그 의식(意識)이 잘못되더라도 자연을 함부로 대할 수는 없었다. 과학적 사고가 현실을 기술하고 설명하는 일반적 법칙, 즉 분류와 체계화의 방법을 사용하지만 생명의 유대로서 주위의 환경을 이해하고자 하는 종교적 형식은 분석적이 아니라 종합적이다. 생명은 여러 부분으로 나누어질 수 없으며 인간사회와 자연환경은 종적(種的)으로 차이가 있을 수 없는 공감적 세계가 된다. 이러한 생명의 연대성에서는 인간은 환경에 대하여 독특한 특권을 지닌 존재로 이해될 수 없다.

윤리교육의 목적은 단지 새로운 이론의 창안(創案)이 아니라 각자가 책임적 존재로서 주위환경을 실제적으로 개선하며 적극적으로 사는 것이다. 왜곡된 자기의식과 사회의 구조적 모순은 환경문제를 야기한다. 자기의식의 '윤리적인 것의 목적론적 정지'를 통한 전환은 현실생활의 환경에 깃들여 있는 실존적 불안과 절망을 극복할 수 있다. 『철학의 부스러기』에서 소크라테스의 출발이 상기(想起)로서 인식(認識)임에 대하여 그리스도교 신앙은 '죄와 허물' 안의 인간에게 진리의 생명을 준다.[53] 이런 시각에서 인간을 낙관적 존재로 가정하고 정립된 환경의식과 도덕교육은 효용성에 한계를 갖는다.

인간과 자연의 정감적 유대를 카시러의 문화철학에서 종교형식으로 이해한다면 개성이 미분화된 상태로 이해할 수 있다. 카시러에 따르면

52) E. Cassirer, *an Essay on Man*, Yale University Press, 1972, p. 72-.
53) 쇠얀 키에르케고어 지음/ 표재명 옮김, 『철학의 부스러기』, 프리칭아카데미, 2007.

종교의 진보에 따라 생명의 연대성에 대한 일반적 감정은 하나의 새롭고 보다 강한 동기 즉 인간의 개성에 대한 특별한 의식에 자리를 넘겨준다.[54] 키에르케고어의 시각에서 신과 인간의 실존적 관계는 다른 관계보다 우선한다. 고결한 성품으로 드러나는 신과 인간의 관계는 환경의식과 관련하여 자연은 새로운 공동체의 동반자가 된다. 자연은 새 하늘과 새 땅이 된다.

## 10. 환경의식으로서 도덕교육

자아란 현실적으로 자기 자신을 선택할 때에만 존재하게 된다. 자아를 선택하고 자기 자신을 창조할 때에만 사실상 선택이라고 할 수 있다. 이런 시각에서 도덕교육은 각자가 평생토록 자신에 대한 자기의 책임이다. 이렇게 각 개인은 자신을 선택할 때 도덕적으로 발달하여 타자와 관계하며 이 관계가 자연에까지 확장되어 환경의식이 된다. 더불어 알아간다는 의미의 의식(consciousness)은 그 언어내용에서 이미 각 사람은 타자와 관계하면서만 살 수 있다는 뜻이다.

자신의 본성에 진실한 행동은 키에르케고어의 실존적 결단에서 볼 때 자기 자신을 찾아가는 과정이라는 의미에서 도덕교육의 근거가 된다. 이런 과정의 행동은 구체적 현실에서 사회적 터부(taboo)를 뛰어넘어 자신의 고유한 창조성을 드러낸다. 신칸트학파 카시러는 이런 창조성을 문화를 형성하는 낙관적 인간본성에서 찾았다. 키에르케고어는 인간의 허물과 죄를 통찰하고 그리스도교적 출발에서 성육한 예수 그리스도에 대한 믿음으로 구했고 구체적 방법을 기도에서 찾았다.

54) Cassirer, 1972, p. 107.

**강함은 주님의 것입니다.**[55)]

하늘에 계신 아버지!
겉으로 보면
어떤 사람은 강하고
어떤 사람은 약합니다.
강한 사람은 그 힘을 자랑하고
약한 사람은 한숨 쉬며 질투합니다.
하지만,
우리의 내면을 살펴보면,
홀로 강하신 주님의 얼굴 빛 안에서
우리 모두가 약합니다.

보편적으로 승인받는 윤리적 가치가 종국적 규범이 될 수 없다는 키에르케고어의 '윤리적인 것의 목적론적 정지'는 인간 실존의 악(惡)에 대한 현실 속에서 받아들여진다. 도덕교육은 객관적으로 이해하고 납득하는 차원이 아니라 실존적 삶을 통한 해결이다. 아브라함은 이삭에게 칼을 들었지만 살인자로 비난을 받지 않고 오히려 신앙의 아버지로 고양되었다. 그는 더 큰 선을 찾는 중에 '살인하지 말라'라는 윤리적 명령을 깨뜨리며 자신이 정당화되었다.

키에르케고어에게 죄(罪)와 악(惡)의 극복은 덕(德)이 아니라 하나님과 관계를 맺는 신앙이다. 그에 의하면 죄의 실존적 현상으로서 불안은 그리스도신앙을 통해서만 극복된다. 칸트가 종교적인 것을 윤리적 영역 내에서 이해하고자 했지만 키에르케고어는 보편적 윤리를 넘어서는 신과 믿음의 관계를 인격적으로 받아들였다.

가치가 특정인을 고양시키기 위하여 '중지'된다면 결국 보편적 가치를

55) 르페브르(LeFevre, P.) 저, 이창승 역, 『키에르케고르 기도』, 서울: 기독교연합신문사, 2004, 13쪽.

부인하는 허무주의에 빠지는가? 니체는 '신의 죽음'을 말하여 허무주의에로 나아갔다고 비난받기도 하지만 그의 본 의도는 독자들로 하여금 소위 보편적으로 받아들여지는 것이 다시 전도(顚倒)될 수 도 있다는 것을 말하려고 했다. 니체는 소위 '자유정신'을 통하여 더 큰 목적을 이루기 위하여 이전에는 우리의 덕이 우리의 주인이었다면 이제는 우리가 우리 삶과 덕(德)의 주인이 될 것을 요구한다.

도덕교육은 기존의 가치와 문화를 전승하면서 개인의 실존적 삶을 통한 창조적 문화를 형성하려고 한다. 기존의 바람직한 가치를 단지 전승한다는 견해는 인간문화의 반쪽만 설명한다. 사실 기존의 가치도 해석학자나 현상학자의 주장에 의하면 학습자나 행위자의 가치화(valuing) 과정을 통하여 타당성이 받아들여지고 전승된다. 문화의 창조적 행위는 늘 개인의 실존적 삶과 연관되어 타자와 관계 즉 주위 환경과 관련하여 이해된다. 신 앞의 단독자로서 실존은 맹신(盲信)이 아니고 객관적 타당성이 되는 현상적 과정은 인간관계를 넘어서서 자연에까지 확장된다.

인간의 자기의식을 신 앞의 단독의 개인으로 받아들인 키에르케고어에게 생태적 위기는 그의 직접적 관심사가 아니었지만 그의 만년의 강화집(講話集) 『들의 백합 공중의 새』에서 현대 환경윤리학자들의 생태적 이해를 읽어낼 수 있다. 키에르케고어에서 인간과 인간의 관계나 인간과 자연의 관계는 단독자로서 인간과 신의 관계로부터 나온다. 그는 하느님의 돌보심에 대한 믿음과 이방인의 염려를 구분한다. 자기의 자리에서 쫓겨난 새는 다른 곳으로 날아가 자신을 쫓은 이들에게 대한 원망(怨望)이 없이 하느님께 순종하며 자신의 노래를 부르며 살아간다.

# XI. 실존적 변형과 용서(容恕)

## 1. 영원한 존재와 교제

키에르케고어는 신과 교제하고 싶은 소명(召命) 즉 영(靈)적 존재로서 인간의 본질을 찾았다. 그에게서 사람이 자기를 아는 길은 신으로부터 받은 자신만의 소명 즉 고유한 책임을 수행함이다. 우리는 신의 소명을 충분히 이해하지 못하지만 신으로부터 받은 책임을 의식하고 실존적 결단을 통해 자기 자신이 되어 간다. 인간의 본질로서 신의 소명을 수행하는 길은 실존적 성숙 혹은 변형을 통해서 이루어진다. 이런 변형은 최근의 심리학적, 정신분석적 연구에서도 인간이 육체만으로 환원될 수 없음을 통해서도 밝혀지고 치료에 원용되고 있다.

키에르케고어가 예언자같이 이미 지적한 대로 현대인은 결정적 순간에 개인의 실존적 주체성 보다는 타인들이 살아가는 방식이나 수적(數的) 다수를 행동의 지침으로 따르고 있다. 정신적 활동을 하는 사회적 지도층도 예외가 아니다. 현대인의 진리에 대한 배신은 끊임없이 알려고만 할뿐 개인으로서 주체적 행동의 포기를 통해 나타난다. 키에르케고어는『두려움과 떨림』에서 진리가 단독자로서 증언됨을 전한다.[1] 개인의 숙고(熟考)는 실존과 분리되지 않을 때에만 즉 진리는 내적 자기화를 거칠 때에만 심화되어 자신을 찾고 타인에게 전달될 수 있다.

키에르케고어는 자기시대에 숙고(熟考)만 있고 정열이 없음을 비판했는데 현대의 우리는 이 둘이 모두 없는 세대에서 즉 단독자로서 실존을 포기하고 살아가는 듯하다. 그는 평생 자신을 괴롭힌 우울과 죄의식을 극복하고 용서에 대한 확신에서 하느님을 노래하였다. 그는 은혜와 사랑을 노래하고 싶은 특별한 소원이 자신을 압도할 때 이는 스스로에게서 말미암지 않고 하늘 아버지로부터 온 것으로 고백했다.[2)]

우리 세대에서 긴급히 요구되는 것은 더 많은 지식이나 정보의 축적이 아니라 자기 자신의 변화 혹은 변형이다. 단지 생각에만 얽매인 세대에서 키에르케고어가 실존의 변형으로 요청한 주체적 정열과 신앙의 도약은 보기 어렵게 되었다.[3)] 그는 실존의 최고단계에서 종교 윤리적 변형을 통해 예수 그리스도와 교제를 원망(願望)하며 이 원망을 하늘의 선물로 받아들였다. 그는 신과 최고의 관계를 용서에 대한 확신에서 찾았다. 그는 용서에 대한 확신에서 하느님으로부터 받은 용서의 기쁨을 노래하게 되었다. 그의 실존 변형의 최종적 변증법이 신에 대한 직접적 표현으로 나타났다.

키에르케고어는 자신의 우울과 죄책에서 벗어난 후 즉 자신의 궁극적 물음의 실존적 변형을 경험한 후 이런 선물에 응답하기 위해 주님 가까이에서 살려고 했다. 하느님이 자신에게 끊임없이 최고의 것을 베풀자 키에르케고어는 이런 선물과 자신의 새로운 삶에 대하여 경건한 결단을 하게 되었다. 실존의 변형으로서 용서의 은혜와 감사에 대한 키에르케

---

1) Kierkegaard, (trans.) Walter Lowrie, *Fear and Trembling*, Princeton University Press, 1941.

2) Kierkegaard, *The Present Age. on the Death of Rebellion*, (trans.) by Alexander Dru, HarperCollins Publisher, 1962, p. 259.

3) Kierkegaard, *The Present Age*, p. 12.

고어 노래를 통해 형이상학적 물음을 넘어서고자 한다.

## 2. 궁극적 물음에 대한 연구와 한계

궁극적 물음을 묻는 형이상학(metaphysics)은 아리스토텔레스의 저작을 후대 학자들이 편집하는 데에서 그 어원이 연유한다. 지난 세기의 과학의 발전과 더불어 실험과 경험을 통하여 궁극적 대답을 찾는 방법이 상당한 업적을 이루어 왔다. 이런 업적을 보며 형이상학자들은 인간의 사유와 관념에 호소하는 전통적 형이상학 탐구의 방법자체에 대하여 질문을 제기했다. 퍼어스(C. S. Peirce, 1839-1914)도 모든 과학의 근거를 묻는 물음에 대해 의문을 제기했다.[4] 그는 과학적 방법인 관찰, 실험, 가설설정, 비판적 분석 등을 궁극적 실재를 찾아가는 인간조건의 현실적 대안으로 제시했다.

과학은 자체의 한계를 갖고 있지만 고유한 방법으로 형이상학을 탐구하려는 시도가 계속되었다. 이런 측면에서 형이상학은 실재를 탐구하는 '과정'으로서 의미를 지닌다. 글래이모어(Glymour)에 의하면 우리는 이미 알려진 것에 의해 생각하고 발전시킨다.[5] 콰인(W. V. O. Quine)도 소위 '순수한' 형이상학적 방법에 대해 의문을 제기했다. 그는 퍼어스와 같이 전통적 방법의 형이상학이 아니라 과학적 방법으로 접근했다.[6] 즉 그는 엄격한 과학을 문화가 발전하는 방법으로 받아들였다.

---

4) Patricia Smith Churchland, *Brain-Wise Studies in Neurophilosophy*, MIT Press, 2002, p. 39.

5) Clark Glymour, *Thinking Things Through*. Cambridge: MIT Press, 1997.

6) W. V. O. Quine, *Epistemology Naturalized. In his Ontological Relativity and Other Essays*, Columbia University Press, 1969, pp. 69-90.

전통적 철학의 주제였던 자아(Self), 의식(Consciousness), 자유의지(Free will) 등을 신경과학이나 인지과학 등을 통해 해명하려는 시도는 실재(實在)와 현상(現象) 등 전통적 이원론을 순수하게 자성(自省)적 혹은 숙고(熟考)적 방법이 아니라 '경험적으로' 해결하려는 것이다. 최근에는 신경(神經)철학(neurophilosophy)이라는 뇌에 대한 연구가 형이상학에 대한 현실적 연구방법이 되었다.

데카르트가 의식(意識)하는 정신과 연장(延長)된 물질을 구분했는데 인간에게는 결정적 순간에 스스로 의식하지 못하는 판단이 인간행위에 중요한 역할을 미친다는 연구가 상당히 나오고 있다.[7] 이런 점에서 자신이 의식(意識)하지 못하는 지각(知覺)에 대한 연구의 중요성이 인정되고 있다.[8] 특정의 단어를 말하고 쓰는 데에서 나아가 타인을 판단하는 과정 등에서 인간은 스스로 의식하지 못하는 방식으로 뇌의 활동을 하기도 한다.[9] 즉 인간의 가치판단은 무의식적 반응에 의해서도 이루어진다.[10]

전통적 형이상학을 옹호하는 시각에서 인간의 정신활동을 종국적으로 뇌의 생리적 현상으로 환원하려는 입장은 비판된다. 복잡한 현상을 단순하게 설명하려는 '환원'은 단지 여러 이론의 하나로 이해될 뿐이다. 소위 인간의 순수한 이성(pure reason)도 다양한 경험적 사실에서 전혀 독립하여 있을 수는 없다. 콰인(Quine)의 『언어와 대상』(Word and Object)과 셀라스(Sellars)의 『과학, 지각, 실재』(Science, Perception,

---

7) Churchland, *Brain-Wise Studies in Neurophilosophy*, p. 48.

8) 많은 작가들의 고백에서도 볼 수 있듯이 우리는 자신의 말하고 쓰고 과정을 모두 충분히 의식하는 것은 아니다.

9) 사람에게 눈동자가 작아지면 접근의 어려움을, 커지면 접근이 호의적임을 드러낸다고 한다.

10) Robert Zajonc, "Feeling and Thinking: Preferences need no inferences." *American Psychologist* 35: 1980, pp. 151-175.

and Reality) 등 이후로 철학은 점점 더 경험적 사실에 근거하게 되었다.[11] 이런 경험적 경향은 철학자들로 하여금 형이상학 일변도의 철학에서 벗어나게 했다.

결정론과 비결정론 문제는 형이상학적 과제 중 하나다. 카시러(E. Cassirer)는 결정론과 비결정론을 모순적으로 받아들이지 않고 각각 다른 설명양식으로 본다.[12] 인과율과 상호관계를 엄격히 분리해서 설명하기도 쉽지 않다.[13] 철학사에서 흄(D. Hume)은 인과율에 대하여 형이상학적 설명보다는 어느 현상 혹은 힘에 의하여 다른 현상이 나타난다고 설명할 수 있을 뿐이라고 하였다. 이런 입장에서는 이 세상의 현상계를 넘어서서 어떤 형이상학적 가정을 내세우는 것을 쉽게 받아들일 수 없게 되었다.

## 3. 궁극적 물음과 인간조건

인간이 궁극적 실재에 대한 탐구에서 경험적 접근의 공헌을 인정하더라도 현실적 인식의 한계로서 '인간조건'에 대한 정직한 태도가 요청된다. 키에르케고어의 시각에서 '인간조건'의 본질은 무지(無知)나 결핍이 아니라 불안과 절망을 그 실존적 현상으로 드러내는 죄(罪)다. 그의 실존적 불안이 경험적 측면인 심리학적 차원에서도 심각하게 다루어지지

11) Churchland, *Neurophilosophy*, MIT Press, 1986, pp. 2-3.

12) E. Cassirer, *an Essay on Man*, Yale University Press, 1951, p. 219.

13) Churchland, *Neurophilosophy*, MIT Press, 1986, p. 54. 인과관계에 대한 신경과학의 기여는 종래의 형이상학에 대한 새로운 접근으로 볼 수 있다. 예를 들어 불안과 스트레스가 위궤양을 만드는 것이라는 설명보다는 위궤양(胃潰瘍) 같이 위의 부정적 상태가 스트레스를 가져온다고 설명하려는 것이다. 귀의 전염이 자주 되는 환자는 위궤양이 잘 안 일어난다고 했을 때 이는 귀의 감염(感染)으로 인한 항생제의 복용이 위궤양을 일어나지 않게 했을 뿐이다.

만 이런 탐구의 한계가 지적된다. 이런 한계와 실존의 변형을 그의 『여배우의 삶에서 위기』에서 볼 수 있다.[14]

키에르케고어는 시간 속에 살 수 밖에 없는 인간실존과 미적으로 일정한 거리를 두고 사태를 볼 수밖에 없는 예술작품을 구분한다.[15] 그에 의하면 삶은 '미적'(aesthetic)의 어원적 의미같이 일정한 거리를 둘 수 없고 그 자체로 실존이 될 수밖에 없다. 그에게서 종교 윤리적 실존은 미적 숙고(熟考)의 방법으로는 이해될 수 없다. 인간에게 종교 윤리적 생활은 일시(一時)적 차원이 아니라 미래에 나타날 성취를 바라보고 살아간다는 뜻이다.

그리스도교에서 인간이 하느님 앞에 범죄(犯罪)하였기에 자신의 죄를 스스로 속(贖)할 수는 없다는 종교적 믿음은 미적 단계는 물론이고 윤리적 생활의 추구에서는 받아들여지지 않는다. 즉 미적 윤리적 생활을 추구하는 이들에게 하느님의 아들로서 인간을 구원하는 예수 그리스도가 받아들여지지 않는다. 키에르케고어에 의하면 이런 역설은 하느님의 은혜에 의존하기 때문에 인간의 이성(理性)만으로는 납득할 수 없다.[16]

키에르케고어에 의하면 종교 윤리적 단계로서 하느님의 구원을 단지 미적으로 이해하려는 시도는 진리를 관람자의 입장에서 보려는 것이다. 이런 미적 추구는 설사 교훈적 측면이 있더라도 단독자로서 실존의 결정을 도울 수 없게 된다. 종교는 실존적 비약을 요구한다는 시각에서 키에르케고어는 윤리와 종교를 객관적으로 체계화하려는 헤겔을 비판

---

14) Kierkegaard, *Crisis in the life of an Actress and Other Essays on Drama*, (trans.) Stephen D. Crites, Harper Torchbooks, New York and Evanston, 1967.

15) Kierkegaard, *Crisis in the life of an Actress and Other essays on Drama*, p. 23.

16) Kierkegaard, ibid., p. 26.

한다. 인간의 실존은 키에르케고어에게 단순히 객관적으로 기술(記述)될 수 없고 용서의 확신에 따른 신의 부름(calling)을 뜻한다. 그는 각자가 받은 부름을 자각하고 전달하기 위해 소위 간접전달을 호소했다. 그는 인간의 실존이 단지 철학적 사변으로 환원되는 위험을 의식했다.[17]

키에르케고어는 종교 윤리적 실존을 단지 미적으로 취급하면 실제 생활이 왜곡될 수밖에 없음을 지적한다.[18] 감각적이고 관능적(erotic) 표현은 직접적 수단을 통하기 때문에 언어와 같이 숙고(熟考)적 방법으로 전달되지 않는다.[19] 절대정신의 일부를 표현하는 개인정신이 미적 작품을 통해 이루어진다는 헤겔의 주장에 맞서서 키에르케고어는 작품의 표현수단은 그 자체로 인간의 실존을 담기에는 부족하다고 생각했다.

키에르케고어는 『위기』에서 인간의 의식(意識)이 예술 작품을 통해 변형되고 완성되어 가는 과정을 다루고 있다.[20] 그는 변형의 본질 자체를 탐구하며 변형에 관계하는 인격적 요소에 주목하면서 심리학적 통찰에 깊은 관심을 갖는다. 내면의 실존적 변형은 미학과 형이상학의 변증법으로 설명된다. 즉 키에르케고어는 자아의 변형을 신(神)적 은혜의 초월적 간섭을 통하여 끊임없이 새로운 존재가 되는 것으로 본다. 이에 반하여 그는 감각적 향락의 생활에서 신적 행위가 반드시 요청되는 것으로 여기지는 않는다.

키에르케고어는 『이것이냐 저것이냐 1』의 모차르트의 오페라 '돈 주앙'에서도 다시 확인할 수 있듯이 감각의 직접성과 숙고(熟考) 사이의 대립을 근본적으로 다룬다.[21] 『위기』에서 여배우는 자기 자신에 대해

---

17) Kierkegaard, ibid., p. 27.
18) Kierkegaard, ibid., p. 28.
19) Kierkegaard, *Either/Or*, I, Princeton University Press, 1971, p. 63.
20) Kierkegaard, *Crisis*, p. 34.
21) Kierkegaard, *Either/Or*, I, Princeton University Press, 1971.

직접적 관계에서 숙고(熟考)적 관계로 바뀌어 나간다.[22] 이런 관계로 나아감에 따라 감각적 대상이 분명한 의식(意識)적 사유가 될 수 있게 되며 이런 사유가 예술가를 통해 마침내 관객에게 전달될 수 있게 된다.

키에르케고어에 의하면 심미적 생활은 통상 직접적 만족을 추구한다. 『위기』에서 보듯이 직접적 감각은 젊은 여성의 '여성적 젊음'에 대해 감탄할 수는 있지만 그녀의 실존을 이해하기 위한 숙고의 단계로 나아가지는 못한다. 『이것이냐 저것이냐 1』에서 돈 주앙도 숙고의 단계가 아니라 직접적·관능적 감각에 만족하고자 한다.[23]

## 4. 심미적 생활의 승화

향락을 추구하려는 심미(審美)적 단계의 사람에게 키에르케고어가 중요시했던 '신 앞의 외톨이'의 고유한 개성이나 구별이 존중을 받지 못한다. 그에 의하면 감각적 향락을 찾는 심미적 단계는 본질적으로 판단 자체를 중요시하지 않으므로 개인의 주체적 판단과 행동을 중시하는 '외톨이'는 인정을 받지 못한다. 심미적 단계와 달리 실존하는 '하느님 앞의 외톨이'는 키에르케고어 사상에서 가장 핵심을 이룬다.[24]

예술이 본래적 목적을 추구하려면 감상자의 엄격한 훈련을 요청한다. 키에르케고어는 종교 윤리적 단계에서 사변적인 것을 비판하지만 심미적인 단계에서는 사변적 측면을 강조하는 상이한 주장을 한다. 이런 상

22) Kierkegaard, *The Crisis and a Crisis in the Life of an Actress*, Princeton University Press, 2009.

23) R. Perkins,(ed.). *International Kierkegaard Commentary*, v. 3, Either/Or, I.

24) Kierkegaard, (trans.) by Walter Lowrie. (ed.) by Benjamin Nelson, *The Point of View, for My Works as an Author*. New York: Harper and Row, 1962, p. 130.

이한 주장은 실존적 변형의 시각에서 이해되어야 한다.[25] 키에르케고어가 종교적 단계에서 사변적인 것을 비판했지만 그렇다고 비합리적인 것을 주창하지는 않는다. 바른 종교적 실존은 보편화되어 전달된다.

키에르케고어는 인간이 합리적 신중함만으로 살아가는 것을 비판했지만 인간 사유의 엄격함을 낮게 평가하지 않았다. 즉 그는 자기 세대가 열정이 없이 사변만으로 삶을 지탱하려는 것을 비판했지만 사변의 가치를 일방적으로 부인하지는 않았다. 더구나 심미적 생활과 관련하여 이해하면 직접적 열정보다는 깊은 사변을 그는 더 중요하게 본다. 흔히 오해되듯이 키에르케고어는 사변이 없는 열정만을 옹호하지 않았다. 그는 실존적 개인만이 최종적으로 행동할 수 있음에 관심을 가졌다.

키에르케고어가 감각적 향락을 추구하는 심미적 생활을 직접적 수준으로 이해하여 비판했지만 우리는 종교적 도덕적으로 탁월한 사람이 예술가임을 발견한다. 또한 키에르케고어가 결혼생활을 예로 들면서 철저히 윤리적 생활에서 미적 향락을 누릴 수 있다고 본 점에서 그는 심미적 생활을 일방적으로 부인하지 않았다.[26] 그는 삶이 미적, 윤리적, 종교적 변형을 겪으면서 고양(高揚) 혹은 승화(昇華)되는 과정에 주목했다.

『두려움과 떨림』에서 볼 수 있듯이 신과 단독자적 관계에서 아들을 죽이려는 윤리적 삶의 정지(suspension)를 본다. 실존적 변형에서 볼 때 노래 부르기도 단지 심미적 단계가 아니라 신과 단독자적 관계를 고백하는 종교적 표현이다. 그는 『관점(觀點)』에서 자신의 저작자로서 삶이 그리스도를 위한 헌신임을 고백하고 있다.

실존적 변형을 통하여 키에르케고어가 실존의 가장 낮은 단계로 여겼던 심미적 의미의 예술이 마침내 종교적 의미를 갖게 된다. 그는 인간들 사이의 최고의 관계는 소크라테스의 산파술을 따라 각자가 스스로

---

25) Kierkegaard, *Crisis*, p. 37.

26) Kierkegaard, *Either/Or*, II, p. 230.

자기의 삶을 찾아내는 것으로 여겼고 진리를 '낳는' 일은 신에게 근원하는 것으로 보았다.[27] 저작자로서 키에르케고어는 이 세상이 우습게 여기는 종교적 실존에서 영원을 사모함을 그의 소명으로 받아들였다. 즉 그는 심미적 단계에 머물면서 자신을 스스로 속이지 않고 하느님에 대한 관계에서 본래의 자신을 찾고자 했다.

키에르케고어에서 자신을 찾아가는 과정은 신의 섭리와 경륜을 따라 자신을 발견하는 길이다. 즉 자기 자신에게서 시인이나 철학자의 모습이 아니라 그리스도를 따르는 삶을 원했다.[28] 윤리적 생활이 보편적 규범을 중시하는 데 반하여 키에르케고어에서 종교적 생활이란 자신만의 고유한 소명을 깨달아 따르는 길이다.[29] 그는 당시 사회에서 실존의 완성인 그리스도를 따르는 삶을 보여줄 사람이 바로 자신이라는 확신을 갖게 되었다.[30]

키에르케고어는 생애 마지막 단계에서 진리를 증언해야 하는 예외자(例外者)로서 살아야 됨을 의식했다.[31] 그는 증언자를 천재와 달리 하느님에 의해 붙잡혀 거룩한 명령을 수행하는 사람이라고 여겼다. 이런 증언은 사람의 지혜에 호소하는 천재와 달리 인간의 시각에서 모순적이며 권위적이다. 이렇게 증언이 모순적이고 권위적이라고 해서 끝까지 인간의 이성(理性)과 무관한 것은 결코 아니다. 특별한 경우 사람은 진리를 위해 순교를 해야 되는데 키에르케고어는 자신에게서 이런 사명을

---

27) Kierkegaard, *Philosophical Fragments*, (trans.), David F. Swenson, second ed. revised by Howard V. Hong with Introduction and Commentary by Niels Thulstrup (Princeton University Press, 1962; Oxford University Press edition, 1962), p. 38.

28) Kierkegaard, *The Point of View*, pp. 72-74.

29) Kierkegaard, ibid., p. 51.

30) Journal, p. 626.

31) Kierkegaard, *The Point of View*, p. 51.

의식했다.

키에르케고어의 예외자 의식(意識)은 약혼을 파기하게 했고 윤리적 범주로 본 결혼 생활과 교회에서 지위 등을 모두 포기하게 했다. 그는 자신 안에서 1847년 8월 16일 하느님이 자신에게 고유한 과업을 주시며 새로운 관계를 세우는 변형을 느껴 자신을 직접적으로 드러낼 수밖에 없음을 고백한다.[32] 그는 이제 간접표현을 포기하고 복음을 그의 이웃에게 직접적으로 표현하려고 결심한다. 이렇게 할 수 있는 데에는 무엇보다도 그에게 사죄(赦罪)의 확신이 찾아왔기 때문이다.[33] 그는 이전의 자기 자신과 전혀 다른 자신을 느끼고 발견하게 되었다. 그는 자신을 긍휼히 여기신 하느님의 은혜 아래에서 자기 자신과 가까이 할 수 있었다.[34]

『위기』에 의하면 사람들의 박수갈채를 받던 여배우가 늙어가면서 자기 자신을 찾아가게 되는 과정에서 실존적 위기를 맞는다. 대중의 반응이 감각적 향락이나 그녀의 '젊음의 매력'이자 여배우가 겪는 실존적 위기는 더 심각하게 된다. 일반대중의 이런 변덕스러운 반응, 나아가 자신들의 감각적 향락을 충족시켜주지 않는 데에 대한 분노 등에서 여배우는 더욱 고민할 수밖에 없게 된다. 더구나 여배우가 일반대중에게서 받은 찬사는 덧없는 박수임을 깨달을 때 자기 자신에 대한 실존적 변형은 어렵게 된다.

여배우가 일반 대중의 기대인 감각적 향락이나 '젊은 청춘으로서 여성'만을 따라 살면 자신의 비현실적 모습만 보고 자신의 참된 실상을 파악하지 못하게 된다. 여배우는 시간이 지남에 따라 더 이상 직접적 감각에 호소하지 않고 고양된 표현을 드러내야만 했다. 키에르케고어는

32) Journals, p. 694.
33) Journals, p. 747, 749. S. Kierkegaards Papirer, Ⅷ A, p. 640, 645.
34) Journals, p. 754, Papirer, Ⅷ, A, p. 643.

여기서 인간의 실존적 변형을 근본적으로 문제시한다. 그는 용서 혹은 사유(赦宥)의 확신과 감사의 노래를 실존변형의 최고의 단계로 받아들인다.

## 5. 인간조건으로서 용서

키에르케고어는 인간의 조건을 불안을 그 실존적 현상으로 드러내는 죄에서 찾았다. 즉 그는 속죄(贖罪)에 대한 확신을 인간에게 가장 본질적 문제로 보았다. 인간이 스스로 의식하는 죄의식은 현실세계에서 타인을 용서하지 못하는 모습으로 드러난다. 이렇게 용서하지 못하는 모습은 특히 현대인에게서 보게 된다.

워팅톤(Worthington, Jr.)은 용서를 현대인이 상실한 보화(寶貨)로 본다.[35] 인간은 객관적으로 탐구되기 이전에 그 자체로서 존엄한 존재인데 견디기 어려운 상처를 용서함으로써 자기의 존귀를 지키게 한다. 우리는 잘못된 일을 보거나 겪으면 우선 바로잡고자 한다. 사실 용서에 대한 의지는 힘겨운 일이다.

워팅톤은 용서를 타인과 하느님과 자신에 대한 것으로 구분하고 용서를 통해서만 우리가 새로운 관계를 회복할 수 있다고 한다. 그는 용서의 정신적, 육체적, 영적 유익함을 논한다. 워팅톤은 용서는 어느 순간에 이루어지는 것이 아니고 지속적 여정(旅程)이라고 한다. 이런 과정에서 빠질 수 있는 위험은 자기침잠(沈潛)이다. 우리는 자기 자신에게 빠짐으로써 자기가 가질 수 있는 자기만의 시각을 오히려 잃게 된다. 특히 자기 자신이 피해자라는 의식은 자신을 자기침잠에 빠지게 한다.[36]

35) Everett L. Worthington Jr. *The Power of Forgiving*, Templeton Foundation Press, 2005, p. 15.

화해와 용서에 솔선(率先)적으로 나서면 다른 사람이 앞으로 자신을 쉽게 다룰 수 있다는 위험에 빠지게 될 것 같다. 즉 사람들이 모두 용서를 귀한 덕(德)으로 생각하지는 않는다. 그러나 워팅톤은 용서는 용기가 있는 자에게만 가능하며 자신을 강하게 만드는 덕이라고 한다.

연구자들에 의하면 용서의 훈련은 육체적 건강에도 긍정적 영향을 미친다고 한다.[37] 용서하지 않는 부정적 영향은 신경호르몬 분비를 높이고 심장혈관에 스트레스를 주어 심장마비의 위험성을 높인다고 한다. 이런 신체적 영향은 결국 사고와 기억에 부정적 결과를 가져오게 된다. 용서는 장기적 분노와 우울 등에서 벗어나게 하며 인간관계에서 행복을 증진시키는 긍정적 결과를 가져온다.[38]

구체적 실행에서 타자를 용서하기 위해서는 자기 자신을 더 이상 저주나 자기 비하(卑下)의 대상으로 여기지 않고 무조건적 존엄을 받아들이는 자기용서가 우선적으로 요청된다. 이런 용서의 실천을 실존적 변형은 요구한다.[39] 용서의 연습과 훈련은 자신에게 유익을 가져올 뿐만 아니라 타인의 축복을 원망(願望)하게 된다. 이렇게 관계의 회복이 주는 기쁨은 용서의 훈련과 더불어 선순환을 이루게 한다.

용서가 동반된 기억은 단지 과거의 아픈 추억이 아니라 화해로서 관계가 회복된 변화(transformation)의 추억이 된다. 즉 과거의 추억에 대한 선택과 그 대응은 각자 우리 자신의 몫이다. 이런 과정을 통해 우리는 자신과 타인을 새로운 시각에서 보게 된다. 우리는 용서의 훈련으로 부정적 감정과 동기를 타인에 대한 동정과 감정이입을 통하여 긍정적으로 바꾸게 된다. 이런 점에서 사랑할 수 있는 능력은 용서할 수 있

---

36) Worthington, p. 21.
37) Worthington, p. 37.
38) Worthington, p. 43.
39) Worthington, p. 57.

는 능력이라고 할 수 있다.

키에르케고어는 용서의 은혜를 갚으려는 경건한 소원을 하늘의 선물로 확신하고 자신의 모든 것을 팔아 이를 사고자 하였다.[40] 그는 최후의 만찬을 근거로 자신의 마음 깊은 곳에서 그리스도와 교제하려는 소원을 고백한다. 그리스도의 제자들과 최후의 만찬을 모든 사람에 대한 초청으로 키에르케고어는 해석했다.[41]

## 6. 실존의 변형으로서 용서의 확신

기독교의 바울이 기독교진리를 '거리끼게'(skandalon) 하는 것이라고 했다면 키에르케고어는 인간의 무조건적 용서를 증언하는 종교적 실존을 부조리(absurdity)에서 찾았다. 현대에서 진리에 대한 배신은 단지 사변적 해석만 있고 실제적 삶이 없음을 통해 이루진다. 키에르케고어에 의하면 사람은 타자를 사랑하고 관심을 보일 수 있지만 신과 같이 자신의 생명을 내어주면서까지 타인을 돌 볼 권리는 없다. 즉 인간은 종국적으로 하느님 앞에 서는 것이지 아름다운 삶이라는 명목으로 자신과 타자를 위해 죽기까지 할 권한은 없다.

키에르케고어는 신 앞에 홀로 설 수 있음으로 진리를 변증하고자 하였다. 인간들 사이에서는 호의(好誼)의 요청이 반복될 때 그 관계가 지속되기 어렵다. 키에르케고어는 자신에게 영원한 생명을 주는 예수 그리스도만을 유일한 친구로 찾았다. 인간의 부패성이 잘 의식되지 못하더라도 개인도 국가도 죄 때문에 멸망하고 죽어간다. 그리스도교는 온 세상이 죄 아래 있다고 가르친다.

키에르케고어는 죄악 때문에 그리스도의 생애가 이 땅에서 고난의 연

---

40) 마태복음 13:44.

41) Kierkegaard, *The Present Age*, p. 260.

속이었다고 한다.[42] 최후에 만찬에서 보듯이 그리스도는 자신을 따르는 제자들과 교제를 간절히 원했다. 키에르케고어는 그리스도의 부르심에 응답하여 죄악이 지배하는 이 땅을 떠나 그리스도와 교제하기를 원했다.[43] 그는 이 땅에서 살아가지만 그리스도 안에서 영원한 행복을 발견하고자 했다.

죄는 인간으로 하여금 그리스도와 교제를 희미하게 만든다. 키에르케고어는 '수고하고 무거운 짐을 진 자들아 다 내게로 오라'는 그리스도의 초대에서 사유(赦宥)를 의식했다.[44] 인간의 무거운 짐은 죄이고 그리스도는 인간들이 이 짐에서부터 편히 쉬도록 초청한다.

키에르케고어에서 죄와 죄의식은 세월이 지남으로 완화될 수 있는 것이 아니고 사람은 그리스도에게서만 쉼을 얻을 수 있다. 키에르케고어에 의하면 사람은 가까운 사람에게 자신의 비밀을 알린다고 쉼을 얻을 수 있는 것이 아니다. 인간의 온갖 유혹을 알되 죄는 없으신 동정(同情)의 초청자 그리스도 안에서만 쉼을 얻을 수 있다.

키에르케고어에 의하면 그리스도만이 수고하고 무거운 짐 진 사람들을 '나에게 오라'고 부르고 가슴에 품을 수 있는 분이다. 그리스도는 사람들이 이 땅에서 필요한 것들도 아는 분이다. 그분은 광야에서 주리고 십자가에서 목마르다고 했다. 그리스도는 가난을 알았고 머리 둘 곳도 없었다. 그분도 죽음 앞에서 힘들어했고 마침내 하느님으로부터 버림을 받으면서까지 세상 죄를 짊어지셨다. 그리스도는 영적 목자이며 바로 구원자이다. 그렇기에 그는 인간의 고뇌와 슬픔을 우리 자신보다 더 잘 알고 우리의 고뇌와 슬픔을 대신 짊어지신다. 우리의 슬픔과 고뇌를 모두 안다고 해도 그 짐을 대신 져주지 못한다면 무슨 소용이 있겠는가?

---

42) Kierkegaard, *The Present Age*, p. 266.
43) Kierkegaard, ibid., p. 267.
44) 마태복음 11:28-30.

키에르케고어에 의하면 그리스도는 군중의 하나로서 인간과 관계하지 않고 개인적으로 영원한 축복을 주며 인격적으로 교제한다. 이렇게 그리스도와 인간의 관계는 다른 사람이 알 수 없는 인격적 교제다. 그리스도가 있는 곳이 바로 성소(聖所)라고 할 때 속죄(贖罪)의 확신을 통한 나날의 삶이 바로 예배가 된다. 키에르케고어는 용서의 영원한 행복을 약속하는 진리를 확신했다. 그는 이 확신을 간접전달의 형식으로 타인에게 전하려고 했다.

## 7. 실존적 주체성으로서 간접전달

간접전달은 전달자가 자기 자신의 경험을 내면화를 통하여 전달 그 자체에 관심을 갖고 전하는 실존적 표현이다. 예를 들면 이론적 윤리학설의 전수(傳授)가 아니라 실제적으로 윤리적 삶을 통해 윤리를 가르치는 방법이다. 여기서 간접전달은 이론적인 것을 배제하지 않고 '과정 중에 있는 삶'을 전달하기에는 그 한계를 의식하고 실천적 방법에 호소하게 된다. 물론 모든 전달이 간접전달을 요구하지는 않지만 인간의 실존은 키에르케고어에 의하면 간접전달을 통해서만 전달될 수 있다.[45]

실존적 주체성의 전달을 요구하는 간접전달은 각 개인이 삶의 체험을 드러낼 수 있을 때에만 가능하다. 인간의 실존은 두 계기를 지닌다. 소위 객관적 숙고(熟考, reflection)에서는 개인과 그 사유가 반드시 일치해야 하는 것은 아니다. 극단적 예로 어느 도덕교육자가 자신의 삶은 비(非)도덕적이면서 도덕교육에 대한 명(名)강의를 하고자 한다. 키에르케고어에 의하면 객관적 사유는 인간의 경험을 단지 관념 혹은 이념

45) Kierkegaard, (trans.) David F. Swenson and Walter Lowrie, *Concluding Unscientific Postscript*, Princeton: Princeton University Press, 1968, p. 68.

으로 환원시키기 때문에 실제로 바람직한 삶의 전달이 가능하지 않게 된다. 이에 반해 주관적 숙고는 점점 더 심화된 내적 주체성과 관계를 갖게 된다.

인간의 숙고는 키에르케고어에 의하면 체계나 추상화가 아니라 실존적 관계와 관련될 때에만 깊어질 수 있다.46) 주체적 사유자만이 그들의 세계와 관계하게 되고 자신의 사유에 실제적으로 관여하게 된다.47) 추상적 사유도 사실은 그런 사유를 하는 순간에는 그에 합당한 실존을 통해서 가능하게 된다.48) 인간의 주체적 삶은 객관적 서술만으로는 표현될 수 없다.49) 키에르케고어에 의하면 내적으로 자아가 되는 길은 순간적 달성이 아니라 끊임없는 과정이라고 증언한다.50)

실존하는 개인은 지속적 과정 중에 있으며 새로운 환경과 관계를 끊임없이 만들어가게 된다. 이런 시각에서 볼 때 실존은 가능한 세계를 현실의 세계로 만들어 가는 과정이다. 사람이 자신의 실존과 관련하여 반응을 보일 때는 단지 개념적 차원에 머무를 수 없고 내면화(inwardness) 즉 타자와 관계에서 자신을 표현하게 된다.

객관적 사유가 사고의 내용에 초점을 맞춘다면 주체적 행위는 우선 자기 자신과 관계한다.51) 에반스(Evans)도 이 점을 분명히 하면서 객관적 사유는 구체적 현실을 객관적 개념으로 표현하지만 주체적으로 사유하는 사람은 추상적 사유도 어느 개인의 구체적 현실로서 이해하려는 시각을 지적한다.52) 추상적 사유와 달리 실존하는 주체로서 사유(思

46) Kierkegaard, ibid., p. 71.
47) Kierkegaard, ibid., p. 67.
48) Kierkegaard, ibid., p. 170.
49) Kierkegaard, ibid., p. 102.
50) Kierkegaard, ibid., p. 79.
51) Kierkegaard, *Postscript*, p. 181.
52) S. Evans, *Subjectivity and Religious Belief*, Grand Radids, Michigan:

惟)는 형성 중에 있으며 사유와 개인의 관계는 늘 과정 속에서 드러나게 된다.

인간이 실존 속에 있는 한 어느 순간도 잊어질 수 없다. 인간실존은 단지 사유로 환원될 수 없으며 본질적 지식은 근본적으로 실존과 관계한다.[53] 실존은 과정 속에 있기 때문에 추상적 숙고가 이를 포착할 수 없다. 현실과 유리(遊離)된 추상적 사유는 사유의 굴레에서 벗어나게 할 수 없다.[54]

키에르케고어에 의하면 인간이 실존에 관여하여 내면화(內面化)될수록 보편성으로부터는 더욱 더 주체적으로 되고 고립화된다.[55] 즉 주체적 실존은 일반적 의견에 따르려고 자신의 생각을 동화(同化)시키는 것이 아니라 고유한 소명과 실존을 지키려고 한다. 인간은 '신앙의 도약'(leap of faith)을 통해 자기 자신을 의식할수록 실존적으로 더욱 상승하게 된다. 개인의 삶은 아무리 타인과 내면적으로 일치한다고 하더라도 타인에게 전적으로 동화될 수는 없기에 간접전달이 문제시된다.

플라톤의 저작을 통해 전달된 소크라테스의 산파(産婆)술에서 종종 결론을 제시하지 않고 해답을 각자의 실존적 몫으로 돌리려는 의미를 키에르케고어는 진지하게 파악했다.[56] 인간실존에서 간접전달의 의미를 알게 된 키에르케고어는 자신이 권위의 주체가 되지 않고 서로 각자가 자신을 발견하려는 시도 즉 상대방이 권위의 주체가 되어 진리를 발견토록 하였다.[57] 이렇게 진리를 찾아가며 자신의 권위를 세우는 것은

Christian University Press, 1978, p. 79.

53) Kierkegaard, *Postscript*, pp. 176-177.

54) Kierkegaard, *Postscript*, p. 102.

55) Kierkegaard, *Postscript*, p. 68.

56) Kierkegaard, (trans. and ed.) by H. Hong and E. Hong. *Søren Kierkegaard's Journals and Papers*, Vols. 1 and 4. Bloomington: Indiana University Press, 1942, V. 4: 210.

각자의 몫이 된다.

스스로 진리 안에서 권위를 찾고자하는 자는 자기 자신의 속박에서 자신을 풀어내고 타자와 실존적 관계에 들어서야 한다.[58] 키에르케고어는 그리스도를 따르는 길을 진리로 보고 타자에 대한 일방적 지시가 아니라 각 개인이 자신의 권위를 그리스도 안에서 스스로 찾게 하였다. 이런 측면에서 볼 때 사람들 사이의 관계에서도 전달과 교제를 부인하는 삶은 자신을 속이게 된다.

간접전달을 통해 개인은 일상적 생각에서 벗어나 자기 자신에 대한 숙고와 행동을 도모하게 된다. 간접전달은 주위를 피상적으로 관찰하거나 관계하지 않고 바로 자기 자신과 사귀는 출발과 연습을 반복하게 한다. 그러므로 간접전달의 최종 목표는 영적으로(spiritually) 홀로 서며 사유에 있어서도 자신만의 고유성을 드러내도록 한다.[59]

간접전달은 전달의 수용자(收容者)가 개념적 단계를 넘어설 것을 요구받고 실존적 주체성과 고유성을 지키게 된다. 주체성이 타자에게 개념이 아닌 실존적 단계 혹은 변형을 통해 전달될 때 독단이 아니고 고유한 개성을 인정받게 된다. 간접전달은 타인의 삶의 영향을 주는 도덕교육이 된다. 키에르케고어가 익명의 저작자를 등장시킨 뜻을 간접전달의 의도로 연구자들은 이해한다.

키에르케고어는 자신의 저작 내용의 결론을 기대하는 독자들에게 오히려 각자 스스로 결론을 찾도록 했다.[60] 그는 저작자로서 독자들이

---

57) Evans, *Kierkegaard's "Fragments" and "Postscript" : The Religious Philosophy of Johannes Climacus.* Atlantic, N. J. : humanities Press, 1983, p. 103.

58) Kierkegaard, (trans.) Walter Lowrie, *Training in Christianity.* Princeton: Princeton University Press, 1941, pp. 132-133.

59) Kierkegaard, *The Point of View,* pp. 255-256.

60) Paul B. Armstrong, "Reading Kierkegaard - Disorientation and

바로 자기 자신의 힘을 사용함으로써 자신을 발견하도록 의도한다. 키에르케고어는 여기에서도 진리는 '무엇이냐'(What) 보다는 '어떻게'(How)에 의해 발견되고 있음을 즉 진리는 인간이 실존적으로 그렇게 행동하고 살 때에만 전달될 수 있음을 드러낸다.[61] 인간은 형성(形成)적 존재로서 자기를 의식하며 타자 및 주위의 물리적 대상들과 관계 안에서 지속적으로 발전하며 살아가도록 되어 있다.[62]

키에르케고어 연구자들이 흔히 실존의 '단계'라는 표현을 쓰지만 '단계'는 키에르케고어 자신의 표현이 아니고 후대 학자들이 이해를 돕기 위해 쓴 말이다. 그의 실존단계는 개념을 넘어서서 인간을 이해한다는 뜻에서 변용 혹은 실존적 운동이라는 표현으로 이해될 수 있다. 인간의 실존적 현실은 타인과 단지 개념으로 이해될 수 없고 타인도 그런 실존적 변형이나 운동을 할 때에만 전달되고 공유된다.

## 8. 간접전달의 현대적 적용

키에르케고어가 개인의 주체성과 자기의식(self-awareness)에 눈을 뜨게 하려고 노력하였던 간접전달이 최근에 정신분석이나 심리분석에 응용되는 새로운 연구가 진행된다.[63] 인간 개개인의 자기발견이라는

---

Reorientaion." In *Kierkegaard's Truth : The Disclosure of the Self*, (ed.) Joseph H Smith, New Haven: Yale University Press, p. 47.

61) Armstrong, p. 40.

62) Stephen Crites, "Pseudonymous Authorship as Art and as Act." In *Kierkegaard: A Collection of Critical Essays*, edited by Josiah Thompson, pp. 183-229, Garden City, N. Ny.: Anchor Books, 1972, p. 185.

63) K. R. Ramsland, *Engaging the Immediate - Applying Kierkegaard's Theory of Indirect Communication to the Practice of Psychotherapy* - Lewisburg: Bucknell University Press, 1989.

시각에서 본다면 키에르케고어는 후대 사람들이 자신을 따르지 말고 바로 자기 자신을 찾을 것을 요구했다. 인간은 자기 자신을 객관적 차원 안에서는 이해할 수 없기에 키에르케고어는 간접전달의 방법을 자기발견을 위해 사용했다. 그는 개인의 경험에 대한 객관적 차원의 이해가 아니라 누구나 자신만의 사명이 있음을 주목했고 이를 발견하려고 간접전달을 원용했다. 간접전달에 의하면 우리는 말하는 것 자체가 하나의 실존적 행위일 때를 제외하고는 타자와 말을 통하지 않고 삶을 통하여 교제하게 된다.

우리는 생활의 구체적 적응과 개선에서 간접전달의 방법으로 주위의 환경을 다른 시각에서 볼 수 있게 된다. 도스토예프스키(Dostoevsky)도 이런 시각에서 삶의 중대한 회심의 체험을 하게 된다.[64] 그는 주위 사람들에 대하여 그전과 같이 직접적 반응을 보이는 것이 아니라 타자에게서 자신의 모습을 발견하면서 자기 자신을 간접전달의 방식으로 표현하며 접근하였다.

직접적 간청이나 말을 통한 직접적 지시는 분명한 효과가 나타나지 않고 오히려 삶을 통한 교훈이 상대에게 전달된다. 이 과정에서 상대는 자기 자신을 의식하고 자기의 주체성을 찾으며 스스로 상호 관계에 들어가기 때문에 간접전달은 실제로 효과적이라고 주장된다. 실존적 자기 이해나 치료는 결국 각자가 자기 자신에 대하여 눈을 뜨게 하는 것이다. 이렇게 되면 개인은 자기 주위의 사람이나 사물에 대하여 정서적으로도 다른 반응을 나타내게 된다.[65]

인간상호간 관계를 가능하게 하는 언어도 직접적 지시와 간접적 전달

---

64) Josepf Frank, *Dostoevsky: The Years of Ordeal*, 1850-1859. Princeton: Princeton University Press, 1987.

65) Philip Barker, *Using Metaphors in Psychotherapy*, New York: Brunner/Mazel, 1985, p. 15.

의 다른 형식으로 이해된다.[66] 언어의 객관적 측면만 보면 인간현실을 단지 객관적 혹은 지시적 측면에서만 이해할 수 있다는 환상을 갖게 한다. 그런데 키에르케고어에 의하면 인간경험의 주관적 부분은 객관적으로 서술되기 어렵다.[67] 그에 의하면 '인간 조건'은 오히려 다른 사람과 관계를 통하여 발견되어진다. 이런 시각에서 보면 자신의 주체성이 전혀 개입되지 않고 질서와 체계 속에서만 진실을 추구한다는 것은 결국 자기기만(欺瞞)일 뿐이다.

치료나 교육이 각자 주체성의 상호관계 속에서 형성된다고 한다면 개인이 단지 공공(public)에만 속하고 자기 자신이 없다면 자기 자신에게 어떤 유익도 줄 수 없다. 키에르케고어에게는 지식보다는 인간의 실존이 우선적으로 문제시되었다.[68] 인간은 자기 자신에 대하여 부분적으로 지각하고 경험할 뿐이다. 키에르케고어는 간접전달을 통해 자신과 타인이 자기 자신을 자각하기를 원했다. 이런 시각에서 볼 때 교육이나 치료는 결국 스스로 하게 된다.

66) Paul Watzlawick, *The Language of Change*, New York: Basic Books, 1978, pp. 14-15.

67) Kierkegaard, *Postscript*, 1968.

68) Stephen C. Evans, *Preserving the Person*. Downer's Grove, Ill.: Intervarsity Press, 1988.

# XII. 형이상학적 윤리와 그리스도신앙

## 1. 인간실존에 근거한 도덕교육

종교보다는 형이상학에서 자신의 철학을 전개한 요나스에 의하면 기술문명시대에 직면하여 인류의 미래는 책임적 행동에 달려있다.[1] 현대 환경윤리학자들은 생태적 위기의 사상적 배경을 데카르트에서 연원하는 인간과 자연의 이분법적 사유방식에서 찾는다. 요나스는 이분법적 사유를 고대의 영지주의(gnosticism)까지 소급하여 인간이 자연을 돌보는 역사적 책임을 하지 않으면 그 응답을 받게 될 것이라고 한다. 그는 키에르케고어와 마찬가지로 역사적 책임을 강조한다.

종교적 관계에서 책임의 근거를 찾는 키에르케고어와 달리 요나스는 인류의 공동체적 책임을 강조한다. 키에르케고어는 『후서』 등에서 인간이 자신의 중요성을 자각하여 자신의 힘만으로 윤리적 삶을 살려는 시도를 종교적 신앙에서 비판한다. 그를 따르면 심미적 생활은 직접적 활동을 통하여 다듬어지지 않은 동물적 만족을 추구하며 어떤 역사적

1) 한스 요나스 저, 이진우 역, 『책임의 원칙: 기술 시대의 생태학적 윤리』, 서광사, 1994.

변화도 꿈꾸지 않는 순간의 생활이다. 그에게서 윤리적 생활은 자기 자신의 노력과 분투(奮鬪)를 통하여 자기를 세우려는 '헛된' 시도다.[2)]

문명화된 생활은 감각적 본능의 충족을 막는다는 함축이 심미적 생활의 추구에 들어있다. 심미적 생활은 부끄러움 없이 쾌락을 추구하며 특히 성(性)적으로 세련된 감각을 갖고 인생을 즐기고자 한다.[3)] 직접적 만족을 추구하는 심미적 생활의 끝에 찾아오는 권태와 허무는 심미적인 것 자체가 붕괴됨을 발견하게 된다.

심미적 단계에서는 감각적 향락의 충족을 자기 자신이 아닌 다른 대상에서 찾는다. 이런 생활은 인간문화라는 측면에서 보면 자기의 삶을 실제로 영위하지 못하고 있다. 또한 직접적 만족의 추구 가운데 어떤 삶의 목적도 형성하지 못하게 된다. 키에르케고어에 의하면 인간은 이런 삶의 모순 속에서 더 높은 단계로 나아가고자 하는데 이는 윤리적 단계가 된다.

키에르케고어에서 인간의 자기의지에 근거한 자기변화를 위한 노력은 결국 자기일 뿐이다. 구체적 생활에서 윤리적 삶의 자기 모순적 현실은 어떻게 이해되어야 하는가? 진리가 담론을 통해 점진적으로 진보한다는 입장도 키에르케고어가 비판한 인간자율성에 대한 묵계(默契)적 신뢰라고 할 수밖에 없다. 그는 윤리적 생활의 근거를 신에게서 찾아 결단할 뿐만 아니라 다른 이들에게도 간접전달을 통하여 신적 성품의 고결한 삶을 촉구한다.

2) Kierkegaard, *Entweder - Oder*, München : dtv, 1988.
3) Fink-Eitel, *Die Philosophie und die Wilden*, Hamburg: Junius, 1994, S. 302.

## 2. 자기표현과 미래윤리의식

미래윤리학은 단지 윤리적 규범을 학문적으로 배우는 과정이 아니고 인간의 실존적 상황에서만 받아들일 수 있게 된다. 키에르케고어에서 인간은 자신의 힘만으로는 윤리적 삶을 살 수 없다는 자각을 하게 되어 신과 관계하게 되는데 이 관계는 윤리의식을 통하여 객관화된다. 보편적 윤리의 규범을 넘어서는 신과 절대적 관계에서 자아는 자율적 분투로 불가능했던 윤리적 삶이 역설적으로 가능해진다. 이런 역설적 관계를 통하여 키에르케고어는 당시 덴마크교회와 진리에 대한 투쟁에서 보여주었듯이 최고의 자기표현을 했다.

미래에 대한 윤리적 의식을 갖는 도덕교육은 인간을 전인격(全人格)이라는 측면에서 고찰할 때에만 의미를 갖는다. 인간은 자신의 주체성과 개성이 존중되지 않는 보편적 규범 속에서는 이해되거나 실존할 수 없다. 인간이 실존적으로 자신의 내면에 도덕적 능력이 없음을 깨닫는 것은 역설적으로 자신의 능력을 찾는 계기가 된다. 『두려움과 떨림』에서 아브라함이 그 어느 교사나 모델이 없이 신앙의 운동을 했던 것처럼 우리는 미래윤리학과 도덕교육을 위해 신 앞의 실존적 결단을 요구받는다.

키에르케고어를 따르면 그리스도 안에서 영원한 행복을 추구할 때 나를 선택하게 된다. 그의 시각에서 인간이 육체적 향락을 탐닉하거나 자기능력만으로 윤리적 생활을 해보려는 시도는 자기선택이 아니다. 영원한 행복의 추구는 인간실존에서 존재론적 불안의 해결에서 가능하게 된다. 이런 존재론적 불안은 키에르케고어에서 자신을 찾는 단서(端緖)라는 뜻의 긍정적 의미를 갖는다. 인간은 신 앞에서 홀로 설 수 있을 때에만 오히려 미래세대를 포함한 타자와 대화와 관계가 가능하게 된다.

인간의 바람직한 행동을 추구하는 윤리학은 타자와 관계에서 정당성을 갖게 된다. 키에르케고어에서 자기다움을 선택하지 않는 행위는 비

도덕적으로 간주된다. 인간에게 행복과 아름다움은 예술적 승화(昇華)를 추구하는 중에도 성취되며 기술적 재질(才質)에서 제기되는 선택적 문제가 아니라 그 자체가 목적으로 추구된다. 한국사회에서 경제적 발전에 걸맞은 도덕발달을 요구하는데 이를 성취하기 위해 도덕적 승화에 대한 이해가 요청된다.

키에르케고어는 사회적 관계의 원천인 신 앞의 실존으로서 자기를 선택하고 찾고자 했다. 이런 자기선택은 실제적 삶을 통한 간접전달을 통해서만 서로 교통할 수 있으며 각자가 자기선택으로 전달되고 이해된다. 자기선택을 통한 간접전달은 다른 사람이 스스로 그런 삶을 실제로 살아야만 이해되기 때문에 각자(各自)의 자기선택이 없는 단순한 학문적 이해의 시도는 비도덕적 행위가 된다. 도덕적 삶이 자기선택의 결과라면 이런 선택은 구체적 현실에서 타자와 구분되는 자아를 끊임없이 발견해가는 과정이다.

## 3. 성취된 삶으로서 행복

아리스토텔레스에서 승화된 삶으로서 행복은 타자와 관계 즉 공동체 안에서 타당성을 검증받는다. 윤리학을 성취된 삶에 대한 학문으로 본 슈페만에서 행복은 인생 전체와 연관되어 생각되기에 도덕적 아름다움은 기술적 재질(才質)보다 우선한다.[4] 그 누구도 자신의 삶이 실패하기 원하지 않는다는 점에서도 승화된 삶으로서 행복은 자체로서 의미를 지닌다.

인간의 본성에서 도덕과 예술이 기술적인 것보다 우선함은 이미 플라톤에서 제기되었다. 플라톤은 소(小) 히피아스(Hippias Minor)편에

4) Robert Spaemann, *Glück und Wohlwollen*, Klett-Cotta, 1993.

서 사람에게 더 나은 행동을 두 가지로 구분한다(376B).[5] 즉 기술적으로 타자와 비교해서 재질(才質)이 있는 것(agathon, good)과 도덕적으로 교양이 수월(秀越)한 것(kalon, beautiful)이 구분된다. 희랍인들은 선한 것이 반드시 아름다운 것도 아니고 아름다운 것이 반드시 선한 것도 아니라고 보았다. 즉 유익한 것이 반드시 고상한 것도 아니고 고상한 것이 반드시 유익을 가져오는 것도 아니다. 즉 아름다움은 그 자체가 목적이지 다른 것을 위한 수단일 수 없다.

도덕적 우수(優秀)가 왜 기술적 재질(才質)보다 우선하는가? 도덕적인 것은 인생 전체와 관계하나 기술적인 것은 특정의 목적을 성취하고자 한다. 이런 의미에서 도덕적 승화는 의식을 가진 인간으로서 당연하지만 기술적인 것은 선택적 사항이다. 인간은 단지 본능에 호소하며 충족하는 생활이 아니라 승화(昇華)된 삶을 추구해 왔으며 이는 인간에게 주어진 책임이며 소원(所願)이다.

승화된 생활은 윤리나 예술에서 모두 관심사다. 도덕발달을 승화된 생활에 초점을 맞추어 추구된다면 이는 학교현장에서만 요구되는 교과목이 아니라 모든 사람들에게 평생 교육의 과제가 되며 삶의 기쁨을 찾는 계기가 된다. 플라톤이 제기한대로 도덕적으로 승화된 삶은 그 자체로 목적인 아름다운 길이다.

## 4. 아리스토텔레스 행복의 형식적 한계

슈페만은 행복을 삶의 전체와 연관하여 다른 사람의 현실에 대한 각성 속에서 이해하고자 하였다. 행복을 가져오는 행위는 옳고 그름의 표준뿐만 아니라 의도했던 현실에 실제로 도달하는 관계에서 고려된다.

---

5) Robert Spaemann, *Happiness and Benevolence*, University of Notre Dame Press, 2000, p. 5.

실수가 주어진 상황을 제대로 알지 못했기 때문에 생기는 것이라면 잘못된 행위는 행위자가 의도된 목표를 실현하지 못하는 것으로 판명된다. 이런 행위는 사실 유효(有效)적 결과를 가져오지 못했기 때문에 행위가 아니라고 할 수도 있다.

아리스토텔레스는 행복을 추구하는 인간의 행동이 개인적일 수 없고 공동체 속에서 일어나는 정치적 행위라고 니코마코스 윤리학에서 주장한다.[6] 그는 공동체를 단순히 개인의 집합이 아니라 가정 및 세대와 관련하여 이해했다. 개인의 행복과 도덕적 생활은 단지 이기적 동기가 아니라 공동체 안에서 객관화된 현실을 유념할 때만 이루어진다. 인간은 공동체에서 자기의 본성(本性, nature)을 실현함으로써 행복을 추구하게 된다. 키에르케고어에서 인간본성의 실현은 신과 관계에서 연유한다.

슈페만은 인생을 전체적 시각에서 보아 윤리학을 성취된 삶에 대한 학문이라는 시각에서 아리스토텔레스의 영혼을 좋게 한다는 행복이해를 극복하고자 한다.[7] 삶을 전체로 보아 성취하고자 하는 슈페만의 시각은 단순히 자기 보전(保全)적 생활이 아니라 잘 사는 일생을 추구한다. 자기보전의 생활관에 대해 비판적 시각을 갖고 있는 슈페만은 체계이론도 인간의 정신활동이 단지 체계의 존속이라는 입장에서 보기 때문에 받아들이지 않는다.[8] 성취된 삶으로서 행복은 최고의 목적을 위해 인간이 자신의 유한성을 바치기까지 하는 성공적 자기주장으로 이해될 수 있다.

아리스토텔레스는 인간이 목적추구 그 자체를 의도하는 것과 다른 목

6) Aristotle, *Nicomachean Ethics*, Oxford University Press, 2009. (1094 b11).

7) Spaemann, *Happiness and Benevolence*, 2000, p. 52.

8) Spaemann, ibid., 2000, p. 46.

적을 추구하기 위한 목적추구를 구분했다(De Anima II, 4). 이런 맥락에서 개인의 행복추구는 다른 사람 및 존재자와 상호관계 속에서만 이해되고 추구되어야 한다. 쉴러(Schiller)는 인간답게 되는 것과 도덕적으로 되는 것을 구분했다.[9] 쇼펜하우어는 행복하게 되는 것과 도덕적으로 되는 것을 구분했다. 니체는 모든 도덕적인 것을 넘어서서 삶을 그 자체로 긍정하려고 했다.

행복을 이루기 위한 목적과 수단의 관계도 수단이 목적달성을 위한 과정이 아니라 목적이라는 전체에 관계하는 부분으로 받아들여야만 한다. 이런 점에서 윤리적 행동은 삶 전체의 성취라는 측면에서 추구되어야 한다. 인간의 행복추구는 단지 본능에 호소하지 않고 주위환경과 관계하면서 새로운 삶의 형식을 창조하는 제 2의 본성에서 이해된다. 이에 반해 소피스트는 행복을 개인의 유익추구에서 찾고자 하였다. 그들은 아름다움을 그 자체를 위해 추구하는 것이 아니라 분할(分割)될 수 있는 것으로 간주하고 개인의 유익은 사회적 인정 등으로 보상받을 수 있는 것으로 보았기에 비판된다.

## 5. 개인주의적 행복이해 비판

자신의 유익을 행동 기준으로 삼는 입장은 쾌락주의에서 그 대표적 예(例)를 볼 수 있다. 그런데 쾌락주의는 목적의 추구를 외부적인 것에 매달려 객관적 내지 보편적 주장을 할 수 없고 인간의 존엄에 상응하지 않기 때문에 자기 모순적 결과를 낳게 된다. 쾌락주의자는 자신의 주관적 상태나 순간적 만족을 주장할 뿐이지 객관적 방법으로 정당성을 입증할 수 없다. 삶의 행복은 타자와 관계에서 성취된다는 면에서 우정과

9) Friedlich Schiller, *Letters Upon The Aesthetic Education Of Man*, Kessinger Publishing, LLC, 2004.

연관되는데 이 우정은 자기 스스로 있을 수 있을 때에만 가능하다.

우리는 자기가 스스로에게 관계하는 방식으로 타자와 관계하게 된다. 슈페만에 따라 윤리학을 성취된 삶에 대한 학문이라고 할 때 행복은 단지 주관적 마음의 상태를 의미할 수는 없고 삶은 전체로서 공동체와 연관되어야 한다. 플라톤이 소피스트의 수사학을 비판한 이유도 삶에 대해 공동의 선을 고려하지 않고 단지 개인적 즐거움을 찾고자 했기 때문이다.[10)]

인간을 물질현상으로 환원하여 설명하는 현대의 자연주의적 윤리학도 자기의식(意識)의 결핍으로 모순된 결과를 맞게 된다. 자기보전이나 쾌락주의 윤리설의 모순적 결과에서도 보듯이 자기의식마저 포기할 윤리적 규범은 있을 수 없다.[11)] 이데올로기를 통한 인간에 대한 속임은 다가올 현실에 대한 거짓된 주장이다. 사람은 별 수 없이 쾌락주의를 통해 살 수밖에 없다는 주장은 인간실존의 불안을 나타내는 모습이다.

아리스토텔레스는 윤리학과 정치학을 공동체의 관계에서 보고 스토아학파나 에피큐러스학파와 달리 도시국가라는 공동체 안에서 삶의 규범을 생각했다. 공동체 안에서 삶의 성취를 찾았다는 것은 쾌락주의에 빠지지 않고 명예를 존중했다는 의미다. 여기서 명예란 물질적 대가와 교환하지 않고 심지어 자신의 생애에는 보답을 못 받는다고 하더라도 이성적으로 덕스러운 삶을 살겠다는 뜻이다.

고결한 삶을 추구하는 인생은 공동체 안에서 개인적 유익을 바라지 않고 명예로운 삶을 살고자 한다. 그런데 이런 삶은 아리스토텔레스에게서 반복과 훈련을 통한 습관과 관련하여 주목되었다.[12)] 스토아학파가 인간조건 보다는 환경에 흔들리지 않고 살아가는데 관심을 가졌다.

10) Spaemenn, 2000, p. 42.
11) Spaemann, 2000, p. 50.
12) Spaemann, 2000, p. 56.

아리스토텔레스는 현재에만 관심을 갖지 않고 삶 전체를 공동체 안에서 개인의 습관과 역할에 관련지었다.

아리스토텔레스에 의하면 개인이 공동체 안에서 살아갈 때 삶을 전체로 생각하는 자신의 역할수행이 반드시 행복한 상황을 가져오기만 하지는 않는다(Nic. Eth. 1101a). 아리스토텔레스는 덕의 형성을 위해 언어를 예로 들면서 사적(私的) 언어가 있을 수 없듯이 공동체의 올바른 양육의 중요성을 강조한다.[13] 그러므로 아리스토텔레스에서 개인의 행복은 공동체와 관련하여서만 이해된다. 그가 최고로 여겼던 이론적 활동은 인간적인 것이 아니라 신(神)적인 것이었다. 자신의 삶을 개인적 차원이 아니라 공동체와 연관하는 승화된 생활은 새로운 지평을 열어준다.

## 6. 영원한 행복의 간접전달

키에르케고어에게 가장 깊은 소원은 하느님과 영원한 교제다. 그에게는 사실 하느님 자신이 바로 최고의 선물이며 소원이었다. 그는 아름다운 새의 소리, 우리의 가슴을 시원하게 하는 맑은 공기, 산림(山林)의 고요한 정적 등은 언젠가 소멸될 수 있는 것으로 보며 모두 거짓일 수 있어도 신의 부르심만은 흔들릴 수 없다고 믿었다. 아브라함은 『두려움과 떨림』에서 신의 부르심을 받았을 때 그는 아내 사라와 의논할 수 없었다. 키에르케고어의 시각에서도 인간과 인간의 관계보다는 종국적으로는 하느님과 관계에서 홀로 서서 살아감이 우선이고 인간관계를 가능하게 한다.

키에르케고어의 요구는 자신을 높이지 않고 자신의 실존문제를 묻고

13) Spaemann, 2000, p. 57.

하느님의 부르심에 응답하는 삶이다. 그는 자신이 권위를 갖고 일방적으로 가르치려고 하지 않았고 각자가 스스로 실존을 묻는 간접전달의 생활을 하였다. 그가 하늘로부터 받은 선물을 말하더라도 인간의 자율정신을 무시하지 않았다. 오히려 동시대인이 인간의 고통만을 말하면서 하느님의 용서의 은혜와 사랑을 깨닫지 못함을 안타까워했다.

사람은 슬픈 생각과 의심에 얽매이며 잘못된 과거의 기억에 의해 무거운 짐을 지게 된다. 사람이 아무리 행복해 보여도 '수고하고 무거운 짐을 진 자'라는 초대에서 그 누구도 예외일 수 없다. 사람은 자신의 꿈이 모두 성취된다고 하더라도 이 초대를 받지 않고는 살 수 없다. 이런 초대는 한 개인의 불투명한 미래 때문에 주어진 것이 아니라 인간의 영원한 행복과 연관한다. 이 세상의 어떤 힘도 그 누구도 혹은 자기 자신도 인간에게 용서를 통한 영원한 행복을 줄 수 없다.

키에르케고어의 시각에서 그리스도가 우리를 불러서 덜어주려고 하는 짐은 바로 죄, 죄의식에 대한 짐이다. 사람은 그리스도 안에서 용서를 통한 영원한 행복을 찾을 때 자기 자신과 주위 사람과 자연과 관계를 바로 갖게 된다. 이 짐은 하느님을 향해 도발하며 저질렀던 잘못이며 스스로 잊고 싶은 것이다. 복음서에서 그리스도는 초청할 뿐만 아니라 쉼(rest)을 약속한다. 참회하는 자는 용서받은 영혼의 쉼을 갈망하며 영혼의 쉼을 약속받고 있다. 키에르케고어는 사람들에게 영원한 쉼을 줄 수 있는 그리스도를 소개하며 자신을 거룩한 유혹자로 받아들인다.

키에르케고어는 우리가 하느님으로부터 거룩한 은혜의 선물을 받은 존재임을 받아들이려고 했다. 그는 우리가 하느님께 전적으로 의지함으로써만 살아갈 수 있음을 말하려고 했다. 그는 하느님의 은혜와 사랑을 발견하는 길을 이웃에 대한 사랑에서 찾았다. 그는 인간의 죄(罪)가 자기 자신에 대한 증오로 나타나고 이런 증오는 이웃과 관계를 악화시키고 있음을 의식했다.[14]

간접전달의 접근에서 우리는 타인의 천박함을 미워하는 것이 기실 자신의 천박함을 자각하면서 고양되고 승화된 단계에로 나아가게 된다. 우리가 주위 환경에 의해 몰입되어 있을 때에는 간접전달의 자기표현이 어려워진다. 이런 점에서 타자와 지속적 관계도 자기 자신을 이해하고 표현하는 간접전달에 의해 심화된다.

14) George Pattison, *Spiritual Writings of Kierkegaard*, Harper perennial Modern thought, 2010, xxiii.

# XIII. 예술적 감수성의 도덕적 함의(含意)

## 1. '볼 줄 안다'의 의미

인간에게 세계에 대한 새로운 지평을 열어주는 지각이 다빈치(da vinchi)의 요약대로 '볼 줄 아는'(saper vedere) 능력을 의미한다면 지각(perception)은 새로운 습관의 형성을 가져오고 이런 과정의 반복은 결국 제 2의 천성이 된다.[1] 지각은 단지 예술이나 지성의 차원을 넘어서서 세계를 보는 새로운 지평을 제공하기 때문에 도덕교육적 의미를 갖게 된다. 미적 감수성은 우리에게 세계에 대한 수동적 인식만을 제공하지 않고 세상을 새롭게 보는 시각을 제공한다.

듀이(J. Dewey)는 지각도 행위나 사고와 마찬가지로 반복에 의해 습관화된다고 보았다. 그는 지각의 교육을 예술로 이해하면서 상상적 가능성을 제시해준다고 주장한다.[2] 블럼(L. Blum)도 도덕적 감수성을 상황에 대한 보편적 도덕규범에 근거한 행동의 판단력으로 이해한다.[3] 즉 도덕적 감수성은 상황에 대하여 단지 수동적 감수성이 아니라

1) E. Cassirer, *An Essay on Man*, Yale University Press, 1972, p. 144.
2) J. Dewey, *Experience and Nature*, Mccutchen Press, 2008, chapter 9.

객관화와 보편화를 위한 추론적 판단을 요구한다. 이는 카시러의 예술 이론에서 보듯이 예술은 형성적(形成的, formative) 과정을 반드시 거쳐야 된다는 주장과도 상통한다.[4)]

바람직한 행동은 바람직한 인격에서만 가능하듯이 감수성도 인간의 실존적 단계와 분리될 수 없다. 키에르케고어와 슈페만의 주장에서 보듯이 인간의 실존은 단지 주관성과 객관성에만 얽매일 수 없고 형이상학적 근거를 제시해야 한다. 즉 존재론과 형이상학은 인간의 실제적 행동을 통해 구현된다.[5)] 듀이는 전술한바 인간의 도덕발달에서 세계를 새로운 시각에서 볼 수 있게 하는 습관의 중요성에 관심을 가졌다. 그에 의하면 습관을 통하여 유기체는 주위 환경 및 예기치 않은 상황과도 관계하게 된다. 그에게서 인간행동을 위한 윤리적 규범은 현재상황과 연관되어야 생명력을 지니게 된다.

플라톤은 인간의 승화된 삶을 그 자체의 목적으로서 보았고 슈페만은 이를 인간의 행복과 연관하여 해석한다. 블럼(Blum)이 윤리적 규범에 의해 행동방안을 찾으려고 한다면 듀이는 주어진 상황에서 윤리적 행위자의 지난 경험과 현재의 의미를 생각하며 일정한 행동을 취하고자 한다. 그런데 키에르케고어는 이런 상호관계에서 신 앞에 선 단독자(單獨者)를 전하려고 한다.

## 2. 새로운 지평을 찾는 예술

예술의 독자성은 칸트의 판단력비판에서 출발한다. 그 이전에는 예술

3) Lawence Blum, "Moral Education and Particularity", in: *Ethics*, Vol. 101, no. 4, pp. 701-725.

4) Cassirer, 1972, p. 143.

5) Spaemann, 2000, ix.

이 논리적 분석을 하는 이론적 지식이나 도덕 생활의 영역으로서 설명되곤 했다.[6] 또 다른 예술에 대한 이해는 도덕적 생활 안에 숨겨진 '낮은 단계'의 감각적 면모를 설명하는 것이었다. 그러나 상상의 논리인 예술이 더 이상 논리학이나 과학의 범주로 환원될 수 없었다. 바움가르텐(A. Baumgarten)은 그의 미학(Aesthetica, 1750)에서 상상의 논리를 세우기 위한 체계적 시도를 하였다.

예술은 발달과정에서 모방과 독창성이 동시에 요청되었다. 모방은 단순히 재현(再現)예술뿐만 아니라 예술의 모든 형식에 적용된다. 독창성으로서 미(美)는 객관성 타당성을 지닐 때에만 그 의미를 지닌다. 즉 감정과 이성이 동시에 요청된다. 숙고가 미적 경험 이전에 요청된다는 점에서 미는 객관적이지만 미적 지각은 감정에 의존한다는 점에서 주관적이다.

예술 작품에서 주관과 객관의 결합이 요구된다는 것은 인간을 야만 상태에서 높은 문화로 바꾸는 독립과 조정의 능력으로도 이해된다. 성격예술 혹은 표현예술도 형성적 과정을 동반할 때에만 객관적 이해를 얻게 된다. 그렇기에 질료적 면보다 정신적 면만을 일방적으로 강조한 크로체(Croce)를 수용하기 어렵다.[7] 예술에서 직관적 면은 형성화 과정을 통한 의사소통이 될 때에만 그 의미를 갖게 된다. 서정시에서도 시의 목적을 표현하는 형성적 과정과 자발성이 없이 감정만 분출된다면 천박한 감상(感傷)이지 예술이 아니다.

예술은 아름다움을 추구한다는 점에서 단지 모방이 아니라 작가의 개성과 독창성이 개입된다. 예술사에서 루소(Rousseau)는 고전주의를 넘어서서 성격예술을 받아들였다. 성격예술에서 예술은 단지 아름답기 위해 존재하는 것이 아니라 자신의 개성을 표현한다. 그런데 예술은 아

6) Cassirer, 1972, p. 137.
7) Cassirer, 1972, p. 141.

름답기 이전에 형성적(formative) 과정을 갖추어야 한다.[8] 예술사적으로 위대한 작품들은 단지 '아름답다'는 범주를 넘어섰다. 그래서 성격 예술은 단지 감정의 분출이 아니라 객관적으로 이해된 의미를 지녀야 한다.

예술가의 시선은 인생과 사물을 단순히 수동적으로 수용하는 것이 아니라 역동적 과정을 통하여 구축(構築)한다. 예술도 다른 문화형식들과 마찬가지로 인간생활과 사물에 대한 객관적 이해로 안내한다. 이런 안내는 현실에 대한 단순한 모방이 아니라 새로운 발견이다. 언어와 과학이 현실에 대한 간략화라면 예술은 인간생활과 사물에 대하여 개념적으로 객관화의 길을 가지 않고 오히려 강렬화(强烈化)와 집중의 과정에서 그 형식을 드러낸다.[9]

아름다움의 추구는 사물에 대한 직접적 관계나 수동적 지각이 아니라 인간 정신의 능동적 혹은 구성적(構成的, constructive) 활동이다. 뒤러(A. Dürer)에 의하면 자연에서 예술을 끌어낼 수 있는 사람만이 예술을 소유할 수 있다.[10] 이런 과정에서 인간 정신은 자기 주관적으로만 활동하지 않고 객관적 직관을 볼 수 있을 때 예술은 그 목적을 달성하게 된다. 고전주의는 예술에서 상상력을 받아들인다고 해도 이성의 통제 아래에 두려고 하지만 낭만주의는 소위 가능성을 압도하고 놀라움으로 표현되는 상상력의 기능에 긍정적 개념을 갖고 있다.

예술에서 상상력이란 단지 공상(空想)이 아니라 사물과 인간생활의 내면적 의미를 리듬, 빛깔, 감각적 형태를 등을 통하여 외화(外化)시키는(externalize) 과정을 의미한다. 이런 외화과정을 힐데브란트는 구

---

8) Cassirer, 1972, p. 140.
9) Cassirer, 1972, p. 148.
10) Cassirer, 1972, p. 151. (Denn wahrhaftig steckt die Kunst in der Natur, wer sie heraus kann reissen, der hat sie - Albrecht Dürer -).

축적(構築的, architectonic) 구조라고 하며 자연이 예술적 형식으로 변형되는 과정이라고 한다.[11] 그러므로 예술을 단순히 즐기는 수준에서 나아가 이해하는 과정은 이런 작가의 구축적 과정을 밝혀내는 차원이 된다.

예술에 대한 심리학적 설명은 이론적 주장 이전에 인간이 현실적으로 기쁨을 경험하는 것에 의해 설득을 얻는다. 사실 즐거움과 고통은 형이상학적 혹은 이론 이전에 우리가 경험하는 것이다. 현대의 미학적 쾌락주의는 '객관화된 즐거움'을 주장하는 산타야나(Santayana)에 의하여 제창된다. 그런데 이 '객관화된 즐거움'이란 문제해결을 요청하고 있다. 예술은 즐거움의 요구에 대한 반응이며 이 목적을 추구한다.[12] 그러나 아리스토텔레스의 지적대로 사람이 단지 즐거움만을 위해 진력(盡力)한다면 어리석고 어린애 같은 짓이다.[13]

카시러에 의하면 예술이 즐거움을 추구한다면 이는 사물이나 감각적 인상(sense impression)들에 대한 즐거움이 아니라 형식에 대한 즐거움이다.[14] 형식은 우리 정신에 저절로 주어지지 않고, 아름다움을 느낄 수 있도록 산출되어야 한다. 미학적 쾌락주의가 삶을 역동적으로 만드는 형식의 창조를 갖추지 못한다면 그 의미를 지닐 수 없게 된다. 카시러는 반복적으로 예술에서 객관화라는 구축(構築)적 과정을 강조한다.

쉴러(Schiller)는 칸트의 이원론을 받아들여 인간의 자유를 자연과

11) Cassirer, 1972, p. 154 (Adolf Hilderbrand, Das Problem der Formen in der bildenden Kunst. English trans. by Max Meyer and R. M. Ogden, The Problem of Form in Painting and Sculpture), New York, G. E. Stechert Co., 1907, p. 12.

12) Cassirer, 1972, p. 169 (Santayana, The Sense of Beauty, New York, Charles Scriber's Sons, 1896, p. 22).

13) Aristotle, *Nicomachean Ethics*, Oxford University Press, 2009, 1776b, 33.

14) Cassirer, 1972, pp. 159-160.

같은 의미를 지니는 것으로 여기지 않았다. 쉴러는 칸트를 따라 자유와 미는 현상계가 아니라 예지(叡智)계에 속하는 것으로 보았다. 유희(遊戱)를 생물학적 혹은 자연주의적 입장에서 보는 이론은 인간과 동물의 근본적 차이를 인정하지 않는데 쉴러는 이런 견해를 받아들이지 않는다. 그에게 유희가 단지 일반적 유기체의 활동일 수 없고 인간에게 고유한 활동으로 이해되었다. 그는 인간이 승화(昇華)와 이상화(idealization)를 통하여 유희를 할 때에만 인간다워진다고 본다.[15)]

미학이론은 인간이 단지 흥분하여 취한 상태에서 예술로 나아갈 수 없고 객관화된 형성(形成)적 과정을 요구한다. 그래서 카시러에게 과학은 우리에게 사유에서 질서를, 도덕은 행위에서 질서를 준다면, 예술은 보이는 것, 만질 수 있는 것, 들을 수 있는 것들을 이해하는 데 질서를 준다.[16)] 과학을 통해 우리는 현상의 첫 원인을 추적해 간다면 예술적 직관을 통하여 다양한 현실을 보게 되어 인생과 세계에 대한 동정(同情)적 이해를 하게 된다. 문화형식으로 인간을 이해한다면 과학적 견해와 예술적 견해는 서로 갈등이나 모순이 아니라 오히려 보완하고 풍요롭게 한다.

개념적 이해와 직관적 이해는 서로 고유한 영역을 통해 보완하게 된다. 예술을 통해 인간은 실재(reality)나 사물에 대한 특정한 시각에 제한되지 않고 형식적 구조에 대한 통찰력을 얻게 된다. 예술은 도덕과 같이 인간이 문화의 상태로 이르게 하는 데에 주요한 역할을 하게 된다.[17)] 쉘링(Schelling)은 쉴레겔(Schlegel)과 마찬가지로 예술가는 거룩한 계시를 드러낸다고 하였다.[18)]

15) Cassirer, 1972, p. 165. (Schiller, Briefe über die ästhetische Erziehung des Menschen, Letter XV).

16) Cassirer, 1972, p. 168.

17) James Alfred Martin, Jr., *Beauty and Holiness*, Princeton, New Jersey: Princeton University Press, 1990, p. 50.

예술은 인간이 단지 생존의 차원에서 살지 않고 자신의 존엄성을 표현할 때에만 형성될 수 있다. 이는 플라톤이 제기하는 흉내(mimesis) 이상의 의미를 갖게 된다. 상상과 연관된 아름다움은 질서를 추구한다는 점에서 이미 도덕적 함축을 지니게 된다. 이런 점에서 우리의 도덕적 경험은 미적 강렬함을 수반하게 된다.[19]

상상적 연합은 도덕이나 예술에서 핵심적이다. 도덕적 지식이란 단순히 지성적 면모만을 관계하지 않고 구체적으로 복잡한 삶의 현실에서 감정 및 상상력과 관련되어 있다.[20] 즉 도덕적 지식은 정감적 면과 지성적 면뿐만 아니라 경험까지 포함한다. 도덕적 상상력도 단순히 지적 능력이 아니라 생물학적 차원을 넘어서서 구체적 혹은 현실적 체험을 갖게 될 때 그 의미를 갖게 된다. 이런 면에서 상상력은 합리성을 단지 보완하는 것이 아니라 도덕과 예술의 핵심적 요소가 된다. 나아가 위대한 예술은 도덕적으로 승화된 삶을 표현하게 된다.

## 3. 승화된 삶의 표현으로서 예술

예술은 칸트의 구분대로 논리적 과학적 타당성에 대한 상호이해와 달리 공유하는 의미와 표현에 대한 공감적 이해다.[21] 즉 작가의 개성적 표현이라도 인간과 사물에 대한 객관적 공감이 형성되어야 예술일 수 있다. 이런 형성에는 다 빈치의 표현대로 지금까지 나타나지 않았던 새

18) Martin, 1990, p. 52.

19) Iris Murdoch, *Metaphysics as a Guide to Morals*, Penguin Books, 2003, p. 341.

20) Martha Nussbaum, *Love's Knowledge: Essays on Philosophy and Literature*, New York: Oxford University Press, 1990, p. 152.

21) Cassirer, 1972, p. 145. 칸트는 논리적 추론의 공통적 이해를 Allgemeingültigkeit로 예술에 대한 공감을 Gemeingültigkeit로 구분했다.

로운 시각으로 인간과 사물을 볼 줄 아는 능력이 요청된다.[22] 이런 새로운 시각은 단지 주관적 소산물이 아니라 공동의 경험에 근거할 때 그 의미를 갖게 된다. 위대한 예술품은 우리를 일상적인 것에서 벗어나서 인간과 세계를 새롭게 지각하게 만든다. 그러므로 위대한 예술작품은 새로운 지각을 위한 계기가 된다.

예술작품이 새로운 시각으로 인간과 세계를 볼 수 있게 하듯이 새로운 감수성은 단지 습관의 세계를 넘어서서 모방과 창조를 통하여 새로운 세계관을 구성하게 한다. 이런 의미에서 위대한 예술작품은 도덕적 수월성이라는 함의를 지니게 된다. 상벌(賞罰)을 포함한 도덕교육은 듀이(J. Dewey)나 비른바허(D. Birnbacher)에서 보듯이 미래에 나타날 삶의 모습과 긴밀히 연관되어 있다. 듀이에게서 예술은 단지 인식의 과정이 아니라 도덕적 정치적 영역에 이르기까지 인간생활에 대한 객관화된 경험이다. 듀이는 예술을 특정한 작품에 제한하지 않고 상상력의 일상적 경험으로 설명한다.[23]

예술에서 승화(昇華)는 인간에게 경외(敬畏)의 즐거움과 긴밀히 연관된다.[24] 여기서 승화는 단지 아름다움에 대한 경험을 넘어 도덕적으로 새로운 차원에 이르게 한다. 도덕적 지식은 자신을 승화하는 삶의 기쁨에서만 그 의미를 갖는다. 칸트는 승화의 경험을 종교적 경험과 동일시하지는 않았지만 유추(類推)시키기는 했다.[25] 인간과 사물에 대한 객관화된 경험은 개인적 유익 여부(與否)와 관계없이 추구되어야 미적 보편성이 주장될 수 있다. 인간행동의 아름다움은 도덕적 성숙을 지향하는

22) Cassirer, 1972, p. 147.

23) John Dewey, *Art as Experience*, New York: Capricorn Books, 1934, p. 5.

24) 황종환, "도덕과 예술에서 성취된 삶으로서 행복", 『윤리교육연구』 제20집, 한국윤리교육학회, 2009.

25) Martin, Jr. 1990, p. 46.

중에 타인의 행복에 대한 배려 즉 호의의 동기에서 발견된다.

『창조적 진화』에서 예술의 직관은 자발성이 아니라 수용적(受容的) 능력이라는 베르그송을 카시러는 비판한다.[26] 그런데 베르그송의 수용성은 능동의 반대가 아니라 실재(Realty)에 도달하려는 감수성으로 이해되기에 나는 카시러의 비판을 전적으로 받기 어렵다. 카시러는 예술적 상상력을 선험적이 아니라 내재적으로 설명하지만 내재(內在)를 초월(超越)과 연관하여 설명한 키에르케고어의 시각에서 볼 때 나에게 이 둘을 완연히 구분하는 것은 납득하기 어렵다.[27] 지금까지 논의된 도덕과 예술에서 승화와 인간본성의 관계를 키에르케고어의 시각에서 고찰한다.

## 4. 실존의 고양(高揚)과 도덕교육

키에르케고어에서 실존적 성숙을 자기화로서 이해한 만하이머는 도덕적 선택이란 바로 자기 자신을 선택함이여 이 선택은 신과 관계에서 이해된다.[28] 그에게서 도덕적 선택은 '윤리적인 것의 목적론적 정지' 즉 성육신의 신과 관계에서 도덕적인 것이 중지됨으로써 오히려 역설적으로 도덕적 승화가 드러난다. 신에 대한 신앙이 맹목적이지 않음은 그 신앙이 종국적으로 타자에게 간접전달의 도덕교육으로 드러나기 때문이다.

키에르케고어는 『두려움과 떨림』에서 제시하듯이 인간의 가치 있는 행동을 논하는 윤리학을 종교적 근거에서 정립했고 슈페만도 윤리적 행동의 형이상학적 근거를 주장했다.[29] 이들에게 윤리적 행동은 사회적

---

26) Cassirer, 1972, p. 161.
27) Cassirer, 1972, p. 157.
28) 이홍우 · 임병덕 역, 『키에르케고르의 교육이론』, 서울: 교육과학사, 2003.

관습을 익히는 공손함의 차원을 넘어서 자신의 창조적 역할을 고려한다. 『두려움과 떨림』에서 하느님은 단지 도덕법칙을 대신하는 이름이 아니다. 하느님께 헌신하는 동정(同情)은 단순한 이성(理性)과 달리 신과 단독자적 실존에서 근원하는 강력한 힘을 발휘하게 된다.

키에르케고어는 사회적 관계에서만 의미를 갖는 윤리적 생활을 단지 이해의 차원이 아니라 신 앞의 단독자적 실존으로서 변증한다. 그에게 인간의 실존은 신에 대한 신앙에서 삶이 승화와 관계될 때에만 의미를 지닌다.[30] 키에르케고어가 『두려움과 떨림』에서 '윤리적인 것의 목적론적 중지'를 통하여 보여주듯이 인간이 보편적으로 따르는 윤리적 규범보다 신에 대한 신앙의 결단이 우선한다.

키에르케고어는 '신의 기대'(God's expectation)를 자기교육의 핵심으로 받아들였다. 특히 그는 자신이 신으로부터 받은 은혜에 대한 새로운 각성을 했다. 이 각성은 연구자의 해석에 따라 키에르케고어의 '웃을 수 있는 능력'으로 받아들여진다.[31] 그는 자신이 영원한 행복을 찾아 기뻐하며 웃을 수 있게 되었고 이 세상의 가치관과 다른 하느님을 믿고 따르는 고난의 삶에서 수반되는 타인의 비웃음까지도 웃음으로 받아들일 수 있었다.

키에르케고어에서 영(靈)적(spiritual) 자기교육은 신에 대한 묵종(默從)의 기쁨으로 나타난다.[32] 특히 삶의 회한과 후회로부터 죄의 용서의 확신이 그를 기쁘게 했다. 이런 확신에서 그는 다른 데서 삶의 위로를 찾지 않고 신의 은혜를 갚는 삶을 살고자 했다. 그에게서 타인을

---

29) Spaemann, 1993.

30) George Pattison, "Kierkegaard and the Anxious Sublime", in: *Kierkegaard Studies Yearbook*, 1998.

31) A. Burgess, *Kierkegaard and Christianity*, Toronto: Trinity College, 2008, p. 24.

32) 표재명, 『들의 백합 공중의 새』, 서울: 21세기선교출판사, 1999, 146쪽.

가르치는 가장 바람직한 방법은 자신을 가르치는 것이다. 그는『죽음에 이르는 병』에서 실존적 절망의 극복을 기독교 안에서 자기교육이라고 스스로 고백했다.[33] 그에게는 글쓰기가 자신의 정체성과 연관되었지만 다른 사람은 각자 자기를 찾아가는 과정을 앎이 자기 교육의 단서와 출발이 된다.

키에르케고어에서 윤리적인 것의 가능성은 신과 단독자적 실존이 요청되는 종교적 단계(B)에서 가능하게 된다. 그러므로 간접전달을 통하여 자신을 알아가고 교육하는 방법은 키에르케고어의 독특한 도덕교육이다. 그에게서 자신을 알아가는 과정에서 신(神)을 필요로 함이 곧 자기교육이었다. 하느님은 인간실존의 단독적 관계에서 우선적 행동을 취한다.[34]

타인에 대한 도덕교육은 자기 자신에 대한 교육에 근거한다. 삶의 구체적 현실에서 갈등의 순간은 종교적 관계에 근거하는 도덕적 삶과 이 세상의 안정 사이의 선택이다. 삶의 궁극적 안정을 신에게서 찾은 키에르케고어는 자신이 다 헤아릴 수는 없는 방법으로 신이 자신을 깊은 종교적 관계로 이끌어 간다는 확신을 갖게 되었다. 이런 내면적 관계는 도덕적 삶을 신과 종교적 관계에서 찾았던 키에르케고어에서 도덕교육적 함의(含意)를 지닌다.

키에르케고어에서 종교적 단계와 도덕교육은 간접전달에서 볼 수 있듯이 다른 사람도 비슷한 수준에 다다랐을 때에만 이해된다. 그에게서 도덕교육은 단지 새로운 도덕발달에 대한 이론습득이 아니라 신과 종교적 관계를 통한 내면(內面)의 심화(深化)과정이다. 그는 신과 종교적 관계를 세 가지로 요약한다. 1. 신과 종교적 관계를 맺는 사람은 개인

---

33) Burgess, 2008, p. 93.

34) Hwang, Jong Hwan, *Ökologische Gerechtigkeit*, München: Herbert Utz Verlag, 2004, S. 146.

적 확신 즉 깊은 소명(감)을 갖게 된다. 2. 신은 개인을 점진적으로 이끌어 가는 신적 교육(divine pedagogy)을 행한다. 개인이 이런 계획과 의도를 이해하기 위해선 더 높은 단계에로 이끌림을 받게 된다. 3. 신은 개인으로 하여금 더 높은 단계로 이끌며 새로운 확신과 용기를 갖게 한다.[35]

## 5. 예술에서 승화로서 도덕교육

슈페만이 설명하듯이 인간의 자율(自律)적 힘에 근거하는 도덕적 분투(奮鬪)로는 완벽주의를 지향할 수는 있으나 도덕적 만족을 맛볼 수는 없다. 신앙을 통한 자기발견은 간접전달로 표현되며 종국적으로 윤리적 객관성을 갖게 된다. 새롭게 발견되는 자아에서 우리는 윤리와 예술의 승화(昇華)를 보게 된다. 키에르케고어에게 윤리적 행동은 신과 관계에서 연원(淵源)하기에 승화된 생활은 신의 명령에 대한 실존적 관계에서 전달된다. 이렇게 승화된 삶은 각자가 자신에게 부여된 고유한 삶의 추구와 책임의 수행으로 표현된다.

카시러에서 보듯이 도덕과 예술의 승화는 인간의 본성과 연관되어 행해지며 자신을 찾아가는 과정이다. 인간본성에 근거한 승화의 생활은 실제적 삶의 변환을 통해 검증된다. 영적 교제와 도덕적 승화를 신 앞의 단독자적 실존에서 찾고자 했던 키에르케고어를 따르면 도덕과 예술에서 승화는 인간본성에 관련해서 추구된다. 인간본성에 걸맞은 즐거움은 주관적 의식의 상실이 아니라 삶의 현실과 행위에서 형식을 주요하게 고려한다. 이런 의미에서 카시러는 예술에서 인간의 상징적 활동으로서 자발성(自發性)과 형식을 중요시한다.[36] 보편적 이해를 추구하

35) Burgess, 2008, p. 96.

36) E. Cassirer, *an Essay on Man*, Yale University Press, 1972.

는 형식에 대한 즐거움은 사물에 대한 직접적 즐거움과는 전혀 다르다.

도덕과 예술의 승화는 인간의 본성을 금제(禁制)함으로써 달성되지 않고 오히려 인간의 본성을 창조적으로 구현함으로써 성취된다. 도덕과 예술의 승화는 인간화의 발달과정이며 인간 본성에 대한 이해 속에서 그 목적이 추구된다. 삶의 승화는 '윤리적인 것의 목적론적 중지'에서 드러나듯이 인간의 한계상황인 죽음마저도 신에 대한 신앙에서 극복하고자 할 때 형성된다.

키에르케고어는『두려움과 떨림』에서 아브라함이 외아들 이삭을 다시 돌려받을 수 있다는 하느님신앙에서 '살인'이라는 윤리적 규범마저 깨뜨리려는 한다. 아브라함은 이삭을 향해 칼을 듦으로써 자식과 하느님의 약속마저도 버릴 각오를 하게 된다. 삶을 금생(今生)의 영역만이 아닌 영원한 축복과 관련하여 생각하는 점에서 키에르케고어는 윤리적인 것을 종교적 근거와 연관한다.

키에르케고어는 인간의 지적 추론을 넘어서는 그리스도와 영(靈)적 관계에 깊이 들어가려고 하였다. 그에게 신의 은혜에 근거한 교제는 인간의 자기권위적 이성이나 도덕으로 대치될 수 없다. 신과 교제가 맹목적 종교체험이 아님은 타자에 대한 전달에서 이성과 도덕이 오히려 나타나기 때문이다. 이런 과정에서 신의 솔선(率先)적 개입을 통하여 도덕과 예술의 승화가 형성됨을 볼 수 있다. 키에르케고어는 인간의 이성과 도덕성을 폄하한 것이 아니라 신과 거룩한 관계가 이루어질 때 이성과 도덕성이 본래의 능력을 발휘함을 보여준다. 인간을 타자와 구분시키는 자기의식은 자신을 찾음으로써 이미 자기선택을 통한 도덕교육이 된다.

# XIV. 실존적 불안과 도덕교육

## 1. 자기를 찾는 실존적 불안

인간은 불안에서 벗어나고자 하지만 불안하기 때문에 오히려 자신을 찾아 나설 수 있다. 『불안의 개념』에서 실존적 불안은 자기를 찾는 계기가 된다는 점에서 도덕교육의 의미를 지닌다.[1] 키에르케고어가 추구한 바는 도덕교육의 정체(正體)성으로서 자아를 형성하는 것이고, 다른 사람도 이런 삶을 살도록 그 자신이 전달내용의 삶을 실제적으로 살고자 하였다. 그에게 인간이 타자와 관계하는 이분법적 사유방식은 자아와 타자의 관계로 환원될 수 없고 오직 신과 관계에서 근원한다. 신과 단독자적 실존의 관계에서 자기 자신이 되며 타자에게는 도덕교육이 된다.

키에르케고어 자신이 구분한 대로 불안은 특정 대상에 대하여 두려움을 느끼는 공포와 달리 인간에게 고유한 실존적 현상이다. 심리학이나 정신분석에서 불안은 소멸되기를 원하는 부정적 증상이지만 키에르케고어에서 실존적 불안은 인간이 신 앞에서 자기를 찾아가게 하는 열쇠

1) 쇠얀 키에르케고어 지음, 임춘갑 옮김, 『불안의 개념』, 도서출판 치우, 2011. 아르네 그뤤 지음, 하선규 옮김, 『키에르케고어 인간학 불안과 함께 살아가기』, 도서출판 b, 2016.

다. 인간에게는 심리학적으로 해명되어야 하는 불안과 함께 학문적 접근으로 환원될 수 없는 존재론적 불안이 있다.

키에르케고어에서 개인은 신 앞에 단독자로 설 수 있을 때에만 오히려 역설적으로 타인과 대화하며 자신을 전달할 수 있다. 그의 삶이 도덕 교육적 함의(含意)를 지니는 까닭은 도덕교육이 현실적으로 가능한 신 앞에서 단독자적 실존의 삶을 실제 살았기 때문이다. 그는 실존적 불안을 통하여 자아의 변형과 도덕적 승화를 오히려 가져올 수 있다고 알린다.[2] 이런 전달은 보통 교사가 학생에게 지식을 전달하는 제도화된 교육활동의 범주로는 이해되지 않는다.

키에르케고어는 누구나 자신을 찾아 형성해 가는 과정에 있기를 원했다. 그에게는 자신에 대한 교육과 타인에 대한 교육이 구분될 수 없었다. 키에르케고어에서 자기화의 의미에 대해서는 연구자들에 따라 의견이 달라진다. 즉 그에게 자기화란 곧 기독교인이 됨을 의미하기도 하고 인간이 공유하는 실존적 고뇌의 극복과정을 의미하기도 한다. 어느 경우에도 실존적 불안은 인간에게 주어진 상황이며 조건이다. 효과적 도덕교육은 단지 윤리적 지식의 소개가 아니라 교사가 스스로 윤리적 삶을 통해서만 가능하다.

## 2. 사회적 존재로서 실존적 불안

인간은 자신 자신을 비롯한 타자와 관계에서 단지 직접적 반응이 아니라 의미를 찾는다는 점에서 끊임없이 도덕의식(意識) 속에서 살아가고 있다. 사물이 객관적 특성에 의해 기술된다면 인간은 자기의식(意識)에 의하여 기술된다.[3] 그리스철학에서도 독백은 대화로 바뀌었다.

---

2) 이홍우 · 임병덕 역, 『키에르케고르의 교육이론』, 서울: 교육과학사, 2003, 3쪽.
3) E. Cassirer, *Versuch über den Menschen*, Frankfurt: S. Fischer

인간은 대화와 변증법을 통하여 자신의 본질을 밝혀왔다. 키에르케고어에서 타자와 관계에서 자기를 알아가는 자기의식은 자기가 자신에 관계하는 정신에서부터 나온다.[4] 그에게서 윤리의식은 인간이 자신을 찾아가는 과정으로 이해되었고 종교적 신앙에 근거한다.[5][6]

키에르케고어에서 우수(憂愁)는 미적-쾌락적 실존의 표현이며 자신의 고유성을 잃어버리고 단지 수(數)의 하나로 전락한 개인들의 모습이다. 인간은 자기상실의 불안에서 절망하여 자기의 힘만으로 자기가 되고자 하거나 혹은 더 이상 자기를 찾고자 하지 않는다. 키에르케고어에 의하면 미적, 윤리적 실존에서 보듯이 자아는 자아에 의하여 찾아질 수 없고 신과 단독자적 관계에서만 가능하다. 그는 자존(自存)적 자기선택의 가능성 자체를 논박하기에 인간의 자기 독립적 도덕교육을 비판한다.

인간이 타자와 자연에 대한 호의는 신으로부터 받은 은혜와 사랑이 반사(反射)된 표현이다.[7] 키에르케고어에서 대화는 신의 은혜와 사랑에 근거하며 말로 표현할 수 없는 것을 표현하는 과정이다. 즉 하느님으로부터 나온 영원을 사모하는 마음이 드러나는 행위다. 이런 행위는 도덕발달에서 끊임없이 개인의 미래에 관심을 갖게 된다. 키에르케고어에서 인간실존의 완성은 신으로부터 내려온 영원한 축복을 받아들이고 표현하는 삶이다. 이런 삶은 고결한 생활을 통해 도덕교육을 드러낸다.

---

Verlag, 1990, S. 21.

4) Kierkegaard, *Die Krankheit zum Tode* (ü. E. Hirsch), Düsseldorf: Eugen Diederichs Verlag, 1982, Abt. 24-25.

5) Kiderkegaard, *Entweder/Oder*, Düsseldorf: Diederichs Verlag, 1982, S. 190.

6) Hinrich Fink-Eitel, *Die Philosophie und die Wilden*, Hamburg: Junius, 1994, S. 157-158.

7) 이홍우 · 임병덕, 2003, 6쪽.

## 3. 실존적 불안과 자기화

키에르케고어는 자기화(appropriation) 즉 자기 자신의 탐구를 통한 인간의 보편적 본성에 관심을 가졌고 자신의 주위환경 즉 당시 덴마크사회의 구체적 변화를 추구했다. 그는 가능태(可能態)로부터 현실태(現實態)로 변환에 관심을 가졌던 아리스토텔레스를 비판적으로 수용하였다. 아리스토텔레스는 가능태와 현실태를 구분하여 실제적 변화를 설명했다. 그는 이 방법을 이론적 명상에서 찾았는데 키에르케고어는 바로 이 점을 비판적으로 보았다.[8] 그에게서 자기를 찾아가는 과정은 이론적 명상이 아니라 질적 신앙의 도약(qualitative leap of faith)을 통해서 가능하다. 그에게 이런 질적 변화는 영혼과 육체의 종합인 정신으로서 자아가 신과 단독자적 관계를 맺음으로써만 가능하다.

키에르케고어에서 불안은 죄에 선행하는 인간의 심적(心的) 상태이며 또한 죄의 실존적 현상이다. 죄가 성립하는 순간 시간성은 죄성(罪性)이 되었다.[9] 이런 시각에서 인간 본성에 대하여 낙관적 전제를 갖고 자기를 찾아가는 도덕교육은 용인될 수 없다. 키에르케고어에게 영향을 받은 틸리히(P. Tillich)에 의하면 실존적 불안은 존재론적 범주이고 어느 학문도 이를 온전히 설명할 수 없다.[10] 키에르케고어에게 존재론적 범주는 신과 인간의 관계이기에 자기를 찾아가는 도덕교육은 인간이 하느님과 더불어 단독자적 관계에 들어갈 때에만 가능하다.

키에르케고어는 『불안의 개념』에서 교의학(敎義學)의 원죄를 그 자

---

8) Kierkegaard, (trans.) Reidar Thomte, *The Concept of Anxiety*, Princeton University Press, 1980, ix.

9) 키르케고르 지음, 임춘갑 옮김, 『불안의 개념』, 서울: 다산글방, 2007, 182-183쪽.

10) Paul Tillich, *Systematic Theology* I-III, Chicago: University of Chicago Press, 1959, I. pp. 191-192, 199.

체로 전제하며 받아들인다. 그에 의하면 인간에게 몸과 영혼, 순간과 영원이 더불어 있는 모순적 현실이 드러나면서 불안이 나타났다. 실존적 불안은 감각적 향락을 추구하는 미적 단계에서뿐만 아니라 실존의 최고단계라는 종교 윤리적 실존에서도 드러난다. 영원을 사모하는 인간은 한 개인이며 동시에 인류 전체로서 불안하게 실존한다. 영(靈)적인 것을 배제하고 직접적 감각적 향락을 추구하며 자신을 강화시키려는 돈주앙(Don Juan)의 생활에는 충동의 힘이 있을 뿐이지 의식(意識)을 지니는 개인적 실존이 없다. 이런 생활에는 영(靈)적 본질로서 개인의 정체성(正體性, identity)이나 타자와 자아를 구분하는 윤리의식이 없다.

영적 활동과 몸이 각기 다른 방향으로 가고자 할 때 불안은 증대되고 자기 자신을 찾아가는 같은 방향으로 가고자 할 때 불안은 오히려 친근한 힘이 된다. 불안은 낮은 단계에선 단지 감각적 쾌락을 추구하는 에너지이지만 높은 단계에서는 주체적으로 자기화를 이루는 근거가 된다. 이런 불안의 변화과정을 키에르케고어의 『여배우의 삶에서 위기』에서도 본다. 여배우는 나이가 들어가면서 쇠락(衰落)해진 자신의 육체를 극복하기 위해 내면(內面)연기에서 자신의 생명력을 구하지만 감각적 향락을 추구하는 관중은 그녀의 옛 육체만을 보려고 한다.

사람이 단지 욕망에 따라 살아가려고 할 때 직접적·감각적 만족을 충족시키려는 대상을 찾고자 한다. 키에르케고어에서 사람의 욕망추구는 실존적 불안 때문이다. 이 불안이 감각적 향락의 추동력이 된다. 그런데 이런 추동력으로서 불안은 일시적 작용을 할뿐이지 지속적으로 작동할 수 없다. 불안을 실존적 현상으로서 드러내는 인간이 원죄 아래에서 하느님과 관계하지 않는 인간적 연합에 대한 열망이 우선 작동한다.

죄는 인간 실존에 깃들어 있다는 점에서 인간 한 개체뿐만 아니라 온 인류의 문제가 된다.[11] 신과 인간의 단독자적 관계에서 유전적 원죄는

11) 임춘갑, 2007, 53쪽. 『불안의 개념』의 익명의 저자 하우프니엔시스

인간에게 보편적이다. 그러므로 자기화 즉 자기를 형성하는 과정으로서 도덕교육은 인간이 자기 자신의 죄를 받아들일 때에만 의미를 지닌다. 인간실존에서 종교적 허무감, 인간 사이의 갈등, 자연 파괴 등은 죄의 실존적 현상으로서 실존적 불안에 대한 근원적 이해가 요청된다. 인간의 실존적 불안을 의식할 때 낙관적 본성에 근거한 도덕교육의 이해와 추구는 그 출발부터 문제시된다.[12)]

키에르케고어에 의하면 인간은 오성(悟性)으로 죄의 현실을 설명하지 못하고 오히려 신앙을 통하여 불안극복의 희망을 갖는다. 실존적 불안은 인간의 존재론적 범주인 동시에 자기를 찾아나서는 계기(契機)로서 도덕교육의 단초가 된다. 실존적 불안은 인간의 존재론적 범주이면서 도덕교육의 단초가 되기에 『불안의 개념』에서 불안이 여러 의미로 설명됨을 이해할 수 있다.

## 4. 존재론적 회의(懷疑)의 극복과 신앙

인간을 존재론적으로 자존(自存)적 존재로 여기지 않는 키에르케고어에서 회의(懷疑)는 숙고가 아니라 신앙적 결단에 의해서 해결된다.

---

(Haufniensis)에 의하면 인간은 영혼과 육체의 결합으로서 이 종합이 깨지게 되면 불안이 찾아오게 된다. 그에 의하면 여성이 비교적 더 불안을 느끼는 이유는 더 감각적이기 때문이다. 불안을 성욕(性慾)과 관련시켜서도 이해하게 되는 이유는 성욕은 그 자체로 죄악된 것은 아니지만, 불안의 근원이 자아가 타자에게서 자아를 찾고자 하는 데서 나오기 때문이다. 그런데 기독교에서는 부활의 상태에 대한 기술에서도 볼 수 있듯이 온전히 영적인 상태에서 남자와 여자의 구분은 없어진다. 이 땅에서 인간의 실존이 도덕적으로 고양되더라도 에로스적인 것이 영적으로 완전히 고양되지 않기 때문에 영적인 것이 아직 낯선 것으로 다가오며 불안이 현존하게 된다.

12) Hwang, Jong Hwan, *Ökologische Gerechtigkeit eine interkulturelle Begündung*. München: Herbert Utz Verlag, 2003, S. 146.

그러므로 데카르트의 인식론적 관심은 키에르케고어에서 실존의 문제로 바뀔 수밖에 없다. 키에르케고어에 의하면 불안은 하느님과 단독자적 실존의 관계를 통해서만 해결할 수 있는데 하느님 아닌 다른 인간 혹은 자연 등과 잘못된 변증법적 관계의 추구에서 존재론적으로 피할 수 없이 나타나는 현상이다. 즉 인간이 신이 아닌 타자에게서 자신을 발견하려고 하면 소외(疏外)가 나타나고 이런 왜곡된 결과는 불안의 현상이 된다.

『불안의 개념』에 의하면 감성(感性)도 죄(罪)가 이 세상에 온 후에는 그 영향을 받게 되었다. 죄는 인간의 영(靈)적 정신적 감성적 면모에 모두 영향을 미치게 했다. 키에르케고어에게 인간은 영혼과 육체의 결합이며 시간적인 것과 영원한 것의 종합으로서 정신은 순간적 이행(移行)활동을 통하여 자신을 표현하게 된다.

키에르케고어에 의하면 그리스인들은 영원에 대한 개념을 갖지 못하였기 때문에 미래에 대한 개념을 갖지 못하였다. 그에게서 절대자와 단독적 관계만이 정신이라는 규정의 영원에 대한 사모를 가능하게 한다. 인간은 누구나 영원을 동경하게 되어있지만 이런 의식을 돌보지 않을 때 현실적으로 자기 자신에 대한 우상숭배자가 된다.

키에르케고어는 개인이 주관적으로 겪는 실존적 불안과 온 세계에 퍼져있는 즉 아담으로 말미암는 죄성(罪性)의 반영으로서 객관적 불안을 구분했다.[13] 철저한 자기집착과 이기심은 주관적 불안의 표현이며 객관적 불안은 현재 인류가 직면한 생태적 위기와 연관하여 자연도 그 회복을 간절히 고대(苦待)한다(로마서 8:19)는 점에서 이해된다. 인간의 자연에 대한 공격적 태도는 사실 그 내용상 아무런 관계도 맺지 않는 것이다. 인간은 내재적 육욕(肉慾)뿐만 아니라 객관적으로 편재(遍在)되어 있는 죄로 말미암는 불안의 영향을 받게 되었다.[14]

13) 임춘갑, 2007, 110쪽, 111쪽.

## 5. 불안의 극복과 현실성

키에르케고어가 『불안의 개념』에서 중요시하는 것은 불안의 현실적 극복이다. 그는 트렌델렌버그(A. Trendelenburg)의 영향을 받아서 현실성이 논리학에서 다루어지면 논리와 현실성 사이에 혼동이 일어난다고 했다. 즉 현실성은 논리적으로 접근할 수 있는 것이 아니라는 시각이다.[15] 헤겔이 현실성을 필연적인 것 속에 포함시켰지만 키에르케고어는 우연(偶然)적인 것으로 보았다. 키에르케고어는 현실성의 영역에 속하는 자유를 받아들였다.[16] 그는 현실성을 헤겔과 같이 논리학의 필연적 범주에 속하여 당연히 발생하는 것이 아니라 우연성에 속한 것이라고 본다. 즉 인간에게 현실성은 논리적 추론을 통하여 발생하지 않는다는 뜻이다.

도덕교육은 현실적 변화가 종국적 관심이라면 키에르케고어는 다른 상태로 질적 변화는 현실성에 의하여 가능하다고 보았다. 그가 불안은 신앙에 의해 극복된다고 하면서 이 신앙은 교의학(教義學)적 기술(記述)에 의해서도 전달될 수 없다고 한다. 이런 주장에서도 그는 인간실존에서 신앙을 통한 불안의 극복에 대한 수미일관된 시각을 갖고 있다.

철학사적으로 사유는 실재성(實在性)을 갖고 있다고 흔히 고대, 중세까지 주장되었지만 칸트는 이 전제에 의심을 가졌다.[17] 즉 사유의 세계에는 있지만 실재하지 않을 수 있다는 것이다. 이 말은 인간이 현

---

14) Stephen N. Dunning, "Kierkegaard's Systematic Analysis of Anxiety", in Robert L. Perkins (ed.), *The Concept of Anxiety*, International Kierkegaard Commentary. V. 8, Mercer University Press, 1985, p. 16.

15) R. Thomte, 1980, p. vii.

16) R. Thomte, 1980, p. 224.

17) 임춘갑, 2007, 19-20쪽.

실적 변화를 가져오는 현실성에 대하여 논리적으로 정치(精緻)하게 설명하고 주장하더라도 실제적 변화가 없을 수 있다는 뜻이다. 여기서도 키에르케고어가 참으로 전달하고자 하는 바는 이론적 교훈이 아니라 각자 자신의 삶의 열매를 통해서만 전달할 수 있다는 그의 사상을 다시 보게 된다. 도덕교육도 마찬가지다.

키에르케고어는 죄와 그 현상으로서 불안이 학문적으로는 극복될 수 없는 현실을 주목했다. 그는 슐라이에르마허(Schleiermacher)를 예를 들면서 죄가 학문적으로 다루어질 수 없다고 한다.[18] 키에르케고어는 학문적으로 전달될 수 없는 실존적 불안과 죄에 대해 개인이 다른 개인에게 전달하는 방법을 찾고자 했다.[19] 죄는 잠재성(de potentia)으로 존재하지 않고 현실적(de actu, in actu)으로 존재한다.[20] 죄는 실재하지만 특정 장소에만 실재하지 않는다.[21] 교의학도 원죄의 실재를 설명하지 못하고 단지 전제할 뿐이다. 분명히 죄는 학문적으로 설명될 수 없지만 인간실존에 실재하고 있다. 키에르케고어에서 인간은 모든 순간 자기 자신이면서 온 인류다. 이 모순은 오직 현실성 혹은 신앙의 운동을 통해서만 극복된다. 이런 운동은 역사적 행동을 통하여 구체화된다.

---

18) R. Thomte, 1980, p. 20. 히르쉬(Immanuel Hirsch)는 그의 독일어 번역 『불안의 개념』(Der Begriff Angst, S. 243)에서 원죄를 슐라이에르마허(Schleiermacher)의 죄에 대한 언급과 비교하며 설명하고 있다.(『The Christian Faith, pp. 283-314』) §70. 인간이 행동을 하기 전에 이미 죄 아래에 있다는 것이 선을 행할 수 없다는 근거고 오직 구원에 의해서만 극복될 수 있다. §71. 원죄는 모든 인류에게 퍼져있으므로 보편적으로 구원의 필요성을 인식하게 한다. §72. 우리는 원죄 아래에 있기 때문에 죄를 충분히 설명할 수 없다. §73. 원죄는 인간이 스스로 행하는 죄에서 늘 다시 문제가 된다. §74. 모든 사람이 구원에 대하여 똑같은 관계에 있지 않다는 점을 제외하고 인간은 모두 죄 아래에 있다는 점에서 동일하다.

19) R. Thomte, 1980, p. 16.

20) 임춘갑, 2007, 28쪽.

21) R. Thomte, 1980, p. 14.

한 개인이 역사를 갖고 있다면 이는 동시에 인류의 역사이기도 하다. 죄가 이 세상에 들어왔다는 것은 합리적 설명이 아니라 무지한 상태로서 순수함을 상실하게 된 질적 변화다. 이런 점에서 키에르케고어는 헤겔의 합리적 설명을 비판한다. 합리적 혹은 윤리적 엄격성에 의한 인간본성에 대한 설명은 인간실존의 합리적 윤리적 한계를 의식하지 못한 시도다.

기독교에서 세상의 죄를 자발적으로 짊어지고 처벌을 받은 분은 그리스도다. 그리스도는 단지 하나의 개인이 아니기 때문에 이런 진술은 단지 미적 수준의 수사(修辭)가 아니다. 키에르케고어에 의하면 인간은 순수한 상태에서 영(靈)적이기 보다는 정신적으로 자연적 상태에 있었다. 그런데 자연적 상태에는 불안이 같이 있었다. 공포는 어떤 특정 대상과 관련이 있지만 불안은 가능성을 드러내는 자유의 현실성이다.[22] 이런 점에서 불안은 자유의 인간학적 모습이다.[23]

인간은 자신이 영적 존재임을 의식하는 한 불안하다. 그런데 인간은 불안을 낯설어하면서 즐기기도 한다. 순수한 상태에서 불안은 잘못된 것이 아니라 오히려 신앙에 의해 극복되는 소위 '즐거운 불안'이다. 불안은 인간 내면에서 죄와 창조성의 영원한 전제조건이다.[24]

키에르케고어의 시각에서 인간을 신과 단독자로 관계하는 영적 존재로 의식하지 못하고 정신적·육체적 존재로만 이해하는 한 도덕교육은 온전할 수 없다. 인간문화에서 영적인 것은 '어린아이 같은' 것을 추구하는 형태도 보존되고 있으며 불안이 더욱 진지하게 고려될수록 문화도 더욱 진지해진다. 키에르케고어에서 불안은 존재론적으로 외부로부터 온 것, 즉 질적 도약 혹은 신앙으로만 설명되고 극복될 수 있다.

---

22) R. Thomte, 1980, p. 42.
23) R. Thomte, 1980, p. viii.
24) R. Thomte, 1980, p. xvii.

정신과 육체의 존재로서 인간은 영적인 것에 의한 종합이 이루어질 때에만 설명될 수 있다. 인간의 영혼은 정신과 육체의 관계를 가능하게 한다는 점에서 긍정적으로, 또한 이 관계를 깨뜨리려고 한다는 점에서 부정적으로 활동하는 힘이기도 하다. 키에르케고어에 의하면 영혼의 이런 관계에 불안이 같이 한다.[25] 아담에게는 무지의 단계 보다 높은 외부로부터 금제(禁制)의 명령과 함께 무엇을 할 수 있다는 불안한 가능성이 있었다. 키에르케고어에서 한 개인은 동시에 전 인류를 의미하기에 아담의 원죄가 전달되고 인간은 이미 죄의 상태에 있으므로 학문적으로는 죄가 설명될 수 없다.

## 6. 자기선택과 도덕교육

자기화로서 도덕교육은 삶의 역정에서 끊임없이 자기 자신을 선택하는 과정을 통하여 구체화된다. 키에르케고어에서 신과 인간의 관계가 자기와 자신의 관계, 나아가 타인과 자연과 관계할 수 있는 근거다. 현실적으로 인간이 신과 관계에서 자기를 선택할 때에만 타자와 관계가 가능해진다. 다시 말하면 인간실존에서 위계(位階)적 측면과 상황(狀況)적 측면이 분리되지 않지만 위계적 측면이 확실할 때 상황적 측변에 영향력을 발휘할 수 있다.[26] 그러므로 키에르케고어에 대하여 사회성이 부족하다는 통속적 비판은 오해이며 오히려 그는 사회성의 근거를 제시한다.

비(非)본래적 자기 선택은 키에르케고어의 실존 삼 단계에서 미적, 윤리적 단계에서 볼 수 있듯이 각각 아이러니(irony)와 유머(humor)의 결과를 보게 된다. 미적, 윤리적 실존단계에서 모든 것을 걸고 추구

25) R. Thomte, 1980, pp. 43-44.
26) 이홍우·임병덕, 2003, 263-264쪽.

했지만 의도했던 결과를 낳지 못함을 경험한다. 키에르케고어는 『철학의 부스러기』를 통하여 인간의 일반적 종교성을 넘어서서 신 앞에 홀로 서는 종교적 단계 즉 기독교에서 성육신한 그리스도를 희랍철학과 구분하여 해석한다. 『철학의 부스러기』를 통해 우리는 당시 유럽사상계를 지배했던 헤겔 중심의 독일관념론과 대항하려고 했던 키에르케고어의 뜻을 이해할 수 있다.

인간이 신 앞에서 단독자로서 생활하면서 자기를 선택할 때 교사와 학생의 구분은 더 이상 의미를 지닐 수 없다. 교사와 학생은 서로의 관계에 앞서 영원한 존재와 관계 속에 있어야만 역설적으로 인간 사이의 관계가 가능하게 된다. 인간이 신을 찾아 나설 수 있게 하는 근본적 현상이 바로 키에르케고어에서 실존적 불안이다. 실존적 불안은 인간에게 부정적 의미만 있지 않고 오히려 자기를 찾아 나설 수 있는 도덕교육의 결정적 열쇠가 된다.

키에르케고어는 진리를 설명하기 보다는 진리의 증인으로 살려고 했다. 증인은 자신이 주장하는 대로 실제로 삶으로써만 자신을 변증할 수 있다. 그는 현실적 상황에서 자기 자신을 알아가는 데에 관심을 가졌다.[27] 이를 도덕교육과 관련하면 실존의 단계가 높아질수록 더욱 투명해진 자아는 도덕적 수준이 다른 타인에게 이해되기가 더욱 어렵게 된다. 이런 어려움은 이론적 수준이 아니라 타인도 꼭 같은 실존적 단계에 도달했을 때에만 극복될 수 있다.

키에르케고어가 설명하는 심미적 단계는 개인 상호간의 감정과 욕망에 의하여 서로 합일하려는 시도라고 할 수 있다. 윤리적 단계에서 둘 이상의 참여자 중 한 사람이 도덕적으로 우월하여 타자에게 영향을 미치거나 전달하려는 의도는 인간들 사이의 관계로 환원될 수 없다. 신과

---

27) James Collins, *The Mind of Kierkegaard*. Chicago: Henry Regnery Co., 1953, p. 154.

단독자로서 관계하는 종교적 단계에서는 신이 베풀어준 은혜와 사랑이 끝까지 그 동기가 된다. 여기에서 교사는 오직 그리스도 예수이며 '새로운 생명'이 태어나도록 한다.

키에르케고어에서 새로운 생명을 전하는 종교 윤리적 전달은 현실에서 교회나 성경의 권위보다는 전달자의 구체적 삶의 증언에 의하여 가능하다. 구체적 삶으로써 진리를 증언하는 전달자는 자신의 삶이 실존적으로 순간에 지나지 않음을 자각하게 된다.[28] 만하이머의 해석에 의하면 키에르케고어는 그의 모든 저작에서 독자로 하여금 그리스도신앙에 가까이 하려는 목표를 가졌다.[29]

키에르케고어는 자기선택이 언어로 모두 전달될 수는 없음을 알고 『들의 백합 공중의 새』를 통하여 침묵과 묵종(黙從)의 가르침을 같이 배우고자 한다.[30] 그가 전달에서 인간 언어의 한계를 지적함은 곧 인간교육의 한계를 지적한 것으로 해석할 수 있다. 이는 종교적 삶 즉 키에르케고어에서 그리스도신앙에 따르는 고난을 가르친다. 그는 인간이 도달할 수 있는 최고의 완성은 하느님을 필요로 하는 데에 있다고 한다.[31]

키에르케고어가 일상의 언어와 질적으로 다른 언어로 즉 실존의 파라독스를 통해 표현하고자 한 바를 만하이머는 보여준다. '지상(地上)의 것을 잃는 것은 얻는 것이요, 그것을 얻는 것은 잃는 것이다.'[32] 인간

---

28) Erich Frank, *Philosophical Understanding and Religious Truth*. New York: Oxford University Press, 1966, p. 76.
29) 이홍우·임병덕, 2003, 303쪽.
30) 표재명 역, 『들의 백합 공중의 새』, 서울: 21세기 선교출판사: 1999. 134쪽.
31) Kierkegaard, *Edifying Discourses* (trans.) David F. Swenson and Lilian Marvin Swenson, 4 vols, Minneapolis: Augsburg Publishing Houser, pp. 1943-1946. vol. 4.
32) 이홍우·임병덕, 2003, 308쪽.

이 죄의식을 가질 때에만 새 생명과 은혜가 가능함을 깨닫게 된다. 어떤 대상을 단지 지적(知的) 이해만을 통해 알아가려는 시도는 주체적 진리 즉 자기화의 과정이 아니다.[33)]

키에르케고어에서 불안을 극복하게 하는 그리스도신앙은 『후서』 등에서 보듯이 수량적 접근(quantitative approximation)만으론 가능하지 않다.[34)] 그에게 불신자가 신자가 되는 길은 오직 질적 도약일 뿐이다. 이런 도약으로서 하느님관계를 위해 자기를 포기하는 변증법적 용기는 쉽게 얻어질 수 없으며 자기 자신에서 나오지 않는다. 키에르케고어에 의하면 그리스도신앙 자체가 영원한 축복을 '강요'한다.[35)]

키에르케고어에서 성경은 객관적 진리의 차원뿐만 아니라 주체자의 신앙이 있어야 각자에게 진리로 드러나게 된다. 그의 이런 주장은 객관적 진리에 대한 주체적 진리의 우월성을 나타내기 보다는 주체적 신앙 없이 진리를 찾으려 했던 당시 잘못된 상황에 대한 지적으로 이해된다. 그는 객관적 진리가 영원한 행복을 추구하는 주체적 신앙과 같이 하지 않으면 우리는 절망에 이른다고 한다.[36)]

키에르케고에에게 인간이 자신의 삶을 추구하는 과정에서 가장 큰 문제는 실존적 불안과 죄(罪)였다. 사실 그의 존재론적 이해에 의하면 각 개인이 저지르는 과거・현재・미래의 악한 행동도 본질적 문제가 아니다. 이런 문제는 더 근본적 존재론적 문제인 원죄와 불안의 범주에서 이해되어야 한다. 인간의 비(非)본래적 자기선택 즉 권력, 돈, 쾌락, 사변적 지식 등을 통한 실존적 불안의 극복시도는 내용상 자기선택 혹은

33) Kierkegaard, (ed. and trans.) H. Hong and E. Hong, *Concluding Unscientific Postscript to Philosophical Fragments*, Princeton University Press, 1992, p. 21.

34) Kierkegaard, *Postscript*, 1992, p. 11.

35) Kierkegaard, *Postscript*, 1992, p. 16.

36) Kierkegaard, *Postscript*, 1992, p. 26.

자기화가 아니기에 성취될 수 없다.

## 7. 교육자와 학습자를 넘어선 도덕교육

도덕교육이 도덕적 행동의 변화를 실제적으로 추구하려면 자기화로서 자기선택을 진지하게 받아들여야 한다. 키에르케고어가 도덕교육적으로 전달하고자 하는 바는 단지 이론적 설명이 아니라 소위 실존적 상황에서 드러나는 '능력의 전달'이다. 이런 능력의 전달은 신 앞에서 끊임없는 자아초월의 과정을 거치게 된다. 인간들 사이의 정의(正義), 나아가 오늘날에 적용되는 인간과 자연 사이의 생태(生態)적 정의(ecological justice)도 신 앞에서 단독자적 자아초월을 통해서만 가능하다.

키에르케고어를 독특한 사상가로 만드는 점은 자기초월에서 신의 관여 즉 은혜를 언급하는 점이다. 그에게서 인간의 영원한 존재에 대한 관계는 하느님의 은혜와 사랑에 대한 인간의 응답이다. 인간에게 새 생명을 주는 은혜의 힘은 인간의 능력에 속하지 않는다. 키에르케고어에서 언어는 단순히 의미를 전달하는 것이 아니라 전달자가 다른 영역 즉 영원의 세계로 옮기고자 함이다.

키에르케고어에서 사랑의 원천은 인간의 마음이 아니라 신 앞에서 자기를 선택하는 자기화의 과정이다. 이런 자기화는 시간 속에 사는 단독자 혹은 외톨이가 영원한 하느님과 관계에서 가능하다. 키에르케고어에 의하면 그리스도신앙은 사랑을 새롭게 회복했다. 사랑을 신의 초월적 선물로 인식할 때에만 사랑의 역사(役事)가 이루어진다. 양육(養育)은 단순히 교수(教授)함이 아니라 이미 사랑한다는 뜻이 들어있다. 그러므로 사랑의 실천으로서 도덕교육은 인격적 역량을 일깨워 함양시킨다는 의미를 지니며 이러한 시도는 자기 세대에 충분히 이해받지 못할 수 있다.

키에르케고어에 의하면 인간은 하느님신앙을 통하여 불안을 극복하게 되고 도덕적 자아발달의 최고단계에 이르게 된다. 이 단계에서 인간은 그가 만나는 모든 사건과 사람을 신과 관계하는 시각에서 바라보고 행동하게 된다. 행동의 구체적 명령은 '네 이웃을 네 몸과 같이 사랑하라'는 것이다. 그런데 그 이웃이 자신과 전혀 다른 존재로 다가올 때 더 강력한 사랑을 요청하게 된다. 자신과 전혀 다르다고 느껴지는 타인과 관계하는 실존적 현실이 바로 인간발달의 최종적 능력의 발휘가 요청되는 단계다. 이런 능력발휘가 가능한 근거는 영원한 존재로부터 영원히 같이하심의 보장이다.

주관적 혹은 주체적 신앙을 강조한 키에르케고어는 기독교의 객관적 진리를 결코 등한시 하지 않았다. 그는 객관적 진리를 역사적 진리와 철학적 진리로 구분한다. 단순히 탐구를 위해 탐구하는 개인은 영원한 행복을 위해 끊임없이 진리와 인격적 정열적으로 관계하는 자기화의 주체는 아니다. 키에르케고어에게 유혹이란 기독교 진리에 대한 끝없는 정열적 인격적 믿음 외에 다른 아무 것도 아니다.

키에르케고어의 관심은 기독교의 체계적 진리보다는 그리스도와 무한한 정열로써 관계하는 개인 혹은 단독자의 진리였다. 즉 객관적 차원의 기독교가 아니라 그리스도에 대한 주체적 관계가 문제시되었다. 키에르케고어는 한 인간 안에서 심미적인 것과 종교적인 것이 만나면서 영원한 것에 일생 헌신하는 삶을 정당화한다. 이는 인간의 능력 너머의 것을 요구하기에 인간의 언어로는 충분히 기술할 수 없는 세계로서 신의 도움이 나타나는 곳이다.

신앙은 하느님의 은혜를 받기 때문에 합당한 존재로 자신을 만들어 가게 된다. 이 믿음의 선물은 찬양과 전수(傳受)를 요청받는다. 이런 시각에서 볼 때 한 개인이 자기를 찾아가는 도덕발달은 단지 자신만을 위한 것이 아니라 서로 교제를 하기 위함이다. 키에르케고어에서 불안은 신앙을 통하여 극복되며 이 신앙은 인간의 이성을 넘어서는 하느님에 대한 절대적 관계 즉 순종의 삶이다. 이런 삶은 타자와 관계에서는 끊임없이 자기를 표현하는 형식으로 드러난다.

키에르케고어가 실존 삼 단계에서 윤리적 단계를 넘어서려고 하는 뜻은 윤리적인 것을 낮게 평가해서가 아니다. 그는 인간이 신과 단독자적 단계에 있을 때에만 윤리적으로 도덕교육적으로 실존할 수 있다고 믿었다. 그러므로 그에게서 자기를 선택하는 자기화와 타인에 대한 헌신은 분리될 수 없다.

자기선택 혹은 자기화로서 도덕교육에서 그 효과가 나타나는 여부는 소위 전달자가 표현하고자 하는 삶을 '실제적으로 사는가?'에 달려 있게 된다. 이런 시각에서 어떤 주장에 대한 타당성은 현재의 담론을 통해서 드러나지 않고 미래에 맺어지는 삶의 열매를 통하여 입증하게 된다. 이런 생활을 키에르케고어는 인간이 신 앞에 단독자로 서는 실존적 삶을 통하여 드러내려고 했다.

# XV. 악(惡)의 극복과 도덕교육

## 1. 현실적 현상으로서 악(惡)

우리는 밝은 이야기를 하고 싶다. 그러나 인간 본성에 뿌리 깊은 악과 지진 등 자연의 재난으로 말미암은 수많은 사람의 죽음, 인간 공동체에 끊임없이 나타나는 갈등 등 우리 삶의 어두운 면을 생각할 수밖에 없다. 인류는 1차, 2차 세계 대전을 겪으면서 낙관적 인간본성에 근거한 이상향이 아니라 인간의 실존문제를 제기했다. 9 · 11 테러이후 문화권들 사이의 갈등, 이라크 전쟁에서 무차별 학살 등은 그간의 인간본성에 대한 연구에서 악의 문제를 제기하게 되었다.[1)]

악에 대한 연구는 그 자체가 목적이기 보다는 좀 더 나은 환경과 문화를 창조하기 위함이다. 낙관적 인간본성을 전제하거나 악을 의식하지 않는 환경의식에 대한 반성이 요구된다. 인간과 자연의 이분법적 의식구조도 인간본성(本性)에 대한 낙관적 가정이 묵계(默契)되어 있다. 키에르케고어의 시각에서 인간의 자율적 능력에 근거한 문화형성과 교

1) 황종환, 「〈윤리적인 것의 목적론적 정지〉의 도덕교육적 함의 - 환경의식을 중심으로 -」 『도덕윤리과교육』 28호, 한국도덕윤리과교육학회, 2008.

양의 창출은 비판될 수밖에 없다.

> "도대체 교양이란 무엇인가? 그것은 개별자가 자기를 되찾기 위해 거치는 과정(課程)이라고 생각한다. 그리고 이 과정을 졸업하기를 원치 않는 자에게는, 그가 가장 개화된 이 문명사회에 태어났다는 사실도 아무런 도움이 되지 않는다. 무한한 체념은 믿음에 앞서 있는 마지막 단계이다. 따라서 이 운동을 수행하지 못한 자는 모두 믿음도 가지고 있지 않다. 왜냐하면 무한한 체념 안에서만 비로소 나는 나 자신의 영원한 가치를 자각하기 때문이다. 그리고 그때라야 비로소 믿음을 통하여 이 세상을 파악한다는 것이 문제로 등장할 수 있기 때문이다."[2)]

종교적 악은 창조주에 대항하여 절대적 독립을 추구하는 것으로 이해할 수 있다. 악은 인간의 한계를 내용으로 하는 형이상학적 악(malum metaphysikum)뿐만 아니라 자연의 재해(malum physicum), 우주적 선에 대항하는 우주적 악(malum cosmicum), 개인의 나쁜 행동과 악의(惡意)나 칸트에게서 선험적 성벽(性癖) 즉 근본악으로 명명된 도덕적 악(malum morale), 사회적 갈등으로 이해되는 사회적 악(malum sociale), 거룩한 하느님에게 대항하는 신학적 악(malum theologicum), 원죄(malum protologicum), 영원한 저주 등에서 설명되는 종말론적 악(malum eschatologicum) 등 여러 의미로 이해된다.[3)]

대승불교에서 악은 자기집착(Selbstsucht)의 형태로 나타나는 고통이다. 이런 자기집착은 분리주의적 자아로서 현실적인 것의 왜곡이 된다. 현대독일어에서는 불쾌, 악, 거짓, 나쁨, 싫음 등이 구분되지만 한자에서는 악(惡)으로 위에 모든 것을 포함한다. 또한 악은 불교에서 인간의 존재양식에서 고통스러움이며 좌절과 실망으로도 이해된다.[4)] 일

2) 키르케고르 저, 임춘갑 역, 『공포와 전율/반복』, 서울: 다산글방, 2007.

3) J. Laube, *Das Böse in den Weltreligionen*, Darmstadt: Wissenschaftliche Buchgesellschaft, 2003, S. 11.

본어의 악(惡)은 완전한 자유, 완전한 자유를 추구하는 불교적 목적추구를 부인하는 것이다.[5] 완전한 깨달음은 대승불교에서 자아를 비움이다.

헤겔(Hegel)에서 종교는 이성적으로 설명되는 것이고 모든 운동은 중재자를 통해 정(正), 반(反), 합(合)으로 나타난다. 키에르케고어는 신의 명령에 대한 순종을 신앙으로 보았지만 헤겔은 아브라함이 그의 아들 이삭을 바치려는 행위에서 보듯이 악을 보편적 사유의 결핍으로 이해했다.[6] 헤겔은 기독교 신앙을 객관적 진리체계라고 주장하며 야코비(Jacobi), 헤르더(Herder) 등의 철학적 신앙을 비판했다.[7]

헤겔은 절대적 존재가 인간의 순수사유를 통하여 전달될 수 있다고 하면서 이를 신앙이라고 한다. 그는 '도덕법', '이성(理性)의 영원한 법' 등을 강조하며 이들이 우리 자신보다 높은 것으로 그 자체로 독립적으로 존재하며 절대적인 것이라고 한다.[8] 헤겔의 종교에 대한 이성적 이해에 대하여 키에르케고어는 인간본성의 낙관적 전제에 근거한 인간이성과 윤리를 비판적 시각에서 본다.

키에르케고어도 도덕성을 칸트와 같이 쾌락의 추구가 아니라 의무의 수행으로 이해하였다. 그러나 키에르케고어는 인간성의 핵심에 근본적으로 합리적으로만 설명될 수 없는 '죄와 허물'을 의식했다. 그는 그의 아버지가 유트란트(Jutland) 광야에서 하나님을 저주한 일과 어머니와 비정상적 결혼을 힘들어했다. 그는 자신의 우울이나 '등이 휘는 병'

---

4) M. v. Brück, *Buddhismus und Christentum*, München: C. H. Beck, 1997, S. 319.

5) Laube, op. cit., S. 263.

6) R. Perkins, "Abraham's Silence Aesthetically Considered". Robert L. Perkins (ed.), International Kierkegaard Commentary, *Fear and Trembling/Repetition*, V. 6, Mercer University Press, 1993, p. 93.

7) Perkins, ibid., p. 162.

8) George, M., Vincent, A. (ed.), Miller A. V. (trans.), Hegel, *The Philosophical Propaedeutic*, Oxford: Basil Blackwell, 1986, p. 52.

도 가족의 하나님에 대한 과거의 외람된 의식과 연관하여 생각했다.[9] 키에르케고어에서 존재론적 범주는 하나님과 인간의 관계다.

악은 인간을 위협하는 힘으로 이해되지만 인간의 의식과 관련하여 악의 유용함(felix culpa)은 결국 존재의 비밀을 생각하게 한다. 이런 점에서 악은 우리 자신과 분리되어 대상으로 고찰될 수 없고 우리자신과 연관하여 이해되어야 한다. 구체적으로 모순된 우리자신의 모습, 끊임없는 발전에도 불구하고 향상되지 않는 인간의 삶의 질 등을 생각하게 된다. 악은 단순히 도덕적 영역으로 제한되지 않고 전 인간의 존재와 관련되어 이해된다. 이런 현실에서 인간의 실존을 '윤리적인 것의 목적론적 정지'로서 고찰하게 된다.

## 2. 도덕교육의 존재론적 가능

키에르케고어는 『두려움과 떨림』에서 아브라함이 독자(獨子)를 오직 하나님의 명령이라는 이유에서 바치는 행위를 윤리적 판단과 구분한다. 아브라함은 윤리적 표준보다는 신앙의 비약을 통한 하나님을 선택했다. 이런 믿음의 행위는 이성(理性) 즉 보편성을 넘어서 종교적 삶을 사는 것이다. 키에르케고어는 보편적 도덕규범이 전달할 수 없는 영역 즉 말로 전할 수 없는 영역을 전달하려고 한다.

도덕교육이 문화의 창조적 전승을 추구하면서 삶의 지평을 넓혀준다면 키에르케고어는 단지 지적(知的) 차원이 아니라 실존적 결단 즉 '윤리적인 것의 목적론적 정지'를 통하여 끊임없이 다른 이들에게도 이런

9) P. Ricoeur, "Two Encounters with Kierkegaard: Kierkegaard and Evil; Doing Philosophy after Kierkegaard" in: Joseph H. Smith (ed.), *Kierkegaard's Truth: The Disclosure of the Self*, Yale University Press, 1981, p. 315.

삶에 대한 참여를 촉구했다. 그가 '윤리적인 것의 목적론적 정지'로 이해한 아브라함은 하느님으로부터 받은 명령을 보편적 규범에 우선하여 받아들인다.

아브라함은 그의 아들 이삭이 바칠 제물을 물었을 때 하나님이 준비하실 것이라고 하면서 이삭도 하느님과 직접적 관계에 들어가도록 소위 간접전달의 답변을 한다. 마침내 아브라함은 하느님이 이삭을 살려주실 것이란 확신 속에서 이삭을 바치고자 한다. 키에르케고어는 사랑했기 때문에 파혼한 올센(Regine Olsen)을 하느님과 절대적 관계에서 다시 얻을 것으로 확신하고 하느님으로부터만 올 수 있는 기쁨과 평안의 삶을 추구하며 살게 되었다.

'윤리적인 것의 목적론적 정지'는 아브라함이나 키에르케고어뿐만 아니라 모든 사람에게 결단을 요청한다는 점에서 도덕적 함축(含蓄)을 지닌다. 간접전달을 도덕교육으로 볼 때 타인을 가르침은 자신이 배우는 과정을 통해 가능하다.[10] 키에르케고어에서 저술과정은 자기 자신에 대한 교육이었고 만하이머의 입장을 따르면 자신에 대한 도덕교육이다.

## 3. 철학적 사유의 한계와 신앙

키에르케고어에서 실존의 근거인 기독교신앙의 독특성은 그의 『철학의 부스러기』에 나타난 두 출발의 비교로 전달된다. 소크라테스의 관계가 단지 산파(産婆)지만 그리스도교적 출발은 자신과 타인이 진리를 '낳는' 소위 간접전달에 관여한다.[11] 소크라테스의 출발을 따르면 인간

10) Ronald J. Manheimer / 이홍우 · 임병덕 역, 『키에르케고르의 교육이론』, 서울: 교육과학사, 2003, 19쪽.

11) 키르케고아 저, 표재명 역, 『철학의 부스러기』, 서울: 프리칭 아카데미, 2007, 26쪽.

관계에서 한 사람이 다른 사람에게 할 수 있는 최상의 과제는 타인으로부터 진리를 낳을 수 없음을 깨닫게 하는 것이다. 한편 그리스도교의 출발에서는 진리의 추구는 인간 사이의 관계로 환원(還元)될 수 없고 신과 관계에서 인간이 자신의 죄와 허물에 있음을 앎이다. 인간이 이런 죄에서 벗어나서 진리인 그리스도와 만나는 순간이 영원에로 들어가는 길이다.

일반적으로 종교가 개인의 내재적 종교성에서 출발하지만 기독교에서는 영원한 진리인 예수 그리스도가 인간을 찾아온다. 그리스도교의 출발에서 교사는 단지 이론이 아니라 구체적 삶을 통하여 가르치는 '간접전달'을 통하여 학생에게 '단독의 개인'으로서 신을 대면하도록 한다. 이러한 실존적 신앙은 각자가 시간의 한계를 넘어 그리스도와 동시대적으로 살아가며 도덕적 삶으로서 객관화된다.

키에르케고어에 의하면 산파(産婆)의 역할을 하는 소크라테스의 출발은 '미지의 것'을 알아가는 인간관계라면 그리스도교 출발에서 인간은 '미지의 것'을 신과의 관계에서 체험한다.[12] 이런 체험은 키에르케고어에서 단순한 사고의 체험이 아니라 삶의 변화를 가져오는 '진리는 주체성'으로 요약된다. 이런 자아는 바로 그 자신과 관계하는 관계가 된다.[13] 키에르케고어에서 이미 죄의 아래에 있는 인간에게 자율적 자유는 사실상 자유가 아니기 때문에 진리는 소크라테스적 산파를 넘어서야 한다.

인간은 그리스도교적 출발에서 자율적 상태에 있지 않고 자기 자신의 본질에서 떠나 있는 것이다. 인간은 진리의 길과 비(非)진리의 길을 동시에 걸을 수 없기 때문에 어느 길을 걷는 순간 다른 길은 포기된다. 단

12) 이홍우 외, 2003, 50-51쪽.

13) 키르케고아 저, 임춘갑 역, 『죽음에 이르는 병/관점』, 서울: 다산글방, 2007, 24쪽.

독자로서 인간에게 순간(瞬間)이 결정적 의미를 지닐 때는 이 구원자를 만나는 순간이며 이는 '때가 참'이라고 구분되어 설명된다.[14)]

## 4. 보편자에 우선하는 단독자의 실존

바른 행동을 찾기 위한 윤리학은 개인적 유익이 아니라 공동선을 추구한다. 키에르케고어에서 유효(有效)적 행동을 가능하게 하는 신앙의 비약은 '윤리적인 것의 목적론적 중지'를 요구한다. 보편성은 행위의 절대적 준거가 될 수 없으며 인간은 본질적으로 신 앞의 실존적 결단을 통하여 신과 인격적으로 관계를 맺게 된다. 이런 종교적 삶이 키에르케고어에게는 자신에게 부여된 사회적 역할로 이해되었다.

윤리란 가능성이 현실화될 때에만 주어진 상황에서 그 의미를 지닌다. 이런 의미에서 윤리적 행동은 주어진 환경을 개선하는 실존적 환경의식이 된다. 이런 환경의식은 키에르케고어의 '윤리적인 것의 목적론적 정지'에서 보듯이 신과 관계에서 실존적 결단을 통한 모험을 피할 수 없고 개인에게 반복적으로 요청된다. 키에르케고어에서 개인이 윤리의식을 갖게 되면 종교 윤리적 단계를 피할 수 없게 된다. 윤리의식은 도덕교육에서 형이상학적 근거 혹은 영혼의 변증법적 발전인 자기화를 통해 가능하게 된다.

키에르케고어에서 절망은 인간이 자신의 힘만으로 삶을 꾸려 나아가려고 할 때 다가오는 현실이다. 그런데 인간이 영원한 존재와 관계를 맺지 않으면서 자기다움을 포기할 때 이미 주체로서 하나가 아니라 수(數)의 하나로 전락하게 된다. 키에르케고어에 의하면 사유는 자율적이거나 자기 충족적이지 않고 종교적 배경을 갖고 있다. 그의 시각을 원

14) 표재명, 『철학의 부스러기』, 2007, 212쪽.

용할 때 오늘날 생태적 위기의 종교적 배경으로 지적되는 진보신앙은 인간의 자신감의 표현이 아니라 오히려 깊은 우울과 회의(懷疑)의 소산이다.

키에르케고어의 실존 삼 단계에서 미적 단계의 불안의식은 새로운 환경의식을 창출할 수 없고 영원에 이를 수 없음을 자각하게 한다. 키에르케고어에서 그리스도교적 출발이 단독자적 발전을 이루게 하며 이 단계에서 형성되는 실존적 결단은 영원에 대한 의식을 낳게 한다. 이런 의식이 자연을 포함한 사회적 관계에서 표현될 때 환경의식이 된다. 키에르케고어에서 의식(意識)은 신과 실존적 결단을 통하여 끊임없이 구체적인 것에 관계하는 자아다.[15)]

## 5. 종교적 실존의 표현과 도덕

키에르케고어의 실존 삼 단계에서 윤리적 단계는 자기이해로서 실존적 단계의 두 번째 단계다. 이상을 현실화하고자 하는 윤리적 단계란 자기가 자신이 되고자 하는 과정으로 키에르케고어의 실존단계에서 스스로에게 절망하고 신과 관계를 통한 종교적 단계로 넘어가게 된다. 신과 인간의 관계에서 개인에게 주어진 의무는 스스로 자신에게 부과(imposition, Paalaeg)한 것이 아니라 마땅히 수행할 바로 부여된(incumbent, Paalagger) 것이다.[16)]

키에르케고어에게 윤리적 책무는 모든 사람에게 요구되며 인간이 종교적 단계에 이르면 윤리적으로 객관화된다. 그에게 종교적 단계는 윤리적 단계와 긴밀히 연결되어 있기에 단순히 종교적 단계라고 하지 않

15) J. Elrod, *Being and Existence in Kierkegaard's Pseudonymous Works*, Princeton University Press, 1975, p. 118, 130.
16) Elrod, ibid., p. 118.

고 종교 윤리적 단계라고 한다.[17] 그러므로 윤리적 단계와 종교 윤리적 단계는 변증법적으로 의존하게 되어 있다. 그에게서 인간의 자기인식인 윤리의식(意識)은 실존적으로 가능성에서 현실적 행동으로 변환을 통해 성취된다.

키에르케고어에서 종교적 단계는 자아가 자신의 힘만으론 윤리적 삶을 살 수 없다는 자각에서 나온다. 즉 신의 도움을 통해서만 개인은 구체적으로 타자와 관계할 수 있게 된다. 여기에서 소위 신앙의 도약(leap)이 요구된다. 인간이 신과 실존적으로 관계한다는 점에서 '목적론적으로 윤리적인 것이 정지될' 수 있지만 종교적 단계에서 윤리의식이 포기될 수는 없다.

단독자적 실존은 절대적 신과 관련하여 '절대적 목적'을 수행함으로써 자아가 된다. 이런 자아가 자연을 포함한 타자와 관계하는 행위는 환경의식을 통하여 구체화된다. 키에르케고어에서 타자와 관계하는 행위는 늘 신적 도움 혹은 하느님관계를 통해서만 가능하다. 종교적 단계의 그리스도신앙에서 자아의 자주성이 훼손되는 것이 아니라 오히려 신과 역설적 관계를 통해 자신이 최고로 표현된다.

키에르케고어에서 절대적 능력을 지닌 신을 종국적으로 믿게 하는 종교적 신앙은 개인의 주체적 실존으로 나타난다. 그는 '윤리적인 것의 목적론적 정지'를 통하여 윤리적 반성이나 의식을 부인하지 않고 자신의 힘만으론 윤리적으로 실존할 수 없음을 밝힌다. 그에게서 자아는 타자와 관계없이 존재할 수 없다. 이런 주체적 실존으로서 자기화는 타인과 관계하는 도덕교육을 함의한다.

---

17) Kierkegaard, *Concluding Unscientific Postscript*, (trans.) David Swenson and Walter Lowrie, Princeton University Press, 1941, p. 387, 417, 430.

## 6. 그리스도신앙의 도덕교육적 함의

인간은 유기체로서 주위의 환경과 관계를 정립하면서 실존을 지속한다. 보편적 가치를 추구하는 윤리적 책무는 자신이 자신에 대한, 혹은 인간들 사이나 자연에 대한 관계다. 이런 관계가 윤리적 실존만으로 성취될 수 없음이 『두려움과 떨림』에서 주창된다. 키에르케고어는 '윤리적인 것의 목적론적 정지'를 통해 거룩한 전능자의 명령이 그 자체로 무조건적 목적이 될 때 보편적 규범인 '살인하지 말라'는 요구가 유보될 수 있다고 한다.

각자의 실존적 책임은 자기를 찾아가는 과정이라는 뜻에서 교육적 가치들의 내면화와 참여적 행위를 통한 도덕발달을 이해할 수 있다. 도덕교육은 인간의 행동을 이성이나 의지의 측면이 아니라 전인격 안에서 찾는다. 키에르케고어를 따르면 인간은 자신의 단독자적 시각과 조망으로부터 벗어나서 보편적 윤리 속에서 살 수 없다.

개인은 자기만의 고유한 실존적 문제에 끊임없이 직면하고 본성적 악(惡)이 작용하여 스스로 절망하게 된다. 신과 초월적 관계인 '윤리적인 것의 목적론적 정지'에서 개인은 타자의 이해를 받지 못하면서도 새로운 환경을 창조한다. 자기 자신에 대한 실존적 자각으로서 자기선택은 역설적으로 새로운 공동체를 형성하게 된다.

키에르케고어는 윤리적 행동의 현실적 가능성을 하느님과 개인의 실존적 관계에서 찾았다. 『두려움과 떨림』의 아브라함은 자신의 행동으로 그의 아들 이삭을 윤리적 차원에서 사랑할 수 없었다. 동정과 존경을 받는 비극적 영웅들(Agamemnon, Iphigena, Jephtha)과 아브라함이 구분되는 점은 그의 행위가 보편의 영역에서 설명될 수 없음이다.

아브라함이 하느님으로부터 받은 명령은 보편적 목적 즉 윤리적 규범을 넘어섰다. 아브라함은 하느님에 대한 단독자적 믿음으로 그의 후손을 통하여 땅 위의 모든 종족이 축복을 받을 것이라는 약속을 받았었다.[18] 키에르케고어가 주장한 '윤리적인 것의 목적론적 정지'도 종국에는 간접전달로서 다시 상호 주관적으로 받아들이기에 도덕교육적 의미를 지닌다.

만하이머에 의하면 도덕교육은 개인이 자기에게 부여된 자기화의 근본적 책임을 의식하며 진행된다. 이런 책임과 행위는 신과 실존적 관계를 통해서만 가능하다. 이러한 실존적 관계는 도덕교육적 시각에서 보면 끊임없는 자기선택(choice of oneself)의 과정이다. 신 앞에서 단독자의 주체성으로서 자기선택은 타자에게 도덕적 영향을 미치는 영혼의 변증법적 발전과정이다. 이렇게 자기선택의 종교 윤리적 단계는 자기화로서 도덕교육적 함의를 지닌다.

키에르케고어의 '윤리적인 것의 목적론적 정지'를 만하이머의 시각에서 이해하면 인간의 도덕적 자아발달은 최종단계에서 신과 단독자적 결단을 통하여 가능하다. 여기서 도덕교육은 자아발달에서 나아가 새로운 사회를 창조적으로 성취하게 한다. 그런데 키에르케고어는 자신도 신 앞에서 다른 사람과 똑같이 실존적 결단을 한다는 점에서 자신을 교사라고 생각할 수 없었다. 우리는 신과 관계에서 실존적 결단을 할뿐이고 이런 결단은 간접전달로 표현되어 타인에게 감동을 준다.

## 7. 자기선택으로서 도덕교육

만하이머는 도덕교육을 '자아 선택'을 통한 자아 변형으로 본다.[19] 이런 의미에서 도덕교육은 진(眞), 미(美), 성(聖)같이 덕으로서 선(善)의 추구가 아니라 '인간다움'의 드러남이라고 할 수 있다. 키에르케

18) 임춘갑, 『공포와 전율/반복』, 서울: 다산글방, 2007, 85쪽.
19) 이홍우 외, 2003, 9쪽.

고어의 시각에서 인간다움은 신 앞에서 '윤리적인 것의 목적론적 정지'를 통해서만 끊임없이 성취될 수 있다. 자기선택은 보편적 요구로서 윤리성과 각자의 고유성 혹은 정체(正體)성 사이의 실존적 결단이다.

키에르케고어는 다른 사람들도 주체적 결단을 통하여 신 앞에 단독자로 살아가기를 '간접전달'을 통하여 알렸다. 이런 간접전달은 자기를 찾는 과정의 표현이고 구체적 행동을 통하여 다시 보편적으로 이해되기 때문에 도덕교육적 의미를 지닌다. 키에르케고어에서 마땅히 가르치고 배워야할 인간본질에 대한 물음과 해답은 오직 '간접전달' 즉 신과 관계하는 단독자적 실존을 통해서만 가능했다.

'윤리적인 것을 목적론적 정지'하는 실존은 맹목(盲目)적 신앙이나 열정주의가 아니고 지적 전수(傳受)를 넘어서서 능력 함양(涵養)을 추구한다는 점에서 도덕교육적 함의(含意)를 지닌다.[20] 키에르케고어에서 '언어의 한계 너머의 것'은 기독교의 신이었다. 윤리적 단계에서 인간이 따를 바는 보편적 인간성이지만 종교적 단계에서는 '절대적 차이'를 지닌 신이 된다.

도덕교육의 본질은 학습자로 하여금 기존의 교육적 목표를 단지 수용하지 않고 가치 있는 일을 위해 교육자와 학습자가 인격적으로 관계를 맺음이다. 『두려움과 떨림』에서 제시됐듯이 '윤리적인 것이 목적론적으로 정지'될 수 있으며 역설적으로 이런 윤리적 정지가 오히려 도덕교육적 함의(含意)를 지니면서 주위환경을 구체적으로 개선한다.

『철학의 부스러기』에서 그리스도교적 출발은 진리가 역사 안에 들어옴으로써 가능해지며 인간의 자기 인식에서 가장 중요한 순간은 역사 안에 들어온 진리를 만남이다. 소크라테스적 출발에서 볼 때 도덕교육은 교사가 배우는 자 혹은 인간관계를 맺는 자에게 자신은 진리가 없음을 알게 하는 것이다.[21] 자신에게 진리가 없음을 알리는 것이 역설적

20) 임병덕, 『教育方法으로서의 間接傳達』, 서울: 교육과학사, 1995, 5쪽.

으로 각자가 자기 자신을 찾아가게 하는 길이 된다. 이런 의미에서 비(非)진리인 개인에게 진리를 전수할 수 있는 길은 소크라테스적 교사로는 안 된다.

신 앞에서만 인간은 자신이 죄와 허물에 의하여 비(非) 진리에 있다는 것을 알게 된다. 키에르케고어에 의하면 이런 앎은 신 자신에 의해서만 가능하다. '윤리적인 것의 목적론적 정지'는 아브라함이 이삭을 돌려받은 결과만 있는 것이 아니라 그런 과정의 믿음이 누구에게나 요구된다는 점에서 단지 아브라함에 대한 칭송이 아니라 도덕교육으로서 실존적 의미를 지닌다. 아브라함 자신도 어떤 모델과 교사가 없이 신앙의 운동을 해야만 했었다.

윤리가 보편적으로 모든 사람에게 모든 순간에 동일한 결단을 요청하지만 '윤리적인 것의 목적론적 정지'는 보편적 윤리성을 넘어서려는 실존적 결단이다. 윤리가 자기 자신의 의식(意識)과 불가분적 관계에 있기 때문에 종교적 결단이 비윤리적일 수는 없다.

---

21) 쇠안 키에르케고어 지음, 표재명 옮김, 『철학의 부스러기』, Philosophiske Smuler, 프리칭 아카데미, 2007.

# XVI. 영원한 존재와 교제로서 도덕교육

## 1. 하느님과 교제(交際)하는 주체적 실존

사람은 자기의 의식(意識, consciousness)을 지녔기에 본성(本性)적으로 타자와 더불어 자기를 찾으며 살아갈 수 있다. 우리가 키에르케고어에 동의한다면 그를 따를 것이 아니라 자기 자신을 찾아 영원한 행복을 추구하며 도덕적으로 객관화하는 생활을 해야 할 것이다. 인간본성(本性)을 찾는 고결한 사람은 타자의 뛰어남을 싫어하는 사람들에게 '거리끼게' 하는 대상이 된다.

키에르케고어에서 인간은 유한과 무한의 결합이기에 영원(永遠)한 존재를 끊임없이 동경하는 마음을 갖는다. 자기 충족(充足)적으로 순간적 만족을 끊임없이 수집(收集)하며 자신을 소진(消盡)시키는 낭만주의와 달리 영원한 존재를 사귀며 성숙해가는 생활에서 실존적 매력이 드러난다. 고결한 성품으로 드러나는 실존적 매력은 즉각적 감각적 만족 추구를 넘어서 영원한 존재에 대한 주체적 신앙의 선택을 통해 표현된다. 그리스도교에서 성육신(成肉身)신앙은 실존적 미학의 완성이다.

아리스토텔레스는 시학(詩學)에서 가능의 세계를 그린다. 키에르케고어에서 시적(詩的)인 것과 미적(美的)인 것은 종교 윤리적 삶을 통해 표현된다. 그에 의하면 하느님과 관계하지 않고 스스로 자신의 권위자가 되려고 하는 한 인간의 근원적 불안은 해결될 수 없다. 『후서』에서 보듯이 '정열을 지닌 주체적' 사상가라야 자신을 찾아가는 실존이 고결한 성품으로 검증된다.

키에르케고어에게서 하느님 앞의 가장 겸손한 모습은 인간다운 생활을 하는 것이다. 그의 '진리는 주체성이다'에서 주체성(subjectivity)은 자신이 진리라고 믿기에 주장하는 주체주의(subjectivism)가 아니라 진리를 발견해가는 모험과 신앙의 길을 뜻한다. 그에게 진리는 단지 교리체계가 아니라 마땅히 살아야 되는 삶을 말한다. 하느님은 영(靈)이기에 인간은 주체적이고 내면적으로 관계해야 한다.

하느님은 존엄한 존재로서 각자에게 절대적 관계를 요청한다. 『두려움과 떨림』의 '윤리적인 것의 목적론적 정지'에서 보듯이 하느님 앞에 홀로 서는 '외톨이'는 개인을 수(數)의 하나로 여기는 군중들의 일반적 규범을 넘어서서 살아가려고 한다. 이렇게 영(靈)적 개인은 하느님 안에서 자신의 내면을 심화시키면서 혼자 있음을 감내(堪耐)하려고 한다.

영(靈)적으로 관계하는 인간은 하느님과 관계하며 자신을 찾아가지만 자신을 '완전히 비우려는' 선불교나 교토학파의 입장과는 다르다.[1] 하느님과 교제하려는 실존적 결단의 연속은 영원한 행복을 찾으려는 용기가 요구되기에 비겁한 사람이 가장 비참한 삶을 살게 된다. 비겁한 사람은 근거가 없는 자부심을 지니며 마땅한 행위를 끊임없이 미루게 된다.

『두려움과 떨림』에서 아브라함이 단지 보편적 설명을 구하였다면 그

---

1) Keiji. Nishitani, *Was ist Religion*? Frankfurt: Insel, 2001.
K. Nishitani, (trans. with introduction) Jan Van Bragt, *Religion and Nothingness*, California University Press, 1982.

자체가 유혹이다. 아브라함은 다른 보편적 목적을 구하지 않고 하느님의 명령이기에 순종하려고 했다. 아브라함의 신앙은 하느님의 명령과 '살인하지 말라'는 보편적 윤리 사이의 결단이다. 사람은 하느님 앞에 홀로 섬으로써만 성화(聖化)되고 역설적으로 윤리적 생활을 할 수 있다. 이런 생활은 하느님 앞에서 자신이 실존적으로 변형되고 이웃사랑을 표현한다. 영원한 존재를 사모하는 종교 윤리적 삶은 신앙으로 체험되며 도덕적 행위로 확증된다.

## 2. 자신을 찾아가는 도덕교육

인간은 자기 충족적으로 자신을 만들지 못하고 자신에게 주어진 본성(本性)을 구현(具現)시켜야 자기다워진다. 자기의 본성을 찾지 않고 감각적 향락을 추구하는 생활은 그 만족을 외부에서 추구하기에 자기 자신으로부터 소외되게 된다. 키에르케고어에서 인간은 타자와 관계하기 이전에 스스로 혹은 실존적으로 불안한 존재다. 그는 전 생애를 통해 하느님 앞에 홀로 서며 영원한 행복을 바라보았다. 그에게서 인간은 신과 영원한 관계를 맺는 방법으로 자신과 관계하고 이 관계는 타인과 자연에까지 확장된다.

인간은 불안에서 벗어나고자 하지만 불안하기 때문에 오히려 자신을 찾아 나설 수 있다. 키에르케고어는 실존적 불안을 신앙으로 극복하며 인간의 이성을 넘어서는 하느님사랑을 체험한 순종의 삶을 살고자 했다. 그는 윤리적 단계를 결코 낮게 평가한 것이 아니라 하느님과 단독자적 단계에서만 윤리적 실천을 할 수 있다고 믿었다.

키에르케고어에서 영원한 행복의 추구와 체험은 타자도 그런 실존의 영역에 이르렀을 때에만 이해할 수 있게 된다. 그는 하느님신앙에서 실존적으로 윤리적 행위의 완성인 이웃사랑을 실천하고자 했다. 그는 사회변화에 무관심했던 외톨이가 아니라 새로운 세계를 가능하게 하는 윤리적 행위의 근거를 찾아 실천했다. 그는 객관적 사유와 주체적 진리를 구분하며 일생을 산 사람이다.

축복받은 생활의 표현으로서 도덕교육은 인지(認知)이론(cognitive theory)이나 의지(意志)중심의 도덕교육과는 다른 기여를 한다. 키에르케고어를 이론적 차원이 아니라 체화(體化) 혹은 내면화(內面化)하여 이해하는 길은 그 자신의 삶이 그랬듯이 실제적 삶을 통해 가능하다. 개인의 종교적 체험을 일방적으로 신뢰도 부인(否認)도 할 수 없을 때 그 사람의 도덕적 생활을 보고 평가함이 설득력 있는 종교철학의 주장이다.

고결한 성품을 드러내는 도덕교육은 '스스로 도덕적으로 살아갈 수 있다'는 묵계(黙契)적 전제를 비판한다. 그는 자신을 평생 힘들게 한 우울을 그리스도와 주체적 정열의 관계에서 극복하고 축복된 생활로서 은혜와 사랑을 노래하고 있다. 각 개인의 종교적 (신비)체험이 독단이 아님을 밝히기 위해서는 타자와 관계를 맺으면서 살아가는 현실생활이 도덕교육을 통하여 검증되어야 한다. 이렇게 도덕생활과 도덕교육은 종교적 실존과 형이상학적 주장의 설득력을 보이는 객관적 표지가 된다.

키에르케고어의 최종목적인 영원한 행복으로서 도덕교육은 인지(認知)이론과 주의주의(主意主義)적 도덕교육의 지평을 비판적으로 확장한다. 윤리생활과 도덕교육은 욕망을 참아내는 짐스러운 일이 아니라 인간에게 주어진 축복이고 성공적 삶의 드러남이다. 키에르케고어는 자신의 힘만으로 윤리적 삶을 살려는 시도를 종교적 신앙에서 비판한다.

감각적 만족을 추구한다는 뜻으로 심미적 생활은 직접적 활동을 통하여 다듬어지지 않은 동물적 만족을 추구하며 역사적 역할을 추구하지 않는 순간적 충동의 생활이다. 한편 윤리적 생활은 자신의 노력과 분투(奮鬪)를 통하여 자기를 세우려는 시도다. 심미적 생활의 추구에는 문명화된 삶은 인간의 감각적 본능의 생활을 막는다는 불만스런 전제가 들어있다. 실존단계로서 심미적 생활은 부끄러움 없이 쾌락을 추구하며 특히 성(性)적으로 세련된 감각을 갖고 인생을 즐기고자 한다.[2)]

직접적 만족을 추구하는 생활의 끝에 찾아오는 권태와 허무는 육체적 향락생활이 인간본성의 근원적 욕구가 아님을 드러낸다. 인간에게 감각적 만족추구를 부인할 수 없으나 키에르케고어에서 근원적 즐거움은 영원한 존재를 사모함이다. 윤리적 단계는 권태와 허무 속에서 나아가고자 하는 다음 영역의 실존운동이다. 자신의 힘만으로 윤리적 생활을 하려고 할 때 윤리적 능력의 한계에 의해 갈등적 현실에 직면한다. 키에르케고어에서 본성(本性)상 영원을 사모하는 마음은 하느님과 관계에서 윤리적 갈등을 극복하게 된다.

감각적 향락을 추구하는 생활은 욕구의 충족을 자기 자신이 아닌 타인 혹은 다른 대상에서 찾는다. 타인을 의존하는 생활은 자신의 욕구를 대상에 따라 끊임없이 변하게 만든다. 이런 생활은 문화형성이라는 측면에서 보더라도 자기의 삶을 실제로 영위하지 못한다. 타자는 그 누구도 자기 자신이 원하는 대로 살아갈 수 없기에 타자의존의 생활은 심리적으로 분노가 근저에 늘 있으며 근본적 만족을 줄 수 없다.

## 3. 영원을 사모하는 인간본성

키에르케고어에 의하면 감각적 향락을 추구하는 행위는 즉각적 만족의 행동을 추구하기 때문에 윤리적 주체로서 생활이 아니다.[3)] 감각적

2) Fink-Eitel, *Die Philosophie und die Wilden*, Hamburg: Junius, 1998, S. 302.

3) Kierkegaard, *Concluding Unscientific Postscript*. (trans.) David F. Swenson and Walter Lowrie. Princeton: Princeton University Press,

향락추구는 자기 자신을 찾지 못하기에 권태와 허무 등 실존적 분노에 직면한다. 실존적 분노를 극복하는 행복한 생활을 도덕교육의 측면에서 보고자 한다.

키에르케고어는 『이것이냐 저것이냐 1』에서 모차르트의 오페라 〈돈 죠바니〉의 뛰어난 작품성을 높이 평가하면서도 음악의 직접성 혹은 에로스적 성격을 그의 실존이해의 시각에서 비판한다.[4] 그는 고전적 작품의 주요 미학적 요소로서 형식과 내용의 조화로운 결합을 중시한다. 우리가 아름다운 내용을 기술할 간절한 소망을 가졌다고 할지라도 형식을 갖출 때에만 예술이 될 수 있다.

헤겔의 미학이론은 형식의 일방적 강조에 반하여 내용의 중요성을 지적한다. 예술에서 형식과 내용의 중요성은 분리되어 생각될 수 없다. 예술에서 창조적 에너지는 형성적 과정(formative process)을 거쳐 이 둘을 결합하게 한다. 신칸트학파 카시러(E. Cassirer)도 예술작품에서 형성적 혹은 구축적(構築的, architectonic) 과정을 통한 형식과 내용의 결합을 강조한다.[5]

키에르케고어의 시각에서 볼 때 예술의 창작과 감상, 도덕생활에서 이론과 실천의 가능성은 영원한 존재와 관계하는 '진리는 주체성'에 근거할 때 생명력을 얻게 된다. 그에게 가사내용이 전달되지 않고 감각적 즐거움만을 주는 음악은 감각적 향락의 추구일 뿐이다. 이런 직접적 향락을 추구하는 생활에는 거룩함과 진지함 등 권위가 비웃음의 대상이 될 뿐이다. 이런 비웃음은 자기 자신을 찾아 자신의 위엄을 지키며 살아가려는 사람에게 찾아오는 고난이 된다.

---

1968, p. 98.

4) Kierkegaard, *Either/Or* V. 1. D. Swenson and L. Swenson (trans.), Anchor Books, 1959, p. 39-. (E/O).

5) E. Cassirer, *an Essay on Man*, Yale University Press, 1972.

인간이 감각적 향락만을 추구했을 때 갖게 되는 현상을 『이것이냐 저것이냐 1』의 음악에 대한 분석에서 본다.[6] 영원한 존재와 관계를 맺지 않는 인간의 실존을 불안으로 본 키에르케고어에 의하면 돈 주앙(Don Juan)에서 감각적 향락의 추구는 사실 절망적 두려움을 피하기 위한 순간적 선택들이다.[7] 감각적 향락을 추구하기 위한 돈 주앙의 많은 책략은 그 자체가 바로 자기 자신을 지치게 만든다. 이렇게 도덕교육은 감각적 향락의 추구가 아니라 자기 자신을 찾는 과정과 밀접히 관계된다.

키에르케고어에 의하면 희랍인들이 불안정 속에서 끊임없이 새로운 대상을 추구하는 점에서는 돈 주앙과 유사하다.[8] 돈 주앙과 다르게 자신에 근거하는 정신적 추구는 감각적 향락추구와 달리 특정인에 대한 신뢰로 자신의 사랑을 표현한다. 키에르케고어에서 감각적 추구나 자신을 믿는 정신적, 윤리적 생활은 목적을 달성했더라도 영(靈)적 존재로서 인간본질에서 볼 때 삶의 빈곤을 의미한다. 이런 생활은 삶을 전체적으로 조망하지 못하기 때문에 실패의 삶이다.

감각적 사랑에는 순간의 반복만 있지 내면을 심화(深化)시키는 시간은 없다. 이렇게 인간본성과 도덕적 생활은 불가분리적 관계에 있다. 감각적 사랑은 여인을 구체적 실존이 아니라 추상적으로 보며 사람들을 감각의 차이로만 본다. 정신적 사랑이 시간 안에서 지속된다면 감각적 사랑은 사유하는 숙고(熟考)의 언어와 달리 시간 안에서 소멸된다.[9] 감각적 사랑에서 여인은 단지 수(數)의 하나일 뿐이고 끊임없이 반복되는 정복의 대상일 뿐이기에 실존적 변형이 이루어지지 않으면 도덕적

6) 쇠얀 키에르케고어 지음, 임춘갑 옮김, 『이것이냐 저것이냐』, 도서출판 치우, 2012.
7) E/O, p. 105.
8) E/O, p. 76.
9) E/O, p. 77.

생활은 없게 된다.

모차르트의 〈돈 죠바니〉에서 돈 주앙은 감각적 천재이기에 특정한 개성을 지닌 인간에 대한 사랑이 아니고 감각적 음성과 행동을 취하며 계속해서 여인을 탐한다. 즉 그는 자기 자신과 다른 여인을 단지 욕망의 덩어리로 간주하며 살아갈 뿐이다. 돈 주앙이 끊임없이 유혹을 추구한다고 하더라도 의식(意識)을 통한 상호관계가 아니라 에로스(eros)적 수단을 이용하는 것이다.

돈 주앙은 윤리적 영역에서 살 수 없는 사람이며 일정한 의식(意識)이 작용하는 유혹자라는 말을 쓸 수 없고 그의 욕망이 유혹으로 나타날 뿐이다. 그는 욕망의 충족을 즐길 뿐이고 충족이 끝나면 끊임없이 다른 대상을 또 찾아 나선다. 이렇게 생존을 유지해 가는 돈 주앙에게는 사려와 진지함을 찾을 수 없다.[10] 그는 늘 자신을 자극하며 감각적 향락을 누리고 취득하는 순간적 승리의 즐거움 가운데서 살아가는 생활을 하려고 한다. 키에르케고어의 해석에 의하면 돈 주앙은 유혹이라는 의식(意識)과정도 포기하고 감각적 향락을 음악이라는 수단을 통하여 추구한다.

키에르케고어에 의하면 돈 주앙은 음악의 감각성으로 끊임없이 수많은 사람을 유혹하고 있다. 그는 반성적 사유가 없으니 실존의 생활이 아니라 영원한 소멸 속에 지내고 있는 것이다. 돈 주앙의 생활은 자기를 찾는 생활 즉 자기화 과정이 아니라 자신을 상실시키는 즐거움을 누리려는 것이다. 여기에는 키에르케고어가 그렇게도 추구했던 영원한 행복에 대한 의식은 없게 된다. 이런 맥락에서 한국사회에서 최근 논의되고 있는 행복한 사회도 인간의 본성을 찾는 도덕생활과 긴밀히 연관되어 있다.

---

10) E/O, p. 82.

## 4. 소명(召命)을 드러내는 도덕교육

키에르케고어에 의하면 영(靈)적 인도(引導)와 윤리적 진지함이 동반되는 숙고가 없으면 자신을 찾아가는 실존은 없다. 영적 생활은 영원한 행복을 추구하면서 잠시 후에 소멸될 직접적 감각을 넘어서고자 한다. 감각적 생활을 일상적으로 추구하는 생활은 영적 영역에 근거하는 행복과 도덕생활을 누릴 수 없게 된다. 신 앞에 외톨이로서 신앙과 사랑으로 서지 않고 사려(思慮)가 개입되지 않은 동정(同情)도 감각적 생활일 뿐이다.

키에르케고어는 『이것이냐 저것이냐 1』, 『종결(終結)적 비(非)학문적 후기(後記)』 등에서 사려 없는 행동을 통한 감각적 유혹을 비판한다. 숙고하는 언어와 함께 하지 않는 감정 내지 격정만으로 행동하며 살아가려는 태도는 그 자체가 이미 유혹적이다.[11] 이성(理性)의 분노와 신앙을 역설을 통하여 자기를 찾는 과정 즉 자기화를 통한 도덕생활이 아니라 순간적 만족을 추구하는 생활은 삶을 단지 하나의 저급한 놀이로 생각할 뿐이다.

서양에서 윤리적 생활이란 중세까지 자연(nature)과 연관하는 즉 자연스러운 생활을 의미했다는 점에서 볼 때 육체적 향락을 추구하는 삶은 자연스러운 인간의 본성을 따르는 생활이 아니다.[12] 정의(正義)는 인간들 사이의 관계로 제한되지 않고 자연을 포함한 우주의 모든 존재자들이 자기답게 사는 것이다. 이런 정의는 도덕적 생활의 근거가 된다. 근대 이후 정의와 도덕에 대한 이해가 인간사회로 축소되었다. 정의(正義)는 각자가 자기답게 사는 것이기에 도덕생활의 근거를 자기화

11) E/O, p. 94.
12) A. MacIntyre, *Verlust der Tugend*, Frankfurt: Suhrkamp, 1997, S. 181.

에서 찾는 키에르케고어를 이해할 수 있다. 이렇게 자기화와 도덕발달 사이에는 긴밀한 연관이 있다.

신 앞의 단독자로서 축복된 삶을 살게 된 키에르케고어는 구체적 실천을 통한 간접전달로 타인도 그런 삶을 살게 하려는 시각에서 거룩한 유혹자라고 할 수 있다.[13] 그에게 자기생명의 구원과 영원한 행복에 대한 확신이 찾아왔고 자신의 소명을 의식하며 간접전달의 삶을 살았다. 우리는 자신을 타자와의 관계를 통해 발견해간다는 점에서 도덕교육의 의미를 알게 된다.

종교적 확신을 맹목(盲目)적 주장과 구별할 수 있는 길도 개인의 도덕적 생활을 통해 알 수 있기에 축복된 생활은 간접전달을 통해 타인에게서 자신을 발견하게 한다. 『들의 백합 공중의 새』에서 보듯이 키에르케고어는 자신의 축복된 생활을 타인과 관계 차원을 넘어서 본다. 『종결(終結)적 비(非)학문적 후서』에서 보듯이 '영원한 행복'의 생활은 감각적 대상에 대한 관계에서 자신을 찾고자 하는 자기중심적 시도가 의지적 윤리의 생활을 거치고 신과 단독자적 관계에서 드러나게 된다.

영원한 축복을 타인과 더불어 나누고자 하는 거룩한 유혹자는 타인도 스스로 홀로 서서 그런 축복을 누리기를 간절히 바라게 된다. 이런 태도는 키에르케고어의 실존분석을 따르면 성적(性的) 무용(武勇) 등으로 표현되는 인간의 불안에 대한 일시적 도피를 넘어선다. 영원한 축복은 자율적 내지 자기 의지적 윤리의 한계를 극복하며 영원에 잇대어 살아가는 생활로서 도덕생활의 원천이 된다.

키에르케고어는 자아를 보편적 사유와 윤리를 추구하는 정신의 수준에서 나아가 그리스도와 관계하는 영적 존재로 보았다. 『죽음에 이르는

---

13) C. Léon, "The No Woman's Land of Kierkegaardian Seduction", Robert L. Perkins, eds., *International Kierkegaard Commentary, Either/Or*, I, Macon, George, Mercer University Press, 1995, p. 229.

병』에서 자아는 그 자신이 자신에게 관계하는 관계다.[14] 영혼 혹은 영적 존재로서 자아는 어느 대상과 자신을 관계지으며 표현할 때 자연스레 혹은 어쩔 수 없이 드러나게 된다. 인간이 신과 신앙의 역설로서 관계할 때 각자 자기를 표현하게 되고 은혜와 사랑에 감격하여 노래하게 된다.

키에르케고아에서 '새의 노래'에는 독특한 의미가 있다. 시인이 절망 속에서 새로운 희망을 위해 노래하지만 단독자로서 그리스도인은 그리스도 안에서 영원한 안식을 누린다. 백합과 새는 자신의 모습 그대로 만족하며 피어있고 노래한다. 이들은 하느님 앞에서 자신이 아무 것도 아님을 깨달아 침묵하기를 배울 뿐이다.

침묵 속에서 백합과 새는 하느님에 대한 두려움을 배우기 시작한다. 두려움 가운데 자신이 말하지 않고 하느님의 말씀을 듣는다. 인간은 이들에게서 침묵을 배우며 침묵의 고요함 속에서 인간은 하느님을 알게 된다. 인간의 자연에 대한 이해는 인간이 하느님 앞에서 단독자로서 설 때에만 가능할 수 있다.

키에르케고어의 실존단계 분석에 의하면 인간은 대상과 미적 단계를 거치면서 삶의 권태와 허무를 겪게 되고 윤리적 단계에서 자기능력에 대한 갈등을 거쳐 종교 윤리적 단계로 발전하며 자아를 발견하게 된다.[15] 그에게서 윤리적 단계는 신과 단독자의 관계인 종교적 단계에서만 가능하기 때문에 종교적 단계는 결국 윤리적 생활로 보편화되는 종교 윤리적 단계라고 불린다. 그에 의하면 신과 단독자적 관계를 맺지

14) Kierkegaard, *The Sickness unto Death*. Kierkegaard's Writings 19. (trans.) Howard V. Hong and Edna H. Hong. Princeton: Princeton Univ. Press, 1980, p. 1-. (*Sygdommen til Doden*, by Anti-Climacus, ed. S. Kierkegaard, 1849).

15) 김용환, 「키에르케고아의 실존과정 연구」, 『윤리연구』 72호, 한국윤리학회, 2009.

않을 때에 단지 감각적 향락으로써 음악이나 노래를 찾는다. 그러므로 자아의 핵심은 언어를 통해 자기를 표현하는 영혼이 된다.[16]

키에르케고어에 의하면 우리가 영(靈)적 언어를 알고 표현함은 신 앞의 단독자로서 자기 자신을 묻는 물음이다.[17] 그에 의하면 단독자로서 자기발견과 자기표현은 이 땅에서 자신의 소명(召命) 즉 신의 부르심을 의식함이다. 그에 의하면 하느님은 당신의 부름을 표현하라고 각자를 부른다. 이런 부름의 절정은 자신의 영원한 행복에 대한 확신에서 나오는 기쁨의 노래가 된다.

신은 우리에게 누구와도 공유할 수 없는 고유성을 주며 각자 자기답게 부른다. 그러므로 각자에게 주어진 소명은 자신만이 응답할 수 있게 된다. 키에르케고어의 간접전달을 이해하면서 우리는 각자 자신의 소명을 의식할 수 있을 때 비로소 타인의 소명도 알 수 있게 된다. 키에르케고어가 그렇게 강조한 영적 존재로서 인간은 바로 자신의 소명을 자각한 자다. 그에게서 자기 자신을 찾아 신으로부터 소명을 받았을 때 비로소 나는 내가 된다. 소명을 통해 자기 자신이 되는 과정은 아브라함과 사무엘이 부름을 받아(창세기 22장, 삼상 3장) 하나님 앞에 홀로 서서 결단하고 행동하는 데에서도 볼 수 있다. 물론 소명의 삶은 도덕적으로 검증된다.

홀로 서는 실존적 표현이 타자와 관계보다 우선하기 때문에 자기를 알아가는 과정은 타인에게 침묵으로 나타나기도 한다. 키에르케고어의 시각에서 신 앞에서 홀로 설 수 있을 때만 인간은 오히려 역설적으로 타자와 관계를 맺을 수 있게 된다. 그러므로 자기 자신이 되는 것은 도

16) E/O, pp. 67-68.

17) R. Hall, "Spirit and Presence: A Kierkegaardian Analysis", Robert L. Perkins, eds., *International Kierkegaard Commentary, Either/Or*, I, Macon, George, Mercer University Press, 1995, p. 282.

덕적 추구보다 더 근원적이다. 키에르케고어의 실존에서 개인은 자신의 행복을 외부에서 찾으려는 향락적 생활에 절망하게 되어 내면적 세계로 관심을 돌리게 된다. 내면적 관심인 윤리적 단계는 보편성을 추구하며 타자와 상호관계를 통하여 사회에 책임을 지려는 태도다.

미적 단계에는 불안의 동요가 있다면 윤리적 단계는 내면성과 지속성을 통한 생활을 추구한다.[18] 윤리적 단계에서 사람은 자기 자신을 선택하며 내면적 인격으로서 자기를 선택하려고 하지만 이 단계에서 허물과 뉘우침을 발견하며 자신의 힘만으로는 윤리적으로 살 수 없는 자기모순을 보게 된다.[19] 『불안의 개념』에서 인간에게 불안을 실존적 현상으로 드러내는 죄(罪)는 내재적 한계를 표시하고 초월적 존재를 요구하며 윤리적 삶의 좌절을 겪게 한다.[20]

키에르케고어의 『죽음에 이르는 병』, 『불안의 개념』 등에서 볼 수 있듯이 인간은 자존(自存)적 존재가 아니다. 그에게서 한 개인은 자율적으로 도덕생활을 할 수 없는 삶을 산다. '자기를 찾아가는' 과정은 누구에게나 평등하게 주어진 과제라는 시각에서 개인의 삶에 대한 이해는 인류의 보편적 삶에 대한 이해와 결국 같다. 고대 자연철학자나 소크라테스에서 보듯이 우주와 삶의 신비를 밝히는 일과 자기 자신을 찾는 과정은 하나라고 할 수 있다.

자기를 찾는 과정에서 겪는 실존적 '절망'과 '불안'은 누구에게나 깃들어 있으면서 개별적 학문으로는 환원될 수 없는 인간의 모습이다. 그런데 불안과 절망은 부정적 측면만 아니라 오히려 자기가 자신을 찾아가는 계기를 마련해 주는 도덕교육적 의미를 지닌다. 만하이머가 요약했

---

18) Kierkegaard, *Entweder - Oder, II*, E Hirsch (u.), Eugen, Diederichs, 1956, S. 239.

19) Kierkegaard, *Furcht und Zittern*, E. Hirsch (u.), Eugen Diederichs, 1950.

20) 표재명, 『키에르케고어 연구』, 지성의 샘, 1995, 76쪽.

듯이 교육자와 학습자가 서로 자기 자신을 찾아가는 과정은 자기화이며 자기 자신을 찾아가는 과정이 독단이 아님은 도덕생활과 도덕교육을 통해 상호간의 영향을 미치기 때문이다.[21)]

## 5. 축복된 생활의 객관적 표현

키에르케고어는 자신의 실존적 결단을 통한 하느님 앞의 존엄한 생활을 일생 글쓰기를 통해 표현했고 이런 글쓰기는 자기 자신에 대한 도덕교육이었다. 슈페만은 인간의 도덕적 생활을 전제로서 받아들였지 논증하려고 하지 않았기에 도덕생활은 형이상학적 근거를 가져야 된다.[22)] 그러므로 단지 살기 위해 살아가는 삶 즉 생존자체는 윤리적 규범이 될 수 없으며 도덕교육은 타자와 관계에서 의미를 지닌다.

인간이성의 능력만으로 충분히 이해할 수 없는 인간 사이의 관계, 현대적 의미에서 자연까지 확대되는 도덕교육은 타자와 관계 이전에 자신의 존엄의식이 전제되는데 키에르케고어는 이를 신과 관계에서 찾았다.[23)] 각자 자신을 찾아가는 과정으로서 도덕교육은 문화를 변형시키는 면모를 갖는다.

『죽음에 이르는 병』에서 절망은 부정적 측면만 있지 않고 자기를 찾아가는 계기라는 적극적 측면에서 도덕교육적으로 해석된다. 생물학적 죽음이 아니라 실존적 절망은 자기 자신이 있다는 것을 잊거나, 자기 자신이려고 하지 않거나, 자신의 힘만으로 자기자신이려고 한다.[24)]

---

21) Ronald J. Manheimer, *Kierkegaard as Educator*, University of California Press, 1977.

22) Spaemann, R., *Glück und Wohlwollen*, Stuttgart: Klett-Cotta, 1993.

23) Hwang, Jong Hwan, *Ökologische Gerechtigkeit - Eine interkulturelle Begrüdung*, München: Herbert Utz Verlag, 2004.

24) 쇠얀 키에르케고어 지음, 임춘갑 옮김, 『죽음에 이르는 병』, 도서출판 치우,

『불안의 개념』에서 불안도 부정적 측면만 있지 않고 자기 자신을 찾아가는 계기가 된다.25)

키에르케고어에서 죄(罪)는 관념적 설명을 넘어서기에 그리스도와 관계하는 은혜와 사랑도 개념적 수준을 넘어서게 된다. 그리스도교의 시각에서 볼 때 인간은 실존적으로 자율적 상태에 있지 않고 자신의 본질에서 떠나 있으며 이런 모습은 '불안', '절망', '분노' 등으로 『죽음에 이르는 병』, 『불안의 개념』 등에서 언급된다. 그러므로 인간이 겪는 실존적 현실로서 절망, 불안, 분노 등은 도덕교육에서 교육자와 학습자 사이의 인간관계로 환원될 수 없다.

키에르케고어의 『후서』와 『두려움과 떨림』 등을 보면 인간에게 '영원한 행복'은 윤리적 관계 이전에 하느님과 단독자적 관계서만 가능하게 된다. 『두려움과 떨림』의 '윤리적인 것의 목적론적 정지'에서 보듯이 신과 단독자적 관계는 보편적 윤리를 정지시키고 넘어서려고 한다. 이런 시각에서 볼 때 도덕교육은 단지 덕목으로서 선(善)한 생활을 하는 것이 아니라 인간의 본성을 찾아 자기다운 생활을 추구한다. 키에르케고어의 시각에서 교육자는 학습자와 관계하기 이전에 하느님과 관계한다는 점에서 교사 이전에 자기 자신을 찾아가며 살아간다. 여기서 효과적 도덕교육은 간접전달이라는 사실이 다시 확인된다.

인간은 실존적 결단의 존재이기에 사변(思辨)과 과학적 방법만으로는 인간영혼을 온전히 탐구할 수 없음을 『후서』는 밝힌다. 도덕교육을 위해서는 개인의 주체적 결단이 요구되지 단지 도덕이론의 숙지와 지식의 점진적 습득만으로 성취될 수 없다. 그렇기에 인간은 단지 탐구의 대상이 아니라 하느님과 우선 실존적으로 교제하고 자기 자신 및 타자와 관계하게 된다.

---

2011.

25) 쇠얀 키에르케고어 지음, 임춘갑 옮김, 『불안의 개념』, 도서출판 치우, 2011.

키에르케고어에서 인간은 신과 관계를 가질 때만 존엄에 근거한 윤리생활을 할 수 있고 이 생활이 타인에게 실천적 삶을 통해 전달되는 간접전달로서 도덕교육이 된다. 이렇게 간접전달을 통해 드러남이 자기 스스로에겐 배우는 과정이다.[26) 『한 여배우의 삶의 위기』에서 보듯이 다른 사람들의 사회적 인정(認定)과 박수갈채가 결코 나를 찾아가는 과정을 대신할 수 없다.[27) 키에르케고어는 일평생 실존적 변형을 추구했으며 마침내 하느님 앞에서 용서의 확신과 은혜의 감격을 노래한 사람이다. 그는 자신의 영원한 축복에 대한 확신에서 다른 사람들도 이렇게 행복한 삶을 살도록 간절한 노력을 했다.

『들의 백합 공중의 새』는 하느님의 무조건적 은혜의 사랑으로 용서받은 자신이 자기 자신과 관계할 뿐만 아니라 다른 사람 나아가 자연과 관계하는 모습을 그린다. 도덕교육은 단지 학교교육의 교과목 중 하나가 아니라 평생 자기 자신을 선택하는 과정이다. 이렇게 도덕교육은 축복된 행복의 객관적 표현이라는 시각에서 이해된다.

## 6. '삶의 열매'를 통한 전달

키에르케고어의 시각에서 인간의 사회성은 신과 관계에서 연유하며 이는 도덕적 지식의 보편적 이해가 아니라 실제적 삶을 통한 변화와 전달이다. 그에게서 삶을 통한 정당화(正當化)는 이론적 보편화로 환원(還元)시킬 수 없다. 도덕적 변화가 이론적 객관화로서 이해될 수 없기

26) Ronald J. Manheimer/ 이홍우 · 임병덕 역, 2003, 『키에르케고르의 교육이론』, 서울: 교육과학사, 19쪽.

27) Kierkegaard, *Crisis in the life of an Actress and Other Essays on Drama.* (trans.) Stephen D. Crites, Harper Torchbooks, New York and Evanston, 1967.

에 키에르케고어는 삶의 열매를 통한 간접전달을 말할 수밖에 없었다. 삶의 열매를 통한 도덕교육은 학과목의 차원을 넘어 생활의 변화를 목적으로 한다.

키에르케고어는 『후서』에서 지식의 점진적 진보를 통해 인간영혼을 이해하려는 입장을 받아들이지 않는다. 그는 이런 입장을 인간자율성에 대한 묵계(默契)적 신뢰라고 본다. 『불안의 개념』에 의하면 인간은 불안에서 벗어나고자 하지만 불안하기 때문에 오히려 자신을 찾아 나설 수 있다. 그에게서 자신을 찾아나서는 그리스도신앙은 자율적 도덕교육의 한계를 극복한다. 키에르케고어는 도덕교육의 정체성(正體性)으로서 자아를 형성하여 다른 사람도 이런 삶을 살 수 있도록 전달하고자 하는 삶의 내용을 실제적으로 살고자 하였다.

키에르케고어에서 인간정신은 신과 영원한 관계를 맺는 방법으로 우선 자기 자신과 관계하고 나아가 타인 및 자연과 관계한다. 그에게 인간이 타자와 관계하는 방식은 자아와 타자의 관계로서 환원될 수 없고 오직 신과 관계에서만 연원(淵源)한다. 그에게 사람은 신과 단독자적 실존의 관계에서 자기 자신이 되는 과정을 통하여 자신을 알아가게 되며 이는 '자기화'의 도덕교육으로 이해된다. 이렇게 자기를 알아감이 도덕적 생활을 가능하게 하는 책임의 길이다.

만하이머에 의하면 도덕교육의 본질과 목적은 자기를 찾아가는 과정 즉 '자기화'다.[28] 키에르케고어는 한 개인이 신 앞에 단독자로 설 수 있을 때에만 오히려 역설적으로 타인과 대화하며 전달할 수 있다고 한다. 『사랑의 역사』에서도 이웃사랑은 개인이 하느님 앞에 외톨이로 설 때에만 가능하다고 한다.[29] 키에르케고어는 특정 내용의 도덕교육론을 제창하지 않았음에도 불구하고 그의 삶은 도덕교육적 함의(含意)를 지

28) 이홍우 · 임병덕 역, 2003, xiii.
29) 쇠얀 키에르케고어 지음, 임춘갑 옮김, 『사랑의 역사』, 도서출판 치우, 2011.

닌다.

신 앞에서 인간의 보편적 불안을 극복하게 하는 단독자적 실존은 도덕생활로 검증된다. 이런 실존을 통하여 키에르케고어는 자아의 변형을 가져올 수 있다고 보았다.[30] 이런 자아의 변형은 보통 교사가 학생에게 지식이나 의지를 전달하는 제도화된 도덕교육의 범주로는 이해되지 않는다. 키에르케고어는 누구나 스스로 자신을 찾아 형성해 가는 과정에 있기를 원했다. 그에게서 자신에 대한 교육과 타인에 대한 교육이 구분되지 않는다.

키에르케고어의 시각에서 기존의 윤리학과 도덕교육은 죄와 불안의 현실성에 대한 언급이 없이, 아니 언급할 수 없다는 그 자체로 문제가 된다. 불안과 죄의 실존적 현실은 윤리학과 도덕교육에서 인간의 한계에 관심을 갖게 된다. 인간이 스스로 윤리적 행동을 통해 구원과 행복에 도달하려는 시도는 소시니안주의(socinianism), 펠라기우스주의, 박애주의 등에 빠지게 된다.[31] 즉 인간의 실존을 자율(自律)적으로 혹은 단지 인간관계로 환원하여 해결하려는 한 구원에로의 길과 도덕생활은 없다.

죄가 이 세상에 들어왔다는 것은 합리적 설명이 아니라 무지한 상태로서 순수함을 상실하게 된 질적 변화다. 이런 점에서 키에르케고어는 역사에 대한 관념론적 설명을 비판한다. 합리적 혹은 윤리적 엄격성에 의한 인간 본성에 대한 설명은 인간 실존의 합리적 윤리적 한계를 의식하지 못한 시도다. 키에르케고어에서 도덕교육의 가능성은 신과 관계에서 이해된다.

키에르케고어에서 인간은 모든 순간 자기 자신이면서 온 인류가 된

30) 이홍우 · 임병덕 역, 2003, 3쪽.
31) Thomte, Reidar (trans.), *The Concept of Anxiety*, Princeton University Press, 1980, p. 28.

다. 자신과 관련한 현실적 실존운동을 통해서만 인류의 문제는 극복되어간다. 이런 실존운동은 역사적 행동을 통하여 구체화된다. 키에르케고어에서 한 개인이 역사를 갖고 있다면 이는 동시에 인류의 역사이기도 하다.

## 7. 윤리적 한계와 자기의식(意識)

인간의 실존은 자신의 주체성과 개성을 생각하지 않고 단지 보편적 규범만으론 이해될 수 없다. 인간실존에서 자신의 도덕적 무능력의 깨달음은 역설적으로 자신의 능력을 찾는 계기가 된다. 『두려움과 떨림』에서 아브라함이 그 어느 교사나 모델이 없이 신앙의 운동을 했던 것처럼 키에르케고어에 의하면 우리는 누구나 신 앞의 실존적 결단을 요구받는다. 그러므로 종교적 이유로 윤리의식 혹은 자아의식을 부인하는 것은 자기기만(欺瞞)이 될 뿐이다.

키에르케고어를 따르면 나를 선택할 때에만 바로 선택이 된다. 내가 나를 선택할 때에만 나는 존재한다. 하느님과 관계에서 자기를 찾고자 했던 키에르케고어의 시각에서 인간이 육체적 향락을 탐닉하거나 자기 능력만으로 윤리적 생활을 해보려는 시도는 내용상 자기선택이 아니다.

자기의식은 존재론적 불안을 극복하는 데서 의미를 갖는다. 존재론적 불안은 인간실존에 깃들어 있다. 존재론적 불안은 자신을 찾는 단서(端緖)라는 뜻에서 오히려 긍정적 의미도 갖는다. 즉 자신을 찾아가는 과정이 선행되어야 타자와 관계인 윤리와 도덕교육이 가능하게 된다. 인간은 신 앞에서 홀로 설 수 있을 때에만 자연과 미래세대를 포함한 타자와 관계가 가능하게 된다.

키에르케고어에서 영원(永遠)은 시간 밖에서 아니라 시간 내에서 드러나게 된다. 즉 신과 인간의 관계는 윤리적 생활로서 변증된다는 뜻이다.[32] 예술에서 내용과 형식이 상호 침투하여 의미를 갖게 된다면 키에르케고어에서 예술작품도 영원과 관계할 때에만 고전이 될 수 있다.[33] 작품은 그 이념이 역사적 의식과 구체적으로 연관될 때에만 의미를 지닌다.[34] 단순히 감각적인 것을 찾아내는 천재는 결국은 직접성의 세계에서 살기 때문에 가장 추상적인 사람으로 간주된다.

키에르케고어가 음악에서 문제시하는 것은 직접・감각적으로 드러나는 에로스적인 면이다. 감각적인 것을 희랍시대에는 정신에 대해 맞서면서 조화되는 것으로 여겼지만 기독교는 감각적인 것을 받아들여 영(靈)적 시각에서 배척하기도 했다. 즉 감각적인 것은 기독교에서 처음 적극적으로 받아들여졌지만 또한 영적인 시각에서 평가되고 포기되었다. 키에르케고어에서 에로스적인 것 즉 감각적 향락은 영적 시각에서 포기될 때 있게 된다.

감각적인 것을 단지 정신적(psychical) 면에서 다룬 희랍시대와 영적(spiritual) 측면에서 고찰한 기독교적 시각을 극명히 구분한다.[35] 감각적인 것이 단지 정신적 면에서 고찰된다면 이 둘은 반드시 서로 적대적이지 않고 오히려 조화롭게 결합될 수도 있다. 희랍적 의식에서 감각적인 것은 아름다움을 위하여 있기에 정신적인 것은 감각적인 것을 통해 표현될 수 있다. 이런 점에서 희랍적 의식에서도 감각이 포함된 사랑이 개인 안에서 존재한다.

기독교에서 성육신 된 그리스도는 한 개인에게 집중된 희랍적 의식(意識)과 달리 타자를 위해 존재함으로써 그 의미를 지닌다. 감각적인 것이 하나의 원리로 이해함은 기독교에서 영적인 것은 감각적인 것을 배제한

32) CUP I, p. 40.
33) Kierkegaard, *Either/Or* I, David Swenson and Lilian Swenson (trans.), Princeton University Press, 1961, p. 42.
34) E/O, p. 43.
35) E/O, p. 49.

다는 데에서 찾아진다. 키에르케고어는 감각적이고 에로스적인 것은 직접적 방법으로 찾아지고 간접적이고 숙고적인 것은 언어적 윤리적 방법으로 추구된다고 한다. 그런데 그는 음악이 직접적(immediate)이고 감각적 차원에만 머문다면 심지어 악마적 수단이라고 한다.[36)]

키에르케고어의 시각에서 인간의 사유는 영적일 때 의미를 갖는다. 그는 인간에게 본질적인 것을 영적인 것으로 본다. 음악은 직접적이어서는 안 되고 영적인 것을 전하는 언어의 수준에 이르러야 된다. 다른 표현수단은 공간 안에 있지만 언어는 감각적인 것을 부정하며 시간에 관계한다. 음악이 언어와 같이하지 않으면 아무리 승화된 표현을 추구해도 직접적 수단을 통하기 때문에 영원과 관계할 수 없다고 한다.[37)] 언어는 숙고적(熟考的, reflective) 과정을 갖기 때문에 직접적이 아니다. 언어의 이런 차원은 빈곤이 아니라 오히려 부요(富饒)함이다.

키에르케고어는 인간의 실존적 변형을 논하며 음악이 추구하는 최고의 목적으로 감각의 천재를 넘어서려고 한다.[38)] 그는 이런 실존 변형을 미적 직접성의 승화된 형태로 표현하여 참으로 실재하는 최종단계에 이르고자 한다. 오페라 〈돈 죠바니〉의 피가로(Figaro)에서 볼 수 있듯이 사랑은 인간으로 하여금 취하게 한다. 키에르케고어는 음악이 불투명한 침울(沈鬱)에 빠지게 않고 삶의 투명한 기쁨을 추구하고자 하였다. 『들의 백합 공중의 새』에서 노래하듯이 그는 하느님에게서 받은 은혜와 사랑 속에서 평화와 기쁨을 노래한다.[39)]

인간이 직접성의 세계를 넘어서 영원한 행복을 사모하는 역사의식은 구체적 현실에서 우리의 문화와 환경을 개선하게 한다. 감각적 사랑은

---

36) E/O, p. 51.
37) E/O, p. 56.
38) E/O, p. 59.
39) 표재명 역, 『들의 백합 공중의 새』, 서울: 21세기 선교출판사, 1999.

실체적 대상에 대한 갈망이 되어 실존의 미적 단계에서 보듯이 이성(異性)을 정복하고자 한다. 영원의 지평에서 인간의 실존 혹은 삶을 이해하는 키에르케고어에게 직접적이고 순간적 만족을 추구하는 감각적 행위는 미래를 예견(豫見)할 수 없다.

키에르케고어는 영혼의 갈망을 직접성이 아니라 의식으로 표현되는 언어에서 찾고자 하였다. 그는 개인이 의식(意識)이 아니라 취함(intoxication)을 통해서 즉 자신을 잊는 비싼 대가를 치르는 직접적 향락을 추구하고자 할 때 더 큰 불행에 빠질 수밖에 없다고 본다. 그는 음악과 노래를 근본적으로 감정이나 웅변이 아니라 영원한 진리에 대한 확신에서 이해하려고 하였다.40)

## 8. 윤리적 삶의 근거

키에르케고어에서 윤리적 삶과 도덕교육은 신과 단독자적 실존이 요청되는 종교적 단계(B)에서만 가능하다. 이런 측면에서 도덕교육도 타인에 대한 이론적 차원의 교육이 아니라 자기 스스로를 교육하는 간접 전달이 된다. 철학사에서 키에르케고어는 독일관념론의 비판자로 흔히 기술된다. 그런데 그의 사상의 핵심은 신이 인간에 대한 실존의 단독자적 관계에서 솔선(率先)적으로 주권을 취한다는 점이다.41) 이는 인간의 자율적 도덕교육에 대한 간접적 비판으로 볼 수 있다. 신은 특정인에게 주권적으로 더 많은 기대를 하게 됨을 키에르케고어는 스스로 의식하였다.

영적인 것과 육체적인 것을 구분한 기독교의 시각은 특히 중세에 나

40) 바실 콜 저, 박균열 역, 『음악윤리학』, 철학과 현실사, 2008.

41) Hwang, JongHwan, *Ökologische Gerechtigkeit - Eine interkulturelle Begündung -*, München: Herbert Utz Verlag, 2004, S. 146-.

타난다. 기독교가 세계를 영적인 세계관에서 보는데 이는 감각적인 것을 오히려 인정하고 영적 시각에서 판단한다는 의미가 된다. 파우스트(Faust)가 지적(知的)인 면에서 인간이 추구하는 화신(化身)이라면 돈 주앙(Don Juan)은 육체적인 것의 화신이라고 할 수 있다. 돈 주앙에서 육체적인 것은 에로스적인 것으로 특히 유혹(誘惑, seduction)을 통해 나타났다.

키에르케고어에 의하면 희랍인들은 정신적인 것이 주도하는 개인적 삶을 추구했기 때문에 유혹이라는 개념이 낯설다. 그들은 감각적으로 타자를 유혹하기 보다는 감각적인 것과 조화롭게 지내려고 했다. 희랍적 사랑은 근대정신에서 다시 볼 수 있듯이 감각적이지 않고 정신적인 것이다.

영원한 행복이 지식의 축적 위에 세워질 수 있는가? 키에르케고어는 『철학적 부스러기』에서 소크라테스의 상기(想起)설과 그리스도신앙에서 죄(罪)와 성육신(成肉身)을 구분한다. 키에르케고어는 그리스도가 이 세상에 왔다는 역사적 사실만이 아니라 개인의 주체적 신앙과 수용(受容)이 인간으로서 최고의 관심과 목적인 영원한 행복을 약속한다고 본다. 주체적 신앙과 수용은 물론 자의(恣意)적이거나 비합리적이라는 뜻은 아니다.[42)]

주체성이 단지 개인의 주관주의로 끝난다면 어떻게 영원한 행복이 도덕적으로 객관화되고 검증될 수 있겠는가? 키에르케고어에서 도덕교육은 축복된 삶의 드러남이다. 도덕생활이 삶의 축복임은 타인도 그런 생활을 실제로 체험함으로써 알 수 있다. 이런 축복은 간접전달의 도덕교

---

42) John D. Glenn, *"A Highest Good ... An Eternal Happiness": The Human Telos in Kierkegaard's* Concluding Unscientific Postscript, Robert L. Perkins, (ed.), International Kierkegaard Commentary V. 12, *Concluding Unscientific Commentary to "Philosophical Fragments"* Mercer University Press, 1997, p. 248.

육을 통해 표현되고 이해된다. 인간본성에 근거한 도덕성은 인간사이의 관계에서 검증되기 때문에 간접전달은 설득력을 갖는다.

슈페만(Spaemann)에 의하면 인간은 본성적으로 도덕적 생활을 하게 되어 있다.[43] 즉 사람이 도덕적으로 산다는 것은 그 자체로 아주 자연스러운 현상이다. 사람은 자기 자신을 찾을 때 가장 자연스럽게 되고 이 과정은 도덕적 생활로 객관화된다. 이렇게 인간에게 '도덕적 생활은 자연스럽다'는 슈페만의 주장은 키에르케고어의 시각에서도 조망된다.

키에르케고어에서 인간이 사회적 과정 혹은 영원한 존재와 관계하는 이중성(duality)의 극복을 통해 자신이 되어가는 과정은 '자기화'로 요약된다.[44] 자기를 찾아가는 과정이 도덕적 생활로 객관화됨은 단지 이론적 차원이 아니라 실제적 삶을 통해서 가능하다. 『두려움과 떨림』에서 아브라함은 영원한 존재와 관계하는 목적을 위해 보편적 규범인 윤리를 정지한다. 즉 '윤리적인 것의 목적론적 정지'를 통해 자신을 찾는다. 이런 관계는 아브라함뿐만 아니라 자신을 찾아 나선 사람에게 실존적으로 요구된다.

사람이 자기 자신을 찾아가는 과정은 키에르케고어에서 실존 삼단계로 알려져 있다. 감각적 향락을 추구하는 미적 단계는 자신의 밖에 있는 대상에서 감각적 향락의 목적을 찾고 끊임없이 더 강한 자극을 요구하기에 권태와 허무에 빠지게 된다. 이런 권태와 허무를 극복하기 위해 자신의 힘만으로 보편적 규범을 따라 살려는 윤리적 단계는 키에르케고어에 의하면 자신의 능력에 절망하게 된다. 『죽음에 이르는 병』에 의하면 인간은 생물학적 죽음뿐만 아니라 '절망'이라는 실존적 죽음을 겪게

43) Robert Spaemann, *Glück und Wohlwollen, Versuch über Ethik*, Stuttgart: Klett-Cotta, 1989.

44) Ronald J. Manheimer / 이홍우 · 임병덕 역, 『키에르케고르의 교육이론』, 교육과학사, 2003, xiv.

된다.[45)]

자신을 찾는 과정은 타인에게 간접전달을 통해 이해된다면 하느님과 자신, 자기와 자신, 자신과 타인의 관계는 분리되지 않고 더불어 가게 된다. 키에르케고어에서 하느님과 인간의 관계는 하느님이며 인간인 그리스도에 대한 믿음이다. 종교적 단계인 이 믿음은 실제적으로 윤리적 삶을 드러낸다. 도덕교육으로서 고결한 삶이 드러나는 그리스도와 관계는 『후서』에서 지식의 점진적 습득이 아니라 주체적 믿음을 통해 가능하다.

## 9. 행복이 드러나는 도덕생활

아리스토텔레스는 『니코마코스 윤리학』에서 행복(eudaimonia)을 영혼의 즐거움 즉 신(神)적인 것으로 여겨 인간에게 최고의 목표라고 생각한다. 그에게 행복은 인간본성과 걸맞은 명상(瞑想)적 생활에서 드러나는 덕스러운(virtuous) 행동과 관련되어 있다.[46)] 그는 덕을 포함하여 모든 것을 행복에 존속(存續)시켰다. 이에 반해 칸트는 선의지에서 보듯이 덕을 무조건적으로 혹은 그 자체로 최고의 것으로 본다. 즉

---

45) 키에르케고어 지음, 임춘갑 옮김, 『죽음에 이르는 병/관점』, 다산글방, 2007, 24쪽.
"인간은 정신(精神)이다. 그러나 정신이란 무엇일까? 정신이란 자기(自己)다. 그러나 자기란 무엇일까? 자기란 자기 자신에게 관계하는 관계, 바꾸어 말하면 그 관계에 있어서 그 관계가 자기 자신에게 관계한다고 하는 것이다. 따라서 자기는 관계가 아니고, 관계가 자기 자신에게 관계하는 관계다. 인간이란 하나의 유한과 무한의 종합(綜合), 시간적인 것과 영원한 것의 종합, 자유와 필연의 종합, 요컨대 하나의 종합이다. 종합이란 두 개의 것 사이의 관계다. 이런 식으로 본다면 이른바 인간이란 아직 자기가 아니다."

46) Richard Mckeon (ed.), *The Basic Works of Aristotle, Nicomachean Ethics*, New York: Random House, 1941, 1177a-1178b.

칸트에서는 행복도 최고의 선인 덕에 종속되어야 한다. 이렇게 칸트에게 행복은 개인이 의지의 거룩함으로써 덕스러운 존재가 될 때에만 따라오는 것이다. 이런 식으로 칸트는 신의 존재, 영혼의 불사, 개인의 자유를 실천적으로 요청한다.

『후서』에서 클리마쿠스(Climacus)는 세계역사에 대한 객관적 이해를 꾀하고 이를 윤리적 해답이라고 간주하는 헤겔주의자를 비판한다.[47] 클리마쿠스는 아리스토텔레스에서 삶의 목적으로서 행복을 행복주의라고 보면서 비판한다. 『후서』의 전체사상에서 볼 수 있듯이 역사적 사실에 대한 객관적 이해의 시도나 철학적 탐구는 기독교진리에 이를 수 없다.

무한한 정열을 요청하는 기독교의 진리는 철학적 탐구의 대상이 될 수 없다. 즉 영원한 행복은 인간에게 그 자체로 무한한 관심을 요구한다. 이런 행복과 관심이 도덕적으로 검증되고 객관화된다면 인간에게 도덕적 생활은 그 자체로 당연하고 자연스러운 일이다. 현실적으로 영원한 행복에 대한 무한한 정열은 지속적으로 도덕발달을 가져온다.

키에르케고어에서 행복(덴마크어, Salighed)은 자율적 의지적 소산이기보다는 하느님의 축복이라는 뜻에서 행복(happiness)보다는 축복(됨)(bliss, blessedness)으로 번역됨이 낫다.[48] 이런 축복은 단지 만족이 아니라 개인적 욕망이 영적으로 심화되고 변형된 모습이다. 이렇게 영원한 행복은 인간의 언어를 넘어서 있다고 할 수 있다. 『후서』의 클리마쿠스가 주체적으로 무한한 관심과 정열을 갖고 추구하고 전달하려는 영원한 축복은 단지 객관적 차원에서는 전달되지 않는다.

---

47) CUP I, p. 133.

48) Abraham H. Kahn, *Salighed as Happiness?: Kierkegaard on the Concept Salighed Waterloo*, Ontario: Wilfrid laurier University Press, 1985, p. 90-.

도덕발달은 키에르케고어에서 단지 자기 자신이나 인간관계의 차원이 아니라 하느님과 관계하는 주체적 믿음에 근거한다. 현실적으로도 우리의 삶은 자연을 포함하여 타자와 분리하여 영위될 수 없다. 우리는 사회에서 더불어 살아가기에 타자의 비도덕적 생활에 대한 대가를 내가 지불해야만 한다. 키에르케고어에서는 하느님과 관계에서 윤리적 생활이 연원하기에 도덕발달은 인간의지를 신뢰하는 입장과 다른 점을 볼 수 있다.

한국사회는 경제적 발전에 걸맞은 도덕발달이 요구되고 있다. 인간에게 도덕발달은 인간본성에 관계하고 영원한 행복을 목적으로 한다. 인간본성에 걸맞은 행복추구는 본질적으로 기술적 경제적 발전보다 우선한다. 삶이 전체로서 행복하기 위해선 도덕적 감수성이 발전하고 상호간에 도덕교육이 형성되어야 한다. 이런 도덕성의 완성이 사랑이라면 자기 자신에 대한 책임으로서 자기사랑과 이웃사랑은 자기와 자신에 대한 관계나 사람들 사이의 관계로 환원되지 않고 하느님사랑에서 연원한다.[49]

도덕발달도 그 자체가 목적이 아니라 인간답게 살아가는 모습의 객관적 표현이다. 인간본성에 근거하는 도덕적 행위는 인간과 자연에 대한 관계에서 선(善)하게 드러난다. 인간본성에 근거하는 도덕교육은 개인적으로 도덕적 성품을 고양시키거나 사회적 적응 혹은 권위에 대한 복종의 차원을 넘어선다.[50] 도덕발달에서 인간의 자율성에 근거를 두고 있는 접근들은 인간역사의 어두운 면과 물질적 풍요로 채워지지 않는 인간영혼의 공허함을 체험하면서 그 한계가 드러났다.

칸트가 인간의 자율적 선의지를 윤리의 근거로 삼는데 반하여 키에르

49) 쇠얀 키에르케고어 지음, 임춘갑 옮김, 『사랑의 역사』, 도서출판 치우, 2011.
50) Bonnidell Clouse, *Moral Development*, Baker Book House, 1985, p. 20-.

케고어는 신율(神律)적(theonomous) 윤리를 주장했다고 할 수 있다. 그에게 영원한 행복추구는 상대적 대상들을 모험적으로 버리고 하느님 신앙에 다다르려고 한다.[51] 영원한 행복은 미래에 다가오지만 이 땅에서 삶에서도 맛볼 수 있게 된다. 영원한 행복에 대한 절대적 목적은 매순간 절대적 선택을 요구한다. 즉 절대적이지 않은 것에 절대적 관심을 보이는 것은 단지 열정주의일 뿐이다.[52] 이런 점에서 도덕교육은 특정 도덕발달이론의 숙지(熟知)이기보다는 끊임없는 삶의 선택이다.

키에르케고어는 새로운 문화의 형성을 그리스도를 주체적으로 신앙하며 영원을 사모하는 인간본성에서 찾았다. 그는 악에 대하여는 절대적 무관심 내지 도덕적으로 순수한 분노로 물리치려고 했다.[53] 그는 절대적인 것에는 절대적으로, 상대적인 것에는 상대적으로 관계하고자 하였다.[54] 자발적 금욕이나 절제가 그 자체로 영원한 행복을 약속하지는 않는다. 직접적 감각에서 만족을 찾지 않는다는 뜻에서 고난은 영원한 행복에 이미 내재된 축복이 된다. 키에르케고어는 이성의 분노와 신앙의 역설을 통해서만 가능한 종교적 실존을 인간성숙의 최고단계로 보아 그리스도와의 관계에서 전달하려고 했다.[55]

---

51) CUP, I. p. 427.

52) Louise Carroll Keeley, *"Spiritual Trail in the Thought of Kierkegaard"*, International Kierkegaard Commentary V. 12, *Concluding Unscientific Commentary to "Philosophical Fragments"* Mercer University Press, 1997. p. 310.

53) Keeley, p. 322.

54) CUP, I. p. 387.

55) 진리를 그리스도와 실존적 관계에서 찾기 보다는 도덕을 주체성에서 찾는 연구로는 Duck-Joo Kwak, "A New Formulation of Ethical Self through Kierkegaard's Notion of Subjectivity : In Search of a New Moral Education." Asia Pacific Education Review, 2001, Vol 2, No. 1, 3-9.

## 10. 영원한 행복의 도덕교육적 이해

감각적 향락추구를 넘어서 미래를 괘념(掛念)하는 도덕교육은 인간을 전인격(全人格)적 측면에서 고찰한다. 키에르케고어의 『종결(終結)적 비(非)학문적 후서』에서 영원한 행복은 인간영혼에 대한 점진적 접근을 통해서는 이루어질 수 없고 하느님과 종교 윤리적 실존을 통해서만 가능하다. 키에르케고어에서 도덕생활은 종교적 신앙체험의 객관적 표현이다. 전달자와 학습자의 관계에서 형성되는 도덕교육은 실제적 삶을 통해 보여주게 된다.

키에르케고어에서 하느님과 인간의 관계는 일방적 종속이나 의존이 아니라 자유에 의한 인격적 관계다. 그러므로 도덕교육도 일방적 주입이 아니라 도덕교육자와 학습자가 실제로 자기 자신을 찾아가면서 도덕발달을 돕는 간접전달이 되어야 한다. 키에르케고어에서 개인의 도덕발달은 하느님과 실존적 관계에 긴밀히 연관되어 있기에 하느님의 사랑을 받을 때 영원한 축복을 사모한다. 이런 사랑의 관계는 자기중심적 의지를 포기하며 이기적이고 일시적인 것들을 상대화한다.

키에르케고어에서 하느님관계로서 '진리는 주체성'은 하느님에 근거하지 자신에서 연원하지 않는다. 하느님관계에서 자기포기와 자기발전은 더불어 가며 객관적으로 도덕발달을 통해 간접적으로 전달된다. 키에르케고어에서 하느님과 무한히 투명하게 관계하며 사람이 자신을 포기함이 바로 자신을 찾는 길이다. 하느님의 사랑 안에서 필요한 것들이 충족될 것으로 믿고 그분 앞에 무한히 투명한 생활이 주체성으로서 진리다. 나날의 구체적 행위에서 하느님관계가 '진리는 주체성'으로 드러난다. 이 관계는 간접전달을 통하여 도덕생활과 도덕교육으로 검증되고 객관화 된다.

슈페만(Spaemann)에서 사람은 본성상 도덕적 삶을 추구한다.[56)]

키에르케고어에서 인간본성은 영원을 사모하는 마음이다. 『후서』에서는 '영원한 행복'을 괘념(掛念)하면서 한 개인이 현실생활에서 도덕적으로 발달할 수 있는 길이 모색된다.[57] 『후서』는 한 개인이 그리스도와 믿음의 관계에서 주체적으로 살면서 자기 자신을 찾아가는 과정으로 해석된다. 키에르케고어는 『후서』에서 '진리는 주체성'이라면서 영원한 존재이면서도 모순되게 시공간적으로 제한된 세상에 온 그리스도와의 관계에서 자기 자신을 찾는다. 즉 인간이 자존(自存)적으로는 진리를 발견할 수 없고 도덕적 생활을 할 수 없다.

인간의 도덕적 행위의 목적은 자기 자신을 찾고자 함이지 행위자체가 아니다. 키에르케고어는 하느님과 인간의 관계에서 자신을 찾고자 했고 그에게 죄(罪)는 하느님과 관계를 맺지 않음이다. 그는 헤겔(Hegel) 철학에서 보듯이 자기를 강화함으로써 자신을 찾지 않고 전 생애를 통해 하느님 앞에 주체적 신앙으로 홀로 서며 자신을 찾고자 했다.

키에르케고어에서 개인이 자신을 찾아가는 생활은 영원한 축복을 바라보는 믿음으로 삶을 전체로 바라본다. 그의 영원한 축복은 『후서』의 일관된 주장대로 역사적 사실의 집적(集積)에 근거할 수 없고 그리스도를 믿음으로 얻게 된다. 이 신앙은 역설적이기에 이성(理性)과 도덕으로 파악하지 못하지만 결국은 보편적 이성과 도덕으로 객관화된다.

그리스도에 대한 신앙은 키에르케고어에게 인간이 도덕적 존재가 되는 현실적 근거가 된다. 도덕발달은 단지 도덕이론의 습득이 아니라 주체적 내면화를 구체적 삶의 현실에서 심화시키는 방법을 『후서』 등에서 볼 수 있다. '진리는 주체성'은 기존의 보편적 규범이나 사회적 감정을 벗어나지만 결국은 사회를 오히려 고양시키는 도덕적 행위를 찾고자

56) R. Spaemann, *Glück und Wohlwollen*, Kletta-Cotta, 1989, S. 10.
57) S. Kierkegaard, (trans.) D. Swenson & W. Lowrie, *Concluding Unscientific Postscript*, Princeton University Press, 1941.

한다.[58)]

기존의 신학이론에서도 하느님의 주권과 인간의 자유의지의 관계는 모순되고 난해한 문제로 아직도 과제로 남아있다. 과연 거룩하고 도덕적 성품을 갖추는 것이 각자의 실존적 현실에서 가능할까? 키에르케고어의 시각에서는 정교한 신학이나 관념적 철학은 인간의 구체적 실존을 설명하지 못한다. 그에게 도덕발달로서 도덕교육은 하느님과 실존적으로 교제하는 축복된 생활의 객관적 표현이다.

58) 정창우, "사회정서학습의 이론 체계와 도덕교육적 함의", 『道德倫理科敎育)』, 제 38호, 2013, 1-20쪽.

# 결 론

키에르케고어에서 사람에게 주어진 가장 큰 책임은 타자와의 비교가 아니라 바로 자기 자신을 찾는 일이다. 교과목으로서 도덕교육과 평생의 과제로서 도덕교육은 자기를 찾는 과정으로서 이해되고 실제로 수행되어야 한다. 도덕생활로서 도덕교육은 그 자체가 목적이 아니라 자기 자신을 찾는 근원적 활동의 표현이고 전달이다. 이렇게 도덕교육은 누구에게나 주어진 과업이고 한 사람이 타인을 일방적으로 가르칠 수 없기에 간접전달이 될 수밖에 없다. 도덕교육은 인간의 본성상 구체적 생활의 실천을 통해서만 전달될 수 있다.

키에르케고어에게서 자기 및 타자와 자연의 관계는 근원적으로 단독자로서 신과 자신의 관계에서 비롯된다. 그에 따르면 개인이 타자 및 자연과의 관계에서 이분법적 도식으로부터 출발하여서는 생태적 정의를 정립할 수 없다. 모든 존재하는 것들이 그 자체로서 존재의 의미를 지니고 있으며 인간과 자연의 관계는 근원적으로 단독자로서 신과 인간의 관계로부터 나온다. 신과 인간 사이의 바람직한 관계는 고결한 성품을 통해 표현되는 도덕교육의 출발이 된다.

자기의식(意識)을 신 앞의 단독자로서 받아들인 키에르케고어에서 자연을 포함한 타자에 대한 관계는 신과 인간의 관계에서 연유한다. 백합과 새는 백합과 새로서 만족하며 침묵하고 노래하며 살아간다. 이들에게 우열에 대한 갈등과 삶의 염려를 읽을 수 없다. 자기의 자리에서 쫓겨난 새는 다른 곳으로 날아가 자신을 쫓은 이들에 대한 아무런 원망도 없이 자신의 노래를 부르며 순종하며 지낸다.

키에르케고어에서 윤리적 생활은 하느님을 실존적으로 신앙함으로써 가능하다. 감각적 향락을 추구하는 생활과 자기 의지적으로 윤리적 생활을 하고자 하는 생활은 공통적으로 자기와 세상을 자신의 힘만으로 개선해보려는 헛된 도전이다. 이런 도전은 인간의 구조에서 볼 때 실존적 불안과 절망의 또 다른 표현일 뿐이다. 즉 본래의 자기 자신을 찾지 않고 가상(假想)적 자신과 세상을 만들려는 시도다.

키에르케고어에서 미적, 윤리적, 종교적 단계에서 나타나는 실존적 불안은 자기 자신을 찾아가는 계기가 될 수 있다. 실존적 절망은 인간생활에서 긍정적으로 자신을 찾아가는 과정 즉 자기화(自己化)를 가능하게 한다. 신과의 주체적 신앙의 관계에서 불안과 절망을 극복하는 키에르케고어의 영원한 행복은 자신을 실존적으로 발견해가는 시각에서 볼 때 도덕교육적 함의를 갖는다.

실존적 불안과 절망은 부정적 측면만 있지 않고 자신을 찾아가는 자기화의 도덕교육적 의미를 지닌다. 키에르케고어는 이성(理性)의 분노(忿怒)와 신앙(信仰)의 역설(逆說)을 통해서만 가능한 종교적 실존을 인간성숙의 최고단계로 보아 그리스도와의 관계를 전달하려고 했다. 그는 『들의 백합 공중의 새』에서 하느님의 무조건적 은혜의 사랑으로 용서를 확신한 자기의식(意識)이 자기 자신과 타인 및 자연에까지 확장되어 관계됨을 고백한다.

스토아학파에게서 최고의 목적으로 추구되었던 인간의 절대적 독립은 그리스도교에서는 근본적 악과 오류가 된다. 그리스도신앙에 의하면 인간이 절대적 독립을 주장하는 한 구원에로의 길은 없다. 인간에게 최고의 힘으로 간주되었던 이성(理性)은 신적 계시(啓示)에 의해 조명을 받지 않는 한 가장 큰 문제가 된다. 신의 형상대로 창조된 인간이 아담의 타락 이후 자신이 지녔던 이성의 본래의 힘을 상실하게 되었다.

철학적 자율성은 희랍철학, 토마스주의, 근대철학 등에서 모두 나타나지만 그 양상은 상이하다. 기독교신앙에서 자율(自律)적 도덕성에 대한 칸트의 견해를 비판할 수 있지만 철학적 사유가 자율성을 주장하는 한 이 둘 사이의 간격은 좁혀질 수 없는 것으로 보인다. 이성은 신의 은혜의 조명을 받을 때에만 본래의 역할을 할 수 있다.

키에르케고어에게 인간은 자기 자신을 단번에 혹은 철학적 관념을 통해 일시(一時)에 알 수 있는 존재가 아니라 실존적 주체성을 통해 신적(神的) 관계로서 지속적으로 알려지는 존재다. 그에게서 주체성은 하느님과의 관계에서 뜻을 지니기에 헤겔 등 독일 관념론자들이 쓰는 하느님, 세상, 인간 등은 같은 말을 사용하더라도 그 뜻은 다르다. 키에르케고어에게 이 세상은 자존(自存)적 존재자가 아니라 피조물이며 단지 인간의 인식대상이 아니라 하느님과의 관계에서만 현실적으로 가능한 윤리적 삶을 요구하는 곳이다.

키에르케고어는 자신과 타인이 그리스도신앙에 가까이 하기 위하여 개인이 기독교인이 되는 내면추구의 과정을 밝히고자 한다. 이 과정에서 그 자신이 이미 도달한 단계를 전달하는 교사가 아니라 스스로 피전달자가 되어서 다른 사람과 교류하는 자리에 서고자 한다. 이 과정이 곧 단독자로서 인격함양 또는 경건함양을 통하여 자기를 선택하는 자기화 과정이며 도덕교육이라고 할 수 있다.

키에르케고어에서 간접전달은 자신이 신 앞에서 실존적 결단을 함으로써 타인을 가르칠 수 있게 된다. 즉 단순한 지적(知的) 전수(傳授)와 달리 간접전달은 가르치려는 자가 먼저 실제적 삶을 살고자 한다. 그에게서 도덕교육은 인간 사이의 관계로는 결코 환원될 수 없고 자신의 허물과 죄를 알고 신과 영원한 관계를 맺게 되는 순간에 가능하게 된다. 키에르케고어에서 신과 관계하는 단독자적 믿음의 결단은 간접전달을 통해 타자와 관계하며 도덕교육의 새로운 지평을 열게 한다.

# 참 고 문 헌


길희성 외, 『환경과 종교』, 민음사, 1997.

김용환, 「키에르케고아의 실존과정 연구」, 『윤리연구』 72호, 한국윤리학회.

김현, 「헤겔의 낭만주의 비판」, 『철학논총』 제5집, 2008.

니시타니 케이지 지음 정병조 옮김, 『종교란 무엇인가』, 대원정사, 1996.

바실 콜 저, 박균열 역, 『음악윤리학』, 철학과 현실사, 2008.

박영하, "바람직한 도덕 · 윤리교사의 자질과 역할", 『道德倫理科敎育)』, 제 37호, 2012.

변순용, "도덕교육의 서양윤리학적 접근", 『道德倫理科敎育)』, 제 37호, 2012.

『성경전서』, 대한성서공회, 1986.

송재우, 「키에르케고르적 개인적 체험의 학문적 정초가능성 -하이데거의 해석학적 방법을 통하여 -」, 『철학논총』, 55집 1권, 새한철학회, 2009.

쇠얀 키아케고어, 강학철 옮김, 『두려움과 떨림』, 민음사, 1991.

쇠얀 키에르케고어 지음 임춘갑 옮김, 『반복/현대의 비판』, 도서출판 치우, 2011.

쇠얀 키에르케고어 지음 임춘갑 옮김, 『불안의 개념』, 도서출판 치우, 2011.

쇠얀 키에르케고어 지음 임춘갑 옮김, 『사랑의 역사』, 도서출판 치우, 2011.

쇠얀 키에르케고어 지음 임춘갑 옮김, 『이것이냐 저것이냐 1, 2』, 도서출판 치우, 2012.

쇠얀 키에르케고어 지음 임춘갑 옮김, 『죽음에 이르는 병』, 도서출판 치우, 2011.

쇠얀 키에르케고어, 표재명 역, 『들의 백합 공중의 새』, 프리칭 아카데미, 2005.

쇠얀 키에르케고어, 표재명 옮김, 『신앙의 기대』, 프리칭아카데미, 2009.

아르네 그렌 지음, 하선규 옮김, 『키에르케고어 인간학 불안과 함께 살아가기』, 도서출판 b, 2016.

에른스트 캇시러 지음, 최 명관 옮김, 『인간이란 무엇인가』, 서광사, 1988.

H 요나스, 이진우 역, 『책임의 원칙: 기술 시대의 생태학적 윤리』, 서광사.

1994.
월터 라우리 지음, 임춘갑 옮김, 『지식과 신앙, 그리고 회의』, 서울: 다산글방, 2007.
월터 라우리 지음 / 임춘갑 옮김, 『키르케고르 평전 키르케고르의 생애와 사상』, 서울: 다산글방, 2007.
유병열, "학교 인권교육 강화를 위한 실천방안 연구", 『道德倫理科敎育)』, 제 39호, 2013.
Ronald J. Manheimer / 이홍우 · 임병덕 역, 『키에르케고르의 교육이론』, 서울: 교육과학사. 2003.
임병덕, 『敎育方法으로서의 間接傳達』, 서울: 교육과학사, 1995.
정창우, "사회정서학습의 이론 체계와 도덕교육적 함의", 『道德倫理科敎育)』, 제 38호, 2013.
조수동, 「禪과 자유」, 『철학논총』 제49집, 2007, 제3권,
최 명관 편저, 『캇시러의 철학』, 법문사, 1985.
키르케고르 저, 임춘갑 역, 『공포와 전율/반복』, 서울: 다산글방. 2007.
키르케고르 저, 임춘갑 역, 『불안의 개념』, 서울: 다산글방, 2007.
페리 르페브르, 이창승 역, 『키에르케고르 기도』 서울: 기독교연합신문사. 2004.
표재명 옮김, 『철학의 부스러기』, Philosophiske Smuler, 프리칭 아카데미, 2007.
표재명, 『들의 백합 공중의 새』, 서울: 21세기선교출판사, 1999.
표재명, 『키에르케고어 연구』, 서울: 지성의 샘. 1995.
표재명, 『키에르케고어 연구』, 지성의 샘, 1998,
표재명, 『사랑과 영혼의 철학자 키에르케고어를 만나다』, 서울: 도서출판 치우. 2012.
황종환, "도덕과 예술에서 성취된 삶으로서 행복", 『윤리교육연구』 제20집, 한국윤리교육학회, 2009.
황종환, 「생태정의와 인간의 존엄」, 『철학논총』, 47집 1권, 새한철학회, 2007.
황종환, "영원한 행복의 도덕적 함축", 『철학논총』 제67집 제1권, 2012.
황종환, 「키르케고아와 카시러의 종교성 비교연구」, 『철학논총』 제 51집 제

1권, 새한철학회, 2008.
황종환, "키에르케고어에서 실존의 변형과 사랑의 변증법", 한국키에르케고어학회 편, 『키에르케고어, 미학과 실존』, 킹덤북스, 2014.
황종환, "키에르케고어(S. Kierkegaard)의 『사랑의 역사』의 종교 윤리적 함의", 고려대학교 철학연구소,『철학연구』, 47집. 2013.
황종환, 「윤리적인 것의 목적론적 정지의 도덕교육적 함의 - 환경의식을 중심으로」, 『도덕윤리과교육』, 한국 도덕윤리과 교육학회, 28호, 2008.

Adler, H. Achim von Hoegen, Kulureller Wandel in Korea, Wechselwirkungen zwischen Wirtschaft, Gesellschaft und Kultur, Band10, Erlangen-Nürnberg Universität, 1995.
Ainslie, G., "Specious reward: a behavioral theory of impulsiveness and impulse control", Psychological Bulletin 82, 1975.
Altner, G., Naturvergessenheit, Darmstadt: Wissenschaftliche Gesellschaft. 1991.
Anderson, J. Morality, law and grace, Inter Varsity Press, 1972.
Aristoteles, Nikomachische Ethik, Ferdinand Schöningh, Padeborn, 1956.
Aristoteles, Nikomachische Ethik, Ditzingen : Reclam. 1986.
Aristotle, Nicomachean Ethics, Oxford University Press, 2009.
Armstrong, Paul B. "Reading Kierkegaard - Disorientation and Reorientaion." In Kierkegaard's Truth : The Disclosure of the Self, (ed.) Joseph H Smith, New Haven: Yale University Press, 1981.
Barker, Philip, Using Metaphors in Psychotherapy, New York: Brunner/Mazel, 1985.
Bayer, Thora Ilin, Cassirer's Metaphysics of Symbolic Forms, Yale University Press, New Haven & London, 2001.
Binswanger, Ludwig "Insanity as Life-Historical Phenomenon

and as Mental Disease" in Rollo May et. al, Existence, (New York: Simon & Schuster, 1958.

Birnbacher, D. Verantwortung für zukunftige Generationen, Ditzingen : Reclam, 1988.

Björkhem, John, Søren Kierkegaard in psychologisk belysning [Søren Kierkegaard in the Light of Psychology], Uppsala: Nyblom, 1942.

Blanshard, Brand, Philosophical Reviews 54, 1945.

Bloesch, D. G. Essentials of Evangelical Theology Vol. I. God, authority, & salvation, San Francisco: Harper & Row, 1978.

Blum, Lawrence, "Moral Education and Particularity", in: Ethics, Vol. 101, no. 4.

Bretall, Robert Walter and Schilipp, Paul Arthur(trans.), "'Spirit' and 'Life' in Contemporary Philosophy," in The Philosophy of Ernst Cassirer, ed. Paul Arthur Schilpp, Evanston, I1 1.: Library of Living Philosophers, 1949.

Bruck, Erich, Die Idee des Fortschritts, München : C. H. Beck. 1963.

v. Brück, Buddhismus und Christentum München: C. H. Beck, 1997.

Burgess, Andrew J., "Forstand in the Swenson-Lowrie Correspondence and in the "Metaphysical Caprice" In Robert L. Perkins, Philosophical Fragments and Johannes Climacus, International Kierkegaard Commentary, Vol. 7. Mercer University Press, 1994,

Burgess, A., Kierkegaard and Christianity, ACTA KIERKEGAARDIANA v. 3. Kierkegaard Circle, Toronto, Canada: Trinity College, 2008.

Cassirer, an Essay on Man, An Introduction to a Philosophy of Human Culture, New Haven, Yale University Press, 1944, 1972.

Cassirer, Determinism and Indeterminism in der Modern Physics: Historical and Systematic Studies of the Problem of Causality, (trans.) O. T. Benfrey, New Haven, Conn.: Yale University Press, 1956.

Cassirer, The Philosophy of Symbolic Forms, Yale University Press, 1965.

Cassirer, Versuch über den Menschen, Frankfurt : S. Fischer. 1990.

Churchland, Neurophilosophy, MIT Press, 1986,

Churchland, Patricia Smith, Brain-Wise Studies in Neurophilosophy, MIT Press, 2002.

Clouse, Bonnidell, Moral Development. Michigan, Grand Rapids: Baker Book House, 1985.

Collins, G. The rebuilding of psychology, Wheaton: Tyndale House, 1977.

Collins, James, The Mind of Kierkegaard. Chicago: Henry Regnery Co. 1953.

Dewey. John, Experience and Nature, Mccutchen Press, 2008.

Dewey, Art as Experience, New York: Capricorn Books, 1934.

Diels u. Kranz, Die Fragmente der Vorsokratiker, Hildesheim : Weidemann, 1961.

Dooyeweerd, Hermann, In the Twilight of Western Thought, Nutley, New Jersey, Craig Press, 1980.

Dunning, Stephen, N., "Kierkegaard's Systematic Analysis of Anxiety", in Robert L. Perkins (ed.), The Concept of Anxiety, International Kierkegaard Commentary. V. 8.,

Mercer University Press, 1985.

Elrod, J., Being and Existence in Kierkegaard's Pseudonymous Works, Princeton University Press, 1975.

Evans, C. Stephen. Preserving the Person. Downer's Grove, Ill.: Intervarsity Press, 1988.

Evans, C. Stephen, Kierkegaard's "Fragments" and "Postscript" : The Religious Philosophy of Johannes Climacus. Atlantic, N. J. : Humanities Press, 1983.

Evans, Søren Kierkegaard's Christian Psychology, Zondervan, 1990.

Fink-Eitel, Hinrich, Die Philosophie und die Wilden, Hamburg: Junius. 1994.

Forschner, M., Über das Handeln im Einklang mit der Natur, Grundlgen ethischler Verständigung, Darmstadt : Primus, 1998.

Frank, Erich, Philosophical Understanding and Religious Truth. New York: Oxford University Press, 1966.

Frank, Josepf, Dostoevsky: The Years of Ordeal, 1850-1859. Princeton: Princeton University Press, 1987.

Fromm, Erich, Greatness and Limitations of Freud's Thought, New York: Harper & Row, 1980.

Glenn, D. John, "A Highest Good ... An Eternal Happiness": The Human Telos in Kierkegaard's Concluding Unscientific Postscript, Robert L. Perkins, (ed.), International Kierkegaard Commentary V. 12, Concluding Unscientific Commentary to "Philosophical Fragments" Mercer University Press, 1997.

Glymour, Clark, Thinking Things Through. Cambridge: MIT Press. 1997.

Green, R. M., Kierkegaard and Kant. The Hidden Debt. State University of New York Press, 1992.

Groh, R. u. D., Weltbild and Naturaneignung. Zur Kulturgeschichte der Natur, Frankfurt: Suhrkamp. 1991.

Grøn, Arne, Begrebt Angst hos Søren Kierkegaard, Nordisk Forlag, Copenhagen, 1994.

Hall, R., "Spirit and Presence: A Kierkegaardian Analysis", Robert L. Perkins, (ed.), International Kierkegaard Commentary, Either/Or, I, Mercer University Press, 1995.

Hare, John E. The Moral Gap, Oxford University Press, USA, 1997.

Hammes, John A. Humanistic Psychology: A Christian interpretation, New York: Grune & Stratton, 1971.

Hart, H. L. A., Der Begriff des Rechts, Frankfurt: Suhrkamp. 1973.

Hartmann, N. Ethik, Berlin : de Gruyter, 1926.

Heidegger, M. Die Grundbegriffe der Metaphysik, Frankfurt : Klostermann, 1983.

Henry, Carl, God, revelation, and authority, V. 5, TX: Word Books, 1982.

Hilderbrand, Adolf, Das Problem der Formen in der bildenden Kunst. (English trans. by Max Meyer and R. M. Ogden, The Problem of Form in Painting and Sculpture, New York, G. E.Stechert Co. 1907). 1972.

Horn, Christopher [u. a] (Hrsg.): Umweltpolitik in Europa. München [u. a], BLV Verlag, 1973.

Hume, D., A Treatise of Human Nature, Oxford University Press. 2000.,

Hwang, Jong Hwan, Ökologische Gerechtigkeit eine interkulturelle

Begündung. München: Herbert Utz Verlag, 2004.
Jonas, H. Das Prinzip Verantwortung, Frankfurt: Suhrkamp. 1984.
Kahn, Abraham, Salighed as Happiness? : Kierkegaard on the Concept Salighed, Waterloo, Ontario: Wilfrid laurier University Press, 1985.
Kant, Die Religion innerhalb der Grenzen der bloßen Vernunft, Meiner, 2004.
Kant, Grundlegung zur Metaphysik der Sitten, Reclam. 1986.
Kant, (trans.) Lewis White Beck. Foundation of the Metaphysics of Morals. Indianapolis: Bobbs-Merrill. (Grundlegung zur Metaphysik der Sitten), 1959.
Kant, Religion within the Limits of Reason Alone, (trans.) Theodore M. Green and Hoyt H. Hudson, New York: Harper and Row. (Die Religion innerhalb des Grenzen der blossen Vernunft, GS VI), 1960.
Kant, The Conflict of Faculties. (Der Streit der Fakultäten. trans. Mary J. Gregor), New York: Albaris Book, 1979,
Kaufmann, W, Jenseits von Schuld und Gerechtigkeit, von der Entscheidungsangst zur Autonomie, Hamburg : Hoffman und Kampe, 1974.
Keeley, Louise Carroll, "Spiritual Trail in the Thought of Kierkegaard", International Kierkegaard Commentary V. 12, Concluding Unscientific Commentary to "Philosophical Fragments" Mercer University Press, 1997.
Keller, Evelyn Fox., Liebe, Macht und Erkenntnis. Calhanser Verlag, 1986.
Keynes, J., The Economic Consequence of Peace, Cornell University Press, 2009.

Kierkegaard, Abschlissende Unwissenschaftliche Nachschrift zu den Philosophischen Brocken, (ü.) Hans M. Junghans, Eugen Diederichs, 1957-1958.

Kierkegaard, Der Begriff Angst, Gütersloh : Gütersloh Verlag, 1991.

Kierkegaard, (trans.) Howard V. Hong and Edna H. Hong. The Book on Adler, Princeton University Press, 1998.

Kierkegaard, (trans.) R. Thomte, the Concept of Anxiety, Princeton University Press, 1980.

Kierkegaard, (trans.) W. Lowrie, The Concept of Dread, Princeton University Press, 1957.

Kierkegaard, (ed. and trans.) H. and E. Hong, Concluding Unscientific Postscript to Philosophical Fragments, Princeton University Press, 1992.

Kierkegaard, (trans.) D. Swenson and Walter Lowrie(Completed after his death), Concluding Unscientific Postscript, Princeton University Press, 1941, 1944. 1968.

Kierkegaard, Crisis in the life of an Actress and Other essays on Drama. (trans.) Stephen D. Crites, Harper Torchbooks, New York and Evanston, 1967.

Kierkegaard, The Crisis and a Crisis in the Life of an Actress, Princeton University Press, 2009.

Kierkegaard, Edifying Discourses (trans.) David F. Swenson and Lilian Marvin Swenson, 4 vols, Minneapolis: Augsburg Publishing Houser, 1943-46.

Kierkegaard, (trans.) D. and L. Swenson, Either/Or V. I. II Anchor Books, 1959.

Kierkegaard, (trans.) Howard V. Hong and Edna H. Hong, Either/Or, Princeton University Press, V. II, 1987.

Kierkegaard, Either/Or, I, Princeton University Press, 1971.

Kierkegaard, (trans.) D. and L. Swenson Either / Or I, Princeton University Press, 1961.

Kierkegaard, Hirsch(u.), Entweder - Oder I, II, Eugen Diederichs, 1956.

Kiderkegaard, Entweder/ Oder, Düsseldorf: Dietrichs Verlag, 1982.

Kierkegaard, Entweder - Oder, München : dtv. 1988.

Kierkegaard, (trans.) H. Hong and E. Hong, Fear and Trembling, Princeton University Press, 1983.

Kierkegaard, (trans.) Walter Lowrie, Fear and Trembling, Princeton University Press, 1941, 1954, 1970.

Kierkegaard, E. Hirsch (u.), Furcht und Zittern, Düsseldorf: Eugen Diederichs, 1950. 1962.

Kierkegaard, Journalen JJ:167 (1843), Søren Kierkegaards Skrifter volume 18., Søren Kierkegaard Research Center, Copenhagen, 1997.

Kierkegaard, Die Krankheit zum Tode, München : Diederlichs Verlag, Abt. 24/25. 1954.

Kierkegaard, Die Krankheit zum Tode (ü. E. Hirsch), Düsseldorf: Eugen Dietrichs Verlag, 1982.

Kierkegaard, (trans.) H. and E. Hong, Philosophical Fragments, Princeton University Press. (Philosophiske Smuler, by Johannes Climacus, ed. S. Kierkegaard, 1844). 1985.

Kierkegaard, Philosophical Fragments, (trans.), David F. Swenson, second ed. revised by Howard V. Hong with Introduction and Commentary by Niels Thulstrup, Princeton University Press, 1962; Oxford University Press edition, 1962.

Kierkegaard, (trans.) by Walter Lowrie. (ed.) by Benjamin Nelson, The Point of View, for My Works as an Author. New

York: Harper and Row, 1962.

Kierkegaard, The Present Age, on the Death of Rebellion, (trans.) by Alexander Dru, Harper Collins Publisher, 1962.

Kierkegaard, Purity of the Heart, (trans.) Douglas Steere, New York: Harper. 1948 (Opbyggelige Taler i forskjellig Aand, by S. Kierkegaard, 1847, Part One, "En Leiligheds-tale").

Kierkegaard, The Seducer's Diary, (trans.), H. Hong, Princeton University Press, 1997.

Kierekgaard, The Sickness unto Death. Kierkegaard's Writings 19, (trans.) H. and E. Hong, Princeton University Press, 1980.

Kierkegaard, S. Kierkegaard's Journals and Papers, Vols. 1 and 4. (trans. and edited) by Howard V. Hong and Edna H. Hong. Bloomington: Indiana University Press, 1942.

Kierkegaard, (tr.) N. Thulstrup, Søren Kierkegaards Papirer. Copenhagen: Gyldendal. 1968.

Kierkegaard, Stages on Life's Way, Princeton University Press, 1945.

Kierkegaard, Training in Christianity. (trans.) by W. Lowrie, Princeton University Press, 1941.

Kierkegaard, Works of Love, (trans.) H. and E. Hong, Harper and Row, 1962.

Kohlberg, L. "Moral and Religious Education and the Public school", in T. R. Sizer(ed.), Religion and Public Education, Boston: Houghton Mifflin, 1967.

Kohlberg, Essays on Moral Development: The Philosophy of Moral Developmet, Vol. 2, New York: Harper & Row, 1984.

Kohlberg, "The Contribution of Developmental Psychology to

Education", Educational Psychologist, 10, 1973.

Krois, John Michael(ed.) Zur Metaphysik der Symbolischen Formen, Meiner, 1995.

Kwak, Duck-Joo, "A New Formulation of Ethical Self through Kierkegaard's Notion of Subjectivity : In Search of a New Moral Education." Asia Pacific Education Review, 2001, Vol 2, No. 1.

Lasch, Christopher. The Culture of Narcissism: American Life in an Age of Diminishing Expectation, New York: Norton, 1979.

Laube, J., Das Böse in den Weltreligionen Darmstadt: Wissenschaftliche Buchgesellschaft. 2003. M. v. Brück, Buddhismus und Christentum München: C. H. Beck, 1997.

Léon, C., "The No Woman's Land of Kierkegaardian Seduction", Robert L. Perkins, eds., International Kierkegaard Commentary, Either / Or, I, Macon, George, Mercer University Press, 1995.

Lessing, E. "Demographic, Developmental, and Personality Correlates of Length of Future Time Perspective", Journal of Personality 16. 1968.

Löwith, K., "Das Verhängnis des Fortschritts", Vorträge und Abhandlungen. Zur Grundlegung der Christlichen Überlierung. Stuttgart : Kohlhammer, 1966.

MacIntyre, A. Verlust der Tugend, Frankfurt: Suhrkamp, 1997.

Malantschuk, G. "Kierkegaard's Thought", (ed. and trans.) H. Hong and E. Hong, Princeton University Press, 1971.

Manheimer, Ronald J. Kierkegaard as Educator, University of California Press, 1977.

Martin, James Alfred Jr. Beauty and Holiness, Princeton, New

Jersey: Princeton University Press. 1990.

Mckeon, Richard. (ed.) The Basic Works of Aristotle, Nicomachean Ethics, New York: Random House, 1941.

Moore, Charles E.(ed.) Provocations, Spiritual Writings of Kierkegaard, Orbis, 2002.

Murdoch, Iris, Metaphysics as a Guide to Morals, Penguin Books, 2003.

Narveson, J. "Utilitarianism and New Generation", Mind 76. Oxford University Press. 1967.

Nishitani, Keiji, Was ist Religion? Frankfurt: Insel, 2001.

Nishitani, K. (trans. with intro.) Jan Van Bragt, Religion and Nothingness, California University Press, 1982.

Nishitani, Religion and Nothingness, University of California Press, 1983.

Nordentoft, Kresten, (trans.) Bruce H Kirmmse, Kierkegaard's Psychology, Wipf & Stock Publisher, Eugene, Oregon, 1978.

Norman, S. "Future Generation, Public Policy, and the Motivation Problem", Environmental Ethics. 4, 1982.

Nussbaum, Marthe, Love's Knowledge: Essays on Philosophy and Literature, New York: Oxford University Press, 1990.

Packer, J. I., God's Words: Studies of Key Bible Themes, Downers Grove, IL: Inter-Varsity, 1981.

Packer, Christianity: The True Humanism, Regent College Publishing, 1985.

Packer, Knowing man, Westchester; IL: Cornerstone Books, 1993.

Passmore, J. Man's Responsibility for Nature. Ecological Problems and Western Tradition, London, 1974.

Pattison, George, "Kierkegaard and the Anxious Sublime," in:

Kierkegaard Studies Yearbook, 1998.
Pattison, Spiritual writings of Kierkegaard, Harper perennial Modern thought, 2010.
Patzig, G. Ethik ohne Metaphysik, Vandenhoeck & Ruprecht, 1983.
Piaget, Jean, The Moral Judgment of the Child, (trans.) M. Gabain, Free Press, 1997.
Perkins, R. L., "Abraham's Silence Aesthetically Considered". Robert L. Perkins (ed.), International Kierkegaard Commentary, Fear and Trembling/Repetition, V. 6, Mercer University Press, 1993.
Perkins, ed. International Kierkegaard Library, V. 8, The Concept of Anxiety: A Simple Psychologically Orienting Deliberation on the Dogmatic Issue of Hereditary Sin, Mercer University Press. 1985.
Perkins, R(ed.). International Kierkegaard Commentary, V 3, Either/Or, I.
Perkins (ed.), The Concept of Anxiety, International Kierkegaard Commentary. V. 8. Mercer University Press, 1985.
Peck, William, "On Autonomy: The Primacy of the Subject in Kant and Kierkegaard," Ph. D. Dissertation, Yale University, 1974.
Popper, K., "Utopie und Gewalt", G. Lührs (u. a.) (Hrsg.), Kritischer Rationalismus und Sozialdemokratie, Bonn-Bad Godesberg: J. W. Dietz, 1975.
Potter-Efron, Ronald T. & Patricia S. Letting go of anger, New Harbinger Publications, 2006.
Quine, W. V. O. Epistemology naturalized. In his Ontological Relativity and Other Essays. Columbia University Press,

1969.

Ramm, Bernard L., The right, the good and the happy. Waco, TX: Word Books. 1971.

Ramsland, K. M., Engaging the Immediate. Applying Kierkegaard's Theory of Indirect Communication to the Practice of Psychotherapy, Bucknell University Press, 1989.

Rawls, J., A Theory of Justice, Harvard university Press. 2005.

Rawls, Eine Theorie der Gerechtigkeit, Suhrkamp, 1994.

Ricoeur, P., "Two Encounters with Kierkegaard: Kierkegaard and Evil; Doing philosophy after Kierkegaard" in: Joseph H. Smith (ed.), Kierkegaard's Truth: The Disclosure of the Self, Yale University Press, 1981.

Riemann, F., Grundformen der Angst, Eine Tiefenpsychologische Studie. München/Basel: Reinhardt, 1961.

Roback, A. A.(ed.), "Albert Schweitzer as Critic of Nineteenth-Century Ethics," in The Albert Schweitzer Jubilee Book, Cambridge, Mass.: Sci-Art Publisher, 1946.

Ross, W. D. Kant's Ethical Theory, Oxford, 1954.

Schiller, F. Letters Upon The Aesthetic Education Of Man, Kessinger Publishing, LLC, 2004.

Spaemann, Robert, Glück und Wohlwollen, Versuch über Ethik, Stuttgart: Klett-Cotta, 1989.

Spaemann, Happiness and Benevolence, University of Notre Dame Press, 2000.

Spaemann, Das Natürliche und Das Vernünftige, München : Piper, 1987.

Swenson, David, Something about Kierkegaard, Mercer University Press, 1983.

Swenson, Notes in Johannes Climacus, [S. Kierkegaard], Philosophical Fragments or a Fragments of Philosophy, (trans, with into. and notes) by David F. Swenson, Princeton University Press, 1936.

Taylor, C., Negative Freiheit? Frankfurt: Suhrkamp, 1995.

Thiessen, Gesa Elisbeth (ed.), Theological Aesthetics, Eerdmans, 2009.

Thulstrup, Niels, (trans.) George L. Stengren. Kierkegaard's Relation to Hegel, Princeton University Press, 1980.

Tillich, Paul, Systematic Theology I-III, Chicago: University of Chicago Press. 1959.

Thomson, J., The Lonely Labyrinth: Kierkegaard's pseudonymous Works, Carbondale: Southern Illinois University Press, 1967.

Thomte, Reidar. and A. B. Anderson, trans. The Concept of Anxiety, (Princeton: Princeton University Press, 1980. (Begrebt Angest, by Vigilius Haufniensis, ed. S. Kierkegaard, 1844).

Thulstrup, N. (trans.) Robert J. Widenmann, Commentary on Kierkegaard's Concluding Unscientific Postscript, Princeton University Press, 1984.

Tillich, P. Dynamics of Faith, HarperOne, 2009.

Verene, D. P. "The Concept of Philosophy as a Philosophical Problem," in D. P. Verene(ed.), Symbol, Myth, and Culture, Yale University Press, 1979.

Verene, Donald Phillip (ed.), Symbol, Myth, and Culture: Essays and Lectures of Ernst Cassirer, Yale University Press, 1979.

Verene, Donald Phillip, "Vico's Influence on Cassirer," New Vico Studies 3, 1985.

Vincent, George, M. A. (ed.), Miller A. V. (trans.), Hegel, The Philosophical Propaedeutic, Oxford: Basil Blackwell, 1986.

Vitz, Paul, C., Psychology as Religion: The Cult of Self worship, Eerdmans Publishing Co., 1995.

White, Lynn, "The Historical Roots of Our Ecological Crisis", in: Science 155, 1967.

von Wright, G. H., The Variety of Goodness, London: Routledge & Kegan Paul Ltd, 1963.

Worthington Jr. Everett L., The Power of Forgiving, Templeton Foundation Press, 2005.

Watzlawick, Paul, The Language of Change, New York: Basic Books, 1978.

Walsh, Sylvia, Living Poetically, Kierkegaard's Existential Aesthetics, The Pennsylvania State University Press, 1994.

Zajonc, Robert, "Feeling and Thinking: Preferences need no inferences." American Psychologist 35: 1980.

**키에르케고어와 도덕교육**

2016년 7월 28일 인쇄
2016년 8월 1일 발행

저 자 • **황 종 환**
발행자 • **이 덕 훈**
발행처 • **한남대학교 출판부〈글누리〉**
대전광역시 대덕구 오정동 133(한남로 70)
전화 • (042) 629-7536
전송 • (042) 629-7263
인쇄처 • 도서출판 이 화
전화 • (042) 255-9708

ISBN 978-89-7066-372-2 93160

〈값 17,000원〉